U0117289

范国睿 [美] 托马斯 · S. 波普科维茨（Thomas S. Popkewitz） 主编
魏晓宇 等译

教育政策研究手册（下卷）

学校/大学、课程与测评

HANDBOOK of EDUCATION POLICY STUDIES

School/University, Curriculum, and Assessment, *Volume 2*

图书在版编目（CIP）数据

教育政策研究手册. 下卷，学校/大学、课程与测评 / 范国睿，（美）托马斯 · S.波普科维茨（Thomas S. Popkewitz）主编；魏晓宇等译. — 上海：上海教育出版社，2022.11
ISBN 978-7-5720-1571-7

Ⅰ. ①教… Ⅱ. ①范… ②托… ③魏… Ⅲ. ①教育政策 – 世界 – 文集 Ⅳ. ①G510-53

中国版本图书馆CIP数据核字(2022)第195595号

Handbook of Education Policy Studies: School/University, Curriculum, and Assessment, Volume 2, Edited by Guorui Fan & Thomas S. Popkewitz, Springer Nature Singapore Pte Ltd., 2020, ISBN: 978-981-13-8342-7.

责任编辑　孔令会
封面设计　郑　艺

教育政策研究手册（下卷）：学校/大学、课程与测评
范国睿　[美] 托马斯 · S.波普科维茨（Thomas S. Popkewitz）　主编
魏晓宇　等译

出版发行　上海教育出版社有限公司
官　　网　www.seph.com.cn
地　　址　上海市闵行区号景路159弄C座
邮　　编　201101
印　　刷　山东韵杰文化科技有限公司
开　　本　700 × 1000　1/16　印张 30　插页 4
字　　数　490 千字
版　　次　2023年8月第1版
印　　次　2023年8月第1次印刷
书　　号　ISBN 978-7-5720-1571-7/G · 1458
定　　价　128.00 元

如发现质量问题，读者可向本社调换　电话：021-64373213

作者介绍 | About the Author

范国睿，教育学博士，教育部长江学者特聘教授，华东师范大学二级教授、教育学部博士生导师，华东师范大学科学研究委员会副主任、教育治理研究院院长。兼任国家教师教育咨询专家委员会委员、全国教育专业学位研究生教育指导委员会副主任委员、中国教育学会常务理事、中国教育学会教育政策与法律研究分会副理事长、上海市教育学会副会长等职。获霍英东教育基金会第七届高校优秀教师奖、国家图书奖、上海图书奖、上海市决策咨询研究成果奖一等奖、北京师范大学“明远教育奖”、上海市教育科学研究优秀成果奖、上海市优秀教学成果奖等。入选教育部新世纪优秀人才支持计划、上海市领军人才。长期从事教育学原理、教育政策与治理、学校变革与发展等研究。先后主持国家社科基金重大项目、重点项目等国家和省部级教育研究项目30余项，发表学术论文200余篇，出版《教育生态学》《学校管理的理论与实务》《教育系统的变革与人的发展》《教育政策的理论与实践》《教育政策与教育改革（上卷）：本土探索》《从规制到赋能：教育制度变迁创新之路》《教育治理的逻辑：基于管办评分离的教育变革》《教育治理的战略：教育治理现代化的未来之路》等著作。

托马斯·S. 波普科维茨（Thomas S. Popkewitz），美国威斯康星大学麦迪逊分校课程与教学系终身教授，先后获得瑞典于默奥大学（1989）等五所大学的荣誉博士学位，当选俄罗斯教育科学研究院资深国际院士（1996）、芬兰科学院赫尔辛基高等研究杰出院士（2004）、美国教育研究协会会士（2014）。先后获哥伦比亚大学师范学院杰出校友奖（2005）、美国教育研究协会课程研究分会终身成就奖（2008）、威斯康星大学麦迪逊分校教育学院杰出教师奖（2008）、《卡潘》国际荣誉教育学会荣誉勋章（2016）。是近些年来活跃在国际教育研究领域的知名教育学者，迄今已出版和主编40余本著作，发表300余篇学术论文，其中部分成果被译为包括中文在内的17种语言，对世界教育研究作出重大贡献。

译者介绍 | About the Translator

魏晓宇，教育学博士，主要从事教师教育、教育基本理论等方面的研究。参与国家社科基金教育学重大课题“中国特色社会主义教育制度优势及转化为治理效能的实现路径研究”、国家社科基金教育学一般项目“中学生责任伦理教育的内容建构及实施途径研究”等研究。在《华东师范大学学报（教育科学版）》《全球教育展望》等期刊发表《学校教育可以兼顾公平与质量吗？》《上海初中教师工作满意度影响因素研究》《教师知识共享的行为与过程——基于动态性的视角》《论教育的非货币性价值》等论文，相关论文被《新华文摘（网络版）》《社会科学文摘》转载。

美国威斯康星大学课程与教学系
中国华东师范大学基础教育改革与发展研究所
华东师范大学教育治理研究院

联合研究成果

在不确定的世界里重构人类教育

（中文版序言）

范国睿

自从海费兹（Ronald Heifetz）等人 2009 年将这个世界描绘成一个由多变性（volatility）、不确定性（uncertainty）、复杂性（complexity）和模糊性（ambiguity）定义的 VUCA 时代（Heifetz, Grashow, & Linsky, 2009）以来，"VUCA"便成为商业、政治和社会领域的研究者用以描述当今社会环境的复杂性和不确定性以及组织面临的挑战的概念。2020 年，在我和美国威斯康星大学麦迪逊分校波普科维茨（Thomas S. Popkewitz）教授共同为英文版《教育政策研究手册》（*Handbook of Education Policy Studies*）撰写"导言：变革世界中的教育政策与教育改革"（Introduction：Education Policy and Reform in the Changing World）（Fan & Popkewitz, 2020a, 2020b）时，尽管我们也注意到当代世界变化对人类生存与发展、对教育系统的变革与发展的影响，但时至今日，当本书中文版出版之际，我们发现，突如其来的新冠疫情、俄乌冲突以及发展迅猛的人工智能技术，各种重大事件迭出，对整个世界的政治、经济、文化、教育乃至人们的日常生存和生活方式，都造成了前所未有的影响，影响速度之快、范围之广、程度之深，远超我们两位主编、本书所有作者以及诸多关注当代社会 VUCA 现象的研究者之想象。对人类学习与教育、成长与发展、工作与生活的变化而言，这些影响危及现代社会组织与人类生存和生活方式的根基，颠覆工业革命后建立起来的现代教育系统的根基，促使人类教育发生革命性变革。

一、不确定性日益增强的世界

当代世界正步入加速度发展的时代，社会变化速度持续加快，全球经济增长波动、政治不稳定、自然灾害等环境变化的速度越来越快，幅度越来越大，各种社会因素及其耦合结构越来越不稳定；社会因素的复杂多变以及政治、经济、技术等未知突发事件的持续发生，使政府、企业、社会与个人的发展越来越难以预测，决策难度越来越大，未来方向越来越难以判断；各利益主体间彼此关联，主体间关系、主体与环境关系日益复杂；反映主体间复杂关系的信息、数据越来越不准确、不透明，使决策所依赖的信息缺乏清晰度、一致性与确定性，各种社会要素间的复杂关系日益模糊、难以辨析和厘清（Doheny, Nagali, & Weig, 2012; Bennett & Lemoine, 2014; Nandram & Bindlish, 2017; Kok & van den Heuvel, 2019）。回溯近年来的政治经济发展与社会生活变革，新冠疫情的冲击、以俄乌冲突为代表的国际政治冲突、全球经济衰退以及由此造成的劳动力市场的整体恶化，这一切又都与以生成式人工智能（generative AI）①为核心的智能技术发展共同发挥着交互、叠加效应，正以有组织的调控手段和难以控制的样态影响着人类整体的生存与发展。

（一）新冠疫情的冲击及其持久影响

2020 年 3 月世界卫生组织（World Health Organization，简称 WHO）在经多轮评估后正式宣布，新冠肺炎（COVID－19）是一种“在世界范围内，广泛地人传人的新疾病”，世界进入“全球大流行”（pandemic）时代（WHO, 2020）。之后，持续三年的新冠疫情蔓延至全球 200 多个国家和地区，成为继第二次世界大战以来人类社会遭受的最严重的公共卫生安全事件。这场全球性危机，不仅严重威胁人们的身体健康和生命安全，造成大量病患伤亡（夺走数百万人的生命），导致人们心理健康恶化，焦虑、抑郁和孤独感倍增，还使餐饮业、零售业、旅游业遭受重创，许多人因就业不稳定和贫困而遭受苦难，进而使产业链、供应链重组，经济活动减少，经济逆全球化、去全球化趋势加剧（Nicola et al. ,2020）。鉴于公共卫生专家“开放教育机构会导致病毒进一步扩散”的建议，疫情暴发期间，几乎所有国家都认为抗击疫情的主要手段之一是关闭学校，让学生待在家中。尽管不同国家和地区根据疫情发展的情况，不断调整重新开放（reopened）学校、开展远程（remote）学习以及实施

---

① 生成式人工智能学习数据中的联合概率分布，在分析已有数据的基础上作合逻辑的归纳总结，进行模仿式、缝合式创作，生成全新的内容表达。

补救(remedial)等“3R”措施,以尽可能地减轻疫情对儿童学习和身心发展的不良影响,但相关封控措施已在很大程度上直接导致全世界被称为“新冠一代”(generation COVID)(Duffy, 2021)的10亿儿童的未来岌岌可危(Gill & Saavedra, 2022)。

如今,虽然世界各国大面积的疫情封控已解除,人们的生活与经济活动正逐步恢复和重建,但我们仍然很难评估疫情对青少年的学习与学业、职业选择及身心健康造成的直接的持久性影响,以及疫情所导致的全球范围内的经济、政治、文化、社会与家庭生活等方面系统的、深刻的、持久的严重影响所带来的间接影响。正如联合国在其报告《我们的共同议程》中所指出的:“新冠疫情对教育系统造成了史无前例的破坏,全世界90%以上的儿童被迫中断教育。对许多学生尤其是女童和女青年而言,这一中断可能变成长期的,并有可能对其权利、平等以及后代的发展带来不利影响。即使在新冠疫情暴发前,传统的教育系统依然无法覆盖全世界约2.58亿儿童和青年,甚至无法为许多学生提供阅读和数学等基本的基础技能。发展中国家和发达国家的学生都表示,他们在离开教育系统时,仍未掌握适应瞬息万变的世界并大有作为所需的工具,包括数字素养、全球公民意识和可持续发展能力。在大多数国家,对个人和全社会都至关重要的幼儿教育和终身学习仍然只是奢望,这更使情况雪上加霜。”(The United Nations, 2021: 40)

(二)国际环境不安全趋势上升

自第一次工业革命以来,受制于各种复杂因素,全球化与逆全球化的趋势一直交替出现。当代政治关系错综复杂,国家和地区间的信任以及“二战”以来的国际政治秩序遭遇前所未有的危机,随着地缘政治格局的变化,在地区热点问题上,局部冲突对抗加剧,俄乌冲突呈现长期化趋势,中东地区深陷多重困境,亚太地区的安全形势等更加错综复杂,安全风险不断上升,当代国际政治关系正遭遇“二战”以来最严峻的挑战。其中,2022年2月以来的俄罗斯和乌克兰之间的持续冲突,无疑是当代国际政治生活中最严重的事件,北溪天然气管道爆炸、克里米亚大桥被炸等事件令冲突持续升级,俄乌冲突呈现长期化和复杂化的发展趋势,对两个当事国的当下与未来产生深刻影响,其溢出效应导致俄罗斯与北约国家乃至整个西方国家之间长期以来缺乏战略互信的局面更加严重,双边关系紧张与恶化,更对国际社会和人类发展产生重大影响。

俄乌冲突的长期化,不仅导致欧洲内部出现分裂,右翼势力抬头,冲突带来的能源价格暴涨直接导致欧洲能源密集型企业减产甚至中断生产，使法德两国工业基础遭受冲击，加剧人们对欧洲“去工业化”风险的担忧，还导致美欧关系出现分歧和更多不稳定因素。在亚太地区，朝鲜半岛安全面临进一步恶化的巨大风险，南海地区面临更为激烈的多国博弈，台海局势紧张，安全风险持续上升。俄乌冲突及其日益放大的持续影响，在使欧洲各国遭受能源危机之苦的同时，也使欧洲或将更加强调经济全球化和多边主义，力图建立更加稳定可靠的多边供应链体系，并重新强化战略自主，谋求自身的发展与国际地位。在对全球政治经济影响举足轻重的中美关系上，从“贸易战”到“科技战”，美国对华战略调整，中美战略竞争持续演进，不但使得两国日常双边贸易、文化教育交流与合作受阻，而且导致国际秩序在全球、地区和双边层面的不确定性迅速增加，中美双方管控竞争需求不断上升（Zhao, 2022；王帆，2023）。

总之，当代世界之变、时代之变、历史之变，推动世界格局和国际体系正发生剧烈而深刻的变化：数十年来经过无数人努力形成的共同利益、共同价值、共同命运正面临巨大的挑战；“冷战”思维和集团政治回潮，单边主义、贸易保护主义、霸权主义、强权政治威胁上升，安全与发展问题突出；国家间对国际秩序的认知、地缘政治利益、价值观等战略理念层面存在严重对立，战略互信基础日益削弱，人权、网络安全等议题上的对抗色彩持续加重，大国关系出现加速分化重组态势，使人类社会走到一个新的十字路口。受此影响，贸易保护主义和科学技术禁运限制了国家和地区间的科学与技术知识流动，限制了学生和研究人员的合作和交流，对国家和地区间的教育交流、国际留学教育、合作研究以及科学技术教育的发展都产生了不可估量的负面影响。人类社会亟待重构全球化的价值观，突破原有模式的桎梏和局限，让世界重回尊重彼此差异、追求共同发展的确定性轨道。

（三）全球经济增长持续低迷

全球经济正在遭受新冠疫情反复的重创及其持续影响、俄乌冲突以及由此导致的地缘政治紧张、对投资和贸易等经济活动的持续扰乱、被压抑经济需求的释放将逐渐耗尽，以及各国财政和货币宽松政策将逐步退出等财务压力，一系列政治经济因素的影响使全球经济正进入一个漫长的“滞胀”（stagflation）——高通胀（high inflation）与低增长（low growth）——风险日趋升高的时代，主要经济体增长疲软、全球增长持续乏力、高通胀、供应链中断（Cebr, 2023），经济增长低迷、融资条件收紧和高债务率又进一步导致投资下降，触发企业债务违约；新兴市场和发展中经济体地区正面临多种阻力，货币政策紧缩和金融条件趋紧正在拖累经济增长，发达经济体的增长放缓将通过贸易溢出效应对东亚太平洋地区以及欧洲中亚地区造成尤其明显的影响，进而给中等收入和低收入经济体带来伤害。

2023 年 1 月，世界银行预测，2023 年的全球经济增长预计会大幅下降至近 30 年来经济增长率的倒数第三个低位（1.7%）（The World Bank Group, 2023b）。2023 年发达经济体的增幅将从 2022 年的 2.5%降至 0.5%，这种大幅下滑往往是全球经济衰退的先兆；2023 年美国经济增长率将降至 0.5%，比之前的预测低 1.9 个百分点，这将是自 1970 年以来除官方认定的衰退期以外美国经济增长表现最差的一年；2023 年欧元区的增长率为零，比上次预测下调了 1.9 个百分点。预计 2023 年中国经济将增长 4.3%，较之前的预测低 0.9 个百分点；新兴市场和发展中经济体的增长率预计将从 2022 年的 3.8%降至 2023 年的 2.7%（The World Bank Group, 2023b）。世界银行行长马尔帕斯（David Malpass）警告说，“由于世界大部分地区的投资疲软，低迷的增长可能会持续整整十年。许多国家的通货膨胀率目前处于数十年来的高位，供应预计将缓慢增长，通货膨胀率可能会长期保持较高风险”（The World Bank Group, 2022）。经济增长的持续低迷，将加剧贫困和不平等等一系列社会问题。“随着全球资本被面临极高政府债务水平和利率上升的发达经济体吸收，新兴国家和发展中国家正面临着由沉重的债务负担和疲软的投资驱动的多年缓慢增长期。经济增长和商业投资的疲软将加剧教育、健康、贫困和基础设施方面已经出现的破坏性逆转，以及气候变化带来的日益增长的需求。”（The World Bank Group, 2023a）

（四）智能技术的挑战与机遇

图灵（Alan Turing）1950 年发表的划时代的论文围绕“机器能思考吗?”展开论证，并以“图灵测试”（Turing test）预言了创造出具有真正智能的机器的可能性（Turing, 1950）。1956 年，由麦卡锡（John McCarthy）、明斯基（Marvin Lee Minsky）、罗切斯特（Nathaniel Rochester）、香农（Claude Elwood Shannon）发起的达特茅斯学院夏季研讨会围绕“如何用机器模拟人的智能”展开研讨（McCarthy, Minsky, Rochester, & Shannon, 1955），成为提出“人工智能”（artificial intelligence，简称 AI）概念、催生人工智能学科诞生、引发人工智能革命的重要事件。近 70 年来，人工智能的发展经历了低迷与发展的跌宕起伏的历程。2011 年以来，随着互联网、大数据、深度学习的发展，人工智能也由侧重于模仿人类完成记忆、感知和解决简单问题等基本任务的弱人工智能[weak artificial intelligence，简称 weak AI，或称狭义人工智能（narrow AI）]，向学习完成人类或其他动物可以完成的所有智力任务，能以与人类大致相同的处理方式解决所有问题的强人工智能[strong AI，或称通用人工智能（artificial general intelligence，简称 AGI）/高级人工智能（advanced human intelligence）]转变。2016 年，人工智能技术全面爆发，推荐系统、计算机视觉、自然语言处理等决策式/分析式人工智能（discriminant/analytical AI）①开始大规模应用，创造了巨大市场；新近崛起的以 ChatGPT 为代表的生成式人工智能正对人类社会生活的各个方面产生更加富有革命性的冲击和挑战。

美国人工智能研究实验室 OpenAI 于 2022 年 11 月底发布 ChatGPT（Chat Generative Pretrained Transformer），使用基于 GPT－3.5、GPT－4 架构的大型语言模型并以此强化学习训练，可以根据输入的文本自动生成类似的文本（剧本、歌曲、企划等），可以根据输入的问题自动生成答案，根据用户指令编写和调试计算机程序。ChatGPT 上线 5 天即拥有 100 万用户，两个月时用户已达 1 亿，从而引发全球性人工智能热潮。此后，OpenAI 不断更新，增加视觉输入能力、插件功能（ChatGPT Plugins），使得 ChatGPT 的文本处理能力、高级推理能力有了大幅提升，可以使用工具、联网，科学、医学、法律等特定领域的知识面大幅扩充，“胡说八道”的概率降低 60%。ChatGPT 在协助客服、聊天机器人、语音交互、语言翻译、智能搜索、智能推荐、智能诊断、分析预测、决策支持、文本自动写作等诸多领域的超强功能，可以大幅提高工作效率，受到用户青睐，得以广泛应用。

海量数据的积累与运算使得人工智能的生产力获得革命性提升。但是，自互联网诞生之日起就始终萦绕左右的数据安全、隐私保护等问题，也成为人工智能大模型相伴相生、无法回避的风险。例如，在知识产权保护方面，训练 ChatGPT 的过程需要摄入海量公开数据和人类反馈，使用 ChatGPT 进行创作时，有可能涉嫌使用未经原创作者同意的内容而引发所有权和版权争议；在涉嫌抄袭方面，不少教育工作者担心学生很容易使用 ChatGPT 撰写论文、完成作业并因此涉嫌学术成

① 决策式/分析式人工智能学习数据中的条件概率分布，根据已有数据进行分析、判断、预测，主要用于推荐系统和风控系统的辅助决策、自动驾驶和机器人的决策智能体。

果抄袭；在隐私保护方面，人们在与 ChatGPT 进行交互时所提交的内容隐私并不能得到很好的保护。实际上，2023 年 3 月下旬，ChatGPT 陆续曝出平台用户对话数据和付款服务支付信息丢失，开源公开库出现错误导致部分用户聊天记录被泄露，甚至韩国三星企业因误用与滥用 ChatGPT 导致半导体设备测量资料、产品良率等内容或已被存入 ChatGPT 学习资料库的严重事件。3 月 29 日，包括特斯拉首席执行官马斯克（Elon Reeve Musk）在内的 18 000 余人（截至 4 月 9 日）签署公开信，呼吁暂停训练比 GPT－4 更强大的人工智能系统至少 6 个月。这封信立即引起各界关于人工智能伦理和风险的激烈争论（Bengio, Russell, Musk, et al., 2023）。培育了 ChatGPT 等聊天机器人的核心技术、被誉为“人工智能之父”的辛顿（Geoffrey Hinton）离职谷歌，以便自由地分享他对人工智能可能对世界造成严重伤害的担忧，讨论人工智能的风险（Metz, 2023）。针对用户部分数据丢失等情况，意大利数据保护局（Italian Data Protection Authority）认定 OpenAI 在意大利开展业务、收集分析用户数据的行为中，违反欧盟《通用数据保护条例》（General Data Protection Regulation，简称 GDPR），没有遵守告知用户、履行收集数据的审核流程等当地法规，并宣布禁止使用 ChatGPT，限制 OpenAI 处理意大利用户信息，并着手立案调查。法国数字部长巴罗（Jean-Noël Barrot）表示，人工智能聊天机器人 ChatGPT 没有遵守隐私法，但法国不会像意大利那样，以违反欧盟《通用数据保护条例》为由禁用 ChatGPT，而是采取“构建创新管理，使其符合我们所依附的原则”的更温和的方法，将根据 ChatGPT，更新早在 2021 年 11 月就发布的关于“对话代理人”人工智能的意见，让用户清楚地感知这些应用程序的机器特性，而不是试图将它们人性化（Kayali, 2023）。

对人类而言，生成式人工智能究竟是天使还是魔鬼，它对青年一代的影响究竟是助力还是损害，教育究竟应该如何应对它所引发的革命性挑战等一系列问题，都需要我们强烈关注与思考。

二、内忧外患的教育系统

教育系统是社会系统的一个重要组成部分，两者间的关系是相互作用、相互渗透的。无论是西方教育还是东方教育，至少早期的教育都是私人化的事情，教育活动多限于个体家庭，传授生产生活经验与社会规范，同时也存在为培养未来国家公职人员而对少数权贵阶层子弟进行的政治与道德教化。随着现代社会的发展、现代国家的形成，以及现代制度化的学校系统的建立与完善、义务教育的普及化发展，教育与社会生活的联系日益紧密，教育与社会之间的双向互动日益频繁和复杂（Enarson, 1967）。在今天这样一个不确定性日益增强的时代，教育系统的发展正受到来自系统内部发展活力衰减等因素的困扰，也正面临来自系统外部社会环境的巨大挑战，这导致现代学校教育系统越来越不适应社会发展的需求。

（一）与生俱来的保守性使学校教育系统愈来愈难以适应不断变化的社会发展需求

作为社会子系统之一的教育系统，尤其是学校教育系统，自产生之日起，就具有不可回避的保守性，这种保守性自然与教育的知识传递功能紧密相关，“教育体系负有传递传统价值的职责”，其“基本功能之一就是重复，重复地把上一代从祖先那里继承下来的知识传给下一代”，因此，教育体系具有自我保存功能（self-perpetuating function），本质上是保守的（nature conservative）、内向的（inward）和后退的（backward），而且具有强大的内在惯性（with a considerable built-in inertia）（Faure et al., 1972: 57）。随着学校教育系统的不断发展，其作为一个系统的组织化、制度化水平不断提高，愈来愈缜密，从而使整个系统陷于封闭与机械。就教育系统与外部关系而言，制度化教育所依据的标准与规范为自己构筑起了坚实的壁垒，将自身与社会经济、产业等其他子系统或其他形式的教育严格区分开来，从而身陷孤立之境，缺乏推动教育改进的外部力量，使系统本身日益狭隘和僵化。就制度化教育系统内部而言，为了保持稳定和平衡，制度化教育严格规定了各级学校的上下衔接关系，这种紧密的衔接关系严重阻碍了大中小学教育、普通教育与职业教育等学校教育系统内部各要素的互动、改进与创新。教育系统的这种内在自组织能力，一方面可以不断提高教育教学效率、教育组织管理效率，但另一方面，这种日益组织化、制度化的演化机制及其演化成果，又使其内在的组织活力不断消耗和衰减，也使其为适应外部环境变化进行自我革新的能力持续减弱。当社会发展变化缓慢时，学校教育系统尚能适应发展需求，一旦社会发展速度加快，甚至如当下所发生的人工智能动摇整个工业体系的技术基础从而引致社会剧变时，学校教育系统不适应社会发展需求的现象就会愈加突出。

（二）经济社会发展的不确定性导致教育改革发展的社会支持力量衰减

由新冠疫情大流行、产业发展的技术基础的迭代升级所导致的全球经济衰退，使政府税收锐减，预算赤字增加，给教育投资带来了挑战，不仅对包括美国、英国、德国和法国在内的诸多发达国家造成重大影响，对低收入国家的教育发展而言，更带来了灾难性的打击。尽管在新冠疫情大流行时期，世界主要国家都积极采取措施，利用紧急拨款等方式增加教育投入，以应对疫情封控对教育系统的影响以及疫情大流行所导致的对数字学习工具和在线教育的需求增长，但这些投入远不足以抵消由于经济发展低迷、税收减少而不得不进行的预算削减，更难以化解流行病对教育的长期影响。2020—2021 学年，美国至少有 25 个州大幅削减教育预算，一些州的削减幅度高达 10%；世界银行与联合国教科文组织的联合报告《教育金融观察 2022》表明，自疫情暴发以来，三分之二的低收入和中低收入国家实际上已经削减了公共教育预算（The World Bank Group & UNESCO, 2022）。有四分之一的国家没有任何计划来帮助儿童弥补在疫情大流行期间落下的知识，另外四分之一的国家则没有足够的追赶策略（Economist, 2022）。

（三）劳动力市场的整体恶化倒逼教育改革

地缘政治紧张、疫情恢复不均衡以及全球经济衰退，使得劳动力市场整体恶化，2020 年全球就业率相较 2019 年下降了 4.7 个百分点；随着疫情的逐步消解，就业形势虽有所缓和，但 2023 年全球就业率仅增长 1%，不到 2022 年的一半。全球就业增长疲软的同时，失业人数在 2023 年则将小幅上升至 2.08 亿，全球失业率将达到 5.8%。除失业问题外，就业质量也逐步走低。全球经济放缓可能会迫使更多的工人接受质量较低、收入不高、缺乏就业保障和社会保护的工作，从而凸显出因疫情而加剧的不平等现象，妇女和青年在劳动力市场的处境更糟糕。2023 年的劳动力市场前景存在明显差异：非洲和阿拉伯国家的就业增长率应该能达到 3% 左右或者更高，在亚太地区以及拉美和加勒比地区，就业增长率预计在 1%左右；而北美 2023 年的就业增长率将会更低，甚至为零，同时失业率还会上升（ILO, 2023）。

健康的劳动力市场将吸收不同专业、不同层级和水平的劳动者，并最大限度地减少技能与工作不匹配的情况。经济扩张，会缩小优势群体与弱势群体之间长期存在的经济差距；在日益以知识为基础的全球经济中，对高水平技能人才的需求会更大。经济的持续低迷，将使那些低技能水平的人面临更大可能的失业风险，新冠疫情以及持续的经济衰退，将使优势群体与弱势群体的就业差距不断拉大。随着生成式人工智能的商用化水平日益成熟，劳动力市场对知识型人才的需求将锐减，这无疑使劳动力市场雪上加霜。

分类数据中心(Sortlist Data Hub)的调查还表明，生成式人工智能的大量使用会催生“裁员潮”，尽管不同职业、不同年龄的员工对此的认识与遭遇并不相同；39%的受访者担心，一旦用ChatGPT取代人工客服，对话会变得呆板而冰冷，无法与客户建立真正的情感联系，失去人与人之间沟通的人情味(Gaëlle, 2023)。高盛的研究报告显示，如果生成式人工智能真的发挥其承诺的效能，那么将会大幅打乱劳工市场，取代全球各大经济体3亿名全职员工的工作量，其中最容易被取代的就是律师和行政人员。美国将有大约63%的工作、30%的户外和体力工作会受到影响，可能会有部分形式的工作内容自动化；由于发展中国家的手动工作比例比较高，全球约有五分之一的工作可能会被人工智能取代；美国与欧洲有三分之二的工作会受到人工智能自动化的影响，大部分人近一半的工作量会被自动化取代。“大约三分之二的当前工作存在一定程度上的人工智能自动化风险，生成式人工智能可以替代多达四分之一的当前工作。”(Hatzius, Briggs, Kodnani, & Pierdomenico, 2023)所有这一切，都倒逼教育行政当局和学校管理者、广大教师不得不反思：未来，社会究竟需要什么样的教育？或者说，未来教育改革发展路在何方？

（四）基于工业主义以传授确定性知识为核心的教育体系正面临来自生成式人工智能的革命性挑战

始于18世纪60年代的工业革命的发展得益于自然科学的发展和应用，也促进近代科学技术的发展。科学技术的发展一方面更新了生产技术，提高了生产率；另一方面也对大工业生产中工人的文化素质提出了更高的要求，从而刺激了教育的发展和普及。200多年来，自然科学的发展在使社会生产力和科学水平得到进一步发展的同时，也促使学校教育不断更新课程与教学内容，教师教与学生学的效率不断提高，成为供给人的生存、发展与成功所需的知识、技能和价值观的主要平台，成为社会生产发展与社会进步的重要工具。学校取代家庭成为接受教育的重要场所，学校里开设了几乎所有与实用知识相关的课程，这些科学技术知识被转化为标准化的、确定性的、具有内在逻辑关系的学校课程，并以班级授课的方式集中传递给学生，经批量"生产"掌握了现代科学技术知识的毕业生适应并促进了工业化生产。

然而，全球教育地区间发展的不均衡导致一些地区的教育发展并不尽如人意，普及教育的虚假繁荣遮蔽了教育质量低下的事实。1950 年，全球只有大约 50%的成年人接受过教育，现在至少有 85%的成年人受过教育；2000 年至 2018 年，未入学学龄儿童比例从 26%降至 17%。而与此同时，许多学生在学校度过数年却几乎没有学到什么东西。世界银行 2019 年的统计表明，发展中国家（占世界儿童的 90%）只有 50%的 10 岁儿童小学毕业后能够阅读和理解（Economist, 2022）。

随着社会的发展，以确定性知识为中心的教育实践，导致学校课程与社会发展需求严重脱节，学校系统培养的学生不具备必要的技能和知识，难以适应当代工作环境要求，现行学校教育制度越来越不能跟上当代社会、政治、经济、技术和文化建设的步伐。而生成式人工智能在确定性知识的记忆、筛选、比较分析、集成、结构化表达等方面都已远超人类，工业革命后建立起来并不断巩固和完善的这种以传授确定性知识为核心的现代教育体系，其赖以存在并发展的基础正在被瓦解。当生成式人工智能以不可阻挡之势被广泛应用于社会生产和生活各领域时，社会所需要的将不再是以学习和记忆确定性知识见长的人，而是以创造性地转化和应用确定性知识解决各种实际问题的人。

一方面，毫无疑问，时至今日，大多数学校中知识教授的方法依然是十分传统的以教师讲授为主的教学和死记硬背，为了学习的"有效"，教师还不断地对学生进行强化学习，通过持续地重复训练，提高学生在那些"再现式"考试中的成绩，这在很大程度上挫伤了学生学习的兴趣、积极性与创造力；另一方面，尽管一些教师对教育中新技术的应用拥有极大热情，但学校教育系统仍是借助数字技术、智能技术使其主要实践活动取得实质性改进的最薄弱的领域，学校不仅在数字技术、智能技术设施设备装备上尚不尽如人意，而且学校在将数字技术和智能技术应用于课堂教学、教师应用新技术改善学与教的体验等方面也存在诸多不足（Minchekar, 2019; Gray & Lewis, 2021），单一僵化的学习与教育方法正面临被摒弃的境遇。

三、重构促进人的健康与可持续发展的教育系统

"我们必须学会与不确定的时代和不稳定的生活共处……释放人类的潜力将

需要让灵活性、创造性、团结和包容引导我们去想象和创造茁壮成长的未来。”(Conceição, 2022: 191)身处 VUCA 时代，无论是个人还是组织，其生存与发展都必须借助更具灵活性与创新能力的新技术、新方法、新策略与新发展模式，以快速适应和创新应对不断变化的环境。人类学家墨菲(Robert F. Murphy)在讨论文化的价值时宣称“文化将人际交往中的不确定性降低到最低程度”(Murphy, 1989: 2)，教育同样具有提高人的素养，使人具有应对各种社会不确定性的态度、意志与能力之作用。快速变化的环境带来的不确定性造成对人类生存与发展模式的冲击与破坏，但也为创新、增长与竞争优势提供了机遇(Bennett & Lemoine, 2014; Nandram & Bindlish, 2017; Kok & van den Heuvel, 2019)。实际上，教育在“为一个尚未存在的社会培养着新人”。而“当教育的使命是‘替一个未知的世界培养未知的儿童’时，环境的压力便要求教育工作者刻苦思考，并在这种思考中构成一幅未来的蓝图”(Faure et al. ,1972: 13)。为此，人类必须变革与创新教育模式，并努力实现“教育先行”(education precedes)——使教育在全世界的发展先于经济的发展(Faure et al. , 1972: 12)，重构以促进人的健康与可持续发展为核心的教育新体系、新秩序、新生态，以便我们有足够的德性与智慧应对各种不确定性。

（一）重塑新人文主义教育

面对如此纷繁复杂和急剧变化的社会环境，“要塑造我们想要的未来，教育本身必须改变”(UNESCO, 2021: 7)，必须承认，优质教育(包括幼儿教育)作为一项基本人权、促进社会平等的一个重要工具，不仅是让青年有能力行使发言权并为社会契约作出贡献的先决条件，还是宽容、和平、人权和可持续性的基石(The United Nations, 2021: 40)。由此，指向优质教育的教育变革的核心便是重构新人文主义教育价值，既要超越经济主义，回归以人为本的教育价值，又要重构基于理解、信任与合作的新教育契约。

重构超越经济主义、回归育人根本的教育价值。无论是舒尔茨(Schultz, 1963)从宏观上通过估算美国 1929—1957 年国民经济增长判定约有 33%是由教育形成的人力资本作出的贡献，还是贝克(Becker, 1993)从微观上对人力资本与个人收入分配关系的论证，人力资本理论都高扬教育的经济价值；这虽然促使一些国家和地区的教育投资增长，但其“经济人”假设的立论依据，关注到人追求经济利益的“理性”，不断追求教育的工具性价值，忽视了人的伦理性、情感性与审美性。

无独有偶，由经济合作与发展组织（Organisation for Economic Co-operation and Development，简称 OECD）开展的国际学生评估项目（Programme for International Student Assessment，简称 PISA）作为一项针对 15 岁学生参与社会所需的知识与技能的国际测评项目，旨在通过分析学生测评成绩数据与学生个人特征，以及学校内外影响学习的关键因素之间的关系，发现不同背景的学生、学校之间以及学生在不同类型的教育体系之间的成绩差异，并找出那些取得好成绩并且教育机会分配公平的学校和教育体系的特点，来指导各国教育改革。而今，PISA 已在世界主要国家产生广泛而深刻的影响，形成通过数据或指标进行治理（Bogdandy & Goldmann, 2012）的数字治理模式，OECD 甚至被奉为"全球教育治理的仲裁者"（Meyer & Benavot, 2013: 9），这无疑更加强化了教育的工具性。

"各国及其教育体系都在拼命追求国家的利益，正在不经意地抛弃民主国家活力所需的技能。这种倾向若发展下去，世界各国很快就会培养一代代有用的机器，而不是能独立思考、批判传统、理解他人苦难与成就的意义的完整公民"（Nussbaum, 2010: 2），"'全面的经济增长'不能再被视为调和物质进步与公平、尊重人类地位和尊重自然资产的理想方式"（Delors, 1996），面向未来的教育的根本宗旨应是"维护和增强个人在他人和自然面前的尊严、能力和福祉"（UNESCO, 2015: 38）。这就要求重构教育的人文主义价值观，超越狭隘的功利主义和经济主义，超越"人力资本"的掣肘，在发挥教育的经济功能之外，实现联合国可持续发展目标 4（Sustainable Development Goal 4）所要求的"确保包容和公平的优质教育，让全民终身享有学习机会"（The United Nations, 2015: 19 - 20），回归教育本来的育人价值，观照人的发展本身，直面生命，"尊重生命和人类尊严"（UNESCO, 2015: 38），洞察人性，为所有人提供机会，"确保所有男女童完成免费、公平和优质的中小学教育，并取得具有现实意义的、卓有成效的学习成果"，"确保所有进行学习的人都掌握可持续发展所需的知识和技能"（The United Nations, 2015: 19 - 20; Boeren, 2019），"教导人们学会如何在承受压力的地球上生活；教育必须重视文化素养，立足于尊重和平等尊严"（UNESCO, 2015: 3），使每个人的潜能得以充分发挥和释放，学会认知（learning to know）、学会做事（learning to do）、学会共同生活（learning to live together）、学会生存（learning to be）（Delors, 1996: chapter 4; UNESCO, 2015: 39），使每个人实现有尊严、有价值的人生，过上有意义、可持续的生活。

重构基于共同利益，以理解、信任、包容与合作为核心的新教育契约。在今天这样一个逆全球化、去全球化思潮泛滥，国际秩序正面临严峻挑战的历史时刻，“国家教育合作在一个日益不稳定的世界秩序中进行，一个以共同的普遍价值为基础的世界社会的概念被严重侵蚀”（UNESCO，2021：136）。如联合国开发计划署署长施泰纳（Achim Steiner）所言，“在一个充满不确定性的世界中，我们需要以一种新的全球团结意识来应对相互关联的共同挑战”（UNDP，2022）。国际社会为推动世界多极化、国际关系民主化发展，超越分歧和束缚，坚持稳定、互惠、开拓、向上，践行真正的多边主义，维护世界和平、稳定、繁荣，正在作出积极的努力。为此，急需以一种全新的全球化理念——包容性全球化（inclusive globalization），建立以包容（inclusion）、凝聚力（cohesion）与问责（accountability）为核心的新社会契约，促进商品、金融、人员与思想的全球化自由流动，从而促进人类的可持续发展（Gacitúa-Marió，Andrew，& Georgieva，2009：46）。

兰德公司在共享财富（shared prosperity）的意义上讨论包容性全球化（Kumar，2021），卡内基欧洲研究所（Carnegie Europe）专门探讨“促进包容性世界的全球化”（globalization for an inclusive world）（Carnegie Europe，2022），上海论坛2023将以“包容性全球化：亚洲的新责任”为主题，从国际格局与地缘政治变化、高科技发展、全球经济复苏、数字化转型、气候变化、公共健康、中西方文明文化交融互鉴、国家发展动力等多元角度展开跨学科、跨领域的深入讨论（复旦发展研究院，2023）。“包容性全球化”是基于“和而不同”的文化观，在维护多元文化基础上增进理解与互信，共谋发展、共求繁荣、共享和平的文化多样性包容；是倡导因地制宜、基于本土传统与发展现实状况探索多元化发展路径，不同发展道路自由对接的尊重具体发展模式的包容；是秉持“开放包容”和“平等互利”理念和“共商、共建、共享”原则，平等参与建设与发展，协商解决全球性生存与发展问题的共同发展包容；是兼顾基层和弱势群体，帮助欠发达地区改善生活条件，实现互联互通、创造多样化发展机会，消除贫困、改善民生的包容；是共同关注环境问题、推进生态文明、倡导人与自然和谐发展的可持续发展包容。

基于“包容性全球化”的教育变革，需要深入推进联合国教科文组织自 1946 年以来就在全球倡导推广的国际理解教育（education for international understanding），需要持续开展以青少年为主体的教育交流与合作。国际理解教育旨在增进不同文化背景、种族、宗教信仰和不同区域、国家、地区的人们之间相互了解，理解并尊重文化、社会乃至我们生活的世界的差异性与多样性，使每个人都能够通过对世界的进一步认识来了解自己和他人，增进相互信任、相互认同、相互宽容与包容，求同存异；旨在帮助儿童和青少年理解人类共同利益的内涵与价值，增强全球意识，培养关心人类共同发展的情操，提高为建设我们共同的未来而实现团结和共担责任的意识（UNESCO, 2015: 38），具有开放意识和国际视野，认识到相互依赖对人类共同处理全球社会存在的重大共同问题、对人类自身的生存与发展的基础性价值。

儿童与青少年是世界的未来，需要以作为全球共同利益的教育和知识来引领其成长与发展。为此，需要摒弃因为经济竞争、意识形态差异而导致的限制，阻断教育交流与合作的意识、思维、政策与行动，主动开展双边、多边教育交流，扩大国际留学教育，吸引与组织儿童和青少年积极参与跨文化教育交流，使青年一代在多样化的文化教育交流活动中提高其跨文化沟通能力和担负“世界公民”的责任与义务的能力，了解人类文明进程和世界发展动态，关注人类面临的全球性挑战，以便通过有意识的团结、互助、合作，直面、思考和化解共同面临的生存与发展难题，维护人类共同生活的家园，促进人类的可持续发展。

（二）建构应对智能技术挑战的新教育模式

无论是为了应对工业发展对掌握现代科学技术基本知识的工人的需求而不断完善的“3R”（reading, writing, arithmetic）教育，还是 20 世纪 50 年代后期美国为应对苏联卫星上天而加强数学、自然科学和外国语教学的后卫星时代教育（post-Sputnik education），这种以确定性知识的传授为核心的工业主义教育体系正受到智能技术的挑战。在世纪之交的几年里，许多国家和国际组织（以 OECD 为例，例如，Salganik, Rychen, Moser, & Konstant, 1999; Rychen & Salganik, 2001; Rychen & Salganik, 2003; Rychen, Salganik, & McLaughlin, 2003）都力图在预测和描绘未来教育愿景的过程中回答“今天的学生需要什么知识、技能、态度和价值观，才能在 2030 年茁壮成长，塑造自己的世界？”“教学系统如何能有效地发展这些知识、技能、态度和价值观？”等“教/学什么”“怎样教/学”这一经典性的教育改革发展难题（OECD, 2018）。

联合国教科文组织 2021 年发布的《人工智能与教育：政策制定者指南》（*AI and education: Guidance for policy-makers*）（Miao, Holmes, Huang, & Zhang, 2021），力图帮助人们了解教育领域应用人工智能技术所可能产生的机遇与挑战，以及人工智能时代社会所需的核心技能，帮助教育决策者为制定基于人工智能的教育政策做好准备。显然，数字教育内容的开发与利用成为国际组织和许多国家应对人工智能挑战进行教育数字化转型改革的重要选项，联合国教科文组织在2022年教育变革峰会（Transforming Education Summit in 2022，简称TES 2022）期间与联合国儿童基金会共同启动“公共数字学习门户计划”（Gateways to Public Digital Learning，简称GPDL）（UNESCO & UNICEF, 2022），同时敦促各国建立并迭代改进数字学习平台，提供高质量、与课程相匹配的教育资源，确保数字教育资源的可访问性、免费、开放、共享，尊重语言和学习方法的多样性，满足不同群体的多样化教育需求，同时确保用户隐私和数据安全。数字教育内容、数字技术、智能与虚拟教育空间等环境物理基础设施建设固然重要，但是如今，这种挑战又因生成式人工智能的广泛应用而变得更加严峻。一个直接的、现实性的挑战在于，我们需要重新思考教育体系，建构新的教育方法、机制与模式，“让那些工作被计算机算法取代的人重新获得技能”（Lynch, 2017）。

由知识本位教育转向能力本位教育。我们正在面临前所未有的挑战，未来是不确定的，无法预测，但挑战也蕴含着新的发展机遇，需要我们以开放的心态为之做好准备，为那些今天尚未被发明的技术做准备，为那些今天尚不能预见的问题做准备（OECD, 2018）。生成式人工智能的迭代升级与日臻完善，使其在知识的存储、筛选、比较分析与逻辑表达等方面都远远超越人类智能。学校不仅需要在认识与观念上自我革命，超越知识教育的窠臼，真正实现从以传授确定性知识为主向以培养批判性思维和促进创造力提高为主的转变，还需要培养学生更加关注适应变化、处理多元价值冲突、自控自省等“变革能力”（transformative competencies）（OECD, 2019）。人类的创造活动都是从对已有经验、结论、认知模式的质疑与否定开始的。学校需要基于社会发展需求，重新检视知识体系，扬弃基于系统知识的课程建构模式，重构有助于人的思维与创造力培养、有助于知识在不同社会情景中转化应用的课程体系，开发基于问题、吸引学生参与、激活学生思维的实践性教学活动，建构以思维教学与创造力培养为核心的新教育模式，着力培养学生的选择、数字信息加工处理、知识转化和应用等能力，培养学生学会学习的能力，创意、创造、创新的意识、精神与能力。

学校教育自然要夯实学生的阅读、计算、数字素养、数据素养等认知基础，但在这一过程中，在持续的基于问题与情景的教育活动中，尤为重要的是，需要尊重学生的好奇心，维护和培育学生的批判性思维，使其能够能动地、持续地、辩证地、细致地比较分析、思考、反思、洞察任何形式的观念、经验、知识及其进一步指向的结论，以及佐证、支持这些观念、经验、知识的理由和逻辑论证方式，形成超越例行工作所需、不被人工智能取代的高阶能力，提高学生的问题解决能力和创造新价值的能力，形塑产出新知识、新见解、新思路、新技术、新策略和新解决方案的思维范式、思维习惯与行动；帮助学生以系统的、综合的思考和行动，平衡多元化的价值、利益与需求，提高应对压力与困境的能力；帮助学生不断加强自我调节、自我控制，形成勇于冒险并从失败中学习的愿望、能力与意志力，增强责任意识和自我效能感，提高问题解决的风险评估能力与承担后果的责任伦理能力。

智能技术赋能学习与教学。技术的进步是教育变革的重要力量。随着互联网、移动通信、大数据、云计算、物联网、区块链、元宇宙、人工智能等新兴技术的发展，信息技术的教育应用早已超越计算机辅助教学（computer aided instruction，简称 CAI）、计算机辅助学习（computer assisted learning，简称 CAL）、计算机软硬件支持的教育教学过程评价、数字化教学资源建设的发展阶段，数字化、网络化、智能化、多元化、协同化的技术迭代升级与集群突破，语音识别、图像识别、机器阅读理解、知识图谱等人工智能技术的教育应用日益广泛，使学校教育面临着一轮又一轮的挑战，也为从教育向学习转型、促进个性化学习创造了新的可能。尽管以 ChatGPT 为代表的人工智能生成内容（artificial intelligence generated content，简称 AIGC）技术存在基于互联网数据的偏见、缺乏人类情感、影响学生自主学习和独立思考等缺陷和风险，但面对生成式人工智能技术被广泛应用这一不争的事实，人类唯有在以技术创新与迭代升级促进人工智能不断完善的同时，加强人工智能的伦理、法律、制度、政策建设，规范人工智能技术在不同场景的合伦理的应用，而智能技术赋能学习与教育、推动教育变革与发展，也将成为当下以及未来教育的变革与发展方向。

AIGC 技术利用人工智能技术中的“自然语言处理”“机器学习”“深度学习”等算法技术，对大量语言数据进行分析、学习和模拟，从而实现对自然语言的理解和生成。AIGC 技术与虚拟数字人的进一步融合，更加智能化、拟人化的虚拟数字教师助理，将越来越广泛地应用于教育场；基于虚拟现实（virtual reality，简称 VR）、增强现实（augmented reality，简称 AR）、元宇宙（metaverse）技术的虚拟实验学习场景的建立与应用，教育与学习的情景性、交互性、体验性将不断增强，帮助学生体验并探究复杂的实验过程及其原理。随着 AIGC 技术的不断发展，未来可以实现更加个性化的内容生成，满足教师和学生的个性化学习需求；文字、图片、视频等多模态内容生成技术的不断完善，将极大地拓展 AIGC 技术的教育场景应用范围，提高学习者参与学习的兴趣；随着人机对话生成的智能水平的不断提高，通过对用户的语言数据进行分析和学习，AIGC 技术与用户的对话将更加自然、流畅，从而极大地提高人机交互的效率和质量。实际上，ChatGPT 备受用户欢迎，许多教师和科研人员经常用这一大型语言模型来修改论文，还用它来帮忙检查代码，写演讲稿、出考卷，“很多人把 ChatGPT 作为数字秘书或数字助理”（Stokel-Walker & Van Noorde, 2023）。相信在未来的日子里，学生成年后与人工智能系统一起学习、工作、游戏将是不争的事实。学校和教育者需要进一步解放思想，与时俱进，跟踪、研究智能技术发展前沿，主动应对智能技术挑战，具体研究 ChatGPT 的信息集成、运算、表达的优势与不足，转“危”为“机”，深度改进教学，将其作为一种提供个性化服务的教学辅助工具（Roose, 2023）。

可以想见，AIGC 技术将在以下教育场景得到广泛应用：（1）个性化教学与学习：使用自然语言处理理解教师和学生提出的问题，根据教师和学生的兴趣、教学与学习风格、学生的认知水平与学习能力以及个性化需求，快速生成并提供相应的学习资源、个性化的学习建议和指导，创建个性化的学习体验，提高教与学的效率与质量，提供问题解决的示例和方案。（2）在线答疑与辅导：学生可以在任何时间利用 AIGC 技术提出问题，并能即时得到回答；AIGC 技术可为学生提供学科知识解答、学习方法指导、学习计划制订等多种辅导服务与支持。（3）学生评估：AIGC 技术可以对学生进行测验、问卷调查等多种形式的评估，以帮助教师更好地了解学生的学习进展与需求。（4）教师支持：AIGC 技术可以为教师提供教学资源分享、教学方法指导、批改作业、课程计划建议、学生反馈分析等多种支持服务，为教师的集体备课、教研活动与个性化教学提供帮助，帮助教师提高教学效率和质量。（5）情感支持：AIGC 技术可以为学生提供心理咨询、情感支持等服务，帮助学生克服学习和生活中的困难。（6）语言学习：AIGC 技术可以创设语言环境，使用自然语言处理来理解学生语言练习、情景对话、语法提示和词汇测验等学习新语言的要求和疑问，即时反馈。（7）资源共享：AIGC 技术可以为学生和教师提供教学视频、课件、试题等学习资源共享平台，方便学生与教师的学习和教学。

（三）建构开放且充满活力的教育体系

日趋封闭与稳定的学校教育体系，在遭遇来自互联网、智能技术等外部力量挑战的同时，也面临制度化教育系统以内部治理变革摆脱封闭、机械窘境的要求，建构开放且充满活力的教育体系，既要摆脱制度化教育系统的封闭性桎梏，建构学校-家庭-社会融合、线上线下混合的泛在教育体系（ubiquitous learning，简称 U-Learning），又要克服制度化学校教育体系内部条块分割独立的损害，建构一体化贯通的终身学习体系，更要以教育治理现代化激发学校发展活力，促进教育的健康持续发展。

摆脱制度化教育系统的封闭性桎梏，建构学校-家庭-社会融合、线上线下混合的泛在教育体系。无论从学校教育系统培养的人之于社会发展的适应性而言，还是从该系统自身的健康持续发展而言，学校都应该是一个面向社会的开放系统，只是学校系统的制度化过程加剧了系统本身的封闭性；庞大的互联网数据资源以及虚拟学校、MOOC 等多样化的专业化线上教育资源以及各种智能技术为学习过程提供的支持，不仅客观上使得学校之外的学习成为可能，而且也为学校系统的开放提供了可能。学校系统的这种开放在两个方面发展。

一方面，就社会现实情况而言，促进学校-家庭-社会（社区）教育的融合，使学校教育、家庭教育、社会（社区）教育形成合力，已成为促进人的健康、全面、持续发展的现实需求；一个充满活力的学校教育系统，同样需要来自社会系统的支持并最终以其培养的人为社会服务。一个快速变化的社会，其经济与产业结构、不同社会职业对人的素养的要求也同样在快速变化，对趋于稳定、失之保守的学校教育系统而言，无论自身改革的愿望多么强烈，相关的改革策略多么繁多，都难以实现“学校适应社会”“社会欢迎毕业生”的愿望，“促进人的可持续发展”更是奢谈。学校系统自然需要自我革命，这种“革命”的动力源于科技创新的推动，源于经济与产业技术和结构的升级；学校系统需要建立健全自我革新的机制，建立健全科技创新、经济发展、产业结构调整、社会进步的预测-反应机制，经验共享机制，社会力量参与教育的人才引进机制。

另一方面，就技术维度而言，移动通信、互联网/物联网、智能教学/学习软件、智能学习终端等各种数字学习技术装备支持的日常学习环境，使泛在学习大行其道（Ogata, Matsuka, El-Bishouty, & Yano, 2009），为学习者即时提供学习资源并促进互动（Hwang, Tsai, & Yang, 2008）。线上线下混合学习不仅意味着学习者可以自主选择虚拟学校、MOOCs 等专业化的线上学习平台及其教育资源，也意味着实体学校可以通过购买线上教育资源为学生的学习与发展提供便利，这些都使固定的人在固定时间、固定地点、学习固定内容的制度化学校教育正在消解，任何人

(any one)在任何时刻(any time)、任何地点(any where)利用任何智能终端设备(any device)学习任何内容(any content)的泛在教育方兴未艾，学习的即时化、个性化使教育正在被重新定义，学习无处不在，每时每刻都在发生。

克服制度化学校教育体系内部条块独立割裂的弊端，建构一体化贯通的终身学习体系。传统的制度化教育，不仅将人的一生划分为接受教育、工作和安享晚年几个阶段，而且在人接受学校教育的过程中，各级各类教育(学校)亦因其自身的组织化与制度化而彼此隔阂，这种条块独立、割裂的教育体系，使人的受教育过程被人为地切割。终身学习是人"一生中进行的所有学习活动，目的是在从个人、公民、社会和/或就业相关的角度提高知识、技能和能力"(Commission of the European Communities, 2001)。建构一体化贯通的终身教育体系，需要以终身教育理念重新设计和建构完整教育系统及其各个组成部分，使之彼此衔接、互联互通。这不仅意味着学习不能再以获取知识的地点和时间(学校)与应用所学知识的地点和时间(工作场所)区分(Fischer, 2000)，意味着大中小学在形式与内容上衔接贯通、普通教育与职业教育的彼此融通，意味着正式学习(formal learning)、不正规学习(non-formal learning)与非正式学习(informal learning)①的交互与融通，意味着学习贯穿于人持续求索人生不可预知的世界的全过程，人在每一阶段(场景)的知识学习、思维形塑、能力养成，都成为此后学习与发展的基础，并对全人生发展具有启迪、引领作用。

以教育治理现代化激发学校发展的生机与活力，促进教育的健康持续发展。制度化教育体系的机械僵化，固然与其自身的组织化、封闭性与内卷化直接相关，更与诸如政府和教育行政系统等强大的外部力量的控制与干预作用紧密相关，集权化的教育行政系统不仅负责学校管理者的任命、教师的任用、教材的选择，甚至干预学校课程与教学等具体活动与事务的安排。"在推行基于标准的教育改革的过程中，统一的国家标准不仅威胁地方活力，还威胁学校活力"(Gittell, 1996)。由此，激发学校发展的生机与活力，首先需要转变政府和教育行政部门的教育管

① 正式学习（formal learning）指在有明确教学目的、有系统的组织化的教育活动的学习机构（如小学、中学、大学，以及在职工作期间接受的有组织的继续教育和培训）中，在经过训练的教师的系统指导下进行的学习；不正规学习（non-formal learning）指学校之外的各种有组织的学习，如课外足球训练、合唱训练等，通常这类学习与学校里的考试、学分并无联系；非正式学习（informal learning）指在有组织的学习之外，通过非教学性的社会交往活动传递和渗透知识的学习活动，是一种没有明确的目的性、在日常生活中自然发生的学习，大都由学习者自己主动发起、自我调控、自行负责。

理职能，由管制转向宏观领导、服务与支持，简政放权，在法理上、观念上、政策上确立学校自主办学的主体地位，放权、授权、赋权给学校，进一步扩大学校办学自主权，促进学校自主发展。对学校而言，则需要在"受权"的同时，通过多元参与、共同治理方式，用好自主办学权。

激发学校内部发展的生机与活力是培养富有创新活力的新一代、应对不确定时代挑战的重要保障因素。在新冠疫情趋于结束，学校逐步重新开放，校园生活逐步恢复和重建的日子里，要以富有远见和战略的领导力，倡导自我保障，抚慰创伤，传播希望，拥抱公平，倡导集体效能，激发每一个具体个人和学校的活力，从而引领发展(Mason, Patschke, & Simpson, 2023)。布兰德(Carole J. Bland)等人将教师与(教育)机构(学校/学院)的活力发展聚焦于"旨在促进教师对实现其自身目标和机构目标的承诺和能力的努力"(Bland et al.,2002)，的确反映了教师管理与教师发展是学校治理的核心。从某种意义上说，所有的创造性行为及其成果在不同领域/情景的有效转化应用，都依赖于自由探索。学校需要确立广大教师作为学校主人翁的地位，进一步优化学校治理结构，逐步完善学校协商民主决策机制，鼓励和支持广大师生员工积极参与学校公共事务，成为民主的学校；积极营造宽松、民主、自由的学校文化，激发广大教师组织与参与教育教学的积极性和创造性，鼓励创新，包容失败，形成师生才智充分涌流、学校活力竞相迸发的局面。

结束语：教育政策研究者的责任

在如此纷繁复杂、充满不确定性的世界，坚守建构优质教育、促进人的发展、共营幸福美好生活的教育理想，自然是一种美好的守望，但是，教育政策研究者的责任与使命远不止于此。普朗蒂(John J. Prunty)批判了当前教育政策分析中存在的概念模糊、忽视价值观和道德问题、技术理性影响政策制定以及政策分析未能有效改进教育与社会的现实问题等诸多现象，主张一种基于批判社会理论(critical social theory)的教育政策研究(Prunty, 1985)。莱昂纳多(Zeus Leonardo)则认为，批判在探索和建构优质教育的过程中发挥着独到的作用，不仅可以培养学生的批判精神，使其具有创造性地摆脱各种困境的能力，还能促进人与社会的互动，促进人与社会的双重解放(Leonardo, 2004)。教育政策研究者需要从自己所坚守的教育理想出发，批判地审视当前的教育改革与社会变革现实状态，以敏锐的学术眼光发现并且敢于直面教育改革发展中的“真问题”，进而进行一种基于“真问题”的批判性分析。韦弗-海托华（Marcus B. Weaver-Hightower）呼吁从复杂性的立场出发进行教育政策分析（Weaver-Hightower, 2008），那就是从人的发展、教育改革与社会系统对教育系统和人的生存与发展的影响等多元维度，通过循证研究，系统分析导致某个教育“真问题”产生、发展的原因，寻求当下教育政策与教育实践对于解决“真问题”的可能与存在的差距，进而超越批判立场，以建构的立场寻求解决“真问题”的教育政策策略与实践路径。教育政策研究者理应摆脱本土视野的局限，寻求基于全球共同利益的国际合作，共同为促成新的教育社会契约提供智力支持（UNESCO, 2021：136）。

我们将《教育政策研究手册》的导言命名为“变革世界中的教育政策与教育改革”，意在为读者提供当代世界的教育与社会政治、经济、文化、技术之间，以及教育系统内部诸要素之间多维互动的波澜壮阔的丰富画面；来自 14 个国家的 49 位作者提供的 38 篇论文通过对教育问题的国际比较的、历史的和跨学科的政策分析，呈现了教育政策研究的多样性与教育改革的复杂性。相信读者不仅能够立足不同视角和立场，从共同面对的教育政策问题的研究中获益，也能从那些呈现区域特征的个性化教育问题分析与教育政策策略中得到启发。

参考文献

Becker, G. S. (1993). *Human capital: A theoretical and empirical analysis, with special reference to education* (3rd ed.). Chicago: University of Chicago Press.

Bengio, Y., Russell, S., Musk, E., et al. (2023). *Pause giant AI experiments: An open letter*. Retrieved from https://futureoflife.org/open-letter/pause-giant-ai-experiments/

Bennett, N., & Lemoine, G. J. (2014). What a difference a word makes: Understanding threats to performance in a VUCA world. *Business Horizons*, *57*(3), 311 - 317.

Bland, C. J., Seaquist, E., Pacala, J. T., Center, B., & Finstad, D. (2002). One school's strategy to assess and improve the vitality of its faculty. *Academic Medicine*, *77*(5), 368 - 376.

Boeren, E. (2019). Understanding sustainable development goal (SDG) 4 on "quality education" from micro, meso and macro perspectives. *International Review of Education*, (65), 277 - 294.

Bogdandy, A. V., & Goldmann, M. (2012). Taming and framing indicators: A legal reconstruction of the OECD's Program for International Student Assessment (PISA). In K. E. Davis, A. Fisher, B. Kingsbury, & S. E. Merry (Eds.), *Governance by indicators: Global power through quantification and rankings*. Oxford: Oxford

University Press.

Carnegie Europe. (2022). *Globalization for an inclusive world*. Retrieved from https://carnegieeurope.eu/2022/09/05/globalization-for-inclusive-world-event-7927

Cebr. (2023). *World economic league table 2023*. Retrieved from https://cebr.com/wp-content/uploads/2022/12/WELT-2023.pdf

Commission of the European Communities. (2001). *Making a European area of lifelong learning a reality*. Retrieved from http://eur-lex.europa.eu/LexUriServ/LexUriServ.do?uri=COM:2001:0678:FIN:EN:PDF

Conceição, P. (Ed.). (2022). *Human development report 2021–22: Uncertain times, unsettled lives: Shaping our future in a transforming world*. New York: UNDP. Retrieved from https://hdr.undp.org/system/files/documents/global-report-document/hdr2021-22pdf_1.pdf

Delors, J. (1996). *Learning: The treasure within*. Paris: UNESCO.

Doheny, M., Nagali, V., & Weig, F. (2012). Agile operations for volatile times. *McKinsey Quarterly*. Retrieved from http://www.mckinsey.com/insights/operations/agile_operations_for_volatile_times

Duffy, B. (2021). Generation Covid: What the pandemic means for young people's futures. *New Scientist*. Retrieved from https://www.newscientist.com/article/mg25133524-300-generation-covid-what-the-pandemic-means-for-young-peoples-futures/

Economist. (2022). Governments are ignoring the pandemic's disastrous effect on education. *Economist*. Retrieved from https://www.economist.com/leaders/2022/07/07/governments-are-ignoring-the-pandemics-disastrous-effect-on-education

Enarson, H. L. (1967). Education and the wealth of nations: An examination of the contribution of effective educational planning to the economic growth of a nation. *Monthly Labor Review*, *90*(3), 21–24.

EU. (2016). *General data protection regulation*. Retrieved from https://gdpr-info.eu/

Fan, G., & Popkewitz, T. S. (Eds.). (2020a). *Handbook of education policy studies: Values, governance, globalization, and methodology, volume 1*. Singapore: Springer Nature.

Fan, G., & Popkewitz, T. S. (Eds.). (2020b). *Handbook of education policy studies: School/university, curriculum, and assessment, volume 2*. Singapore: Springer Nature.

Faure, E., Herrera, F., Kaddoura, A.-R., Lopes, H., Petrovsky, A. V., Rahnema, M., & Ward, F. C. (1972). *Learning to be: The world of education today and tomorrow*. Paris: UNESCO.

Fischer, G. (2000). Lifelong learning: More than training. *Journal of Interactive Learning Research*, *11*(3/4), 265–294.

Gacitúa-Marió, E., Andrew, N., & Georgieva, S. V. (Eds.). (2009). *Building equality and opportunity through social guarantees: New approaches to public policy and the realization of rights*. Washington, DC: World Bank.

Gaëlle, A. (2023). *Employers think ChatGPT means +74% productivity: 51% of resulting job losses in marketing*. Retrieved from https://www.sortlist.com/datahub/reports/chat-gpt-statistics/

Gill, I., & Saavedra, J. (2022). *We are losing a generation*. Retrieved from https://www.brookings.edu/blog/future-development/2022/01/28/we-are-losing-a-generation/

Gittell, M. (1996). National standards threaten local vitality. *The Clearing House*, *69*(3), 148–150.

Gray, L., & Lewis, L. (2021). *Use of educational technology for instruction in public schools: 2019 – 20* (NCES 2021 – 017). U. S. Department of Education. Washington, DC: National Center for Education Statistics. Retrieved from https://nces.ed.gov/pubsearch/pubsinfo.asp?pubid=2021017

Green, A. (2013). *Education and state formation: Europe, East Asia and the USA* (2nd ed.). New York, NY: The Palgrave Macmillan.

Hatzius, J., Briggs, J., Kodnani, D., & Pierdomenico, G. (2023). *The potentially large effects of artificial intelligence on economic growth*. Retrieved from https://www.ansa.it/documents/1680080409454_ert.pdf

Heifetz, R., Grashow, A., & Linsky, M. (2009). Leadership in a (permanent) crisis. *Harvard Business Review*, July-August 2009, pp. 1 – 7. Retrieved from https://hbr.org/2009/07/leadership-in-a-permanent-crisis

Hwang, G.-J., Tsai, C.-C., & Yang, S. J. H. (2008). Criteria, strategies and research issues of context-aware ubiquitous learning. *Educational Technology & Society*, *11*(2), 81 – 91.

ILO. (2023). *World employment and social outlook: Trends 2023*. Geneva: International Labour Office. Retrieved from https://www.ilo.org/wcmsp5/groups/public/---dgreports/---inst/documents/publication/wcms_865332.pdf

Kayali, L. (2023). *French digital minister: ChatGPT doesn't respect privacy laws*. Retrieved from https://www.politico.eu/article/french-digital-minister-chatgpt-doesnt-respect-privacy-laws/

Kok, J., & van den Heuvel., S. C. (Eds.). (2019). *Leading in a VUCA world: Integrating leadership, discernment and spirituality*. Switzerland: Springer Nature.

Kumar, K. B. (2021). *Shared prosperity: The crying need for inclusive globalization*. Retrieved from https://www.rand.org/blog/2021/02/shared-prosperity-the-crying-need-for-inclusive-globalization.html

Leonardo, Z. (2004). Critical social theory and transformative knowledge: The functions of criticism in quality education. *Educational Researcher*, *33*(6), 11 – 18.

Lynch, S. (2017). *Andrew Ng: Why AI is the new electricity*. Retrieved from https://www.gsb.stanford.edu/insights/andrew-ng-why-ai-new-electricity

Mason, C. Y., Patschke, M. D., & Simpson, K. (2023). *Leading with vitality and hope: Embracing equity, alleviating trauma, and healing school communities*. Washington, DC: Rowman & Littlefield Publishers.

McCarthy, J., Minsky, M. L., Rochester, N., & Shannon, C. E. (1955). *A proposal for the Dartmouth summer research project on artificial intelligence*. Retrieved from http://www-formal.stanford.edu/jmc/history/dartmouth/dartmouth.html

Metz, C. (2023). "The godfather of A. I." leaves Google and warns of danger ahead. *The New York Times*, May 1, 2023. Retrieved from https://www.nytimes.com/2023/05/01/technology/ai-google-chatbot-engineer-quits-hinton.html

Meyer, H.-D., & Benavot, A. (2013). Introduction. In H. D. Meyer & A. Benavot (Eds.), *PISA, power and policy: The emergence of global educational governance*. Oxford: Symposium Books.

Miao, F., Holmes, W., Huang, R., & Zhang, H. (2021). *AI and education: Guidance for policy-makers*. Paris: UNESCO. Retrieved from https://unesdoc.unesco.org/ark:/48223/pf0000376709

Minchekar, V. (2019). Construction and development of academic stress scale for college and university students. *The Learning Curve*, *Vol. Ⅷ*, pp. 3 – 9. The Department of Psychology, Lady Shri Ram College, University of Delhi.

Murphy, R. F. (1989). *Cultural and social anthropology: An overture*. Englewood Cliffs, NJ: Prentice Hall.

Nandram, S. S., & Bindlish, P. K. (Eds.). (2017). *Managing VUCA through integrative self-management: How to cope with volatility, uncertainty, complexity and ambiguity in organizational behavior.* Switzerland: Springer Nature.

Nicola, M., Alsafi, Z., Sohrabi, C., Kerwan, A., Al-Jabir, A., Iosifidis, C., Agha, M., & Agha, R. (2020). The socio-economic implications of the coronavirus and COVID - 19 pandemic: A review. *International Journal of Surgery*, *78*, 185 - 193.

Nussbaum, M. C. (2010). *Not for profit: Why democracy needs the humanities*. Princeton, NJ: Princeton University Press.

OECD. (2018). *The future of education and skills: Education 2030.* Paris: OECD. Retrieved from https://www.oecd.org/education/2030/E2030%20Position%20Paper%20(05.04.2018).pdf

OECD. (2019). *Transformative competencies for 2030*. Retrieved from http://www.oecd.org/education/2030-project/teaching-and-learning/learning/transformative-competencies/Transformative_Competencies_for_2030_concept_note.pdf.

Ogata, H., Matsuka, Y., El-Bishouty, M. M., & Yano, Y. (2009). LORAMS: Linking physical objects and videos for capturing and sharing learning experiences towards ubiquitous learning. *International Journal of Mobile Learning and Organisation*, *3*(4), 337 - 350.

Prunty, J. J. (1985). Signposts for a critical educational policy analysis. *Australian Journal of Education*, *29*(2), 133 - 140. Retrieved from https://doi.org/10.1177/000494418502900205

Roose, K. (2023). *Don't ban ChatGPT in schools. Teach with it.* Retrieved from https://www.nytimes.com/2023/01/12/technology/chatgpt-schools-teachers.html

Rychen, D. S., & Salganik, L. H. (Eds.). (2001). *Defining and selecting key competencies*. Paris: OECD.

Rychen, D. S., & Salganik, L. H. (Eds.). (2003). *Key DeSeCo publications key competencies for a successful life and a well-functioning society*. Paris: OECD.

Rychen, D. S., Salganik, L. H., & McLaughlin, M. E. (Eds.). (2003). *Contributions to the second DeSeCo symposium*. Paris: OECD.

Salganik, L. H., Rychen, D. S., Moser, U., & Konstant, J. (1999). *Projects on competencies in the OECD context: Analysis of theoretical and conceptual foundations*. Paris: OECD.

Schultz, T. W. (1963). *The economic value of education*. New York and London: Columbia University Press.

Stokel-Walker, C., & Van Noorde, R. (2023). The promise and peril of generative AI. *Nature*, *614*(9), 214 - 217.

The United Nations. (2015). *Transforming our world: The 2030 agenda for sustainable development* (A/RES/70/1). Retrieved from https://sustainabledevelopment.un.org/content/documents/21252030%20Agenda%20for%20Sustainable%20Development%20web.pdf

The United Nations. (2021). *Our common agenda—Report of the secretary-general*. New York, NY: The United Nations. Retrieved from https://www.un.org/en/content/common-agenda-report/assets/pdf/Common_Agenda_Report_English.pdf

The World Bank Group. (2022). *Global economic prospects*, *June 2022*. Washington, DC: The World Bank. Retrieved from https://thedocs.worldbank.org/en/doc/18ad707266f7740bced755498ae0307a-0350012022/

original/Global-Economic-Prospects-June-2022. pdf

The World Bank Group. (2023a). *Sharp, long-lasting slowdown to hit developing countries hard*. Retrieved from https://www. worldbank. org/en/news/press-release/2023/01/10/global-economic-prospects

The World Bank Group. (2023b). *Global economic prospects, January 2023.* Retrieved from https://openknowledge. worldbank. org/server/api/core/bitstreams/254aba87-dfeb-5b5c-b00a-727d04ade275/content

The World Bank Group & UNESCO. (2022). *Education finance watch 2022*. Retrieved from https://unesdoc. unesco. org/ark:/48223/pf0000381644_eng

Turing, A. (1950). Computing machinery and intelligence. *Mind*, *59*(236), 433 – 460.

UNDP. (2022). *UNDP releases its new human development report highlighting heightened global uncertainty and calling for new development course forward*. Retrieved from https://www. undp. org/china/press-releases/undp-releases-its-new-human-development-report-highlighting-heightened-global-uncertainty-and-calling-new-development-course

UNESCO. (2015). *Rethinking education: Towards a global common good.* Paris: UNESCO.

UNESCO. (2021). *Reimagining our futures together: A new social contract for education.* Paris: UNESCO.

UNESCO & UNICEF. (2022). *Gateways to public digital learning*. Retrieved from https://www. un. org/en/transforming-education-summit/gateways-public-digital-learning

Weaver-Hightower, M. B. (2008). An ecology metaphor for educational policy analysis: A call to complexity. *Educational Researcher*, *37*(3), 153 – 167.

WHO. (2020). *WHO Director-General's opening remarks at the media briefing on COVID – 19 – 11 March 2020.* Retrieved from https://www. who. int/dg/speeches/detail/who-director-general-s-opening-remarks-at-the-media-briefing-on-covid-19---11-march-2020

Zhao, S. (2022). The US-China rivalry in the emerging bipolar world: Hostility, alignment, and power balance. *Journal of Contemporary China*, *134*(31), 169 – 185.

复旦发展研究院. (2023). *上海论坛 2023 圆桌承办征集启事*. https://fddi. fudan. edu. cn/72/b7/c18989a488119/page. htm

王帆. (2023). 动荡世界中的稳定之锚与繁荣之源——2022 年国际形势与中国外交. *当代世界*, (1), 10 – 15.

The Reconfiguration of Human Education in an Uncertain World

(The Preface to the Chinese Version)

Guorui FAN

In 2009, Heifetz et al. posited that the world had entered an era of constant volatility, uncertainty, complexity, and ambiguity, commonly referred to as VUCA. Since then, the concept has been widely adopted in business, political, and social studies to depict the intricate and unpredictable nature of the current social landscape and the challenges faced by organizations. In 2020, during the collaborative authorship of the introduction to the *Handbook of Education Policy Studies*, entitled "Introduction: Education Policy and Reform in the Changing World," with Professor Thomas S. Popkewitz of the University of Wisconsin-Madison (Fan & Popkewitz, 2020a, 2020b), we acknowledged that the flux in the contemporary world influences human survival and progress as well as the reform and development of education. However, as the Chinese edition of this book was being published, a series of unforeseen major events unfolded, including the outbreak of the COVID-19 pandemic, the Russo-Ukrainian conflict, and the exponential advancement of artificial intelligence (AI) technology, which heightened our awareness of the unprecedented influence they exerted on global politics, economy, culture, education, and people's livelihoods and lifestyles. Certainly, the speed, the scale and the depth of such influence are beyond imagination — be that my own or that of my fellow editor, contributing authors, and the community of researchers who have dedicated their attention to the VUCA phenomenon in contemporary society. In terms of human learning and education, growth and development, and work and everyday lives, such influence shakes the foundations of modern social organizations, human survival, and human lifestyles. It also upends the underpinnings of the modern education system established during the Industrial Revolution, fueling revolutionary changes in human education.

I. A World of Increasing Uncertainty

As the contemporary world progresses into an age of accelerated development, it encounters a confluence of rapid societal changes, heightened environmental dynamics encompassing global economic growth and volatility, political instability, and natural disasters, as well as escalating societal and structural instabilities. The complexity and volatility of societal factors, combined with an onslaught of unprecedented emergencies in areas such as politics, economics, and technology, have intensified the unpredictability of governmental, corporate, societal, and individual development, the difficulty of decision-making, and the elusiveness of future directions. For stakeholders, their interconnected relationships with one another and the environment are becoming increasingly complicated, while information and data that could shed light on these complex stakeholder interactions are becoming increasingly distorted and opaque. As a result, the information crucial for decision-making is muddled, inconsistent, and uncertain, exacerbating the already ambiguous and intricate connections between societal factors (Doheny, Nagali, & Weig, 2012; Bennett & Lemoine, 2014; Nandram & Bindlish, 2017; Kok & van den Heuvel, 2019). In retrospect, recent years have witnessed significant transformations in socioeconomic development and daily life, including the impact of the COVID - 19 pandemic, international political conflicts marked by the Russo-Ukrainian conflict, global economic recession, and the subsequent labor market deterioration in general. All of these transformations have created an interactive and additive effect with the development of intelligence technology centered on generative AI,① shaping the overall survival and development of humanity

① Generative AI learns the joint probability distribution of data for logical inductions and summarization based on analyses of existing data and creates imitative and composite works to generate new content expressions.

by means of both organized control and modalities beyond control.

(1) The Impact of COVID – 19 and Its Prolonged Ramifications

In March 2020, the World Health Organization (WHO) formally declared that COVID – 19 met the criteria of a "worldwide spread of a new disease" from human to human, marking the start of the so-called "pandemic" era (WHO, 2020). Spanning approximately three years, the COVID – 19 pandemic spread across more than 200 countries and regions, emerging as the most catastrophic public health and safety event encountered by human society since the Second World War (1939 – 1945). While posing a significant threat to individuals' physical health and safety and causing a staggering number of infections and a death toll reaching the millions, this global crisis precipitated a marked deterioration in mental well-being and drastically amplified levels of anxiety, depression, and loneliness. Furthermore, the devastation wrought on industries such as food and beverage, retail, and tourism resulted in heightened job insecurity and increased poverty rates, and necessitated industry and supply chain restructuring, a slowdown in economic activities, and a rising trend of de-globalization among economies (Nicola et al. , 2020). Within the field of education, public health experts recommended the closure of educational institutions as a measure to curb the virus's transmission. As a result, almost all countries opted to suspend in-person schooling, compelling students to remain at home in an attempt to combat. Although various countries and regions actively adjusted their measures — a blend of the so-called "3Rs" of reopened schools, remote learning, and remedial programs — in response to the evolution of the pandemic to minimize its adverse effects on children's learning and physical and mental development, the lockdowns and restrictions jeopardized the future prospects of a billion children (Gill & Saavedra, 2022), now referred to as the "generation COVID" (Duffy, 2021).

The worldwide relaxation of lockdown measures has initiated a gradual recovery of people's daily lives and economic activities. However, comprehensively assessing the enduring ramifications of the pandemic on adolescents' educational achievements, career decisions, and overall physical and mental well-being proves challenging.

Likewise, it is equally arduous to gauge the indirect consequences stemming from the pandemic's systematic, protracted, and profound impacts on various domains, including global economy, political landscape, cultural fabric, and social and familial spheres. This aligns with a United Nations (UN) report titled "Our Common Agenda," which declared:

> Over 90 per cent of children in the world have had their education interrupted by COVID – 19, the largest disruption of education systems in history. For many students, especially girls and young women, this break may become permanent, with potential consequences for their rights, equality and development for future generations. Even prior to COVID – 19, traditional education systems were still not reaching some 258 million children and young people in the world and were failing to provide many students with even basic foundational skills such as reading and mathematics. Students in developing and developed countries alike tell us that they leave the education system without the tools that they need to adapt and thrive in a rapidly changing world, including digital literacy, global citizenship and sustainable development. This situation is exacerbated by the fact that both early childhood education and lifelong learning, so crucial for individuals and society at large, remain an aspiration in most countries. (The United Nations, 2021: 40)

(2) A Rising Trend of Global Insecurity

Bounded by a multitude of intricate factors, the trends of globalization and de-globalization have alternated since advent of the first Industrial Revolution. Contemporary political relations are characterized by intricate complexities, as both trust among nations and regions and the international political order since the Second World War face an unprecedented crisis. Geopolitical transformations have accompanied the rise of localized conflicts and confrontations, primarily concentrated in regional hotspots. Shifts in the geopolitical landscape have been accompanied by escalating local conflicts and confrontations concentrated around regional hotspots, with the Russo-Ukrainian conflict turning into a prolonged confrontation, the Middle East embroiled in multiple dilemmas, and increasingly complicated issues surrounding Asia-Pacific security. Amid mounting security risks, international relations in contemporary politics face their gravest challenge since the conclusion of the Second World War. Among these events, the ongoing conflict between Russia and Ukraine since February 2022, is unequivocally the most serious incident in contemporary international political life. As the conflict continues to escalate amid episodes such as the Nord Stream pipeline and Crimean Bridge explosions, it appears to follow a trajectory characterized by prolonged and complicated development, exerting a profound influence on the present and future trajectories of the involved countries. Its spillover effect has aggravated the longstanding absence of strategic trust between Russia and NATO member states, and even with the broader Western community, This escalating tension and deterioration in bilateral relations significantly impact both international society and human development.

The prolonged conflict between Russia and Ukraine has not only sown internal divisions among European nations and contributed to the rise of right-wing powers, but has impacted energy costs and consumption as well. Indeed, conflict-induced surge in energy prices has directly compelled energy-intensive firms in Europe to curtail or even halt their production, thereby unsettling the foundations of industries in France and Germany. This has deepened concerns regarding the risk of a "de-industrialized" Europe, engendering divergence and heightened uncertainties in US-European relations. In the Asia-Pacific region, the security situation on the Korean Peninsula is at substantial risk of further deterioration, while the multifaceted strategic maneuvering in the South China Sea continues to intensify. Coupled with the escalating tensions in the Taiwan Strait, these developments have contributed to an escalation in security risks. The ramifications of the protracted Russo-Ukrainian conflict, particularly in terms of the energy crisis, may prompt Europe to prioritize economic globalization and multilateralism, commit itself to building a more stable and reliable multilateral supply chain system, and reaffirm its strategic autonomy in pursuit of self-development and international standing. Concurrently, in the realm of US-China relations, which wield a fundamental role in global politics and global economy, the United States has undergone adjustments to its China strategy. Shifting from a trade war to a technology war, strategic competition between the two nations continues to evolve, stifling daily bilateral trade, cultural and educational exchanges, as well as cooperative endeavors. In light of the escalating global, regional, and bilateral uncertainties within the international order, an ever-growing imperative emerges for the United States and China to effectively manage their competition (Zhao, 2022; Wang, 2023).

In sum, the contemporary world is undergoing a transformation that entails intense and profound shifts in the international alignment and system. The collective interests, values, and aspirations that have been painstakingly forged over decades by numerous individuals are facing immense challenges — from the resurgence of a Cold War mentality and bloc politics, rising threats of unilateralism, trade protectionism, hegemony, and power politics, to prominent security and development concerns. Countries are sharply polarized on strategic ideologies, including their perceptions of the international order, geopolitical interests, and values. This is eroding the foundations of mutual strategic trust and ascribing an increasingly adversarial undertone to issues such as human rights and cybersecurity. As relations among major powers increasingly diverge, human society finds itself at a critical juncture. Under the sway of such dynamics, trade protectionism and the imposition of restrictions on science and technology exports have impeded the flow of scientific and technological knowledge between countries and regions, as well as collaboration and exchanges among students and researchers. The adverse repercussions on educational exchanges between countries and regions, study abroad programs and international education, collaborative research, and the development of science and technology education are immeasurable. As such, there exists an urgent imperative to reconfigure the values of globalization, transcend the limitations and boundaries of existing paradigms, and restore a world order that respects differences while fostering mutual development.

(3) Prolonged Slowdown of Global Economic Growth

The global economy is under financial strain due to several factors, including the recurrent devastation wrought by the pandemic and its enduring impacts, the Russo-Ukrainian conflict and the resultant geopolitical tensions, ongoing disruptions in investment, trade, and other economic activities, the release of pent-up demand nearing its point of dissipation, and the gradual withdrawal of fiscal and monetary easing policies around the world. Affected by a chain of politico-economic factors, the global economy is entering a prolonged period fraught with heightened stagflation risks, characterized by simultaneous high inflation and low growth. Amid weakening growth in major economies, persistently sluggish global economic growth, high inflation, and supply chain disruptions (Cebr, 2023), the combination of sluggish growth, tightening financing conditions, and mounting debt ratios is poised to engende a further decline in investment and an uptick in corporate defaults. Emerging markets and developing economies and regions also face multiple headwinds as contractionary monetary policies and ever-tightening financing conditions weigh on economic growth. Consequently, trade spillovers stemming from growth slowdown in developed economies will exert a particularly pronounced impact on the regions of East Asia, Pacific, Europe, and Central Asia, thereby detrimentally affecting middle- and low-income economies.

In January 2023, the World Bank forecast that global economic growth would decline drastically to 1.7%, its third weakest pace of growth observed in nearly three decades (World Bank Group, 2023b). Growth in developed economies is projected to drop from 2.5% in 2022 to 0.5% in 2023. A decline of such magnitude is often a harbinger of global recession. Notably, the United States is predicted to witness a slowdown in economic growth, reaching a meager 0.5% in 2023, marking its worst performing year in terms of economic growth outside officially declared recessions since 1970. In the euro area, growth is expected to remain stagnant at zero in 2023, reflecting a downward revision of 1.9 percentage points since the last forecast. In China, the economy is set to grow by 4.3% in 2023, 0.9 percentage points below previous forecasts. China, on the other hand, is projected to achieve a growth rate of 4.3% in 2023, which is 0.9 percentage points below previous forecasts. As for emerging markets and developing economies, growth is projected to decelerate from 3.8% in 2022 to 2.7% in 2023 (The World Bank Group, 2023b). David Malpass, the President of the World Bank, has issued a warning regarding this subdued growth: "Subdued growth will likely persist throughout the decade because of weak investment in most of the world. With inflation now running at multi-decade highs in many countries and supply expected to grow slowly, there is a risk that inflation will remain higher for longer" (The World Bank Group, 2022). Persistently low economic growth will exacerbate a host of social issues, including poverty and inequality. As noted in the latest World Bank report,

> Emerging and developing countries are facing a multi-year period of slow growth driven by heavy debt burdens and weak investment as global capital is absorbed by advanced economies faced with extremely high government debt levels and rising interest rates. Weakness in growth and business investment will compound the already-devastating reversals in education, health, poverty, and infrastructure and the increasing demands from climate change. (The World Bank Group, 2023a)

(4) Challenges and Opportunities Presented by Artificial Intelligence

In his seminal paper published in 1950, Alan Turing published a paper centered on the question, "Can machines think?" By proposing the Turing test, he posited the potential for creating a machine that possesses genuine intelligence (Turing, 1950). Building upon Turing's ideas, John McCarthy, Marvin Lee Minsky, Nathaniel Rochester, and Claude Elwood Shannon initiated a summer seminar at Dartmouth in 1956 to discuss topics surrounding how to imitate human intelligence with machines (McCarthy, Minsky, Rochester, & Shannon, 1955). The seminar became a seminal event in shaping the conceptualization of AI, the advent of AI-related disciplines, and the emergence of the AI revolution. Over the last seven decades, AI development has been on an uneven journey full of ebbs and flows. Since 2011, advancements in the Internet, big data, and deep learning technology have propelled AI shift from "weak AI" also known as "narrow AI" to "strong AI," commonly referred to as "artificial general intelligence" (AGI) or "advanced human intelligence." While the former focuses on imitating the human performance of basic tasks such as memorization, perception, and simple problem-solving, the latter endeavors to accomplish any intellectual task that human beings or other animals can undertake, employing similar problem-solving approaches. In 2016, a watershed in AI technology development ushered in the widespread application of discriminant/analytical AI,① including recommender systems, computer vision, and natural language processing, creating an enormous market for AI technology. Exemplified by ChatGPT, new and emerging generative AI solutions are poised to exert a profound influence on various facets.

In late November 2022, OpenAI, a AI research laboratory based in the United States, launched Chat Generative Pretrained Transformer or ChatGPT, a large language model leveraging the GPT-3.5 and GPT-4 frameworks to enhance its learning and training. By processing textual inputs, ChatGPT can automatically generate texts of a similar nature (e.g., scripts, songs, and proposals), produce automatic responses to user questions, and even generate and debug computer programs based on user's prompts. Amassing a million users in the first five days and reaching 100 million users in the span of just two months, ChatGPT set off a global AI boom. OpenAI has since released regular updates to ChatGPT, incorporating new features such as visual input capabilities and ChatGPT Plugins, introducing a quantum leap in ChatGPT's text processing and advanced reasoning capabilities as well as support for the use of tools and web browsing. Furthermore, OpenAI has substantially expanded ChatGPT's knowledge based in specific domains such as science, medicine, and law, reducing the likelihood of generating inaccurate or irrelevant responses by 60%. With its remarkable capabilities spanning various fields including customer service support, chatbot functionality, voice interaction, language translation, smart search, personalized recommendations, intelligent diagnostics, predictive analytics, decision support, and automatic text generation, ChatGPT has become an invaluable tool widely adopted by

---

① Discriminant/analytical AI learns the conditional probability distribution of data to perform analyses and make judgments and predictions based on existing data; it is mainly applied to decision aids in recommender and risk management systems, autonomous driving, and intelligent decision-makers in robotics.

users seeking to enhance efficiency and productivity.

The revolutionary improvement in AI technology's productivity is due to the enormous scale of data accumulation and computations. That said, issues such as data security and privacy protection, which have plagued the Internet since its creation, are inevitable and concomitant risks embedded in the foundation models of AI. Intellectual property (IP) protection provides an illustrative example of these concerns. ChatGPT, in its training process, relies on extensive open data and human feedback. Consequently, employing it for creative purposes raises the potential for disputes regarding IP ownership and copyright, particularly when content is used without the original creator's consent. In terms of plagiarism concerns, many educators worry about the likelihood of students leveraging ChatGPT to produce papers and complete assignments by replicating the academic output of others. As for privacy protection, the privacy of content submitted by individuals when interacting with ChatGPT may not be properly protected. As a matter of fact, in late March 2023, news surfaced of ChatGPT suffering a number of major breaches, including losing users' conversation data and payment details and leaking certain users' chat histories, due to a bug in its open source library. Reports even surfaced regarding the misuse and abuse of ChatGPT by the South Korean company Samsung, which may have led to the storage of content such as semiconductor equipment measurement data and product yield within ChatGPT's learning database. On 29 March, a notable collective, including Elon Reeve Musk, the CEO of Tesla, signed an open letter calling for the temporary suspension of the training of AI systems more powerful than GPT-4 for at least six months. The letter garnered over 18,000 signatories by April 9, promptly igniting fervent debates on the ethics and risks associated with AI across all walks of life (Bengio, Russell, Musk et al., 2023). Geoffrey Hinton, often regarded as the "Godfather of AI" due to his pivotal contributions to the core technology underlying chatbots like ChatGPT, resigned from Google to openly express his concerns regarding the potential perils and destructive implications of AI (Metz, 2023). Hailed the "Godfather of AI" who nurtured the core technology underpinning chatbots like ChatGPT, Geoffrey Hinton resigned from Google to openly express his concerns over the potential perils and destructive implications of

AI (Metz, 2023). In response to the breaches involving the loss of certain users' data, the Italian Data Protection Authority (DPA) ruled that ChatGPT, by conducting its operations in Italy and collecting and analyzing user data, had infringed upon the European Union's General Data Protection Regulation (GDPR), as well as local laws and regulations pertaining to user notification and data collection approval processe. Consequently, the DPA also banned the use of ChatGPT, imposed restrictions on its processing of Italian users' data, and launched an investigation into the case. However, it is noteworthy that not all countries shared the same stance on the issue. France's Digital Minister, Jean-Noël Barrot, remarked that although ChatGPT did not respect privacy laws, France would not ban it on the grounds of GDPR infringement. Instead, the country opted for a more moderate approach of "regulating innovation to ensure that it conforms to the principles we hold dear." Barrot also asserted that France would review its November 2021 opinion on AI-based "dialogue agents" in light of ChatGPT, with particular emphasis on encouraging users to recognize the machine nature of these applications rather than trying to humanize them (Kayali, 2023).

The significant strides in AI technology and development of ChatGPT elicit a host of profound inquiries: Is generative AI an angel or a devil to humankind? Is its influence a boon or a bane to the younger generation? How should the education sector respond to the revolutionary challenges it presents? All of these questions demand our utmost scrutiny and thoughtful consideration.

II. An Education System Beset by Internal and External Woes

The education system is an integral part of the social system, with the two interdependent and mutually influential. Initially, in both the West and East, education was primarily a private matter, predominantly confined to individual families responsible for imparting practical knowledge, life experiences and societal norms. Meanwhile, political and moral education was offered to a select few offspring of dignitaries with the goal of nurturing the state functionaries of the future. With the development of modern society, the institutionalized modern school system was established and refined, accompanied by the universalization of compulsory education. As a result, education and social life became progressively intertwined, interacting in increasingly frequent and complex ways (Enarson, 1967). Now, in an age of increasing uncertainty, the development of the education system is beset by both endogenous factors, including a deceleration in its rate of progress, and significant exogenous challenges originating from the social environment. Consequently, the modern schooling system is increasingly ill-equipped to effectively address the needs of social development.

(1) Inherent Conservatism in the Schooling System Hinders its Ability to Adapt to the Changing Needs of Social Development

As a subsystem within society, the education system, and the schooling system in particular, has inherently exhibited a conservative nature since its inception. Such conservatism is naturally and tightly interwoven with the knowledge transmission function of education. The education system holds the responsibility of imparting traditional values, with one of its core functions being the repetition and preservation of knowledge across generations, inherited from their predecessors. The education system holds the responsibility of imparting traditional values, with one of its essential functions being that of repetition — "to repeat to each generation the knowledge that the previous generations inherited from their forebears" (Faure et al., 1972: 57). Therefore, the system serves a self-perpetuating function and is by nature conservative, inward, backward, and imbued with considerable built-in inertia (Faure et al., 1972: 57). As they develop, school systems become increasingly adopt more organized, institutionalized, and complex structures on a systemic level. Consequently, the entire system has become enclosed and mechanical in nature. In terms of its relationship with the external world, institutionalized education has constructed firm boundaries through its standards and norms, rigorously separating itself from other subsystems — such as socioeconomic and industrial ones — or other forms of education, leaving it isolated and removed from any external force that could drive educational improvements. As a result, the system itself has become increasingly narrow and rigid over time. Internally, to maintain its stability and balance, the institutionalized education system has strictly regulated the transitions between different levels of schooling. However, this close-packed transitional relationship has hamstrung the interaction, improvement, and innovation of internal factors within schooling systems, spanning primary, secondary, tertiary, general, and vocational education. On the one hand, this self-organizing ability is an endogenous characteristic of the education system, enabling improvements in teaching efficiency and organizational management. On the other hand, this increasingly organized and institutionalized mechanism of evolution and its outcomes are constantly consuming and withering the internal organizational vitality of the education system, undermining its capacity for innovation and adaptation to external environmental changes. Indeed, the schooling system struggles to effectively meet the evolving developmental needs amid gradual changes in social development. Once social development accelerates — or, in the present case, when radical social transformation is ushered in by the development of AI technology that has shaken the technological foundations of the entire industrial system — the maladaptation of the schooling system to social developmental needs will grow increasingly prominent.

(2) Uncertain Socioeconomic Development Diminishes Social Support for Education Reforms and Development

The global economic recession triggered by the COVID – 19 pandemic, coupled with iterative upgrades of the technological foundations of industrial development, has precipitated a sharp cut in tax revenue and an increase in budget deficits, presenting a major challenge to investment in education. While developed countries like the US, the UK, Germany, and France have experienced notable impacts, the consequences have been even more devastating for education development in low-income countries. Amid the COVID – 19 pandemic, leading countries took active steps to counter the impact of lockdowns and restrictions on the education system and address the sudden increase in demand for digital learning tools and online education, often involving the allocation of emergency funding to scale up investments in education. However, these investments proved insufficient in offsetting the budgetary cuts necessitated by the economic downturn and reduced tax revenue. Moreover, they fell short of effectively addressing the long-term effects of the pandemic on the education sector. For the 2020 – 2021 academic year, at least 25 states in the US drastically cut their education budgets, with some states instituting cuts of up to 10%. According to the Education Finance Watch 2022, a joint report published by the World Bank and UNESCO, two-thirds of low- and lower-middle-income countries have cut their public education budgets since the outbreak of the COVID – 19 pandemic. Disturbingly, a quarter of surveyed countries lacked plans to help children compensate for the knowledge lost due to the pandemic, while another quarter lacked any adequate strategies for educational catch-up (Economist, 2022).

(3) Overall Deterioration of the Labor Market Forces Education Reforms

The confluence of geopolitical tensions, uneven recovery from the pandemic, and the global economic recession has deteriorated the overall condition of the labor market. In 2020, global employment rate dropped by 4.7 percentage points compared with that of 2019. Although employment improved with the gradual waning of the pandemic, global employment growth is projected to be just 1% in 2023, less than half the level recorded in 2022. According to an International Labor Office (ILO) forecast (2023), amid the decline in global employment growth, the number of unemployed individuals is expected to increase slightly to 205 million in 2023, corresponding to a global unemployment rate of 5.8%. Meanwhile, the quality of employment is also trending downward. The global economic slowdown is compelling more workers to accept lower-quality and lower-paying jobs lacking job security or social protection, underscoring the inequalities inflamed by the pandemic — a dire situation for all, but especially for women and young people in the labor market. The prospects of the labor market in 2023 are marked by stark disparities: while employment growth in Africa and the Arab States is expected to be around 3% or more, it is estimated to be around just 1% in the Asia-Pacific region, Latin America, and the Caribbean. Meanwhile, Northern America is poised to witness minimal or no employment growth and simultaneous rise in the unemployment rate in 2023 (ILO, 2023).

A healthy labor market will absorb workers with varying levels of expertise and experience to different degrees, while effectively aligning skills with job requirements. Economic expansion will subsequently narrow the longstanding socioeconomic disparities between the privileged and the marginalized. Meanwhile, in an increasingly knowledge-based global economy, the demand for highly skilled talents is expected to intensify. However, as low-skilled individuals are more susceptible to the risk of unemployment during prolonged periods of economic downturn, the ongoing economic recession combined with the ramifications of the COVID – 19 pandemic will likely exacerbate existing employment disparities between the advantaged and the disadvantaged. Moreover, with the increasingly sophisticated commercialization of generative AI, the demand for knowledge-based talents may experience a decline, compounding labor market woes.

Indeed, according to a recent survey by Sortlist Data Hub, the extensive use of generative AI is expected to catalyze a wave of layoffs, with employment decisions varying across occupations and age cohorts. Among the respondents, 39% expressed concerns that replacing human customer service with ChatGPT would lead to a loss of human touch in interpersonal communication, resulting in robotic and apathetic conversations incapable of establishing true emotional connections with customers (Gaëlle, 2023). Further insights presented in a research report by Goldman Sachs, Hatzius et al. (2023) revealed that, if generative AI truly fulfills its performance promises, it will completely disrupt the labor market and replace the equivalent workload of 300 million full-time employees across all major economies in the world, with lawyers and administrative staff at the highest risk of being displaced. In the United States alone, approximately 63% of all jobs and 30% of outdoor and manual work would be affected and are likely to see some form of automation of their job content. As developing countries tend to have a higher proportion of manual labor in their workforce, around one-fifth of jobs worldwide are at risk of being replaced by AI. In the United States and Europe, two-thirds of jobs would be affected by AI automation, with most having nearly half of their workload replaced by automation. According to Hatzius et al. (2023), "roughly two-thirds of current jobs are exposed to some degree of AI automation," with generative AI potentially substituting as much as one-quarter of current work. These changes are prompting education administrative bodies, school administrators, and the wider community of teachers to ponder the question: What kind of education does future society need? In other words, we need to reassess and determine where the future of education reforms and development lie.

(4) Generative AI Presents Revolutionary Challenges to the Industrialism-Based Education System Centered on Teaching Definite Knowledge

Initiated in the 1760s, the Industrial Revolution was driven by the advancement and application of natural sciences, promoting the development of modern science and technology in turn. Scientific and technological development has given rise to updated productive technology that boost productivity. Moreover, ithas also imposed higher demands on the cultural literacy of workers in large-scale industrial production, thereby stimulating the evolution and widespread availability of education. For more than two centuries, the development of natural sciences has facilitated improvements in the productivity and scientific capabilities of society, while driving schools to constantly renew their curricula and teaching contents and enhance both teaching and learning efficiency. As a result, schools have become the primary platform for imparting knowledge, skills, and values crucial for human survival, development, and success, making them a pivotal instrument advancing the development of social production and progress. By supplanting the family as the primary locus of education, schools began offering a near-exhaustive array of programs related to practical knowledge, with scientific and technological knowledge converted into standardized and definite school curricula with inherent logical connections. Such knowledge is transmitted to students through centralized class-based instruction, "mass-producing" graduates with a good grasp of modern scientific and technological knowledge who can adapt to and promote industrial production.

However, the global development of education has been characterized by significant regional disparities, leading to unsatisfactory educational progress in certain areas. Indeed, the glittering façade of a universal education boom has masked the fact that the quality of education is frequently subpar. On the surface, significant strides have been made in education. Globally, at least 85% of contemporary adults have been educated, compared to approximately 50% in 1950. Between 2000 and 2018, the proportion of school-age children not yet enrolled in school fell from 26% to 17%. However, recent reports have revealed an unsettling truth: despite attending school for several years, a significant number of students have made minimal educational progress. Indeed, according to a 2019 statistical report by the World Bank, in developing countries — home to 90% of children worldwide — only 50% of ten-year-old children were able to read and comprehend a simple story upon completion of primary school (Economist, 2022).

With the advance of society, the prevailing educational practices, which primarily revolve around the transmission of definite knowledge, have caused school curricula to become notably detached from the needs of social development. Consequently, students trained via the schooling system are ill-equipped and lack the essential skills and knowledge necessary to thrive in and adapt to contemporary workplace environments. The prevailing schooling system is struggling to keep up with the pace of contemporary social, political, economic, technological, and cultural development. At the same time, generative AI has far surpassed humans in terms of its capacity to memorize, filter, comparatively analyze, integrate, and structurally express definite knowledge, upon which the modern education system was established. Indeed, with its focus on imparting definite knowledge, AI is undermining the foundations on which the modern education system was built and upon which its survival depends. As the widespread application of generative AI becomes an unstoppable trend permeating all aspects of social production and everyday life, the type of talents needed by society are no longer those whose strengths lie in the acquisition and retention of definite knowledge, but those who can creatively convert and apply such knowledge to solve a diverse range of practical problems.

Most schools still impart knowledge via the highly traditional means of lecture-based instruction and rote learning. In pursuit of the "effectiveness" of learning, teachers are also constantly subjecting students to reinforcement learning, which serves to improve their performance in "reproductive" examinations through ongoing and repeated training. Unfortunately, these practices have considerably dampened students' interest and creativity in and enthusiasm for learning. Meanwhile, although some teachers are passionate about integrating new technologies into education, the schooling system itself remains a weak link in terms of leveraging digital and intelligence technology to achieve substantive improvements in its key practical activities. Not only do disparities persist in terms of access to digital and intelligence technology facilities, equipment, and devices, but schools also lag behind in areas such as technology integration in classrooms and enhancing learning and teaching experiences through the utilization of innovative technologies (Minchekar, 2019; Gray & Lewis, 2021). As a result, rigid and monotonous learning and educational approaches are on the verge of obsolescence.

III. Reconfiguring the Education System to Promote Health and Sustainable Human Development

"We must learn to live with uncertain times and unsettled lives," a recent UN report concluded, "Unlocking our human potential will require us to let flexibility, creativity, solidarity and inclusion guide us to imagine and create futures in which we thrive" (Conceição, 2022: 191). In the VUCA era, both individuals and organizations are compelled to harness the potential of more versatile and innovation-capable technologies, methods, strategies, and development models in order to adapt to and survive in an environment characterized by constant change. In his discourse on the value of culture, anthropologist Robert F. Murphy (1989: 2) asserted that culture would reduce the uncertainty in interpersonal communication to the lowest level possible. Education serves a similar function in fostering individual literacy, ensuring that they possess the attitude, will, and abilities necessary to navigate diverse social uncertainties. Despite its disruptive impact on humanity's patterns of survival and development, the uncertainty associated with a fast-changing environment presents opportunities in terms of innovation, growth, and competitive advantages (Bennett & Lemoine, 2014; Nandram & Bindlish, 2017; Kok & van den Heuvel, 2019). Noting that education is "engaged in preparing men for a type of society which does not yet exist," Faure et al. asserted, "At a time when the mission of education should be to train 'unknown children for an unknown world', the force of circumstances demands that educationists do some hard thinking, and that in so doing they shape the future" (1972: 13). Therefore, we must reform and innovate the education model, while striving to realize a world in which "education precedes" — actively fighting for the prioritization of education development over economic development (Faure et al., 1972: 12). A new education system, order, and ecology centered on promoting healthy and sustainable human development must be constructed, so that we can be morally and intellectually prepared to address a variety of uncertainties.

(1) Reshaping New Humanistic Education

In such a complex and rapidly changing social environment, it is imperative for education to undergo transformation in order to shape the desired future (UNESCO, 2021: 7). As both a basic human right and a fundamental tool for fostering social equality, quality education, including early childhood education, is "a prerequisite for young people to be equipped to exercise their voice and contribute to the social contract, and a foundation for tolerance, peace, human rights, and sustainability" (The United Nations, 2021: 40). Consequently, education reform focusing on quality education essentially involves reconfiguring the values of new humanistic education. Such reform must transcend the narrow confines of economic considerations and reinstate return to the human-centric values of education, while constructing a novel social contract in education that is founded on principles of understanding, trust, and cooperation.

Reconfiguring the values of education to go beyond economism and return to human-centered education. From Schultz's (1963) macro-level estimation that human capital formed by education contributed to around 33% of the US national income growth between 1929 and 1957, to Becker's (1993) micro-level argument regarding the relationship between human capital and personal income distribution, the discourse surrounding human capital theory has always highlighted the economic value of education. Despite stimulating growth in education investments in some countries and regions, the "economic man" assumption underpinning human capital theory focuses on the human "rationality" of chasing economic benefits and prioritizes the instrumental value of education Regrettably, this emphasis often overlooks the ethical, sentimental, and aesthetic sensitivities inherent in human nature.

In 1997, the Organisation for Economic Co-operation and Development (OECD) launched the Program for International Student Assessment (PISA), an international assessment that measures the knowledge and skills essential for participating in society among 15-year-old students. By analyzing students' test results, personal characteristics, and the relationships between key factors shaping their learning within and beyond school walls, PISA aims to identify the variations in student performance across diverse backgrounds, schools, and education systems of various types. In doing so, it seeks to identify the characteristics of schools and education systems capable of achieving high performance levels and providing equitable distribution of learning opportunities, thus guiding national education reforms around the world. PISA has had an extensive and profound influence on leading countries, forming a model of digital governance based on governing through data or indicators (Bogdandy & Goldmann, 2012). The OECD has thus been hailed as the "arbiter of global education governance" (Meyer & Benavot, 2013: 9), which has indisputably reinforced the instrumentality of education.

However, there are staunch critics of the attitude and approach espoused by PISA. As Nussbaum (2010) asserts,

> Thirsty for national profit, nations, and their systems of education, are heedlessly discarding skills that are needed to keep democracies alive. If this trend continues, nations all over the world will soon be producing generations of useful machines, rather than complete citizens who can think for

themselves, criticize tradition, and understand the significance of another person's sufferings and achievements. (Nussbaum, 2010: 2)

In this respect, Delors (1996) argued that "all-out economic growth" should no longer be deemed the ideal way of reconciling material progress with equity, respect for the human condition, and respect for the natural environment, which we need to safeguard for future generations. On the contrary, the fundamental principle of future-forward education should be to sustain and enhance "the dignity, capacity and welfare of the human person in relation to others, and to nature" (UNESCO, 2015: 38). As such, there are calls to reconfigure the humanistic values of education beyond the narrowness of utilitarianism and economism and the boundaries of "human capital." Apart from fulfilling the economic function of education, it is vital to meet the UN's fourth Sustainable Development Goal, namely, to "ensure inclusive and equitable quality education and promote lifelong learning opportunities for all" (The United Nations, 2015: 19-20). In this respect, education should return to its original human-centered value, observe human development itself, take a direct look at life, and express "respect for life and human dignity" (UNESCO, 2015: 38). It should gain deep insight into human nature and provide opportunities for all. Significantly, education should "ensure that all girls and boys complete free, equitable, and quality primary and secondary education leading to relevant and effective learning outcomes," while guaranteeing that "all learners acquire the knowledge and skills needed to promote sustainable development" (The United Nations, 2015: 19-20; Boeren, 2019). According to UNESCO (2015: 3), education must teach people how to "live on a planet under pressure" and emphasize "cultural literacy, on the basis of respect and equal dignity," allowing every individual to fully reach and unlock their potential across the social, economic, and environmental domains of sustainable development. Simply put, education must provide students with the means to learn to know, do, live together, and be (Delors, 1996: chapter 4; UNESCO, 2015: 39). It should empower everyone to live a meaningful and sustainable life with dignity and value.

Reconfiguring a new contract in education based on collective interests and

centered on understanding, trust, inclusion, and cooperation. In an age inundated with ideas of de-globalization, the international order is at a particularly challenging historical juncture. As UNESCO (2021: 136) noted, "International educational cooperation operates within an increasingly precarious world order with the notion of a world society anchored in common universal values profoundly eroded." In the words of Achim Steiner, Administrator of the United Nations Development Program (UNDP): "In a world defined by uncertainty, we need a renewed sense of global solidarity to tackle our interconnected, common challenges" (UNDP, 2022). International society has actively worked to promote a multipolar world and the democratization of international relations. Its efforts aim to transcend differences and limitations, advocating for a stable, reciprocal, open, and progressive trajectory. This pursuit necessitates the practice of genuine multilateralism, fostering global peace, stability, and prosperity. To this end, there is urgent imperative to promote sustainable human development by creating a new social contract centered on inclusion, cohesion, and accountability and fostering the free global movement of commodities, finance, people, and ideas based on an entirely new notion of globalization: namely, inclusive globalization (Gacitúa-Marió, Andrew, & Georgieva, 2009: 46).

Various approaches and interpretations of inclusive globalization exist among different organizations. While the RAND Corporation approaches inclusive globalization in the sense of shared prosperity (Kumar, 2021), Carnegie Europe has narrowed the discussion to "globalization for an inclusive world" (Carnegie Europe, 2022). The forthcoming Shanghai Forum 2023 will feature in-depth interdisciplinary and cross-sectoral discussions on the theme "Inclusive Globalization: Asia's New Responsibilities" from a diverse range of perspectives, including changes in international alignment and geopolitics, advancements in high-technology development, global economic recovery, digital transformation, climate change, public health, fusion and mutual learning between Eastern and Western civilizations and cultures, and drivers of national development (Fudan Development Institute, 2023). Fundamentally, inclusive globalization can be understood as a cultural perspective grounded in respect for differences. It is inclusive in the sense of maintaining cultural diversity, the premise on which it promotes understanding and mutual trust and seeks shared development, prosperity, and peace. It also advocates respect for individual development models — promoting the exploration of diverse development pathways in line with specific contexts, local traditions, and developmental realities, and encouraging different pathways to converge freely. It involves inclusion in such a way as to support mutual development — upholding the ideologies of "openness and inclusion" and "equality and reciprocity" as well as the principles of "extensive consultation," "joint contribution," and "shared benefits"; embracing equal participation in construction and development; and addressing global survival and developmental problems through consultation. It also involves eliminating poverty and improving livelihoods. In this respect, inclusive globalization takes low-income and disadvantaged groups into consideration, helps underdeveloped regions improve their living conditions, achieves interconnectivity, and creates diverse opportunities for development. Finally, inclusive globalization pertains to sustainable development. In other words, it harbors a shared concern for environmental issues, advances ecological civilization, and espouses harmonious coexistence and balanced development between man and nature (Fudan Development Institute, 2023).

Education reforms rooted in inclusive globalization necessitate a deepening and advancement of education for international understanding — a notion championed and promoted globally by UNESCO since 1946 — as well as constantly initiate educational exchanges and collaboration targeted at adolescents. Education for international understanding aims to facilitate understanding between individuals across diverse cultural backgrounds, races, religious beliefs, countries, and regions, as well as promote the appreciation and respect for the differences and diversity of cultures, society, and By enabling a better understanding of the world, such education is intended to help individuals understand themselves and others, foster their mutual trust, recognition, tolerance, and inclusion, and encourage the seeking of common ground while respecting individual differences. For children and adolescents, such education should elucidate our common interests and values, increase global awareness, foster a sentimental concern for the shared development of humanity, and heighten feelings of solidarity and shared responsibility for our common future (UNESCO, 2015;

38). Education premised on inclusive globalization will also equip individuals with an open mindset and an international outlook, educating them on the fundamental value of interdependency in the collective effort to resolve major common problems in global society as well as of human survival and development itself.

The future of our world rests in the hands of children and adolescents. Therefore, it is imperative that their growth and development be guided by education and knowledge, both matters of common global interest. As such, it is necessary to abolish ideas, thoughts, policies, and actions that restrict or block educational exchanges and collaboration due to economic competition and ideological differences. Instead, efforts should focus on initiating bilateral and multilateral exchanges, expanding the scope of study abroad programs, and facilitating active participation of children and adolescents in cross-cultural exchanges. A diverse range of cultural and educational exchange activities should be organized to help the younger generation improve their abilities to communicate across cultures and fulfill the duties and responsibilities of a global citizen, understand the progress of human civilization and global development trends, and concern themselves with the global challenges they face. As a result, future generations will be able to confront, contemplate, and resolve survival and developmental challenges collectively through mutual aid and cooperation, protecting the world while fostering sustainable human development.

(2) Constructing a New Education Model in Response to Challenges from Intelligence Technology

Intelligence technology is challenging the industrialism-based education system focused on teaching definite knowledge. Indeed, from the "3Rs" of education (i. e., reading, writing, and arithmetic), a model refined to equip workers with the basic know-how in modern science and technology required by the industrial development, to post-Sputnik education — the US effort to enhance mathematics, natural sciences, and foreign language education in response to the launch of satellites by the former Soviet Union in the late 1950s — the tenets of traditional education are being undermined. At the turn of the millennium, countries and international organizations seeking to predict and depict the future of education (e. g. , Salganik, Rychen, Moser, & Konstant, 1999; Rychen & Salganik, 2001; Rychen & Salganik, 2003; Rychen, Salganik, & McLaughlin, 2003) sought to answer tricky questions surrounding the classic "what" and "how" of learning/teaching in relation to education reforms and development — such as "what knowledge, skills, attitudes, and values will today's students need to thrive and shape their world in 2030? " and "how can instructional systems develop these knowledge, skills, attitudes, and values effectively?" (OECD, 2018)

In 2021, UNESCO released a comprehensive report titled "*AI and Education: Guidance for Policy-Makers*" (Miao, Holmes, Huang, & Zhang, 2021) with the aim of equipping decision- and policymakers with the necessary knowledge to formulate effective AI-based education policies. This report shed light on the potential opportunities and challenges that may arise from the integration of AI technology in education, as well as the essential competencies that society needs to cultivate in the AI era. Evidently, for numerous international organizations and countries, the development and the use of digital education content have become an important option for the digital transformation and reform of education in response to the challenges posed by AI. During the 2022 Transforming Education Summit (TES 2022), UNESCO kickstarted a program called "Gateways to Public Digital Learning" (GPDL) in conjunction with the United Nations Children's Fund (UNICEF) (UNESCO & UNICEF, 2022), calling on countries to establish and iteratively improve digital learning platforms, provide high-quality and curriculum-aligned education resources, and ensure the accessibility, free access, openness, and sharing of digital education resources. Countries were also urged to respect the diversity of languages and learning methods and satisfy the diverse educational needs of different communities, while ensuring users' privacy and data security. While the construction of environmental and physical infrastructure such as digital education content, digital technology, and intelligent and virtual spaces is crucial, we now face even greater challenges due to the widespread application of generative AI. Here, one of the most direct challenges is the need to rethink the education system and construct new education methods, mechanisms, and models in order to "reskill people whose jobs are taken by computer algorithms" (Lynch, 2017).

Shifting from knowledge-based to competency-based education. We face unprecedented challenges. While the future is uncertain and unpredictable, challenges elicit new opportunities for development. We need to be open to and ready for such opportunities, and prepare ourselves for technologies yet to be invented and problems we cannot yet anticipate (OECD, 2018). As a result of its iterative upgrading and growing sophistication, generative AI outpaces human intelligence in its capacity to store, filter, comparatively analyze, and logically express knowledge. Therefore, schools need to reform themselves conceptually to overcome the boundaries of knowledge-based education and shift from imparting definite knowledge to promoting critical thinking and creativity. They also have to train students' awareness of "transformative competencies," including the ability to adapt to changes, reconcile multiple conflicting values, and discipline themselves and reflect upon their own actions (OECD, 2019). All creative human activities stem from questioning and negating existing experience, conclusions, and cognitive patterns. Schools need to review their knowledge systems in tune with the needs of social development, relinquish curriculum-building models based on systematic knowledge, and reconstruct a curriculum system that promotes individuals' thinking, creativity, and the transformative application of knowledge in different social scenarios. They should also develop hands-on and problem-based teaching activities that can encourage student participation and stimulate their thinking, while building a new education model centered on teaching that promotes thinking and creativity. The latter should focus on fostering students' abilities to make choices, process digital information, transform and apply knowledge, and learn, as well as their creative, inventive, and innovative awareness, spirit, and capabilities.

Naturally, it is vital that school education solidify students' cognitive bases in reading, computing, and digital and data literacy. That said, problem- and scenario-based educational activities also need to respect students' curiosity and bolster and nurture their critical thinking. Doing so will enable them to actively, continuously, dialectically, and granularly compare and analyze, contemplate, reflect on, and discern concepts, experience, knowledge, and inferred conclusions, as well as the reasoning and logical arguments substantiating or supporting such conceptions, experience, and knowledge. As a result, students will be able to acquire advanced skills that transcend the needs of routine work, placing them in a position where they cannot be replaced by AI. Such education will also enhance their abilities to solve problems and create new values, and develop thinking paradigms, habits, and actions that lead to new knowledge, insights, ideas, technologies, strategies, and solutions. This will help students balance diversified values, interests, and needs using systematic and comprehensive thinking and actions and better reconcile tensions and dilemmas. Moreover, through the constant reinforcement of self-regulation and self-control, students will develop the desire, ability, and resolve to take risks and learn from failures, thus enhancing their sense of responsibility and self-efficacy, risk-assessment and problem-solving abilities, as well as ethical responsibility to face consequences.

Empowering learning and teaching with intelligence technology. Technological advancement is a key driver of education reforms. With the development of emerging technologies like the Internet, mobile communications, big data, cloud computing Internet of Things (IoT), blockchain, metaverse, and AI, the application of information technology in education has long moved beyond the developmental stages of computer aided instruction (CAI), computer assisted learning (CAL), teaching process evaluation enabled by computer software and hardware, and the construction of digital teaching resources. With the iterative upgrades and cluster breakthroughs of digital, network, intelligence, diverse, and collaborative technologies, AI technologies — such as voice recognition, image identification, machine reading comprehension, and knowledge graph — are gaining increasingly extensive applications in education. Although this has exposed school education to a series of challenges, it has also opened up new possibilities for the transition from education to learning and the development of personalized learning. Despite the fact that the technology behind artificial intelligence generated content (AIGC) is flawed — with a list of shortcomings and risks that include biased Internet data, lack of human emotions, and adverse impacts on students' independent learning and thinking — the widespread application of generative AI is undeniable, as exemplified by the popularity of ChatGPT. Our only option is to continuously optimize AI through technological innovation and iterative upgrades, while enhancing its ethical, legal, institutional, and policy configuration and regulating its ethical applications in different settings. Meanwhile, using AI to empower learning and education and to advance education reforms and development is a key direction for current and future education reforms and development.

AIGC utilizes algorithmic technologies such as natural language processing, machine learning, and deep learning in AI to analyze, learn, and simulate a large amount of language data for natural language understanding and generation. In education settings, its further integration with digital humans in order to develop more intelligent and human-like virtual and digital teaching assistants will become increasingly extensive. With the development and application of virtual experimental learning scenarios based on virtual reality (VR), augmented reality (AR), and metaverse, education and learning will become increasingly situational, interactive, and experiential, allowing students to experience and explore complex experimental processes and their underlying rationale. As AIGC technology continues to advance, more personalized content generation may be realized in order to satisfy the personalized learning needs of teachers and students. Continuous technological improvements in multimodal content generation involving texts, images, videos, and other media will also significantly expand the applications of AIGC in educational settings and stimulate engagement in learning. As technologies generating human-machine dialogues grow increasingly intelligent, so AIGC-powered dialogue with users based on the analysis and learning of users' language data will become more natural and seamless. As a result, the efficiency and quality of human-machine interactions will drastically improve. Indeed, ChatGPT is so popular among users that many teachers and researchers are now regularly using its large language model to edit manuscripts and help them check codes, write speeches, and design examination papers. As Stokel-Walker and Van Noorde (2023) note, "Many people are using [ChatGPT] as a digital secretary or assistant." A future in which students learn, work, and play alongside AI systems is likely to become a living reality. Schools and educators need to open their minds to this likelihood and stay abreast of the times by tracking and studying the frontiers of intelligence technology development, stepping up to the challenges it poses, and conducting comprehensive research on the advantages and disadvantages of ChatGPT in respect to information integration, computing, and expression. Schools need to turn this crisis into an opportunity to deepen and improve teaching and use ChatGPT as a teaching aid to offer personalized services (Roose, 2023).

It is likely that AIGC will gain widespread applications in seven educational settings: personalized teaching and learning, online Q&A and counseling, student assessment, teacher support, emotional support, language learning, and resource sharing. First, in terms of personalized teaching and learning, natural language processing will be adopted to understand questions raised by teachers and students and rapidly generate and provide relevant learning resources and personalized learning advice and guidelines based on their areas of interest, teaching and learning styles, as well as students' cognitive levels, learning abilities, and personalized needs. It will also be used to create personalized learning experiences, enhance the efficiency and quality of learning and teaching, and offer examples and solutions for problem-solving. Second, in respect to online Q&A and counseling, AIGC technology will enable students to ask questions and receive immediate responses anytime as well as provide access to a variety of counseling services and support, including help with questions on subject knowledge, guidelines on learning methods, and formulation of learning plans. Third, in student assessment, AIGC will be used to assess student performance in various ways, such as tests and questionnaire surveys, to provide teachers with a better understanding of their learning progress and needs. Fourth, in terms of teacher support, AIGC can help teachers enhance their teaching efficiency and quality by providing them with a range of support services facilitating their group-based lesson preparations, teaching research activities, and personalized teaching, including the sharing of teaching resources, guidelines on teaching methods, support in marking homework, suggestions for curriculum planning, and analysis of student feedback. Fifth, AIGC can be utilized effectively to provide emotional support, including psychological consultations, emotional support, and other services that can help students overcome obstacles in learning and everyday life. Sixth, for language learning, AIGC can build a language environment in which natural language processing is used to understand and offer real-time feedback to students, effectively addressing students' needs and questions related to different aspects of learning a new language, such as language exercises, situational dialogues, grammar tips, and vocabulary tests. Finally, in respect to resource sharing, AIGC can offer teachers and students a platform for sharing a variety of learning resources — including instructional videos, courseware, and test questions — in order to facilitate their teaching and learning.

(3) Building An Open and Dynamic Education System

Given its increasingly closed-off and stable nature, the schooling system is facing challenges from both external forces such as the Internet and intelligence technology and the need for the institutionalized system to overcome its closed and mechanical nature through internal governance reforms. To build an open and dynamic education system, we need to liberate the institutionalized system from the shackles of its own closedness and create a system of ubiquitous learning. Also known as "u-learning," ubiquitous learning involves the integration of school, home, and social education and blended online/offline learning. It is also imperative that we overcome the detrimental internal compartmentalization and division within the institutionalized schooling system and establish an integrated and coherent system of lifelong learning. Most importantly, we need to modernize the governance of education in order to inject vitality into school development and promote the healthy and sustainable development of education.

Liberating the institutionalized system from its own closedness and creating a system of u-learning involving the integration of school, home, and social education and blended online/offline learning. Schooling systems need to be open and socially-forward in order to ensure that they can equip individuals with the ability to adapt to social development and promote the healthy and sustainable development of the system itself. However, institutionalization has compounded the inherent closedness of the schooling system. That said, together, the abundance of data and resources available online, diversity of specialized online education resources like virtual schools and MOOCs, and different types of intelligence technologies, have supported the learning process in such a way as to make off-campus learning an objective possibility and provided opportunities for opening up the schooling system. This opening-up is unfolding in the social and technological dimensions.

First, in the social dimension, promoting the integration of school, home, and society (or community) education in a synergistic way has become a pragmatic need on the road to achieving healthy, holistic, and sustainable human development. A dynamic schooling system requires support from the social system and ultimately serves society through the individuals it has nurtured. In a fast-changing society, shifts in the economic and industrial structure result in rapidly changing demands on human literacy. However, regardless of the desire for reform or number of reform strategies, in an increasingly stable and overly conservative schooling system, it is nearly impossible to realize the visions of social adaptability and sustainable human development. Propelled by advancements in scientific and technological innovation and the upgrading of economic and industrial technologies and structures, the schooling system is in dire need of reform. In this respect, the schooling system needs to establish a sound mechanism to reform and innovate itself; a solid prediction-reaction mechanism for scientific and technological innovation, economic development, industrial restructuring, and social progress; a sharing mechanism of experience; as well as a mechanism for attracting talents to engage social forces in education.

Second, in the technological dimension, u-learning has been popularized by everyday learning environments supported by digital learning technologies and devices such as mobile communications, the IoT, intelligent teaching/learning software, and intelligent learning terminals (Ogata, Matsuka, El-Bishouty, & Yano, 2009). Such environments provide learners with real-time learning resources and promote interactions (Hwang, Tsai, & Yang, 2008). Blended online/offline learning allows learners to choose their own specialized online learning platform and education resources such as virtual schools and MOOCs. It also enables brick-and-mortar schools to make students' learning and development more convenient by purchasing online education resources. Such developments are eroding the institutionalized schooling system, in which the "who," "when," "where," and "what" of learning are fixed. There is a burgeoning trend of u-learning, which is premised on the notion that anyone can use any device to learn any content anytime, anywhere. The immediacy and individuality of learning are redefining education, and learning is taking place everywhere and at every moment.

Overcoming the detrimental effects of internal compartmentalization and division within the institutionalized schooling system and establishing an integrated and coherent system of lifelong learning. Traditional institutionalized education divides an individual's life into three stages: education, work, retirement. In the first stage, various levels and types of education (schools) are disconnected from one another due to their increasingly organized and institutionalized nature. This compartmentalized and divided education system leads to the artificial fragmentation of the education process. Lifelong learning is defined as "all learning activity undertaken throughout life, with the aim of improving knowledge, skills and competences within a personal, civic, social and/or employment-related perspective" (Commission of the European Communities, 2001). To build an integrated and coherent system of lifelong learning requires redesigning and constructing a complete education system and its various components based on the philosophy of lifelong education in order to ensure their continuity and interconnectivity. This means that learning can no longer be dichotomized into the place and time to acquire knowledge (i. e., school) and the place and time to apply knowledge (i. e., the workplace) (Fischer, 2000). It also infers the coherent continuity between primary, secondary, and tertiary education in terms of format and content, the bridging of general and vocational education, and the interaction and integration between formal, non-formal, and informal learning.① In other words, learning permeates the entirety of humanity's ongoing exploration of the

① Formal learning refers to learning that takes place under the systematic guidance of trained teachers in institutions with structured and organized educational activities that have a clear teaching purpose (e.g., elementary schools, high schools, universities, and organized further education and training received on an on-the-job basis). Non-formal learning encompasses various types of organized learning that occurs outside the school setting, such as extra-curricular soccer training and choir practice; this type of learning is usually unrelated to school examinations or credits. Informal learning refers to learning activities that transmit and diffuse knowledge through non-instructional social interactions outside organized learning. It is a largely self-initiated, self-regulated, and self-directed form of learning by learners; it has no clear purpose and takes place spontaneously in everyday life.

unpredictable world. How humans acquire knowledge, shape their thinking, and build capacities in each stage (setting) set the foundation for their future learning and development and play a guiding role in their lifespan development.

Modernizing education governance to inject life and vitality into school development and promote the healthy and sustainable development of education. While the rigid and mechanical property of the institutionalized education system is directly tied to its inherently organized, closed, and involuted nature, it is also closely interlinked with the control and intervention of powerful external forces such as governmental departments and education administration systems. In addition to being responsible for the appointment of school administrators and teachers and the selection of teaching materials, education administration systems with centralized power have the authority to intervene in the school curriculum, teaching, and other matters related to schooling. When implementing standards-based education reforms, uniform national standards not only threaten local vitality, they imperil the vitality of schools (Gittell, 1996). Therefore, to inject life and vitality into school development, governments and education administrative bodies first need to shift their functions in education management from that of control and regulation to leadership, service provision, and support on a macro level. To promote schools' independent development, government and administration bodies need to streamline administration and delegate more power to lower-level governments, cement schools' operational autonomy at the legal, conceptual, and policy levels, and empower schools by expanding their autonomy through the delegation of power and authority. While on the receiving end of such delegation, schools need to exercise their operational autonomy effectively through diverse participation and shared governance.

Injecting life and vitality into the internal development of schools is an important way of guaranteeing that the new generation is equipped with a capacity for innovation and addressing the challenges posed by uncertain times. As the COVID – 19 pandemic began nearing its end, schools gradually reopened and campus life began to recover and rebuild. With visionary and strategic leadership, education should embody a philosophy that advocates self-assurance, facilitates healing, fosters hope, upholds fairness, promotes collective efficacy, and ignites the vitality of every individual and school, thus spearheading the path to development (Mason, Patschke, & Simpson, 2023). Bland et al. (2002) defined the vitality development of faculty and (educational) institutions (i. e., schools/colleges) as "efforts designed to facilitate faculty members' commitment to and ability to achieve both their own goals and their institution's goals." In this regard, teacher management and development are integral to school governance. In a sense, all creative behaviors and the effective conversion and application of their outcomes in various domains and scenarios rely on the freedom of exploration. Schools need to cement teachers' status as the pillars of the institution; optimize the school governance structure; progressively refine their consociational decision-making mechanism; encourage and support teachers, students, and employees to actively participate in their public affairs; and transform themselves into democratic schools. Active steps should also be taken to foster a relaxed, democratic, and free culture in schools. Teachers should be motivated to organize and engage in education and teaching actively and creatively. Meanwhile, schools should encourage innovation and embrace failure to create a world in which the talents and wisdom of teachers and students are cultivated enabling the school to thrive with vitality and enthusiasm.

Concluding Remarks: The Responsibilities of Education Policy Researchers

In a complex world full of uncertainty, being able to uphold the ideal of quality education that promotes human development and a shared life of happiness is admirable. However, the responsibilities and objectives of education policy researchers exceed such practice. Advocating for a form of education policy studies based on critical social theory, Prunty (1985) highlighted several shortcomings of educational policy analysis, including conceptual vagueness, the disregard for values and ethical issues, the implications of technical rationality for policymaking, and the failure of policy analysis to alleviate actual socio-educational problems effectively. Meanwhile, Leonardo (2004) contended that criticism serves a unique role in the search for and development of quality education, arguing that it not only cultivates students' critical spirit and equips them with the ability to overcome various dilemmas, but promotes the interaction between individuals and society and the emancipation of both. Education policy researchers need to examine the current realities of education reforms and social transformations through a critical lens based on the educational ideal they hold dear, pinpoint and confront the "real issues" of education reforms and development with shrewd academic acumen, and engage in critical analysis based on these "real issues." Similarly, Weaver-Hightower (2008) called for educational policy analysis from a complexity perspective. More specifically, evidence-based research should be conducted based on various dimensions — such as human development, education reforms, and the impact of social systems on education systems and human survival and development — to systematically analyze why a certain "real issue" occurs in education and identify possible solutions and gaps in current education policies and education practices. By doing so, researchers can move beyond the critical standpoint to embrace a constructivist approach and seek educational policy strategies and practical pathways that can tackle the "real issue." Education policy researchers should free themselves from the confines of the local perspective and seek international cooperation based on global interests in a concerted effort to provide intellectual support for catalyzing a new social contract for education (UNESCO, 2021: 136).

The introduction to *Handbook of Education Policy Studies* is titled "Education Policy and Reform in the Changing World" because it seeks to present a rich picture of the multidimensional interactions between contemporary global education and socio-politics, economics, culture, and technology, as well as those between the internal factors within the education system. Through the internationally comparative, historical, and interdisciplinary policy analyses of educational issues, the 38 papers contributed by 49 authors from 14 countries reflect the diversity of education policy studies and complexity of education reforms. We believe that our readers will be able to build on these different perspectives, benefit from the research on education policy issues that we are all facing, and draw inspiration from the regional characteristics observable in the analyses of personalized educational issues and educational policy strategies.

References

Becker, G. S. (1993). *Human capital: A theoretical and empirical analysis, with special reference to education* (3rd ed.). Chicago: University of Chicago Press.

Bengio, Y., Russell, S., Musk, E., et al. (2023). *Pause giant AI experiments: An open letter*. Retrieved from https://futureoflife.org/open-letter/pause-giant-ai-experiments/

Bennett, N., & Lemoine, G. J. (2014). What a difference a word makes: Understanding threats to performance in a VUCA world. *Business Horizons*, *57*(3), 311 - 317.

Bland, C. J., Seaquist, E., Pacala, J. T., Center, B., & Finstad, D. (2002). One school's strategy to assess and improve the vitality of its faculty. *Academic Medicine*, *77*(5), 368 - 376.

Boeren, E. (2019). Understanding sustainable development goal (SDG) 4 on "quality education" from micro, meso and macro perspectives. *International Review of Education*, (65), 277 - 294.

Bogdandy, A. V., & Goldmann, M. (2012). Taming and framing indicators: A legal reconstruction of the OECD's Program for International Student Assessment (PISA). In K. E. Davis, A. Fisher, B. Kingsbury, & S. E. Merry (Eds.), *Governance by indicators: Global power through quantification and rankings*. Oxford: Oxford University Press.

Carnegie Europe. (2022). *Globalization for an inclusive world*. Retrieved from https://carnegieeurope.eu/2022/09/05/globalization-for-inclusive-world-event-7927

Cebr. (2023). *World economic league table 2023*. Retrieved from https://cebr.com/wp-content/uploads/2022/12/WELT-2023.pdf

Commission of the European Communities. (2001). *Making a European area of lifelong learning a reality*. Retrieved from http://eur-lex.europa.eu/LexUriServ/LexUriServ.do? uri=COM: 2001: 0678: FIN: EN: PDF

Conceição, P. (Ed.). (2022). *Human development report 2021 - 22: Uncertain times, unsettled lives: Shaping our future in a transforming world*. New York: UNDP. Retrieved from https://hdr.undp.org/system/files/documents/global-report-document/hdr2021-22pdf_1.pdf

Delors, J. (1996). *Learning: The treasure within*. Paris: UNESCO.

Doheny, M., Nagali, V., & Weig, F. (2012). Agile operations for volatile times. *McKinsey Quarterly*. Retrieved from http://www.mckinsey.com/insights/operations/agile_operations_for_volatile_times

Duffy, B. (2021). Generation Covid: What the pandemic means for young people's futures. *New Scientist*. Retrieved from https://www.newscientist.com/article/mg25133524-300-generation-covid-what-the-pandemic-means-for-young-peoples-futures/

Economist. (2022). Governments are ignoring the pandemic's disastrous effect on education. *Economist*. Retrieved from https://www.economist.com/leaders/2022/07/07/governments-are-ignoring-the-pandemics-disastrous-effect-on-education

Enarson, H. L. (1967). Education and the wealth of nations: An examination of the contribution of effective educational planning to the economic growth of a nation. *Monthly Labor Review*, *90*(3), 21 - 24.

EU. (2016). *General data protection regulation*. Retrieved from https://gdpr-info.eu/

Fan, G., & Popkewitz, T. S. (Eds.). (2020a). *Handbook of education policy studies: Values, governance, globalization, and methodology, volume 1*. Singapore: Springer Nature.

Fan, G., & Popkewitz, T. S. (Eds.). (2020b). *Handbook of education policy studies: School/university, curriculum, and assessment, volume 2*. Singapore: Springer Nature.

Faure, E., Herrera, F., Kaddoura, A.-R., Lopes, H., Petrovsky, A. V., Rahnema, M., & Ward, F. C. (1972). *Learning to be: The world of education today and tomorrow*. Paris: UNESCO.

Fischer, G. (2000). Lifelong learning: More than training. *Journal of Interactive Learning Research*, *11*(3/4), 265–294.

Gacitúa-Marió, E., Andrew, N., & Georgieva, S. V. (Eds.). (2009). *Building equality and opportunity through social guarantees: New approaches to public policy and the realization of rights*. Washington, DC: World Bank.

Gaëlle, A. (2023). *Employers think ChatGPT means +74% productivity: 51% of resulting job losses in marketing*. Retrieved from https://www.sortlist.com/datahub/reports/chat-gpt-statistics/

Gill, I., & Saavedra, J. (2022). *We are losing a generation*. Retrieved from https://www.brookings.edu/blog/future-development/2022/01/28/we-are-losing-a-generation/

Gittell, M. (1996). National standards threaten local vitality. *The Clearing House*, *69*(3), 148–150.

Gray, L., & Lewis, L. (2021). *Use of educational technology for instruction in public schools: 2019–20* (NCES 2021017). U. S. Department of Education. Washington, DC: National Center for Education Statistics. Retrieved from https://nces.ed.gov/pubsearch/pubsinfo.asp? pubid=2021017

Green, A. (2013). *Education and state formation: Europe, East Asia and the USA* (2nd ed.). New York, NY: The Palgrave Macmillan.

Hatzius, J., Briggs, J., Kodnani, D., & Pierdomenico, G. (2023). *The potentially large effects of artificial intelligence on economic growth*. Retrieved from https://www.ansa.it/documents/1680080409454_ert.pdf

Heifetz, R., Grashow, A., & Linsky, M. (2009). Leadership in a (permanent) crisis. *Harvard Business Review*, July-August 2009, pp. 1–7. Retrieved from https://hbr.org/2009/07/leadership-in-a-permanent-crisis

Hwang, G.-J., Tsai, C.-C., & Yang, S. J. H. (2008). Criteria, strategies and research issues of context-aware ubiquitous learning. *Educational Technology & Society*, *11*(2), 81–91.

ILO. (2023). *World employment and social outlook: Trends 2023*. Geneva: International Labour Office. Retrieved from https://www.ilo.org/wcmsp5/groups/public/---dgreports/---inst/documents/publication/wcms_865332.pdf

Kayali, L. (2023). *French digital minister: ChatGPT doesn't respect privacy laws*. Retrieved from https://www.politico.eu/article/french-digital-minister-chatgpt-doesnt-respect-privacy-laws/

Kok, J., & van den Heuvel., S. C. (Eds.). (2019). *Leading in a VUCA world: Integrating leadership, discernment and spirituality*. Switzerland: Springer Nature.

Kumar, K. B. (2021). *Shared prosperity: The crying need for inclusive globalization*. Retrieved from https://www.rand.org/blog/2021/02/shared-prosperity-the-crying-need-for-inclusive-globalization.html

Leonardo, Z. (2004). Critical social theory and transformative knowledge: The functions of criticism in quality education. *Educational Researcher*, *33*(6), 11–18.

Lynch, S. (2017). *Andrew Ng: Why AI is the new electricity*. Retrieved from https://www.gsb.stanford.edu/

insights/andrew-ng-why-ai-new-electricity

Mason, C. Y., Patschke, M. D., & Simpson, K. (2023). *Leading with vitality and hope: Embracing equity, alleviating trauma, and healing school communities*. Washington, DC: Rowman & Littlefield Publishers.

McCarthy, J., Minsky, M. L., Rochester, N., & Shannon, C. E. (1955). *A proposal for the Dartmouth summer research project on artificial intelligence*. Retrieved from http://www-formal.stanford.edu/jmc/history/dartmouth/dartmouth.html

Metz, C. (2023). "The godfather of A. I." leaves Google and warns of danger ahead. *The New York Times*, May 1, 2023. Retrieved from https://www.nytimes.com/2023/05/01/technology/ai-google-chatbot-engineer-quits-hinton.html

Meyer, H.-D., & Benavot, A. (2013). Introduction. In H. D. Meyer & A. Benavot (Eds.), *PISA, power and policy: The emergence of global educational governance*. Oxford: Symposium Books.

Miao, F., Holmes, W., Huang, R., & Zhang, H. (2021). *AI and education: Guidance for policy-makers*. Paris: UNESCO. Retrieved from https://unesdoc.unesco.org/ark:/48223/pf0000376709

Minchekar, V. (2019). Construction and development of academic stress scale for college and university students. *The Learning Curve*, *Vol. Ⅷ*, pp. 3-9. The Department of Psychology, Lady Shri Ram College, University of Delhi.

Murphy, R. F. (1989). *Cultural and social anthropology: An overture*. Englewood Cliffs, NJ: Prentice Hall.

Nandram, S. S., & Bindlish, P. K. (Eds.). (2017). *Managing VUCA through integrative self-management: How to cope with volatility, uncertainty, complexity and ambiguity in organizational behavior*. Switzerland: Springer Nature.

Nicola, M., Alsafi, Z., Sohrabi, C., Kerwan, A., Al-Jabir, A., Iosifidis, C., Agha, M., & Agha, R. (2020). The socio-economic implications of the coronavirus and COVID-19 pandemic: A review. *International Journal of Surgery*, *78*, 185-193.

Nussbaum, M. C. (2010). *Not for profit: Why democracy needs the humanities*. Princeton, NJ: Princeton University Press.

OECD. (2018). *The future of education and skills: Education 2030*. Paris: OECD. Retrieved from https://www.oecd.org/education/2030/E2030%20Position%20Paper%20(05.04.2018).pdf

OECD. (2019). *Transformative competencies for 2030*. Retrieved from http://www.oecd.org/education/2030-project/teaching-and-learning/learning/transformative-competencies/Transformative_Competencies_for_2030_concept_note.pdf.

Ogata, H., Matsuka, Y., El-Bishouty, M. M., & Yano, Y. (2009). LORAMS: Linking physical objects and videos for capturing and sharing learning experiences towards ubiquitous learning. *International Journal of Mobile Learning and Organisation*, *3*(4), 337-350.

Prunty, J. J. (1985). Signposts for a critical educational policy analysis. *Australian Journal of Education*, *29*(2), 133-140. Retrieved from https://doi.org/10.1177/000494418502900205

Roose, K. (2023). *Don't ban ChatGPT in schools. Teach with it*. Retrieved from https://www.nytimes.com/2023/01/12/technology/chatgpt-schools-teachers.html

Rychen, D. S., & Salganik, L. H. (Eds.). (2001). *Defining and selecting key competencies*. Paris: OECD.

Rychen, D. S., & Salganik, L. H. (Eds.). (2003). *Key DeSeCo publications key competencies for a successful life and a well-functioning society*. Paris: OECD.

Rychen, D. S., Salganik, L. H., & McLaughlin, M. E. (Eds.). (2003). *Contributions to the second DeSeCo symposium*. Paris: OECD.

Salganik, L. H., Rychen, D. S., Moser, U., & Konstant, J. (1999). *Projects on competencies in the OECD context: Analysis of theoretical and conceptual foundations*. Paris: OECD.

Schultz, T. W. (1963). *The economic value of education*. New York and London: Columbia University Press.

Stokel-Walker, C., & Van Noorde, R. (2023). The promise and peril of generative AI. *Nature*, *614*(9), 214 – 217.

The United Nations. (2015). *Transforming our world: The 2030 agenda for sustainable development* (A/RES/70/1). Retrieved from https://sustainabledevelopment.un.org/content/documents/21252030%20Agenda%20for%20Sustainable%20Development%20web.pdf

The United Nations. (2021). *Our common agenda—Report of the secretary-general*. New York, NY: The United Nations. Retrieved from https://www.un.org/en/content/common-agenda-report/assets/pdf/Common_Agenda_Report_English.pdf

The World Bank Group. (2022). *Global economic prospects*, *June 2022*. Washington, DC: The World Bank. Retrieved from https://thedocs.worldbank.org/en/doc/18ad707266f7740bced755498ae0307a-0350012022/original/Global-Economic-Prospects-June-2022.pdf

The World Bank Group. (2023a). *Sharp*, *long-lasting slowdown to hit developing countries hard*. Retrieved from https://www.worldbank.org/en/news/press-release/2023/01/10/global-economic-prospects

The World Bank Group. (2023b). *Global economic prospects*, *January 2023*. Retrieved from https://openknowledge.worldbank.org/server/api/core/bitstreams/254aba87-dfeb-5b5c-b00a-727d04ade275/content

The World Bank Group & UNESCO. (2022). *Education finance watch 2022*. Retrieved from https://unesdoc.unesco.org/ark:/48223/pf0000381644_eng

Turing, A. (1950). Computing machinery and intelligence. *Mind*, *59*(236), 433 – 460.

UNDP. (2022). *UNDP releases its new human development report highlighting heightened global uncertainty and calling for new development course forward*. Retrieved from https://www.undp.org/china/press-releases/undp-releases-its-new-human-development-report-highlighting-heightened-global-uncertainty-and-calling-new-development-course

UNESCO. (2015). *Rethinking education: Towards a global common good*. Paris: UNESCO.

UNESCO. (2021). *Reimagining our futures together: A new social contract for education*. Paris: UNESCO.

UNESCO & UNICEF. (2022). *Gateways to public digital learning*. Retrieved from https://www.un.org/en/transforming-education-summit/gateways-public-digital-learning

Weaver-Hightower, M. B. (2008). An ecology metaphor for educational policy analysis: A call to complexity. *Educational Researcher*, *37*(3), 153 – 167.

WHO. (2020). *WHO Director-General's opening remarks at the media briefing on COVID – 19 – 11 March 2020*. Retrieved from https://www.who.int/dg/speeches/detail/who-director-general-s-opening-remarks-at-the-media-briefing-on-covid-19---11-march-2020

Zhao, S. (2022). The US-China rivalry in the emerging bipolar world: Hostility, alignment, and power balance. *Journal of Contemporary China*, *134*(31), 169 – 185.

Fudan Development Institute. (2023). *Call for Shanghai forum 2023 roundtable hosts*. Retrieved from https://fddi.fudan.edu.cn/72/b7/c18989a488119/page.htm

Wang, F. (2023). Anchor for stability and source of prosperity in a fluctuating world: International situation in 2022 and China's diplomacy. *Contemporary World*, (1), 10 – 15.

目 录 CONTENTS

第三编　课程与教学改革

第五编 测评与评估

导言：变化世界中的教育政策与教育改革

自公共教育体系出现以来，世界范围内的教育改革方兴未艾，进展日益显著。包括“进步教育运动”“课程与教学改革”“教育体制改革”“教育选择”“教育公平”“全纳教育”“终身教育”“智慧教育”等在内的一系列改革促进了世界各国和各地区教育事业的发展，为不同国家、地区、文化的人们提供了广泛的交流与学习机会，引发了世界范围内对教育面临的共同挑战和教育改革的共同价值的思考与讨论。现代教育涉及与社会的一系列复杂关系，教育是复杂社会系统中的子系统，对教育与社会关系的考察取决于我们对两者关系的认识与理解。100 多年前，杜威（John Dewey）在评论柏拉图（Plato，前 428/427—前 348/347）的教育哲学时指出，柏拉图的教育哲学之所以会失败，是因为他不相信这样的事实：教育的逐步改进能造就更好的社会，而这种更好的社会又能改进教育，如此循环进步以至无穷（Dewey, 1916/1980：97）。无独有偶，法国社会学家涂尔干（Émile Durkheim）也认为，教育的转型始终是社会转型的结果与征候，要从社会转型的角度入手来说明教育的转型。要想让一个民族在一个特定的时间节点上感受到改变教育体系的需要，就必须有新的观念、新的需要浮现出来，使此前的体系无法满足当前的需要（Durkheim, 1977/2006：166 - 167）。正是基于这样一种教育与社会关系的观点，杜威告诫我们：“任何时候我们想要讨论教育上的一个新运动，都必须具有比较宽阔的或社会的观点。”（Dewey, 1900：20）

社会系统或教育系统是一个不断发展的生态系统，它的各组成部分在这个系统中共存（范国睿，2000；范国睿，等，2011）。基于此，我们考察教育改革与发展，需要将其置于社会变革的宏观背景下加以省察。20 世纪中叶以来，随着战后恢复、重建以及对社会与教育的重新构想，这些关系呈现出鲜明特征。教育与社会的关系开始显现出一种相互影响、相互促进的特征。此外，日益丰富和多元的教育政策研究也加强了教育政策的推进和教育改革的实践。

社会变革中的教育改革与发展

古希腊哲学家赫拉克利特（Heraclitus，约前535—约前475）曾认为："没有人两次踏入同一条河，因为这条河不再是同一条河，他也不再是同一个人。"他以此来阐明万物皆变的道理。我们每个人每时每刻都在变化，我们赖以生存的自然与社会环境也在每时每刻发生变化。教育，自产生之时起，其形态、功能、运行机制一直在变化。人类早期教育是私人化的事情，教育活动多限于基于家庭的个别化教育，相关的研究也囿于微观领域教与学的活动（Confucius et al.，1885/1967；Comenius，1632/1967），以及伴随其中的师生交往关系等问题，教育理论被认为是"把一切事物教给一切人的普遍的艺术"（Comenius，1632/1967）。随着现代社会的发展、现代国家的形成，以及现代制度化的学校系统的建立和完善，义务教育的普及和发展，教育与社会生活的联系日益紧密，教育与社会之间的双向互动日益频繁和复杂（Enarson，1967；Green，2013；Marshall & Tucker，1993）。

第二次世界大战后，全球格局发生巨变，一系列重大事件引发了世界范围内各国的人才和教育竞争。1957年苏联成功发射人造卫星，加剧了美国与苏联之间的技术和军备竞争。美国于1958年通过了《国防教育法》（National Defense Education Act of 1958），其宗旨是"以各种形式向个人、各州及其下属机构提供大量援助，以保证训练有素、数量充足的人力，满足美国国防需要"（The 85th United States Congress，1958）。美国历史上第一次将教育发展与国家安全联系起来。20世纪60年代后，亚非拉第三世界国家（Tiers Monde）的崛起和独立，以及美苏两大阵营的出现，使得国际社会产生了巨大的动荡、分化和重组，当时，"三个世界"共存的新格局初见端倪（Solarz，2012），教育也因此被赋予了民族解放、独立和发展的使命。在此后的半个世纪里，教育改革越来越多地体现出一个国家的意志和行政权力，教育开始成为维护国家安全和利益、实现国家发展的重要机制。

20世纪80年代后，随着1989年东欧剧变和1991年苏联解体，美苏冷战基本结束，而其他事件，包括中国改革开放、欧洲一体化、俄罗斯经济发展计划、日本经济迅速发展等，使世界走向多极化。在这一过程中，国家间的竞争已经从军事领域的竞争转向经济、技术和综合国力的竞争，教育已经成为每个国家改善甚至是维持经济福利能力的重要组成部分(Benjamin, 1998)。

社会在持续冲突中不断发展。德洛尔(Jacques Delors)曾描述技术、经济和社会变革所造成的一系列社会紧张关系,包括全球与地方、普遍性与特殊性、传统与现代、精神与物质、长期考虑与短期考虑、竞争的需要与机会平等的理想、知识的扩展与我们吸收知识的能力等之间的紧张关系(Delors, 1996)。进入21世纪以来,政治民主化、全球化、信息与通信技术的普及这三大社会发展趋势以不同的方式深刻地影响着教育的改革与发展。

"民主"一词来源于希腊语"demos",意为人民。民主建立在多数人决策的基础上,同时基于尊重个人和少数人权利的原则,是制度化自由的体现。在民主制度下,对国家和公共事务的管理是全体公民直接自行或由自由选举产生的代表行使权利和履行义务。因此,民主意味着对公民的尊重,这体现了政府管理方式由集权向分权的转变。在这一过程中,教育始终被视为实现政治民主的重要载体。例如,杜威的经典著作《民主主义与教育》(*Democracy and Education*)除了阐述教育与民主社会的关系外,还通过教育实验引导我们来构建一个更加民主的社会(Dewey, 1916/1980)。在教育领域,20世纪50年代末的学生运动提出了教育民主化,将平等接受教育作为教育民主化的首要任务。此后,在联合国教科文组织(United Nations Educational, Scientific and Cultural Organization,简称UNESCO)等国际组织的努力下(Faure et al., 1972: 70－80),教育民主化概念的内涵在不断更新,从入学机会均等到教育资源获取机会均等、教育结果均等,再进一步到师生关系的民主化,以及教育活动、教育方法、教育内容的民主化和公平化,这些都有助于增加学生根据个人需要进行自由选择的机会。

在"新公共管理"(new public management)等理论思潮的影响下,国家层面的教育管理领域迫切需要以分权、多元参与的教育治理来取代建立在政府权威和集权基础上的教育管理。根据其倡导的自由市场原则,弗里德曼(Milton Friedman)的"自由选择"理论成为自由主义教育改革的一个关键理论框架(Friedman & Frideman, 1979)。为了促进教育竞争,教育券、特许学校、校本管理等一系列教育政策和改革的实施,使家长享有了择校权,同时在很大程度上打破了政府和教育行政部门对教育的垄断,调整了学校制度和组织结构,进而激发了学校和教师的活力。虽然还需要进行更多的研究,以找出其对提高教育质量存在影响的证据,但这些改革正在促使人们深刻反思如何克服传统公共教育体制的弊端,同时又符合社会文化自主性、地方性和多元化的趋势，如何激发学校、教师、家长、社区成员、地方学区和各级政府的积极性、主动性和创造性，以共同的愿景投入到建设更好的公共教育的进程中。

在莱维特（Theodore Levitt）首次提出"全球化"（globalization）概念时，虽然这个词基本上仅见于市场领域（Levitt, 1983），人们对"全球化"概念的理解也可能不尽相同，但它仍成为一个焦点概念，代表着各国在政治、经济、贸易领域的相互依存和全球联系的日益紧密，反映了全球范围内人类生活的发展和全球意识的崛起。全球化已经成为影响全球经济、政治、文化的一种社会思潮和社会现象。

毋庸置疑，国与国之间互联互通的增强带来了经济繁荣、人们生活水平和生活质量的全面提高。然而，全球化带来的资本和商品的流动以及随之而来的一体化全球市场，对人类的信念和能力提出了深刻的挑战（Brown & Lauder, 1996）。同时，全球化所形成的文化、科学、技术的交流与合作以及人才的全球流动，促进了教育的繁荣，也使人们的信念和能力发生了相应的变化。全球化的发展迫使各国加强国际教育交流与合作，鼓励国际师生交流，完善国际教育服务贸易，扩大留学生教育规模，共同扶持欠发达地区的儿童，为全球教育治理添砖加瓦。要将教育促进可持续发展的理念和变革行动纳入国家各级教育战略和行动计划。为此，我们应加强国际理解与合作教育，培养积极向上、有知识的公民，以建立一个人道、平等的国际社会，加深国际理解，使人们认识到尊严是全人类的共同需要。尽管全球化面临着来自保护本土产业和本土文化等方面的质疑和批评，甚至还有来自"反全球化"（anti-globalization）趋势的挑战，但从全球教育改革的角度来看，基于"全球共同利益"（global common good）的人文主义教育观仍将深刻地影响许多国家的教育变革与进步（UNESCO, 2015）。正如联合国教科文组织总干事博科娃（Irina Bokova）所言："世界在改变——教育也必须改变。世界各地的社会都在经历深刻的变革，这就需要新的教育形式来培养社会和经济在今天和明天所需要的能力。这意味着要超越识字和算术的范畴，把重点放在学习环境和新的学习方法上，以实现更高程度的公正、社会公平和全球团结。通过教育，学会如何在一个充满压力的星球上生活。它必须是在尊重和平等、尊严的基础上进行的文化扫盲，将可持续发展的社会、经济和环境编织在一起。"（UNESCO, 2015：3）我们相信，不同国家的政治家和教育政策制定者都会从本国国情出发，为全球化和本土化的均衡发展制定本国的教育目标，调整教育政策，加快推进教育事业的发展（Ayyar,

1996；McGinn，1996；Bakhtiari，2011；范国睿，2018）。

技术是人类社会进步的动力。在人类社会演进过程中，一种新技术的出现，无论是语言、文字、蒸汽机、电子技术、计算机技术，还是移动通信技术，都不可避免地使人类的生活、工作和学习发生革命性的变化。众所周知，技术的革新和进步也必然会带来教育过程和教育生态的变化。以前，语言和文字的出现、纸张的发明、印刷术的发展，使教学过程得以通过语言和文字的媒介来实现。新技术的发明也在很大程度上改变了教育目标、机制和运作形式。当前，互联网、大数据、区块链、人工智能、5G 通信等多种信息与通信技术正引领人类社会进入新时代。技术的创新和进步在很大程度上改变了工业革命中形成的以知识掌握和技能熟练为基础的工作模式。人工智能已经在一系列领域取代人类完成了大量程序性和重复性的工作，未来人类的工作将更多涉及指导和管理机器的复杂任务。

智能技术对教育的影响首先表现在对人格素养（human literacies）要求的变化上。掌握“读、写、算”（reading，writing，arithmetic，简称 3R）已经成为必不可少的素养，但这远远不够（European Commission，2018）。自 20 世纪 90 年代以来，关于 21 世纪教育应该培养什么样的人才的讨论日盛。德洛尔（Delors，1996）的报告提出了 21 世纪教育的四大支柱——学会认知、学会做事、学会共同生活、学会生存（learning to know，learning to do，learning to live together，and learning to be）。在过去的 20 年里，世界各国无一例外地主动探索 21 世纪技能或横贯能力（transversal competencies）①的概念，以提高公民未来工作和生活的能力（Care，2017）。为了培养具有 21 世纪技能的终身学习者，包括美国、欧盟（European Union，简称 EU）、经济合作与发展组织（Organisation for Economic Co-operation and Development，简称 OECD）、芬兰、新加坡和中国在内的众多国家和国际组织都提出了各自的 21 世纪素养、技能或能力框架，共同强调跨文化能力（cross-cultural competence）、创新能力（creativity competence）和批判性能力（critical competence）（OECD，2001；NEA，2002；Finnish National Agency for Education，2004；European Commission，2006；Trilling & Fadel，2009；Ministry of Education，2014；林崇德，2016）。

电子白板、虚拟现实、电子书包、云技术等新兴技术所蕴含的巨大变革力和想象力进一步推进了教育改革，尤其是教育形式的改革。以慕课（massive open

---

① 横贯能力（transversal competencies），又可译为“横越能力”，即跨学科的通用能力。

online course，简称 MOOC）为代表的广泛网络阅读和互联网教育平台催生了新的教育形式。多种在线教育形式不断涌现，与信息与通信技术、人工智能相结合的教育呈现出深度学习、跨学科融合、人机协作、自适应学习、智能监控、教学过程评价等新特点。与传统的正规学校教育相比，技术支持下的非正式学习被认为更能够赋予年轻人学习的能力（而不是必须在学校学习的方式）（Ito et al.，2009）。教育的日益开放，使教育从以教学为中心向真正以学习者学习为中心的转变成为可能。未来的教育将从儿童、青少年时期延伸到一个人的一生，将从制度化的学校教育扩展到整个社会，将从线下的学校教育发展为更广泛的网络教育，教师将成为学习的分析者、学习者信念和价值观的引导者、个人的导师、社会学习的陪伴者、心理和情感发展的看护者（范国睿，2018）。

教育政策研究的视角与范式

哈贝马斯（Habermas，1968/1971）对人类利益的哲学分析探讨了研究的复杂关系，认为研究具有不同的人类利益观念，这些观念表现在组织社会科学实践的理解对象、反思模式和变革观念上。这种分析有利于我们理解教育改革与教育政策研究之间的逻辑关系。当这种人类利益、范式或“推理风格”（styles of reasoning）的概念被应用于理解教育科学的变革问题时，其多样性在教育研究和评价的思考中就会显现出来（Popkewitz，1984/2012）。关于社会科学研究的范式，存在多种“推理风格”（Hacking，1992；Popkewitz & Lindblad，2000；Lindblad & Popkewitz，2004）。

在过去 20 年中，教育改革在很大程度上已经成为一种全球性的现象或运动，政策投入力度大，产生了较强的影响力（Zajda，2015）。教育改革作为一种实践活动，其实就是教育政策的逻辑展开。随着义务教育的普及、教育规模的扩大、国家在教育中的作用的加强，教育所包含的社会公共事务特征愈来愈多。国家有权利和义务来经营和管理教育。因此，“教育政策”自然属于“公共政策”的范畴，是教育治理与促进教育改革发展的工具。作为公共政策在教育领域的具体表现，教育政策秉持公益性的价值取向与具体社会历史条件和政治团体的教育目的，以公权力为依托，以各种具有国家强制力的行为为工具，规范和管理教育实践活动，解决教育领域出现的各种复杂问题，分配、调整和规范不同社会群体在教育活动中的长远利益与当下利益的关系。教育政策是破解教育问题、化解教育矛盾、确立和调整教育关系的行为准则或措施，如法规、准则、计划、纲要、通知、文件、方案或措施等。教育政策不仅是静态的存在，还是在教育活动过程中产生、存在和调整的有组织的动态发展过程，是静态与动态的统一；教育政策是一种行为准则，是规范性的存在，是政策主体用以治理教育事业的工具；教育政策具有时效性，是针对特定时期内教育领域存在的和出现的问题，为满足特定时期的发展需要而制定的（范国睿, 2016）。

自 20 世纪 80 年代以来，一批高校和教育研究机构相继成立了教育政策研究中心或相关政策研究机构。通过对“2014—2015 年里克 · 赫斯美国教育学者公众影响力排名”（The 2014 - 2015 RHSU Edu-Scholar Public Influence Rankings）中具有显著公共影响力的教育研究领域领军人物进行研究，发现在 200 名入围学者中，有 71 名学者专门从事教育政策研究，并具有广泛的社会影响（范国睿，杜明峰，曹珺玮，魏叶美，2016）。不难看出，教育政策几乎已成为所有国家教育机构的一个重要研究领域。虽然教育政策研究机构相对独立，但教育政策研究方法和研究课题越来越全面和多样化。在一项教育改革的实际推进过程中，无论是基于具体教育问题的决策，还是对教育政策实施过程的监测，抑或是对教育政策实施效果的评价，如果没有教育研究的支持，教育几乎不可能推进改革。教育政策的发展和教育改革总是与教育政策研究相互作用、相互促进。教育政策研究的意义在于行使责任（entailing）、展现关怀（caring）、融入实践，而在教育改革实践中，与教育政策相关的研究成果始终引领和支持教育改革的实践，实现教育改革的目标，保障教育改革的价值，从而促进教育的发展。研究、政策、改革之间的这种复杂关系一直是政策研究领域内外学术研究的焦点。总之，教育政策研究总是指向教育实践。近年来，教育政策研究正呈现出以数据为基础的实证研究趋势。然而，学者们一直在强调量化研究在教育政策研究中的局限性，以及历史和文化视角在教育政策研究中的重要性（Wirt, Mitchell, & Marshall, 1988; Phillips & Ochs, 2004; Kofod, Louis, Moos, & van Velzen, 2012）。

问题解决的研究

教育政策与教育改革的出台，不仅是为了解决教育系统内部的各种矛盾冲突，也是为了应对特定时期的社会变革，协调教育与社会的关系。随着公共政策研究的成熟与教育政策研究的兴起，教育政策与教育改革的关系日益密切和复杂。人们将政策发展和制定视为解决问题的尝试，并试图确保制定政策的人接受描述行动的特定价值观（Ward et al.，2016），力图通过教育政策与教育改革，在变革的世界中不断寻求教育系统内部诸要素以及教育与社会关系发展的和谐、平衡。因此在教育事业发展过程中，教育改革越来越频繁，教育政策对教育改革的引领作用越来越显著。

毋庸置疑，当我们在不断变化发展的社会背景下思考教育改革问题时，很容易就能发现，不同国家和地区在不同时代面临的教育问题，既有共同的方面，又有各自具体的独特的问题，基于这些问题的教育政策自然也就互有参差。这集中体现了全球化时代各国教育改革发展的共同特征与个性化的地方特色。

库姆斯（Fred S. Coombs）将教育问题分为六类，包括"谁付钱、付多少钱、付什么钱"的财政问题，"应该教什么"的课程问题，选择哪些学生接受某种教育的机会问题，"谁应该教学和管理体系"的人事问题，"学校应该如何组织和办学"的学校组织问题，解决"谁应该制定政策和谁对教育体系的表现负责"的治理问题（Coombs，1983：595－597）。从他的观点来看，不可否认的是，教育问题不仅涉及国家和政府，还涉及学校内部的各个组成部分。如果我们认为当代的政策和研究需要"问题解决装置"（problem-solving apparatus），那么所强调的就是将教师的专业发展和教师教育作为学校改进的一种手段。富兰（Michael Fullan）基于对学校系统的复杂性的考察，认为教师是变革的动力（Fullan，1993，1999，2003）。诚然，近来的教育变革实践表明，教育改革更倚重学校内部的力量，强调通过对学校人员的教育或构建新的学校文化促进变革的发生，基于学校情境的、主要由学校人员进行的问题解决模式运用越来越广泛。但是，无论从改革的实施范围还是从发挥的作用而言，政府主导的自上而下的改革在教育改革发展过程中占有重要份额。政府主导的教育改革，是借由教育政策制定与执行来实现的，而各种教育政策的制定需要对具体教育实践与问题进行考察和研究。

经验分析的研究

政策作为一种跨学科研究，涉及统计学、哲学、经济学、政治学、社会学、人类学、心理学、历史学等学科的原理和方法。随着教育研究与其他学科研究的融合，教育政策研究的方法论日趋多样化。从早期的定性研究，到以定量研究为主，到定性研究与定量研究相结合，以及人种志的广泛运用（Halpin & Troyna，1994；

198)，再到越来越多地采用混合研究方法(Burch & Heinrich, 2016)，以期通过循证方式研究教育政策执行的成效，建立在政策制定者与教育者互信基础上的随机且严格匹配的实验，成为教育政策和实践的基础(Slavin, 2002)。

在政策研究中，数字和统计作为一种说出真相的方式，似乎独立于历史环境和社会历史条件，即具有所谓的机械客观性(mechanical objectivity)。如上所述，研究的一个重要因素是统计学的重要性，最近更强调的是度量和算法，以确定改革和促进、约束或限制变革的制定规则。没有数字的学校教育几乎是不可能的，如儿童的年龄及其所在年级、对儿童成长和发展的测量、成绩测试、学校的排名表，以及关于人口代表性和成功率的用以确定公平的统计程序。

就科学与政策之间的关系而言，越来越多地使用统计手段的原因有很多。数字已经成为提高透明度和问责的一部分，以确定哪些是有价值的，而哪些不是重要的。例如，波特(Theodore Porter)关于社会领域统计历史的重要著作探讨了数字如何成为通信系统的一部分，数字技术似乎可以总结复杂的事件和交易(Porter, 1995)。数字是中立且精确的，通过表格、图片或百分比，以简洁可见的形式给出了强有力的表述。数字的机械客观性似乎遵循先验规则(a priori rules)，该规则体现了公平性和公正性，其中数字被视为排除了判断，并减少了主观性。

然而，与此同时，由数据驱动的教育政策调整，如国际学生评估项目(Programme for International Student Assessment，简称 PISA)也诱发了数字治理的负面后果(Lingard, 2011)。有学者指出，用数字来描述国家学校教育体系和儿童教育“真相”的方式是为了在全球范围内对国家进行区别和划分(Popkewitz, 2011: 32－36)。这种用数字信息构建和代表世界的方式看似客观中立，实际上掩盖了 PISA 的理论假设(Poovey, 1998: 237)。最终，许多国家为了追求以经济增长为核心目标的功利价值而改革教育体系，试图提高自己的排名，而忽视了教育对人的成长的内在价值。在未来的教育政策研究中，上述问题的出现值得关注。

历史与文化研究

如果说之前提及的关于政策和研究的问题解决式或经验分析式的推理风格与组织和管理社会事务的理性、科学的启蒙信念相关，那么另一种应运而生并在国际上受到关注的推理风格可称为“知识问题论”(knowledge problematic)。对作为研究对象的“知识”的关注，在一个层面上将注意力引向理性的历史体系，这个体系支配着思想、言语和行动。但对学校教育知识的研究重点并不仅仅是关于思想和“话语”，而是将注意力集中在“看”（seeing）的分类和排序，以及制度和技术纠缠在一起的历史条件，从而赋予当代教育物质性。拉图尔（Latour, 2004）在社会和科学研究的不同语境中表达了对研究和政策研究问题的重新思考。拉图尔认为，研究是为了将注意力从被假定为关注的问题转移到关注什么是重要的问题上。进入人们视野的是一种特殊的科学概念，它与马克思（Karl Heinrich Marx）在分析资本主义时所涉及的科学传统、韦伯（Max Weber）对科层制进行的研究以及涂尔干对集体归属感的兴趣相结合，这些都与异化问题有关。在当代人文和社会科学领域，当代政策研究部分借鉴了科学研究、后基础研究和福柯研究。

进入20世纪，公共教育权力的变化给教育政策带来了巨大的挑战。在市场机制下追求教育活动的私人利益可能会损害教育的公益性。此外，实现教育公平也因市场和社会对教育的干预而变得更加复杂。

在特定的历史条件下，由于多元文化的发展，政策声明、研究报告以及表格和图片的分类，都被视为一种文化的记载。学校学习和儿童发展的对象被赋予了历史实质；它们被看作文化的人工制品来分析事物的多重性状态，以了解那些可以被说出来、被保存、被重新激活、被制度化的规则群体（Foucault, 1991）。

这种推理风格的核心是当代研究实践中流传的历史性和哲学性。关乎在学校改革中形成的不同时空关系的多样性，“寻求将起源和结构与科学中所体现的一些问题调和起来，这些问题假装是为了保障未来”（Deleuze, 1968/1994：20）。研究中的历史化，就是要引导人们注意思考网格（grid）或多条不同的历史线，它们在特定的时间和空间聚集在一起产生变革的对象。以这种方式思考，研究的问题就变成了考虑各种测量技术、理论、文化、制度和社会实践的交汇，这些技术和理论在不平衡的历史线上传播，但在特定的时间和空间上连接在一起（Popkewitz, 2020）。因此，在公平、效率、自由的教育价值观下，教育政策应遵循新公共管理的基本原则，考虑特定的历史文化背景，将公平作为政策的基本价值目标，兼顾效率与质量，加强对民族文化的尊重和认同，不断追求有意义、有价值的教育政策研究。

本书的结构和主要内容

邀约国际知名学者编撰一部《教育政策研究手册》（*Handbook of Education*

Policy Studies)的动议萌发于2014年春天某个阳光明媚的日子，最初的想法是将教育政策研究领域的经典文献和已发表的高频被引论文汇编成册。后来，在与邀请的部分国际咨询委员和出版商的协商、讨论中，不断修正编辑主旨，变成现在辑录以研究当代教育问题为核心的原创作品为主。我们无意于为读者提供系统的教育政策研究经典知识，而是要提供面对当代教育问题的政策分析与思考。我们想让读者看到的是，一方面，在这个充满不确定性的世界，教育是影响个人发展与社会存续的重要社会子系统，被世界各国视为社会进步、国家持续发展之动力；另一方面，社会的政治、经济、科技、文化诸因素，都表现出前所未有的多样性和不确定性，正全面影响着人们的学习、工作和生活。各国已经进行、正在进行和即将进行的教育改革，尤其是国家和区域层面的宏观教育改革，都源于基于当时重大教育问题解决之需求的教育政策分析，“变化世界中的教育政策与教育改革”，蕴含了当代世界教育与社会政治、经济、文化、技术之间，以及教育体系内部诸要素之间多维互动的波澜壮阔的丰富画面。

教育政策研究不是一个单一的整体。相反，它涉及不同的社会和文化原则，这些原则会随着时间的推移而变化。《教育政策研究手册》通过对教育政策研究进行国际、历史和跨学科的分析，将来自多个学科的广受国际尊敬的学者的最新研究成果汇集到一本书中，在有效突破国家与学科界限的同时，向读者展现了当代教育政策研究的新理论、新技术和新方法，展现了各国为应对持续变化的挑战而进行的教育政策与教育改革实践。

两卷本《教育政策研究手册》分别从两个不同的研究方向出发，呈现了政策研究的多样性以及研究教育的不同方式和设计方法，阐明了教育在国家内部，在跨国趋势日益显著的社会和历史舞台上的具体解决方案与行动计划。我们试图通过《教育政策研究手册》，将不同的推理风格汇集在一起，以展现出政策研究的国际多样性，并且探究如何用不同的方法判断哪些是重要的问题，如何使学校存在的场域易于理解，以及如何得出结论并提出改进建议，从而为教育变革提供可能性。

《教育政策研究手册（上卷）：价值、治理、全球化与方法论》(*Handbook of Education Policy Studies: Values, Governance, Globalization, and Methodology, Volume 1*)，着眼于国家宏观教育政策变迁，在分析教育政策与教育改革性质的基础上，重思教育改革的价值观与教育质量观；从历史与国际比较的视角，考察各国教育政策与教育改革的辩证关系，剖析当代教育管理从管制走向多元治理过程中的理论与实践问题；透析全球化对国家教育改革的影响以及国家间的相互依存关系。上卷还汇集了当代多元视野中教育政策研究的方法论成果，全面揭示了当代教育改革与社会变革之间的复杂关系，探讨了当代社会、政治、经济制度与教育政策研究和实践之间关系的新复杂性，为学习和把握当代教育改革宏观趋势提供了一个全景式画面。

《教育政策研究手册（下卷）：学校/大学、课程与测评》（*Handbook of Education Policy Studies: School/University, Curriculum, and Assessment, Volume 2*），着眼于微观领域的教育政策变迁，着重考察学校与教学情境中的政策和变革问题。对学校变革的考察，展现了不同国家和地区的 K－12 学校和大学，在化解传统与现代化矛盾和冲突过程中面临的不同挑战和采取的差异化政策，展现了以教师为主体的不同利益相关者的角色变化；在课程与教学领域，各国围绕“教什么”和“怎样教”进行了有益的变革性实践探索；以 PISA 为代表的国际教育测评，不仅促进了教育评估与测验技术的改进与广泛应用，还给各国教育政策和教育改革带来了深远的影响。下卷全面揭示了教育系统内部的学校组织、教师、课程、教学、评估等多元素间动态互动的复杂关系，展现了当代学校及课程和教学改革的最新生态情境。

范国睿
华东师范大学　中国上海
托马斯·S. 波普科维茨（Thomas S. Popkewitz）
威斯康星大学麦迪逊分校　美国威斯康星州麦迪逊

参考文献

Ayyar, R. V. V. (1996). Educational policy planning and globalization. *International Journal of Educational Development, 16*(4), 347－354.

Bakhtiari, S. (2011). Globalization and education: Challenges and opportunities. *International Business & Economics Research Journal, 5*(2), 95－101.

Benjamin. L. (1998). An epidemic of education policy: (What) can we learn from each other? *Comparative Education, 34*(2), 131－141.

Brown, P., & Lauder, H. (1996). Education, globalization, and economic development. *Journal of Education*

Policy, *11*(1), 1-25.

Burch, P. (2007). Educational policy and practice from the perspective of institutional theory: Crafting a wider lens. *Educational Researcher*, *36*(2), 84-95.

Burch, P., & Heinrich, C. J. (2016). *Mixed methods for policy research and program evaluation*. Singapore: SAGE publications.

Care, E. (2017). *Global initiative around assessment of 21st century skills*. Retrieved from http://bangkok.unesco.org/content/global-initiative-around-assessment-21st-century-skills

Comenius, J. A. (1967). *The great didactic of John Amos Comenius* (M. W. Keatinge, Trans.). New York: Russell & Russell. (Original work published 1632).

Confucius et al. (1967). In D. Sheng (Ed.), *The book of rites* (J. Legge, Trans.). New Hyde Park, NY: University Books. (Original work published in 1885).

Coombs, F. S. (1983). Education Policy. In S. S. Nagel (Ed.), *Encyclopedia of policy studies* (pp. 589-616). New York: Marcel Dekker.

Deleuze, G. (1994). *Difference and repetition* (P. Patton, Trans.). New York: Columbia University Press. (Original work published in 1968).

Deleuze, G., & Parnet, C. (1987). *Dialogues* (H. Tomlinson & B. Habberjam, Trans.). New York: Columbia University Press. (Original work published in 1977).

Delors, J. (1996). *Learning: The treasure within: Report to UNESCO of the International Commission on Education for the Twenty First Century*. Paris: UNESCO.

Department for Education and Skills, UK. (2003). *The future of higher education*. Retrieved from www.dfes.gov.uk

Dewey, J. (1900). *The school and society*. Chicago, IL: The University of Chicago Press.

Dewey, J. (1980). *Democracy and education*. In J. A. Boydston (Ed.), *John Dewey, the middle works, 1899-1924* (Vol. 9), Carbondale: Southern Illinois University Press. (Original work published in 1916).

Dror, Y. (1968). *Public policymaking reexamined*. Chicago: Chandler Pub. Co.

Dror, Y. (1971a). *Design for policy sciences*. New York: Elsevier Science Ltd.

Dror, Y. (1971b). *Ventures in policy sciences: Concepts and applications*. New York: Elsevier Science Ltd.

Durkheim, É. (2006). *The evolution of educational thought: Lectures on the formation and development of secondary education in France* (P. Collins, Trans.). London: Routledge. (Original work published in 1977).

Enarson, H. L. (1967). Education and the wealth of nations: An examination of the contribution of effective educational planning to the economic growth of a nation. *Monthly Labor Review*, *90*(3), 21-24.

European Commission. (2006). *Key competence: A European reference framework*. Retrieved from https://www.erasmusplus.org.uk/file/272/download

European Commission. (2018). *Key competences for lifelong learning, proposal for council recommendation*. Retrieved from https://eur-lex.europa.eu/legal-content/EN/TXT/PDF/?uri=CELEX:52018SC0014&from=EN

Faure, E., et al. (1972). *Learning to be: The world of education today and tomorrow*. Paris: UNESCO.

Finnish National Agency for Education. (2004). *National Core Curriculum 2004*. Retrieved from https://

www. oph. fi/english/curricula_and_qualifications/basic_education/curricula_2004

Foucault, M. (1991). Governmentality. In G. Burchell, C. Gordon, & P. Miller (Eds.), *The Foucault effect: Studies in governmentality: With two lectures by and an interview with Michel Foucault* (pp. 87 – 104). Chicago: University of Chicago Press.

Freire, P. (1970). *Pedagogy of the oppressed.* New York: Continuum.

Friedman, M., & Frideman, R. (1979). *Free to choose.* New York: Harcourt Brace Jovanovich.

Fullan, M. (1993). *Change forces: Probing the depths of educational reform.* New York: The Falmer Press.

Fullan, M. (1999). *Change forces: The sequel.* Philadelphia, PA: The Falmer Press.

Fullan, M. (2003). *Change forces with a vengeance.* London: Routledge Falmer.

Green, A. (2013). *Education and state formation: Europe, East Asia and the USA* (2nd ed.). New York: The Palgrave Macmillan.

Habermas, J. (1971). *Knowledge and human interest* (J. Shapiro, Trans.). Boston: Beacon Press. (Original work published in 1968).

Hacking, I. (1992). "Style" for historians and philosophers. *Studies in History and Philosophy of Science, 23*(1), 1 – 20. https://doi. org/10. 1016/0039 – 3681(92)90024 – Z

Halpin, D., & Troyna, B. (Eds.). (1994). *Researching education policy: Ethical and methodical issues.* London: The Falmer Press.

Ito, M., et al. (2009). *Living and learning with new media: Summary of findings from the Digital Youth Project.* Cambridge, MA: The MIT Press.

Kofod, K., Louis, K. S., Moos, L., & van Velzen, B. (2012). Historical perspectives on educational policy and political cultures. In K. S. Louis & B. van Velzen (Eds.), *Educational policy in an international context: Political culture and its effects* (pp. 29 – 47). New York: Palgrave Macmillan.

Latour, B. (2004). Why critique has run out of steam: From matters of fact to matters of concern. *Critical Inquiry, 30*, 225 – 248.

Levin, B. (1998). An epidemic of education policy: (What) can we learn from each other? *Comparative Education, 34*(2), 131 – 141.

Levitt, T. (1983, May – June). The globalization of markets. *Harvard Business Review* (pp. 92 – 102).

Lindblad, S., & Popkewitz, T. (Eds.). (2004). *Educational restructuring: International perspectives on traveling policies.* New York: Information Age Publishers.

Lingard, B. (2011). Policy as numbers: Ac/counting for educational research. *The Australian Educational Researcher, 38*(4), 355 – 382.

Marshall, R., & Tucker, M. (1993). *Thinking for a living: Education and the wealth of nations.* New York: Basic Books.

McGinn, N. F. (1996). Education, democratization, and globalization: A challenge for comparative education. *Comparative Education Review, 40*(4), 341 – 357.

Ministry of Education, Singapore. (2014). *Framework for 21st century competencies and student outcomes.* Retrieved from https://www. moe. gov. sg/education/education-system/21st-century-competencies

NEA. (2002). *Partnership for 21st century learning.* Retrieved from http://www. nea. org/home/34888. htm

OECD. (2001). *Definition and selection of competencies: Theoretical and conceptual foundation.* Retrieved from http://www.oecd.org/education/skills-beyond-school/41529556.pdf

OECD. (2005). *The definition and selection of key competencies. Executive summary.* Retrieved August 30, 2018, from https://www.oecd.org/pisa/35070367.pdf

OECD. (2019). *Trends Shaping Education 2019 Centre for Educational Research and Innovation.* Paris: OECD Publishing. https://doi.org/10.1787/trends_edu-2019-en

Petersson, K., Olsson, U., & Krejsler, J. (2015). The social question revised: The reconfiguration of the social dimension in the European Educational Social Space. In T. S. Popkewitz (Ed.). *The "reason" of schooling: Historicizing curriculum studies, pedagogy, and teacher education* (pp. 200-214). New York: Routledge.

Phillips, D., & Ochs, K. (Eds.). (2004). *Educational policy borrowing: Historical perspectives.* Oxford: Symposium Books.

Poovey, M. (1998). *A history of modern fact. Problems of knowledge in the sciences of wealth and society.* Chicago: University of Chicago Press.

Popkewitz, T. (2011). PISA: Numbers, standardizing conduct, and the Alchemy of school subjects. In M. A. Pereyra, H. G. Kotthoff, & R. Cowen (Eds.), *PISA under examination. Changing knowledge, changing tests, and changing schools.* Rotterdam: Sense.

Popkewitz, T. (2012). *Paradigm and ideology in educational research: Social functions of the intellectual.* London: Falmer Press (republished in Routledge Library Edition, 1984).

Popkewitz, T. (2020). Historicizing how theory acts as "the retrieval" in methods: Romancing the archival or some thoughts on intellectual practices. In T. Fitzgerald (Ed.), *International handbook of historical studies in education.* New York: Springer.

Popkewitz, T. S., & Lindblad. S. (2000). Educational governance and social inclusion and exclusion: Some conceptual difficulties and problematics in policy and research. *Discourse, 21*(1), 5-54.

Porter, T. (1995). *Trust in numbers: The pursuit of objectivity in science and public life.* Princeton: Princeton University Press.

Sellar, S., & Lingard, B. (2013). Looking east: Shanghai, PISA 2009 and the reconstitution of reference societies in the global education policy field. *Comparative Education, 49*(4), 464-485.

Slavin, R. E. (2002). Evidence-based education policies: Transforming educational practice and research. *Educational Researcher, 31*(7), 15-21.

Solarz, M. W. (2012). 'Third World': The 60th anniversary of a concept that changed history. *Third World Quarterly, 33*(9), 1561-1573.

The 85th United States Congress, USA. (1958). *National Defense Education Act of 1958* (Public Law, 85-864). Retrieved from http://wwwedu.oulu.fi/tohtorikoulutus/jarjestettava_opetus/Troehler/NDEA_1958.pdf

Trilling, B., & Fadel, C. (2009). *21st century skills: Learning for life in our times.* San Francisco, CA: Jossey-Bass.

UNESCO. (2015). *Rethinking education: Towards a global common good?* Paris: NESCO.

Ward, S., Bagley, C., Lumby, J., Hamilton, T., Woods, P., & Roberts, A. (2016). What is "policy" and what is "policy response"? An illustrative study of the implementation of the leadership standards for social justice in Scotland. *Educational Management, Administration and Leadership, 44*(1), 43－56.

Wirt, F., Mitchell, D., & Marshall, C. (1988). Culture and education policy: Analyzing values in state policy systems. *Educational Evaluation and Policy Analysis, 10*(4), 271－284.

Zajda, J. (Ed.) (2015). *Second international handbook on globalization, education and policy research*. Dordrecht, The Netherlands: Springer.

范国睿.(2000).*教育生态学*.北京：人民教育出版社.

范国睿.(2016).教育政策与教育改革的逻辑展开.*教育科学研究*,(9),33－36.

范国睿.(2018).智能时代的教师角色.*教育发展研究*,(10),72－73.

范国睿,等.(2011).*共生与和谐：生态学视野下的学校发展*.北京：教育科学出版社.

范国睿,等.(2018).*从规制到赋能：教育制度变迁创新之路*.上海：华东师范大学出版社.

范国睿,杜明峰,曹珺玮,魏叶美.(2016).研究引领变革：美国教育研究新趋向——基于美国教育学者公共影响力排名的研究领域与领军人物分析.*教育研究*,37(1),126－142,156.

林崇德.(2016).*21世纪学生发展核心素养研究*.北京：北京师范大学出版社.

著作者

尤安·奥尔德(Euan Auld),中国,香港教育大学

莱斯利·A. 贝尔(Leslie A. Bell),英国,莱斯特大学/林肯大学

戴维·C. 伯利纳(David C. Berliner),美国,亚利桑那州立大学

路易斯·米格尔·卡瓦略(Luis Miguel Carvalho),葡萄牙,里斯本大学

郑燕祥(Yin Cheong Cheng),中国,香港教育大学

姜添辉(Tien-Hui Chiang),中国,郑州大学

伊内斯·达塞尔(Inés Dussel),墨西哥,墨西哥国立理工学院

范国睿(Guorui Fan),中国,华东师范大学

范洁琼(Jieqiong Fan),中国,华东师范大学

丹尼尔·S. 弗里德里克(Daniel S. Friedrich),美国,哥伦比亚大学师范学院

索蒂里亚·格雷克(Sotiria Grek),英国,爱丁堡大学

埃丽卡·罗森菲尔德·霍尔沃森(Erica Rosenfeld Halverson),美国,威斯康星大学麦迪逊分校

理查德·霍尔沃森(Richard Halverson),美国,威斯康星大学麦迪逊分校

玛格达莱娜·希门尼斯-拉米雷斯(Magdalena Jiménez-Ramírez),西班牙,格拉纳达大学

凯瑟琳·L. 基尔希加斯勒(Kathryn L. Kirchgasler),美国,堪萨斯大学

约翰·贝内迪克托·克雷斯勒(John Benedicto Krejsler),丹麦,奥胡斯大学

劳凯声(Kaisheng Lao),中国,首都师范大学

布拉德利·A. 莱文森(Bradley A. Levinson),美国,印第安纳大学

李琳(Lin Li),中国,华东师范大学

斯韦克·林德布拉德(Sverker Lindblad),瑞典,哥德堡大学

安东尼奥·卢森(Antonio Luzón),西班牙,格拉纳达大学

玛西娅·阿帕雷西达·阿马多尔·马夏(Márcia Aparecida Amador Mascia),巴西,圣保罗大学
罗穆亚尔德·诺尔芒(Romuald Normand),法国,斯特拉斯堡大学
珍妮弗·T. 奥兹加(Jennifer T. Ozga),英国,牛津大学
米格尔·A. 佩雷拉(Miguel A. Pereyra),西班牙,格拉纳达大学
丹尼尔·彼得松(Daniel Pettersson),瑞典,耶夫勒大学
托马斯·S. 波普科维茨(Thomas S. Popkewitz),美国,威斯康星大学麦迪逊分校
饶从满(Congman Rao),中国,东北师范大学
杰里米·拉普利(Jeremy Rappleye),日本,京都大学
朱莉娅·雷斯尼克(Julia Resnik),以色列,耶路撒冷希伯来大学
柴田政子(Masako Shibata),日本,筑波大学
伊韦塔·西洛瓦(Iveta Silova),美国,亚利桑那州立大学
金永熙(Kyunghee So),韩国,首尔国立大学
眭依凡(Yifan Sui),中国,浙江大学
玛格丽特·萨顿(Margaret Sutton),美国,印第安纳大学
汤家伟(Chia-Wei Tang),中国,台湾中山大学
莫妮卡·托雷斯(Mónica Torres),西班牙,格拉纳达大学
恒吉僚子(Ryoko Tsuneyoshi),日本,东京大学
王习(Xi Wang),中国,浙江大学
杰夫·惠蒂(Geoff Whitty, 1946—2018),英国,伦敦大学
特蕾莎·温斯泰德(Teresa Winstead),美国,圣马丁大学
埃玛·威斯比(Emma Wisby),英国,伦敦大学学院
吴政达(Cheng-Ta Wu),中国,台湾康宁大学/台湾政治大学
吴华(Hua Wu),中国,浙江大学
邬志辉(Zhihui Wu),中国,东北师范大学
余文森(Wensen Yu),中国,福建师范大学
袁振国(Zhenguo Yuan),中国,华东师范大学
约瑟夫·佐伊道(Joseph Zajda),澳大利亚,澳大利亚天主教大学
张琳(Lin Zhang),中国,华东师范大学

致谢

两卷本《教育政策研究手册》，从酝酿到出版，历经5年时间，受惠于许多人的关心和支持。

本书的顺利出版，得益于我十分尊敬的前辈与伙伴、美国威斯康星大学麦迪逊分校课程与教学系（Department of Curriculum and Instruction, University of Wisconsin-Madison）前主任托马斯·S. 波普科维茨（Thomas S. Popkewitz）①教授持续的鼎力支持。我与汤姆相识于8年前。2012年秋，浙江大学的何珊云博士陪同汤姆访问华东师范大学。我时任教育科学学院院长，有幸接待汤姆，并主持他的演讲。出于对教育问题的历史和文化研究的共同兴趣，汤姆成为我敬佩的许多西方教育学者中独特的一位。当时，我们正在筹建一个联合国内外学者的开放性研究平台——教育政策研究协同创新中心（后来发展为华东师范大学国家教育宏观政策研究院），汤姆成为该机构首聘的海外特聘教授。此后，汤姆多次访问华东师范大学，曾为研究生开设短期的教育理论研究课程，在华东师范大学"大夏讲坛"做过主旨报告。自2014年春我和汤姆共同萌发了编辑一部国际教育政策研究手册的创意以来，从选题策划，到邀约作者，到与每位作者反复讨论以及文本的修改，汤姆总是在关键时刻给予中肯的意见和建议。无论是在美国的威斯康星和华盛顿，还是在中国的上海、北京、广州、南京、杭州，与汤姆的无数次交流，都能碰撞出智慧的火花，从而有效地保证了本书的出版与质量。感谢汤姆一直以来的支持！

收入本书的38篇论文由49位作者完成，他们来自澳大利亚、巴西、中国、丹麦、法国、以色列、日本、墨西哥、葡萄牙、韩国、西班牙、瑞典、英国、美国共14个国

① 昵称为汤姆。——译者注

家，都是在教育政策某一研究领域已有突出且独特贡献的一流学者，他们的著述不仅彰显了教育政策研究的多样性，还呈现了教育改革的复杂性。正是这种既尊重区域特征又呈现全球化趋势的多样化研究立场与研究发现，彰显了本书所具有的独特的国际视野。感谢各位作者为本书作出的独到贡献，尤其感谢大家宽容我在此过程中的不断催促，以及不厌其烦地反复修改。

十分遗憾的是，在本书编辑过程中，英国伦敦大学教育学院（Institute of Education, University of London）杰夫·惠蒂（Geoff Whitty, 1946—2018）教授因病过世。惠蒂是我的老朋友，2012 年他曾受邀参加华东师范大学基础教育改革与发展研究所主办的“公平与质量：政策视野下的教育改革”国际学术会议，我还将他的文章翻译并编入我主编的《教育政策观察（第 4 辑）》①。2018 年 7 月，伦敦大学教育学院为惠蒂祝寿，我因故未能前往，曾遥寄一张精心制作的生日贺卡，未曾想，他竟在几个月后与我们永远告别。所幸，本书收录了他与伦敦大学学院教育学院（Institute of Education, University College London）政策和公共事务主管埃玛·威斯比（Emma Wisby）合作的文章，这是惠蒂贡献给这个世界的最后智慧，成为我们对他的最好纪念。

我所供职的华东师范大学的许多机构和同事都为本书的编辑出版给予了不同形式的帮助和支持：人文与社会科学研究院、基础教育改革与发展研究所、国家教育宏观政策研究院、教育治理研究院、教育学系、教育学部。在本书的编辑过程中，华东师范大学外国语学院的张琳女士、华东师范大学课程与教学研究所的陈霜叶教授在英文文稿的润饰方面给予了大力支持；曾在美国威斯康星大学麦迪逊分校跟随汤姆学习两年的博士研究生刘雪莲在我与汤姆及各位作者的联络、商讨过程中做了大量具体工作；感谢华东师范大学宣传部的董盈盈女士、陈颖女士以及国际汉语学院的吴晓隆先生，他们允许我将拍摄的华东师范大学的经典建筑——群贤堂的照片用于本书的封面设计，这座建于 1930 年，蕴含中西文化元素的爱奥尼亚柱式（Ionic order）建筑，恰当地体现了本书汇通中西文化教育的编辑宗旨。

感谢斯普林格（Springer）出版公司的张淼女士，她的执着、耐心与宽容，总是

---

① 杰夫·惠迪，杰克·安德斯.(2013).缩小社会经济水平差距：英国经验.张淑萍，范国睿，译.载于范国睿.*教育政策观察（第 4 辑）*.上海：华东师范大学出版社，3-41.

让我心生惭愧而又信心满满地继续坚持;同时要感谢李煜雯女士为本书出版所做的大量编辑工作。

华东师范大学教育治理研究院院长

2019 年 6 月 1 日

Part I
School and Teacher

第一编
学校与教师

第一章

21世纪以来中国农村学校布局调整的演进态势及撤并标准探讨

邬志辉

（中国　东北师范大学）

1971年以来中国推行计划生育政策效果的显现，以及20世纪80年代末以来农村富余劳动力向城市的大规模转移，导致农村学龄人口自然减少和空间流动，迫使教育行政部门对农村学校进行较大力度的布局调整。中国小学与初中①的布局调整呈现以下宏观特征。② 一是21世纪以来特别是21世纪的前十年（2000—2010年），布局调整规模最大。在1976—2016年的四十年间，全国共撤并义务教育阶段学校（小学和初中）94.61万所，其中21世纪以来（2000—2016年）减少了38.65万所，占这四十年中学校减少总量的40.85%，平均每天约有66所学校消失；而21世纪前十年（2000—2010年）的减少数量达到最多，共减少了30.41万所，平均每天约有83所学校消失。二是21世纪以来学校布局调整主要发生在农村地区。21世纪以来减少的38.65万所学校中，有35.70万所为农村学校，约占学校减少总量（38.65万所）的92.37%，即每天约有61所农村学校在消失。三是21世纪以来学校布局调整的主要对象是农村小学。在21世纪以来减少的35.70万所农村学校中，农村小学达33.39万所，占农村学校减少总量的93.53%，是21世纪以来城市和农村学校减少总量的86.39%。那么，为什么21世纪以来农村学校快速消失？其演进态势是什么样的？中国农村学校布局调整的标准应该是什么？本章将主要探讨这些问题。

---

① 在中国，九年义务教育的学制分为两种。在大多数省（区、市），小学包括一至六年级，初中包括七至九年级。在部分省（区、市），小学包括一至五年级，初中包括六至九年级。

② 数据根据《中国教育统计年鉴》（2000—2016）和《中国统计年鉴》（2001—2017）计算得出。

1.1 背景

1.1.1 教育管理体制变革为农村学校布局调整提供制度空间

为了解决农民经济负担过重的问题，从2000年开始，我国探索实施农村税费改革，取消教育税①，并严禁学校和其他部门向农民摊派。实际上，农村教育税是农村义务教育经费的重要来源，约占农村教育支出总量的30%。为了缓解“分级办学、分级管理”②体制下乡镇一级政府的财政压力，2001年国务院对农村义务教育管理体制进行了重大调整，“实行在国务院领导下，由地方政府负责、分级管理、以县为主的体制”，实现了农村义务教育经费由“农民承担”到“政府承担”，由“以乡镇为主”到“以县为主”的战略转变。在实行“以县为主”的管理体制后，县级政府有通过布局调整来减轻财政压力，提高资源利用效率的动力。在实行分税制改革③后，许多县级政府的主要财政支出是公职人员的工资，有些政府甚至不得不贷款来覆盖日常运转支出。④ 一些县级政府可能会发现难以支撑庞大的义务教育支出，因此迫于财政压力，对农村学校进行较大力度的布局调整。

---

① 农村地区有两种教育税。第一种是“农村教育集资”，乡镇政府可以从企事业单位、社会团体和公民个人处筹集建设学校或者修缮校舍的资金。第二种是“农村教育费附加”，20世纪，乡镇政府承担包括财政责任在内的全部义务教育责任。一些不发达地区的政府可以通过征收“教育费”来改善农村教育发展的预算约束。

② 2001年以前，“分级办学、分级管理”是主要教育管理体制。地方政府必须对地方学校负全部责任，上级政府不得向地方政府拨发额外的资金。例如，2001年以前，乡镇政府必须负担所在地区所有农村学校的办学费用。

③ 中国分税制改革始于1993年。1993年，国务院发布《关于实行分税制财政管理体制的决定》（国发〔1993〕85号），提出按照中央与地方政府的事权划分，合理确定各级财政的支出范围。根据事权与财权相结合原则，将税种统一划分为中央税、地方税和中央地方共享税三类，并建立中央税收与地方税收体系，分设中央与地方两套税务机构分别征管。

④ 据安徽省对寿县、金寨、凤阳、固镇、庐江、南陵和宁国7县的调查显示，2001年县本级财政总收入和财政总支出分别为1.63亿元和2.95亿元、0.98亿元和2.243 5亿元、1.059亿元和2.040 3亿元、1.180 3亿元和2.198 8亿元、1.914 5亿元和3.123 3亿元、1.38亿元和1.860 4亿元、2.88亿元和2.400 3亿元；2002年县本级财政总收入和财政总支出分别为1.542 31亿元和3.036 1亿元、1.058 7亿元和2.376 1亿元、1.101 82亿元和2.098 19亿元、0.972 2亿元和2.069 4亿元、2.660 6亿元和3.241 9亿元、1.59亿元和2.07亿元、3.319 9亿元和2.910 8亿元，除了宁国市财政收支略有节余外，其余6县均入不敷出。详见胡平平，张守祥.（2007）. *农村义务教育投入保障机制及管理体制问题研究*. 北京：科学出版社，7-8.

1.1.2 教育由普及向提高转型，为农村学校布局调整提供政策语境

普及义务教育是2000年以前我国教育发展的重要目标。1986年颁布的《中华人民共和国义务教育法》提出，“国家实行九年制义务教育”，“地方各级人民政府应当合理设置小学、初级中等学校，使儿童、少年就近入学”。此外，1993年中共中央、国务院印发的《中国教育改革和发展纲要》（中发〔1993〕3号）指出，在加快“普及”阶段，教育的工作重点是提供适龄儿童基本入学机会和保障其就近入学。因此，国家在总体上要保持一定的学校数量和合理的空间分布。具体而言，在1986—2000年，全国小学基本维持在50万—80万所，乡村小规模学校①在17万所左右。

2001年国务院发布的《关于基础教育改革与发展的决定》（国发〔2001〕21号）明确指出，“因地制宜调整农村义务教育学校布局。按照小学就近入学、初中相对集中、优化教育资源配置的原则，合理规划和调整学校布局。农村小学和教学点要在方便学生就近入学的前提下适当合并，在交通不便的地区仍需保留必要的教学点，防止因布局调整造成学生辍学……在有需要又有条件的地方，可举办寄宿制学校”。在这样的政策背景下，过去学校布局分散、办学规模过小的问题就成为改革的重点之一。

1.1.3 农村城镇化发展为农村学校布局调整提供战略预期

中国的城镇化率于1996年进入30%的拐点，到2016年已达57.35%。仅2000—2016年不到二十年的时间里，城镇人口就增加了3.34亿，达到7.93亿。1998年中国共产党十五届三中全会后，全国掀起了合乡并镇的改革热潮。到2016年底，乡数量进一步减少到10 872个，乡镇总量由1984年的97 521个减少到2016年的31 755个，减少了约67.44%。

因此，传统的“村村办小学”“乡乡办初中”“县镇办高中”的农村教育结构形态面临新挑战。基于农村人口变动趋势，形成“小学向乡镇靠拢”“初中基本在镇和县城”的农村教育结构形态布局，就成为未来二十年适应城镇化发展趋势的战略预期。

① 根据国务院办公厅发布的《关于全面加强乡村小规模学校和乡镇寄宿制学校建设的指导意见》（国办发〔2018〕27号），乡村小规模学校是指不足100人的村小学和教学点。

1.1.4 农村生源总量减少为农村学校布局调整提供客观依据

21 世纪以来,农村新生人口由 2000 年的 1 134. 14 万减少到 2016 年的 763. 70 万,共减少了 370. 44 万,减幅达 32. 66%。由于农村人口居住比较分散,随着农村学校生源的快速减少,原先“村村办小学”的农村教育格局开始受到挑战。许多农村小学在校生不足 50 人。此外,一些地方政府还筹集资金建设了大量的学校。由于过度建设,许多乡村学校出现了 10 名教师教 2 名学生的情况,有的学校甚至没有了学生。小规模学校(也称“麻雀学校”和“空巢学校”)大量出现。农村生源总量减少直接引发了农村学校的大规模撤并。

1.2 21 世纪以来农村学校布局调整的演进态势

纵观 21 世纪以来农村学校的布局调整进程,研究发现有以下演进态势。

1.2.1 农村学校数量减少的速度加快

根据国家统计数据,从小学看,2000 年全国县域内有小学 52. 15 万所,到 2016 年仅剩 15. 10 万所,16 年中共减少 37. 05 万所,减幅达 71. 05%。其中,县镇小学数由 2000 年的 8. 12 万所减少到 2016 年的 4. 46 万所,减幅达 45. 07%,净减少 3. 66 万所,占县域内小学总减少量的 9. 88%;农村小学数量由 2000 年的 44. 03 万所减少到 2016 年的 10. 64 万所,减幅达 75. 83%,净减少 33. 39 万所,占县域内小学总减少量的 90. 12%。

不同于小学数量的变化,教学点数量呈现了先减后升的态势。2000 年全国有县域内教学点 17. 26 万个,到 2011 年仅剩下 6. 66 万个。农村教学点的大幅减少对农村教育产生了很大的负面影响,比如导致部分学生上学路途变远,交通安全隐患增加,学生家庭经济负担加重,并带来农村寄宿制学校数量不足、一些城镇学校班额过大等问题。

为了解决这些问题,2012 年,国务院办公厅发布《关于规范农村义务教育学校布局调整的意见》(国办发〔2012〕48 号),要求地方政府办好农村小学和教学点。此后,县域内教学点数量有所回升,由 2011 年的 6. 66 万个增加到 2016 年的 9. 69 万个。但就总体发展趋势来看,过去 16 年间,县域内教学点共减少 7. 57 万个,减幅达 43. 86%。其中,县镇教学点由 2000 年的 1. 51 万个减少到 2010 年的 0. 13 万个,后又增至2016年的1.01万个,减幅达33.11%,净减少0.50万个,占县域内教学点总减少量的6.61%;农村教学点由2000年的15.75万个减少到2011年的6.10万个,后又增至2016年的8.68万个,减幅达44.89%,净减少7.07万个,占县域内教学点总减少量的93.39%。总体而言,全国县域内小学及教学点由2000年的69.41万所(个)减少到2016年的24.79万所(个),累计共减少44.62万个,减幅达64.28%(见表1.1)。

表1.1 2000—2016年县域内小学及教学点数量变化 (单位:万所)

年份	县域内小学数			县域内教学点数		
	县镇	农村	合计	县镇	农村	合计
2000年	8.12	44.03	52.15	1.51	15.75	17.26
2001年	4.88	41.62	46.50	0.32	11.04	11.36
2002年	4.69	38.40	43.09	0.34	10.83	11.17
2003年	4.00	36.04	40.04	0.32	10.17	10.49
2004年	3.34	33.73	37.07	0.26	9.81	10.07
2005年	2.91	31.68	34.59	0.12	9.30	9.42
2006年	2.96	29.51	32.47	0.15	8.76	8.91
2007年	3.09	27.16	30.25	0.16	8.31	8.47
2008年	3.05	25.30	28.35	0.13	7.75	7.88
2009年	2.97	23.42	26.39	0.13	7.10	7.23
2010年	3.01	21.09	24.10	0.13	6.54	6.67
2011年	4.60	16.90	21.50	0.56	6.10	6.66
2012年	4.74	15.50	20.24	0.64	6.25	6.89
2013年	4.72	14.03	18.75	0.81	7.36	8.17
2014年	4.64	12.87	17.51	0.90	7.86	8.76
2015年	4.61	11.84	16.45	0.97	8.18	9.15
2016年	4.46	10.64	15.10	1.01	8.68	9.69

资料来源:中华人民共和国教育部发展规划司.(2001—2017).*中国教育统计年鉴(2000—2016)*.北京:人民教育出版社.

在校生数的减少比例与学校数的减少比例并不一致。2000年全国县域内有小学在校生11 196.60万人,到2016年则减少到6 645.83万人,16年间共减少了

4 550.77 万人，减幅为 40.64%。县域内小学及教学点减幅（64.28%）是县域内小学在校生减幅（40.64%）的 1.58 倍，两者相差 23.64 个百分点（见表 1.2）。

表 1.2　2000—2016 年县域内小学在校生数　（单位：万人）

年　份	县　镇	农　村	合　计
2000 年	2 692.89	8 503.71	11 196.60
2001 年	2 257.79	8 604.80	10 862.59
2002 年	2 293.77	8 141.68	10 435.45
2003 年	2 192.90	7 689.15	9 882.05
2004 年	2 036.23	7 378.60	9 414.83
2005 年	2 185.86	6 947.83	9 133.69
2006 年	2 431.82	6 676.14	9 107.96
2007 年	2 552.19	6 250.73	8 802.92
2008 年	2 602.25	5 924.88	8 527.13
2009 年	2 637.15	5 655.54	8 292.69
2010 年	2 770.02	5 350.22	8 120.24
2011 年	3 254.21	4 065.20	7 319.41
2012 年	3 354.98	3 652.49	7 007.47
2013 年	3 370.54	3 217.04	6 587.58
2014 年	3 457.96	3 049.86	6 507.82
2015 年	3 655.40	2 965.90	6 621.30
2016 年	3 754.10	2 891.73	6 645.83

资料来源：中华人民共和国教育部发展规划司.（2001—2017）. *中国教育统计年鉴（2000—2016）*. 北京：人民教育出版社.

从初中看，2000 年全国县域内有普通初中① 5.40 万所，到 2016 年减少至 4.02 万所，16 年间减少了 1.38 万所，减幅为 25.56%。虽然从总体上看县域内初中的减幅并不是特别大，但如果考虑到“农村初中学校数在减少，县镇初中学校数

① 普通初中的办学形式比较多样，既有九年一贯制学校中包含的初中，也有完全中学中包含的初中，还有完全独立的初级中学。因为九年一贯制学校和完全中学都设有初中，所以在统计时我们都将它们计算到初中学校数里。因《中国教育统计年鉴》中统计口径的变化，2011—2016 年的初中学校数据同时包含了普通初中和职业初中，但职业初中学校数量极少，在 26—54 所不等，所以对数据影响不大。

在增加”(见表1.3)这一变化趋势,这种减幅则是非常显著的。具体而言,2000年县镇有初中1.47万所,到2016年则猛增到2.40万所。相比之下,2000年农村有初中3.93万所,到2016年则减少到1.62万所,16年减少了2.31万所,减幅达58.78%。

表1.3　2000—2016年县域内初中学校数变化　（单位：万所）

年　份	县　镇	农　村	合　计
2000年	1.47	3.93	5.40
2001年	1.80	3.87	5.67
2002年	1.84	3.74	5.58
2003年	1.75	3.73	5.48
2004年	1.62	3.81	5.43
2005年	1.73	3.64	5.37
2006年	1.81	3.53	5.34
2007年	1.87	3.29	5.16
2008年	1.87	3.15	5.02
2009年	1.87	3.02	4.89
2010年	1.89	2.87	4.76
2011年	2.24	2.10	4.34
2012年	2.29	1.94	4.23
2013年	2.32	1.85	4.17
2014年	2.34	1.77	4.11
2015年	2.39	1.70	4.09
2016年	2.40	1.62	4.02

资料来源：中华人民共和国教育部发展规划司.(2001—2017). *中国教育统计年鉴(2000—2016)*. 北京：人民教育出版社.

与县域内初中在校生数的变动幅度相比,初中学校数量的变动幅度仍显过大。① 2000年全国县域内有初中在校生5 133.01万人,到2016年,减少至

① 如果以减少的总量为衡量标准，那么初中学校减幅与初中在校生减幅的差值为-19.11个百分点（25.56%—44.67%），但如果考虑到学校并不像学生那样具有可移动性，那么两者实际相差81.84个百分点（122.54%—40.7%）。

2 839.95 万人，16 年间共减少了 2 293.06 万，减幅为 44.67%。2000 年县镇初中有在校生 1 704.54 万人，到 2016 年增加到 2 172.91 万人，16 年净增加了 468.37 万，增幅为 27.48%。2000 年农村初中有在校生 3 428.47 万人，到 2016 年仅剩 667.04 万人，16 年共减少了 2 761.43 万，减幅为 80.54%（见表 1.4）。可以说，农村新增的初中在校生基本都转移到县镇初中了。

表 1.4　2000—2016 年县域内初中在校生数　（单位：万人）

年　份	县　镇	农　村	合　计
2000 年	1 704.54	3 428.47	5 133.01
2001 年	2 245.62	3 121.30	5 366.92
2002 年	2 377.20	3 108.83	5 486.03
2003 年	2 314.08	3 160.40	5 474.48
2004 年	2 187.05	3 168.27	5 355.32
2005 年	2 351.33	2 784.66	5 135.99
2006 年	2 423.62	2 563.66	4 987.28
2007 年	2 430.00	2 243.32	4 673.32
2008 年	2 442.85	2 064.24	4 507.09
2009 年	2 440.08	1 934.51	4 374.59
2010 年	2 432.42	1 784.47	4 216.89
2011 年	2 467.42	1 162.98	3 630.40
2012 年	2 347.94	974.10	3 322.04
2013 年	2 195.57	814.53	3 010.10
2014 年	2 167.48	748.46	2 915.94
2015 年	2 168.44	702.50	2 870.94
2016 年	2 172.91	667.04	2 839.95

资料来源：中华人民共和国教育部发展规划司.（2001—2017）. *中国教育统计年鉴（2000—2016）*. 北京：人民教育出版社.

1.2.2　学校规模和班级规模同步扩大，县镇大校大班额问题突出

从校均规模看，2000 年县域内小学（加上教学点）平均规模为 161.32 人，到

2016年则上升到268.10人,16年间平均每校增加了106.78人,增幅达66.19%(见表1.5)。事实上,县镇小学校均规模的扩大要比农村小学校均规模的扩大更为显著(见图1.1)。具体而言,2000年县镇小学(加上教学点)的校均规模是279.72人,到2010年则猛增到882.03人,此后校均规模有所回落,到2016年降至686.47人,但在这16年间仍增加了406.75人。相比之下,2000年农村小学(加上教学点)的校均规模是142.25人,到2016年为149.67人,16年仅增加了7.42人(见表1.5)。尽管县镇和农村的小学校均规模在绝对值上还赶不上城市,但从增幅上看,城市、县镇和农村分别为140.01%、145.41%、5.22%,县镇的增幅最大。从县域内小学布局调整的走势中可以发现,注重"规模效益"是最基本的价值取向。

表1.5　2000—2016年城市、县镇、农村小学校均规模变化　（单位：人）

年　份	合　计	城　市	县　镇	农　村	县域内
2000年	177.85	483.06	279.72	142.25	161.32
2001年	207.11	621.65	434.18	163.40	187.73
2002年	213.55	645.17	455.76	165.40	192.33
2003年	219.93	687.88	507.55	166.42	195.59
2004年	226.88	756.28	564.66	169.46	199.69
2005年	235.81	832.39	722.84	169.59	207.62
2006年	248.57	929.87	783.47	174.47	220.17
2007年	260.81	988.93	784.25	176.22	227.32
2008年	271.92	1 027.03	817.98	179.24	235.31
2009年	285.58	1 071.61	851.88	185.36	246.76
2010年	306.48	1 096.34	882.03	193.61	263.86
2011年	321.58	963.86	630.58	176.73	259.90
2012年	324.95	997.27	622.78	167.89	258.18
2013年	315.92	1 019.47	610.45	150.41	244.80
2014年	325.51	1 063.47	624.18	147.15	247.76
2015年	341.80	1 113.48	655.30	148.15	258.66
2016年	359.08	1 159.40	686.47	149.67	268.10

续 表

年 份	合 计	城 市	县 镇	农 村	县域内
16 年校均增加人数	181.23	676.34	406.75	7.42	106.78
16 年增幅	101.90%	140.01%	145.41%	5.22%	66.19%

资料来源：中华人民共和国教育部发展规划司.（2001—2017）. *中国教育统计年鉴（2000—2016）*. 北京：人民教育出版社. 表中数据为计算所得。

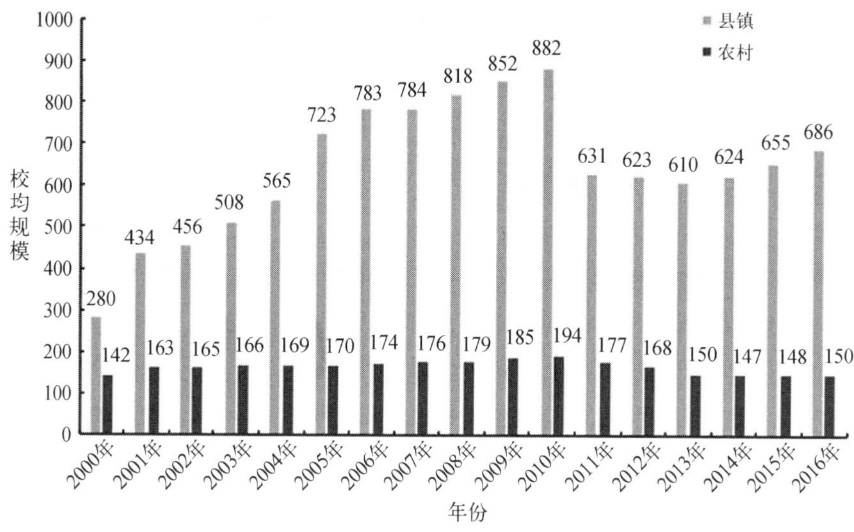

图 1.1　2000—2016 年县镇与农村小学校均规模变化趋势（单位：人）

在初中阶段，校均规模经历了先扬后抑的变化过程，但总体趋势是在下降。2000 年县域内初中平均规模为 950.72 人，2003 年达到最高，为 1 000.42 人，之后开始波动下降，到 2016 年为 706.56 人，比 2000 年减少了 244.16 人，减幅为 25.68%（见表 1.6）。从图 1.2 看，相比县镇初中校均规模，农村初中校均规模有更为显著的收缩。2000 年县镇初中校均规模为 1 161.29 人，2005 年增至 1 357.34 人，此后又下降到 2016 年的 904.51 人，净减少 256.78 人，降幅达 22.11%；而 2000 年农村初中的校均规模为 872.09 人，到 2016 年则减少到 412.49 人，16 年减少了 459.60 人，降幅为 52.70%（见表 1.6）。虽然 2016 年县镇与农村初中的校均规模均低于城市，但 2001—2006 年县镇的校均规模则高于城市。比如,在2005年,县镇校均规模达到最高并超过城市校均规模。两者之间的差异为87.49人。如果再考虑县镇初中之间的学校规模有较大差异这一实际,那么一些县镇初中的实际规模会更大,存在潜在的"巨型学校"危机,值得注意和重视。

表1.6 2000—2016年城市、县镇、农村初中校均规模变化 (单位:人)

年 份	合 计	城 市	县 镇	农 村	县域内
2000年	983.61	1 187.46	1 161.29	872.09	950.72
2001年	981.47	1 207.60	1 248.47	806.00	946.33
2002年	1 021.34	1 270.20	1 289.43	830.73	982.12
2003年	1 038.82	1 272.60	1 324.53	848.41	1 000.42
2004年	1 026.80	1 280.08	1 348.53	831.67	986.01
2005年	997.30	1 269.85	1 357.34	764.91	955.92
2006年	980.57	1 321.42	1 340.72	726.60	934.65
2007年	967.86	1 379.49	1 302.95	682.59	907.18
2008年	966.04	1 407.55	1 309.00	656.19	899.26
2009年	967.41	1 443.64	1 308.14	641.03	895.86
2010年	962.35	1 454.90	1 288.77	622.42	886.94
2011年	936.27	1 335.19	1 103.40	553.88	837.29
2012年	895.04	1 318.17	1 026.38	501.91	785.65
2013年	840.87	1 285.53	946.57	440.65	722.19
2014年	833.22	1 278.57	925.12	422.69	708.85
2015年	822.81	1 253.16	906.73	413.45	701.84
2016年	830.69	1 249.09	904.51	412.49	706.56
16年校均增加人数	-152.92	61.63	-256.78	-459.60	-244.16
16年变化幅度	-15.55%	5.19%	-22.11%	-52.70%	-25.68%

资料来源:中华人民共和国教育部发展规划司.(2001—2017).*中国教育统计年鉴(2000—2016)*.北京:人民教育出版社.表中数据为计算所得。

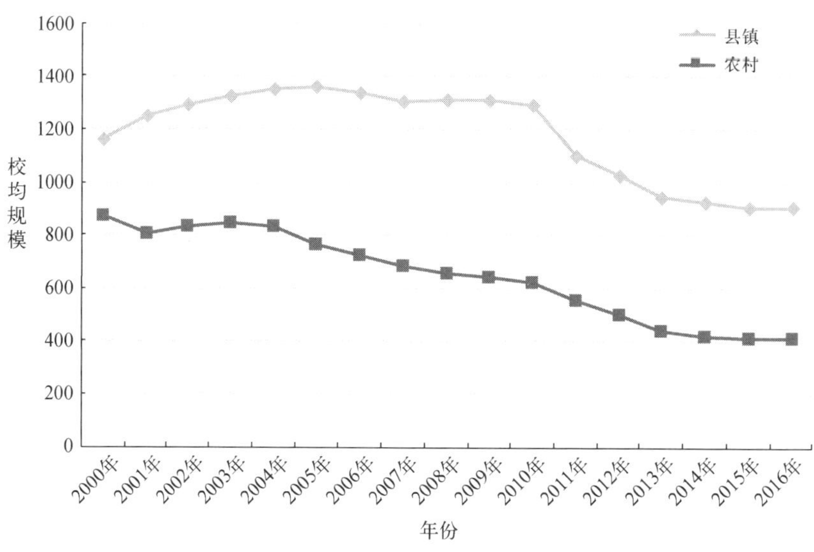

图 1. 2　2000—2016 年县镇与农村初中校均规模变化趋势（单位：人）

2000 年县域内小学(包括教学点)的平均班额为 32. 66 人,到 2010 年增加到 36. 34 人,2016 年又回落至 34. 71 人,16 年仅增加了 2. 05 人。但是,如果将县镇小学与农村小学加以区分后就会发现,农村小学的班级规模稳中有降,由 2000—2011 年的 31 人左右逐渐降至 2016 年的 27. 60 人;而县镇小学的班级规模经历了迅速扩大到有所缩减的演变态势,由 2000 年的 39. 44 人猛增到 2010 年的 48. 88 人,10 年间增加了 9. 44 人,增幅为 23. 94%,后又回落至 2016 年的 43. 29 人,但在 16 年中仍有 8 年(2004—2011 年)超过了国家规定的每班 45 人的警戒线,且在 2005—2010 年县镇小学平均班额一直高于城市(见表 1. 7)。如果按 56—65 人为大班额、66 人及以上为超大班额标准计算,县镇小学大班额比例由 2001 年①的 22. 16%上升到 2006 年的 32. 39%,此后大班额问题开始缓解,到 2016 年,大班额比例降至 15. 96%;县镇小学超大班额比例由 2001 年的 9. 50%上升到 2006 年的 14. 66%,到 2016 年,超大班额比例又降至 5. 57%,下降了 3. 93 个百分点(见表 1. 8)。2001—2016 年,县镇小学的大班额和超大班额比例出现回落,是一个非常可喜的变化,也显示了治理大班额的效果。

---

① 《中国教育统计年鉴 2000》中关于小学班额的分类统计口径与《中国教育统计年鉴（2001—2016）》不同，其中仅有“50 人及以上”的数据，没有“56—65 人”“66 人及以上”的分类统计数据，故未列出 2000 年数据，而是使用 2001 年数据。

表 1.7　2000—2016 年城市、县镇和农村小学（包括教学点）平均班额变化

（单位：人）

年　份	合　计	城　市	县　镇	农　村	县域内
2000 年	33.93	44.60	39.44	30.97	32.66
2001 年	33.84	42.14	41.54	31.13	32.84
2002 年	34.48	43.63	43.15	31.31	33.32
2003 年	34.75	44.68	43.74	31.28	33.39
2004 年	35.11	45.69	45.10	31.39	33.60
2005 年	35.48	46.29	47.29	31.21	33.97
2006 年	36.29	46.91	48.64	31.64	34.90
2007 年	36.78	47.71	48.68	31.59	35.17
2008 年	37.12	47.74	48.81	31.64	35.45
2009 年	37.39	47.54	48.66	31.82	35.75
2010 年	37.99	47.70	48.88	32.08	36.34
2011 年	38.49	47.09	45.63	30.98	36.14
2012 年	37.78	46.45	44.61	29.56	35.25
2013 年	37.46	46.53	44.09	28.25	34.61
2014 年	37.42	46.23	43.65	27.81	34.45
2015 年	37.72	46.22	43.71	27.74	34.75
2016 年	37.71	45.77	43.29	27.60	34.71
16 年校均增加人数	3.78	1.17	3.85	-3.37	2.05
16 年变化幅度	11.14%	2.62%	9.76%	-10.88%	6.28%

资料来源：中华人民共和国教育部发展规划司.（2001—2017）. *中国教育统计年鉴(2000—2016)*. 北京：人民教育出版社. 表中数据为计算所得。

表 1.8　2001—2016 年城市、县镇、农村小学大班额和超大班额所占比例变化

年　份	小学大班额比例(%)			小学超大班额比例(%)		
	城　市	县　镇	农　村	城　市	县　镇	农　村
2001 年	24.60	22.16	6.30	9.67	9.50	1.85
2002 年	23.08	22.35	6.52	8.70	9.15	1.97
2003 年	23.49	23.39	6.68	8.37	9.51	2.04
2004 年	25.45	26.29	6.98	8.90	11.25	2.14

续 表

年 份	小学大班额比例(%)			小学超大班额比例(%)		
	城 市	县 镇	农 村	城 市	县 镇	农 村
2005年	26.22	29.73	7.11	9.18	12.89	2.22
2006年	27.00	32.39	7.51	9.49	14.66	2.39
2007年	27.82	31.54	7.21	10.08	14.19	2.29
2008年	27.11	30.85	7.02	10.01	13.84	2.21
2009年	26.20	29.92	6.90	9.52	13.18	2.10
2010年	25.81	29.65	6.93	9.18	12.90	2.02
2011年	24.39	24.16	6.10	8.89	10.09	1.82
2012年	22.47	21.81	5.21	7.81	9.02	1.47
2013年	21.20	20.54	4.20	7.39	8.71	1.15
2014年	19.14	18.41	3.67	6.47	7.70	0.95
2015年	18.43	17.86	3.56	6.03	7.33	0.91
2016年	16.50	15.96	3.03	4.94	5.57	0.69

资料来源：中华人民共和国教育部发展规划司.（2001—2017）．*中国教育统计年鉴(2001—2016)*．北京：人民教育出版社.表中数据为计算所得。

初中阶段的大班额问题要比小学阶段更为严峻。2001—2008年县镇初中大班额比例均超过了50%,超大班额比例也都在23%以上。值得欣喜的是,2010年以来,县域内初中大班额和超大班额比例有了明显的下降,到2016年,县镇和农村初中的大班额比例分别降到20.94%、12.97%,较2000年,分别下降了23.55、32.63个百分点。但县镇初中大班额和超大班额比例一直高于城市,2011年开始,农村初中大班额和超大班额比例才开始略低于城市。事实上,2001—2012年,县域内初中的平均班级规模超过了国家规定的50人的警戒线。因此,在农村学校布局调整中,县域内初中班额过大是一个严重的问题,县镇尤为明显(见表1.9和表1.10)。

表1.9　2000—2016年城市、县镇、农村初中平均班额变化情况　（单位：人）

年 份	合 计	城 市	县 镇	农 村	县域内
2000年	46.44	35.93	41.59	54.39	49.35
2001年	55.74	50.40	57.45	56.57	56.93

续　表

年　份	合　计	城　市	县　镇	农　村	县域内
2002 年	56.68	51.55	58.01	57.74	57.86
2003 年	56.81	51.31	58.25	58.01	58.11
2004 年	56.60	51.11	57.92	57.88	57.90
2005 年	55.93	50.73	58.14	56.26	57.11
2006 年	55.73	50.42	58.04	55.80	56.87
2007 年	55.17	51.28	57.69	54.52	56.12
2008 年	54.61	51.27	57.26	53.49	55.47
2009 年	53.80	51.00	56.35	52.39	54.53
2010 年	52.90	50.54	55.27	51.33	53.53
2011 年	51.83	50.27	53.70	50.04	52.47
2012 年	50.27	49.52	51.77	47.99	50.60
2013 年	48.82	48.65	50.17	45.77	48.90
2014 年	48.30	48.06	49.65	45.20	48.43
2015 年	47.72	47.17	49.20	44.65	48.00
2016 年	47.30	46.76	48.73	44.22	47.59
16 年校均增加人数	0.86	10.83	7.14	-10.17	-1.76
16 年变化幅度	1.85%	30.14%	17.17%	-18.70%	-3.57%

资料来源：中华人民共和国教育部发展规划司.（2001—2017）. *中国教育统计年鉴（2000—2016）*. 北京：人民教育出版社. 表中数据为计算所得。

表 1.10　2000—2016 年城市、县镇、农村初中大班额和超大班额所占比例的变化情况

年　份	初中大班额比例（%）			初中超大班额比例（%）		
	城　市	县　镇	农　村	城　市	县　镇	农　村
2000 年	35.48	44.49	45.60	12.03	16.16	17.13
2001 年	38.73	52.92	49.00	15.82	23.99	21.42
2002 年	38.59	56.14	52.05	15.30	27.44	23.61
2003 年	38.42	56.56	53.81	15.27	26.90	25.79
2004 年	37.39	55.12	52.01	13.58	26.40	24.39
2005 年	34.31	54.01	48.80	11.80	25.69	22.42
2006 年	33.59	53.29	45.84	11.39	26.22	20.47

续 表

年 份	初中大班额比例(%)			初中超大班额比例(%)		
	城 市	县 镇	农 村	城 市	县 镇	农 村
2007 年	35.09	51.99	42.18	12.53	24.73	17.86
2008 年	34.37	50.17	38.68	12.34	23.79	16.03
2009 年	33.15	46.79	35.10	11.85	21.67	13.70
2010 年	31.02	43.13	31.65	10.96	18.92	11.81
2011 年	29.85	37.86	27.77	10.75	15.75	9.96
2012 年	27.15	31.49	22.79	9.28	12.80	8.05
2013 年	23.75	27.61	18.73	8.09	11.23	6.84
2014 年	20.93	24.37	16.11	6.54	9.73	5.50
2015 年	17.82	23.18	14.57	5.21	8.75	4.86
2016 年	15.55	20.94	12.97	4.12	7.16	3.90

资料来源：中华人民共和国教育部发展规划司.（2001—2017）. *中国教育统计年鉴（2000—2016）*. 北京：人民教育出版社. 表中数据为计算所得。

1.2.3 教育城镇化的负面影响

参照城镇化的概念，本章拟用城镇在校生数（包括城市学校和县镇学校在校生数，农村学校除外）占总在校生数的比例来代表教育的城镇化水平。①

1980 年，中国小学教育的城镇化率仅有 12.71%，1990 年上升为 21.61%，2000 年增长到 34.65%，2010 年时达到 46.18%。2000—2010 年，该数值净增长了 11.53 个百分点，但仍略低于中国城镇化发展水平（2000—2010 年增长了 13.73 个百分点）。2010 年后，教育城镇化发展迅猛，2016 年中国小学教育城镇化率已达 70.83%，6 年间增长了 24.65 个百分点，超过了城镇化发展水平（2010—2016 年增长了 7.40 个百分点）。与小学教育城镇化相比，初中教育城镇化更是呈加速发展态势。1980 年初中教育的城镇化率只有 22.47%，1990 年达 33.67%，2000 年为 44.41%，2010 年为 66.18%，2016 年猛增到 84.59%。前 20 年（1980—2000 年）初

① 教育城镇化 =（城市在校生数 + 县镇在校生数）/ 总在校生数。教育城镇化水平可以分学段计算，一般来说，教育的层次越高，教育的城镇化水平也越高。例如，高等教育机构或大学主要分布在城市地区。小学教育的城镇化率在一定意义上反映着村庄学校的消失状况。

中教育的城镇化率是以每年1个百分点左右的速度增长,20年增长了21.94个百分点;2010—2010年则以每年2个百分点的速度在增长,10年增长了21.77个百分点;最近6年(2010—2016年)增长更为迅猛,6年增长了18.41个百分点(见表1.11)。总体而言,16年来,中国的城镇化率由2000年的36.22%增长到2016年的57.35%,增长了21.33个百分点,而小学和初中教育城镇化率分别增长了36.18、40.18个百分点,高于城镇化率的增长速度。

表1.11　2000—2016年中国城镇化与小学和初中教育城镇化率变化情况

年　　份	城镇化率(%)	小学教育 城镇化率(%)	初中教育 城镇化率(%)
2000年	36.22	34.65	44.41
2001年	37.66	31.40	51.47
2002年	39.09	33.03	52.93
2003年	40.53	34.22	52.25
2004年	41.76	34.39	51.07
2005年	42.99	36.05	54.88
2006年	44.34	37.67	56.82
2007年	45.89	40.83	60.79
2008年	46.99	42.65	62.97
2009年	48.34	43.85	64.40
2010年	49.95	46.18	66.18
2011年	51.27	59.05	77.05
2012年	52.57	62.33	79.55
2013年	53.73	65.63	81.66
2014年	54.77	67.73	82.93
2015年	56.10	69.40	83.71
2016年	57.35	70.83	84.59
2000—2010年 增长幅度	13.73	11.53	21.77
2010—2016年 增长幅度	7.40	24.65	18.41

资料来源:中华人民共和国国家统计局.(2017).*中国统计年鉴(2017)*.北京:中国统计出版社;中华人民共和国教育部发展规划司.(2001—2017).*中国教育统计年鉴(2000—2016)*.北京:人民教育出版社.表中数据为计算所得。

然而，在教育城镇化发展过程中，村庄学校的消失也在加速。1985 年，村校比[①]为 1.24：1，基本上是“村村有小学”；到 2000 年，这个比值扩大到 1.66：1，已经是大约 1.5 个村庄才能有 1 所小学；2016 年村校比更是扩大到 5.26：1，大约 5 个村庄才能有 1 所小学（见表 1.12）。许多村庄小学消失迅速。不但村庄小学在持续消失，而且行政村数也在合村并镇的改革中不断减少。2000—2016 年这 16 年时间里，全国行政村数由 731 659 个减少到 559 186 个，实际减少 172 473 个，减幅达 23.57%。从村点比[②]看，2000 年为 4.64：1，到 2011 年已上升到 9.67：1，2016 年又下降至 6.44：1，近 7 个村庄才能有一所小学（见表 1.12）。

表 1.12　2000—2016 年农村的小学校数、乡镇数和行政村数

年　份	小学校数（所）	教学点数（个）	行政村数（个）	村校比	村点比	不变村校比[③]
2000 年	440 284	157 519	731 659	1.66	4.64	1.66
2001 年	416 198	110 419	699 974	1.68	6.34	1.76
2002 年	384 004	108 250	681 277	1.77	6.29	1.91
2003 年	360 366	101 674	663 486	1.84	6.53	2.03
2004 年	337 318	98 096	644 166	1.91	6.57	2.17
2005 年	316 791	92 894	629 079	1.99	6.77	2.31
2006 年	295 052	87 590	623 669	2.11	7.12	2.48
2007 年	271 584	83 118	612 709	2.26	7.37	2.69
2008 年	253 041	77 519	604 285	2.39	7.80	2.89
2009 年	234 157	70 954	599 078	2.56	8.44	3.12
2010 年	210 894	65 447	594 658	2.82	9.09	3.47
2011 年	169 045	60 972	589 653	3.49	9.67	4.33
2012 年	155 008	62 544	588 475	3.80	9.41	4.72
2013 年	140 328	73 555	588 547	4.19	8.00	5.21
2014 年	128 703	78 565	585 451	4.55	7.45	5.68
2015 年	118 381	81 818	580 856	4.91	7.10	6.18
2016 年	106 403	86 800	559 186	5.26	6.44	6.88

资料来源：中华人民共和国教育部发展规划司.（2001—2017）. *中国教育统计年鉴（2000—2016）*. 北京：人民教育出版社；中华人民共和国国家统计局.（2001—2017）. *中国统计年鉴（2001—2017）*. 北京：中国统计出版社.

---

① 村校比 = 行政村数 / 行政村小学校数。在中国，由于行政村是农村居民的主要聚落形态，村校比可以在一定程度上代表农村小学生的上学距离。村校比越大，则小学生上学距离越远。

② 村点比 = 行政村数 / 行政村教学点数。该比例同样可以作为反映农村小学生上学距离的变量。

③ 不变村校比：指 2000 年的行政村数与各年的小学校数之间的比率。——译者注

教育城镇化发展和村庄学校消失的结果是农村学生上学距离变远和学生寄宿的低龄化。有调查显示,在某地 3 个县 15 个乡镇 1 200 名小学生中,每天往返路程超过 5 公里的学生约占 40%,超过 10 公里的学生近 10%(庞丽娟, 2006)。东北师范大学农村教育研究所 2008 年对全国 8 个县 77 个乡镇的调查也表明,经历了学校布局调整的小学生平均家校距离增加了 4. 05 公里。

面对一些交通不便、上学距离较远的学生,为了解决农村小学生上学的时间成本和经济成本问题,许多地方政府强制要求学生入读寄宿学校。从全国范围看,2006 年全国县域内小学寄宿生总规模达 670. 00 万人,占在校生总数的 7. 36%;到 2016 年,县域内小学寄宿生总规模提高到 942. 52 万人,占在校生总数的比例达到 14. 18%,其中东部、中部和西部县域内小学寄宿生占在校生的比例分别为 6. 93%、15. 11%和 20. 53%。① 2008 年东北师范大学农村教育研究所对 870 名小学寄宿生的调查显示,三年级之前寄宿的小学生比例高达 55. 4%,小学生寄宿低龄化问题非常突出。

1. 2. 4　农村学校布局调整的理论模型

农村学校布局调整标准是推进农村学校布局调整,促进农村学校布局调整科学化、合理化和规范化的核心政策问题。然而,目前国家政策标准模糊不清,难以阻止地方大量有问题的学校撤并行为。学术研究提出的布局标准又过于理性和静态,难以指导复杂的农村实际。县或市教育行政部门自行开发的布局调整标准更加倾向客观效果,而非农民的利益诉求。本章最后一节在研究农村学校布局调整的约束条件的基础上,提出了适合中国农村实际的学校布局调整标准模型。

1. 2. 5　农村学校布局调整的约束条件

1. 2. 5. 1　物质性约束条件

物质性约束条件指的是现存的影响学校布局调整的自然地理条件与交通条件。

① 数据来源于中华人民共和国教育部。

（1）自然地理条件

自然地理条件是指学校所在地的地形、气候、地理构造、水文等影响学校地理状况的要素综合体。自然地理条件首先影响人类的居住地选择，进而影响人口的分布与密度，最终影响学校的设立与撤并。从地形上看，中国有山地、高原、丘陵、平原、海岛、水库区等。由于不同地形的交通条件不同，学生上学的便利程度也大不一样。居住在山地、丘陵、海岛、森林地区的学生会花费更多的上下学时间，因此，这些地区的学校比较适合分散布局。对于像高原、平原、水库区等地形，学校比较适合集中布局，便于学生走读。

从气候上看，北方冬季寒冷，南方夏季炎热。如果学生长时间在寒冷或炎热的环境中户外行走，会造成冻伤或中暑。因此，政府在学校的布局调整上应实施一些政策，保障学生能够进入离居住地较近的学校或寄宿学校。同样，海岛和靠近大海的陆地会受台风影响，因此学校的布局需要有特殊的标准。再从地理构造上看，中国有许多地区处于地震多发地带。如果学校确实处于地震多发区，政府就应该撤并学校，并将其搬迁至受地震影响较小的地带。从水文上看，由于受季节性降水的影响，江河湖泊会发生洪水或决堤，所以在靠近江河湖泊的地区，学校应该选择建立在地势相对较高的地方。

（2）交通条件

交通条件考察的是学生从居住地到学校的便捷程度与安全程度。交通的便捷程度与交通方式、道路状况、地形特点和交通距离四个变量直接相关。从交通方式看，学生可以步行、骑自行车、乘公交车或校车、乘船等。由于不同交通方式的动力基础不同，交通便捷程度也就不一样。从道路状况上说，在乡村既有一级公路，也有乡村公路，还有乡间小道和崎岖山路，不同的道路条件直接影响学生的上下学用时。通常情况下，地形越复杂，交通动力基础越弱，路况越差，学生上下学的交通就越不便利。综合以上因素，我们可以将交通的便捷程度凝结为一项指标——交通时间。交通时间长，不仅意味着距离远，交通不便，道路条件较差，地形复杂，还意味着交通费用较高。如果学校布局调整是以增加部分处境不利农民的负担为代价，那么这项改革的正义基础就会动摇。交通的安全程度既与道路状况和地形特点有关，也与自然生态环境有关。如果教学点被撤并后，学生的上下学途中存在发生泥石流、山体塌方、江河决堤、野兽出没等重大安全隐患，那么教学点就必须保留。

1.2.5.2 社会性约束条件

社会性约束条件是指会影响特定地区经济和社会发展的因素，比如文化传统习俗、政府和百姓意愿等。学校是一个社会性存在，不同的社会、政治、经济和文化特征会直接影响学校布局。

（1）人口条件

影响农村学校布局的人口变量有两种。一种是人口数量、结构与密度的静态分布，另一种是人口生育水平与迁移力度的动态变化。在特定的地理区域，人口的数量和结构会直接决定该区域的学生数量。因为县域内城镇化水平还比较低，人口密度小，居住比较分散，所以十分不利于农村地区的规模化办学。比如，在总体上，中国人口分布呈现“东南多、西北少”的结构特征。东南地区的面积虽然仅占全国的43%，但人口占全国的94%；相比之下，西北地区的面积尽管占全国的57%，而人口只占6%。因此，西北农村地区的学校布局调整难度更大。随着中国人口出生率的下降，农村家庭少子化现象越发明显，越来越多的学校面临生源危机。不仅如此，随着城镇化进程的快速推进，越来越多的进城务工人员将自己的子女带到城市，这使得农村学校的生源问题更加严重。然而，由于城市教育资源供给有限，流动儿童不能长期在城市学习，有时也会选择回到农村学习。事实上，进城务工人员子女的就学地点会随时根据农村教育政策的变动和时局变化而变化。

（2）民族、宗教和文化条件

中国有56个民族、129种语言。每一种语言都是一个民族文化的遗传密码。在多民族聚居地区，尽管在经济、社会和文化交往过程中可以理解甚至使用其他民族的语言，但是在教育语言的选择上，每一个民族都愿意使用自己的母语来教学和学习。而且在民族地区，如果学龄人口减少，即使两个民族学校不存在交通障碍与距离问题，也不愿意合并学校。在中国，不同宗教之间、同一宗教的不同教派之间存在信仰的差别。宗教在学校布局调整中也具有很大的影响。

（3）社会治安条件

社会治安与农村学校布局之间的关系可以从两个维度来理解。一方面，农村学校布局调整一定程度上引发了社会治安混乱。布局调整使被撤并学校村庄的人口锐减，而新合并学校所在的村庄人口剧增。家长为了照顾年幼子女上学，多随居于学校附近，“熟人社会”[①]被打破，社会治安出现混乱。学校被撤并后，村庄里只剩下老人，不法人员时常进村犯罪，比如进行盗窃。另一方面，社会上的不安定因素也使学校和学生安全受到威胁。因此，学校布局调整必须保障学生在学校和上下学途中的安全。

（4）家庭生存形态

家庭生存形态指农村家庭的日常生活形式和主要的经济生活方式。传统上，农村家庭的经济生活是以农耕为主，与之相适应的学校布局文化是“耕读传家”[②]。因此，大部分的农村学校就设在家门口。在草原，农村家庭的经济生活方式以放牧为主，与之相适应的学校布局文化是游牧游学，如“马背学校”[③]。在靠近江河湖海的地区，有一些农村家庭的经济生活方式以捕鱼为主，长期浮居水上，以船为家，与之相适应的学校布局文化是漂泊教育，如“船上学校”。如今，这些传统的生存形态已经发生很大的甚至是根本性的改变。农村城镇化进程的快速推进和农民经济生活方式的改变，使得越来越多的农民进城务工。虽然他们的迁移方式发生了由单身流动到夫妻流动再到举家搬迁的形态转变，但是他们的户口都在农村。他们进城后多聚居于城乡接合部，子女多在务工子弟学校或“棚户学校”上学。这些随迁子女是一个特殊的“农村”学生群体，如何保障他们的入学权益，成为农村学校布局调整标准必须考虑的问题。

（5）地方政府资金供给

在学校布局调整后，为了能让更多学生群体的上学距离相对较近，许多县市选择了关闭原有学校，在异地新建学校或者扩建寄宿学校的调整方式，这种方式对地方政府提出了较高的资金需求（柳海民，娜仁高娃，王澍，2008）。事实上，学校布局调整后，地方政府为了优化教育资源配置，改善学校办学条件，就必须购买

---

① “熟人社会”是中国著名社会学家费孝通在《乡土中国》中提出的用来解释农民之间关系的概念。他认为，法律或规则源于现代社会的要求，因为现代社会是由陌生人之间的合作组织而来。相比之下，在农村，人们彼此熟悉，彼此信任，因此不需要用法律来维持社区的运作以及在和平的环境中生活（费孝通，2012：1－8）。

② “耕读传家”是中国的一个成语。传统上，农村学生不仅要在学校读书，掌握阅读技能，还要在家学习一些农业技能。因此，农村学校往往设在学生居所附近，方便学生学习。

③ “马背学校”是对草原教育的一种隐喻。后文的“船上学校”也是一个隐喻，用来形容河流附近地区的教育。

新的仪器设备,配置新的教育教学设施。总体来说,学校布局调整的成本很高。如果县市政府没有足够的资金供给,那么政府承诺的预期布局调整目标就难以实现。

(6) 百姓受教育意愿

农村学校布局调整是事关农民教育利益的大事,应该听取并尊重农民的意愿,这也体现了学校布局调整的程序正义。农民对农村学校是有感情的。学校不仅是乡村的标志性建筑,还是乡村的精神象征,具有超出实物的符号意义。农民之所以不愿意撤并学校,是因为他们不仅担心孩子上学路途变远,额外费用变高,更担心孩子到外村就读会受人欺负(范先佐,2006)。我们在调查中发现,一些地方教育行政部门在撤并农村学校过程中很少征求村委会、村主任和农民的意见,只是"告知"农民学校要撤并,因而引发了农民的强烈反对,有的地方农民甚至自发成立了"保校会",保护村校免遭突然袭击式的撤并。"以人为本,尊重民意"是学校布局调整的底线要求。尊重民意是对学校布局调整的过程约束,也是学校布局调整标准不可或缺的内容。

1.2.5.3 教育性约束条件

教育性约束条件是指学校布局调整要尊重教育规律和办学规律,充分考虑教育要素对学校布局的基本要求,使布局调整充分发挥提高教育质量和效益,以及促进学生身心全面健康发展的教育功能。如果不能实现以上教育性目的,就不应该随意撤并学校。

(1) 学生身心发展条件

对大多数农村学生来说,学校布局调整意味着上学距离变远。小学高年级阶段学生和初中生对上学距离变远似乎还可以适应,但小学低年级阶段学生难以适应。6—9岁的小学生年龄尚小,不适宜长时间行走,容易受环境的负面影响。以上学生身心发展特点决定了在小学低年级阶段,学校不宜采用寄宿制布局,学生也不宜长时间步行上学。即使是乘车上学,小学生的乘车时间也不宜超过30分钟,初中生不宜超过50分钟。

(2) 学校与农村社区的关系

如果学校被撤并,则农村社区的学校所产生的公共性意识便会遭到破坏。学生的生活脱离社区反过来又会破坏社区的活力基础。实际上,在一定聚落空间内,"学校对邻近地区的服务远不止教育功能,作为学生及家长关注的焦点,它是邻近地区‘适于居住性’的象征”（石人炳，2004）。对农村社区来说，学校的消失就是具有象征意义和维系社区凝聚力的“纽带”的消失。这不仅会使社区失去重要的社会交往资源，还会使农村社区变成不适宜居住的地区，加剧农村社区的瓦解与农村人口外流，进而导致农村社会的荒漠化。因此，学校是农村社会有机性的重要组成部分，要视学校与社区之间的关系来确定学校是否要撤并。

（3）学校历史文化条件

学校是有生命的，它会默默地记录岁月，记录不同人物的生命故事。对于具有几十年甚至上百年传统的老校，学校的建筑、学校内的每一个器物都代表着厚重的文化。如果没有学校，农村将会失去希望。同时，教育也是一个民族的“神经系统”，是一个民族传统与期望的最好表达。

（4）学校功能发挥条件

从社会学意义上说，一所学校之所以被称为学校，是因为它具有一定的社会功能。为了发挥这一期望的功能，学校必须有质量地开足开齐国家规定的所有课程，按专业化的标准配足配齐相应的专任教师。根据 2001 年教育部印发的《基础教育课程改革纲要（试行）》（教基〔2001〕17 号）的规定，小学需开设品德与生活（品德与社会）、语文、数学、科学、外语、综合实践活动、体育、艺术（或音乐、美术）、地方选修课①共 9 门。从小学一年级到六年级，如果学校要开齐开足这些课程，教师的累计教学工作量为 6 020 学时。按每名教师每周 20 课时为满工作量，每学期工作 21 周计算，一所小学至少需要 14 名教师才能让小学的基本教育教学功能得以发挥。再按照国家规定的 1∶19 师生比计算，那么小学的最小规模应为 266 人。初中需要开设思想品德、语文、数学、外语、科学（或物理、化学、生物）、历史与社会（或历史、地理）、体育与健康、艺术（或音乐、美术）、综合实践活动、地方与学校开发或选用的课程共 10 门。3 年（从初中一年级到三年级）教师的累计教学工作量为 3 502 学时。如果按每名教师每周 14 课时为满工作量，每学期工作 21 周计算，那么一所初中至少需要 12 名教师才能完成初中的教育教学任务。如果按照国家规定的 1∶13.5—1∶18 师生比计算，那么初中的最小规模应为 162 人。考虑到初中可以适度扩大规模，因此最小规模还可以大幅扩大。当然，如果教师每周工作

① 地方选修课是指由学校或地方政府设计的课程，如一些介绍地方文化的课程。

量和师生比发生变化,那么学校的最小规模也会发生改变。

在特定农村学校撤并案例中,如果以上12条约束条件之间发生矛盾与冲突,则政府应以不能通过增加投入加以改变的条件为优先约束条件。比如,在学生身心发展条件和学校功能发挥条件之间,后者是充分约束条件,可以通过降低师生比和增加教师编制配置的方式来加以改变,但前者是必要约束条件,不可改变。因此,政府应该优先考虑学生身心发展条件。

1.2.6 农村学校布局调整标准的科学设计

构建中国特色农村中小学布局调整标准的过程,就是根据各县市提供的约束条件实现令人满意的学校布局调整目标的过程。

在上述12项约束条件中,根据主体通过努力可以改变的程度不同,大体上还可以分为以下三类:

第一类是基本不可以改变的约束条件,如自然地理条件,民族、宗教和文化条件,学生身心发展条件和学校历史文化条件。这些条件将成为学校布局调整的底线标准。

第二类是在一定条件下可以改变的条件,如人口条件、家庭生存形态、百姓受教育意愿,以及学校与农村社区的关系。

第三类是完全可以改变的条件,如交通条件、地方政府资金供给、社会治安条件和学校功能发挥条件。第二类和第三类条件是确定农村学校布局调整"一次弹性标准"和"二次弹性标准"的依据。当然,以上三种类型的划分并不是绝对的,在一定条件下,三者之间可能会相互转化。

我国有2 851个县级行政区划①,由于这些地区的地理位置、经济发展水平、城镇化程度、自然资源和环境、地方文化传统、居民受教育年限等条件各不相同,因此能为学校布局调整提供的约束条件弹性也不一样。根据我国1983年颁布的国家标准(GB3953.1-83)对标准的界定,标准是对重复性事物和概念所做的统一规定。它以科学、技术和实践经验的综合成果为基础,经有关方面协商一致,由主管机构批准,以特定形式发布,作为共同遵守的准则和依据。由于学校布局调整的

① 根据中国当前的行政区域划分,县级行政区域包括八种类型:地级市的市辖区、县级市、县、自治县、旗、自治旗(少数民族自治区)、特区(经济特别区域)和林区。

复杂性远远高于技术标准，所以不可能有完全统一的国家标准，但是我们可以根据上述约束条件理论，提出“底线+弹性”的学校布局调整标准设计思路，以供各县市在制定学校布局调整规划时参考。

1.2.6.1　农村学校的撤并标准

在学龄人口总量趋于减少的大背景下，农村学校布局调整首先表现为撤并学校。学校撤并包括两层含义：一是撤销或关闭学校；二是将原来的学校变更为初级小学或教学点①，在隶属关系上，归邻近的完全小学或中心校管理。

农村小学撤并的主要对象是村小②和教学点。地方政府根据生源变动性、交通便利性、文化相融性和学校历史性等原则，有计划、分步骤地撤并一些村小和教学点，鼓励在交通不便和道路不安全地区保留教学点，积极推进乡村办初级小学、联村办完全小学、乡镇办中心小学。小学三年级之前原则上禁止办寄宿学校。

笔者参考台湾教育事务主管部门制定的“小型学校发展评估指标”，提出“底线标准+弹性标准”的学校布局调整标准设计思路（见表 1.13）。所谓“底线标准”，就是“一票否决”标准，只要符合其中任何一条，原则上学校就不宜进行撤并。弹性标准又分一次弹性标准和二次弹性标准两类。所谓“一次弹性标准”，指经过综合评分，分值在满分的 40%—60%的学校，该类学校比较适合变更为初等小学或教学点。所谓“二次弹性标准”，指经过综合评分，分值低于满分的 40%的学校，此类学校可以考虑撤并。

---

① 在小学阶段，有五种不同性质的初等教育组织：教学点、初级小学、完全小学、非完全小学和中心小学。所谓教学点是只有 1 名教师，对不同年级的学生采用复式教学的教育组织形式。近年来，随着教学点体制改革的深化，传统的“一师一校”局面有了很大的改变，现在教学点的教师隶属于中心校并由中心校派出，可以实现多位教师同时走教到教学点上课。初等小学，系民国时期“壬子癸丑学制”中规定的小学教育制度，即初等小学校 4 年，招收 7—10 岁儿童；高等小学校 3 年，招收初等小学校毕业生。现在，人们常常习惯于将仅有小学前三年教育的学校称为初等小学，为了保证学校的办学规模，许多地方还在初等小学附设了学前班或幼儿园。所谓完全小学，是指从一年级到六年级（五年制学校是一年级到五年级）每个年级都有班级，且分班正常上课的小学。但在一些边远地区，由于交通不便、师资匮乏等，学校所设年级不完整，只设部分年级，这样的小学称为非完全小学。中心小学也称中心校，是 2001 年实行“以县为主”管理体制后，为有效发挥乡镇对所辖中小学的管理职能，受县（市）教育局委托，在辖区内行使部分行政管理职能和教育教学的研究、管理和指导职能的乡镇小学，每个乡镇仅设一所中心小学。

② 这里的“村小”泛指村级的初级小学、完全小学和非完全小学。

表1.13 农村小学撤并的"底线标准+弹性标准"

		分数				
		5	4	3	2	1
弹性标准	1. 在校生数	81人以上	61—80人	41—60人	21—40人	20人以下
	2. 学生学业测试成绩	90分以上	81—90分	71—80分	61—70分	60分以下
	3. 居住地到学校的距离	3公里以上	2.1—3公里	1.6—2公里	1—1.5公里	1公里以内
	4. 可用的交通方式	只能步行	骑自行车	自费公交车	半费公交车	免费公交车
	5. 学校历史	81—100年	61—80年	41—60年	21—40年	20年以下
	6. 学校与农村社区关系	高度依赖	较高依赖	中度依赖	较低依赖	低度依赖
	7. 社区的学龄人口结构	20%以上增长率	10%以下增长率	基本稳定	10%以下外移率	20%以上外移率①
	8. 地方政府年度资金投入	8 000万元以上	6 001—8 000万元	4 001—6 000万元	2 000—4 000万元	2 000万元以下
	9. 原校区用途	仍为教育所用	由教育部门出租	拍卖资金归教育	归村集体所用	荒芜闲置
	10. 社会治安安全感率	60%以下	61%—70%	71%—80%	81%—90%	90%以上
	11. 其他					
底线指标	1. 该乡镇只有一所小学					
	2. 跨越不同民族、宗教群体的学校,或邻近宗族之间存在矛盾冲突					
	3. 到邻近学校的交通道路存在重大安全隐患,如泥石流、山体塌方、江河决堤、野兽出没等					
	4. 学校建筑历史超过100年					
	5. 60%以上社区居民强烈反对					
	6. 其他					

注:①"20%以上增长率"是指学龄儿童增长率超过20%;"10%以下增长率"是指学龄儿童增长率低于10%;"基本稳定"是指适龄儿童增长率保持稳定;"10%以下外移率"是指10%以下的学龄儿童迁移到其他社区;"20%以上外移率"是指20%以上的学龄儿童迁移到其他社区。

与农村小学相比,农村初中的撤并压力相对较小。由于初中生的生活自理能力增强,对家庭的依赖性减弱,情感发展日益完善,身体日益强壮,地方政府可以适度扩大办学规模，发展寄宿制初中。按照新的乡镇建设规划，原则上每个乡镇只办 1 所初中，人口超过 4 万人的乡镇可增办 1 所初中，人口不足 2 万人的乡镇可办 1 所九年一贯制学校。以前文测算的初中最小规模 162 人为底线，凡满足以下条件的，均可以考虑实施撤并：（1）规模小于 3 个班、在校生数不足 150 人、条件差、潜力小的初中；（2）学生学业测试平均成绩不足 65 分的初中；（3）初中学龄儿童数下降较快，达不到最小在校生规模，服务人口不足 1.5 万人的初中。

1.2.6.2 农村学校的新建扩建标准

根据上述农村学校撤并标准，凡符合“不适宜撤并学校”“性质或功能适宜变更学校”标准之外的所有布局调整对象学校，都属于新建扩建学校。新建扩建学校可按学校规模的经济学理论进行设计，同时适当参考上述相关弹性标准。学校布局调整中的新建扩建学校之所以要遵循学校规模的经济学逻辑，是因为以下四方面。

第一，它排除了许多不适宜撤并的弹性变量的干扰，诸如地理环境、交通条件等，可以相对地按理性的原则进行设计。第二，学校资源的运用具有整体性与不可分割性。所谓资源的整体性，指学校中的校园占地面积、建筑设施、仪器设备等资源不会因为学生数的减少而减少。学校资源的不可分割性是指某些资源是按固定单位使用的，不会因为需求没有达到预期的限值而将其分割，如教室的冬季取暖。第三，学校教学与管理的专业化分工有助于提升教育质量与效率。学校规模扩张可以突破教师全科教学或多科教学带来的困扰，有助于促进教师的专业发展。教师编制的增加还可以让校长按标准配备更多的学校管理人员，分工协作，推动学校管理的专业化。第四，学校规模的经济学理论可以帮助学校为学生提供更丰富的能满足学生个性发展需要的课程或活动，增加学生的选择空间与发展机会。

农村学校布局的新建扩建标准应全面考虑学校的区域和人口覆盖率、学校规模（每个年级的班级数和班级总数）、资源配置、占地面积（建筑面积）等变量。

除布局调整标准外，农村学校布局调整还引发了程序正义、学校规模与机会公平等诸多议题，值得进一步研究和思考。

参考文献

范先佐.（2006）. 农村中小学布局调整的原因、动力及方式选择. *教育与经济*,（1）, 27－29.

费孝通.（2012）. *乡土中国*. 北京：外语教学与研究出版社.

国务院.(2001).*关于基础教育改革与发展的决定*(国发〔2001〕21号).http://www.gov.cn/gongbao/content/2001/content_60920.htm

国务院办公厅.(2012).*关于规范农村义务教育学校布局调整的意见*(国办发〔2012〕48号).http://www.gov.cn/zhengce/content/2012-09/07/content_5334.htm

国务院办公厅.(2018).*关于全面加强乡村小规模学校和乡镇寄宿制学校建设的指导意见*(国办发〔2018〕27号).http://www.gov.cn/zhengce/content/2018-05/02/content_5287465.htm

胡平平,张守祥.(2007).*农村义务教育投入保障机制及管理体制问题研究*.北京:科学出版社.

斛建军,阙祥才.(2009).新农村建设背景下的农村中小学布局调整.*榆林学院学报*,*19*(2),109-112.

柳海民,娜仁高娃,王澍.(2008).布局调整:全面提高农村基础教育质量的有效路径.*东北师大学报(哲学社会科学版)*,(1),5-12.

庞丽娟.(2006).当前我国农村中小学布局调整的问题、原因与对策.*教育发展研究*,(4),1-6.

石人炳.(2004).国外关于学校布局调整的研究及启示.*比较教育研究*,(12),35-39.

中共中央,国务院.(1993).*中国教育改革和发展纲要*.http://www.moe.gov.cn/jyb_sjzl/moe_177/tnull_2484.html

中华人民共和国国家统计局.(2001—2017).*中国统计年鉴(2001—2017)*.北京:中国统计出版社.

中华人民共和国教育部发展规划司.(2001—2017).*中国教育统计年鉴(2000—2016)*.北京:人民教育出版社.

中华人民共和国全国人民代表大会.(1986).*中华人民共和国义务教育法*.北京:中国法律出版社.

中华人民共和国全国人民代表大会.(2006).*中华人民共和国义务教育法*.北京:中国法律出版社.

作者简介

邬志辉 东北师范大学中国农村教育发展研究院院长,东北师范大学研究生院院长,教育学教授。教育部长江学者特聘教授,“万人计划”哲学社会科学领军人才。兼任中国教育学会农村教育分会理事长、中国陶行知研究会农村教育实验专业委员会副理事长等。完成教育部哲学社会科学研究重大攻关项目等20多项,发表期刊论文240余篇,著书10余部。

电子邮箱: wuzh@nenu.edu.cn。

第二章

以教育技术引领学校变革：行动者网络理论视域下的拉美教育政策分析

伊内斯·达塞尔

（墨西哥　墨西哥国立理工学院）

2.1　引言

在过去的十年间，多数拉丁美洲国家开展了向学龄儿童大量分发计算机或平板电脑的项目，其中包括墨西哥的 Aprende. mx 项目、乌拉圭的“木棉计划”（Plan Ceibal）项目、阿根廷的“链接平等”（Conectar Igualdad）项目，以及秘鲁、巴拉圭的“每个孩子都应该有一台自己的笔记本电脑”项目。这些项目试图通过向学生发放数字设备，以及培训教师使用数字设备，来推动数字素养战略（digital literacies strategies），并催生更吸引学生的教学方法，最终达到缩小数字鸿沟（digital gap）的目的。

这些项目是基于对学校体系效率低下和传统学校日渐式微的判断（Vincent, 1980），以及同步教学法（simultaneous pedagogy）、班级授课制、记忆和重复等教学策略失败的现状提出的（Cuban, 2008）。面对无望的学校教育，数字设备被视为教育变革的关键，因为其有助于营造个性化的学习环境，有利于动员教师和学生使用更相关、更与时俱进的教学方法。

然而，应当记住的是，每项新技术的诞生都被寄予类似的期待，请允许我通过回顾一小段技术史来讨论这些期待。正如温纳（Langdon Winner）等科学史学家的研究所揭示的，两个多世纪以来，技术上的新奇性滋养了教学上的想象力和乌托邦，以设计无需努力或学习的学习环境，并可以根据每个学习者的需要进行调整（Winner, 2004）。[①]

---

① 一项对电影前身的研究发现了一个有重大意义的端倪。著名法国王后安托瓦妮特（Marie Antoinette）要求她那个时代的发明家帕罗伊伯爵（Count of Paroy）运用新的教学方法教育他那对学习不感兴趣 （转下页）

在伴随电影这项视觉和社会技术出现的一些乌托邦中，我们可以看到这类期待的一个例子。格里菲思（David W. Griffith）1915 年导演的电影《一个国家的诞生》（*The Birth of a Nation*）被认为是第一部美国电影，影片中的“教育预言”（educational prophecy）曾宣称，电影将彻底改变人们获取文化的模式：

> 例如，想象一下未来的公共图书馆。图书馆里会有一长排分好类并标注了索引的盒子（pillars of boxes），每个盒子前面都有一个座位，盒子上面都有一个按钮。假如你想阅读拿破仑一生中的某个片段，在以前，你要咨询专家，翻阅大量书籍，但始终没有弄清楚到底发生了什么。而现在，你只需要在一个充满先进科技的房间里，坐在一个经过调整的窗户前**按一下按钮，便能看见到底发生了什么**……那里不会有人**给出任何意见**，你只是**出现在创造历史的进程中**。（D. W. Griffith，“Five Dollar ‘Movies’ Prophesized”（1915），引自 Friedberg，2005：242－243，**强调**为笔者所加）

在格里菲思的预言中，人们不仅可以看到他那个时代的一些元素（图书馆、窗户、与拿破仑相关的历史文化知识），也可以看到新元素（机器的客观性、开启新体验的按钮或开关装置，以及身临历史现场的可能性），这些新元素正体现了电影技术出现之初人们的美好期待（Daston & Galison，2007；Doane，2002）。

令人惊讶的是，除了一些细节外，带有按钮的屏幕或盒子与今天的“油管”（YouTube）非常相似。“油管”和格里菲思想象的图书馆一样，是一个只需点击一下就可以访问的巨大视频档案馆（archive），它的分类和索引由算法来实现（Snickers & Vonderau，2009）。格里菲思的盒子与谷歌的视频平台都期望技术可以终结任何中介（mediation），他们认为，同时性（simultaneity）可以使人们进行“时间旅行”。当然，这种时间旅行不是凭借时间机器，而是将过去与观众或玩家的现在相结合，使他/她最终能够“身临其境”，从现有的书籍、权威专家以及他人观点等中介中解放出来。另一个将格里菲思的未来主义（futurism）与当下技术联系起

（接上页）的孩子。帕罗伊得到资助，制作了一个神奇的灯笼，上面配有法国历史和《圣经》的几个场景的图片。伯爵认为房间里的大多数孩子因为黑暗而全神贯注，但是灯笼上的图片突然被一个巨大圆盘上的灯光照亮了，这个圆盘给图片装上了画框，像奖章一样。好奇心激发了他们的想象力，使他们对这个物体的细节充满了热情。然而，在这项提议提出几个月后，王室被监禁，多尔芬（Dolphin）从未见过这种教学创新（Mannoni，2000: 84－85）。

来的元素是，他希望为每位观众提供“定制的”（taylor-made）、“即时的”（just-in-time）学习体验，如今，这种体验因平台和屏幕的个性化而日益强烈（Sadin, 2017）。还有一种相似之处在于，观众是坐着观看窗户或屏幕来回顾历史场景的。不过值得注意的是，在过去的几年里，观众可以在通勤途中将便携式设备作为“假肢”，在站立和移动状态中观看和阅读，从而获得快速而零碎的体验，这主要因为随着生活节奏的加快，人们希望每个时刻都富有成效（Crary, 2013; Valialho, 2017）。

因此，格里菲思带有按钮的盒子不仅仅是人们对未来教育技术畅想中的一颗瑰宝，还与技术公司铺天盖地的广告一起，描摹了一种长久以来的设想：“未来就在这里”，教育的技术变革势不可挡。这种必然性言论（Nespor, 2011）既反映了一部分人的欢呼，也体现了另一部分人的悲观心境。前者与美国电影制作人一样乐观，对每个社会问题都不加批判地采用“技术解决论”（Morozov, 2014）；后者则认为这是文化的结束和新黑暗时代的开始。

本章旨在对“教育技术变革不可避免”这一论断（即认为教育技术朝着进步或倒退的方向无缝隙、单向地运动）进行反思，并基于拉丁美洲项目的已有研究，论证数字融合战略（strategies for digital inclusion）的不一致性以及与此技术相关的复杂性。正如数字媒体研究和行动者网络理论（actor-network theory，简称 ANT）研究所揭示的，技术被镶嵌在由人和物构成的异质网络中。考虑到人工制品（artifacts）、物品所扮演的角色以及教育变革的新话语结构（new discursive configurations），笔者有兴趣将这些技术项目视为学校改革的策略和行动者网络，研究其如何为教育体系引入新的行动者（actor）和动力（dynamics）。我想以这种方式反对那些无条件地认为技术是学校变革动力的言论。我还想指出，这些改革所导致的时间上的异质性，带来了关于现在和未来的长时间想象，影响了技术在当代政治中的运作方式。

2.2 数字技术视角下的教育变革话语：理论分析①

目前，数字技术堪称“教育变革的核心”，被人们的“炒作、希望和恐惧”包围（Selwyn, 2014）。数字技术将带来一种全新的教育模式，它修正了教育体系的错误，通过开放性、灵活性和个性化的项目促进教育民主化。这些改革项目通常将

① 本节和下一节扩展了上一节关于教育技术作为全球教育改革的论述(参见 Dussel, 2018)。

学校视为过时的、工业化的、福特式(Fordist)的体系，认为包括大学在内的旧教育机构将被技术储备充足、用户友好、经济便利的环境取代。

具有讽刺意味的是，数字媒体发誓要结束集中化、“一刀切”的教育模式，然而在一些国家，它们却成为促进数字融合、推动学校变革这一集中化国家项目的核心。它们进入了一套复杂的关系和规章制度，例如，将学校视为实施层面，并依赖学校督导(school inspectors)、校长等传统代理人。数字媒体还传播关于什么是良好实践的话语规则(discursive rules)，这与旧的改革项目极其相似。

与这种具有讽刺意味的观点不同，我认为数字媒体和学校教育并不是对立的，我想知道两者如何在技术驱动型改革项目的改革网络中建立联系。我的方法是基于行动者网络理论(Latour, 2005; Law, 2009)、教育改革的历史和政治社会学分析(Popkewitz, 1991, 2008)，以及地方实践的人类学和唯物主义观点(Das & Poole, 2004; Burrell, 2012; Fenwick, 2012; Appadurai, 2013)。在这种研究方法中，改革不是有界限的策略，而是具有多种参与轨迹的运动或力量(Nespor, 2002: 366)。这意味着与教育技术的全球术语不同，我们不能将一项特定的改革及其在学校层面的实施、其与全球或跨国数字化学校趋势的联系视为一种单向的、全面的数字化融合运动。相反，这些联系必须在仔细研究改革是如何发生的特定“制图”(cartography)中加以研究(Latour, 2005)。

分析地方实践并不是为了“捕捉异域风情”(Das & Poole, 2004: 4)，也不是为了了解“全球南部”的最新动态，而是为了研究一些地方的特殊性。在这些地方，比如近来的阿根廷，学校教育的政治激进议程盛行(参见 McGuirk, 2014，以对这一过程有更广泛的了解)。激进议程并非背景中的剧本，而是由改革网络中动员起来的行动者和力量编织而成。在这种研究方法中，地方实践是改革网络中规模、范围各不相同的节点(nodal points)。网络中可能含有全球或跨国的要素，比如跨国公司生产的技术设备和专家知识，它们只要被网络中一些行动者提出和调动(mobilize)，就将变得十分重要。

我对行动者网络理论的理解与约翰·劳(John Law)的主张一致，即与其说它是一套连贯原则，不如说它是一个“与其他知识传统重叠的散居区(diaspora)”，它对“世界的关联性(relationality)和物质性(materiality)的混乱实践很敏感”(Law, 2009: 142)。它也可以被描述为“后结构主义(postructuralism)的经验版本”，具有后人文主义(posthumanist)的社会立场，关注“特定的、小规模的、异质的行动者网络的策略、关系和生产特征”(Law, 2009: 145)。从广义上讲,行动者网络理论关注的是力量在时空中移动时的连接(connections)、关联(associations)、转译(translations)和转换(transformations)。

我认为行动者网络的框架对研究教育改革十分有用。学校改革应被视为“学校实践的变化方式以及变化过程中的联结方式”(Nespor, 2002: 368)。这至少会带来两种影响。一是对变化、空间的单一关注,在这种框架下,社会不再是给定的、固定的实体,而是持续变化的、开放的且不可预测的(Latour, 2005)。二是行动者网络理论提倡近视或寡视(与展示全景相反)的视角,倡导仔细观察联系是在何时、以何种方式推动社会变革的,这与福柯(Michel Foucault)提出的“灰色、细致、耐心的”谱系记录任务(Foucault, 2003: 351)相似。一旦追踪到这些联系的“蛛丝马迹”(所有的联系都留下了痕迹,尽管这些痕迹很微弱或难以看到)、模式、中介物,研究者就可以移动到不同的层级(scale),但前提是联系会显示出这种移动。正是通过追踪这些行动,研究者才可以判断其能否与另一组实践建立有效联系,从而被称作全球或国家层级。从行动者网络理论的角度分析教育改革,并不是要将顶层设计与实践领域分开,而是要明确不同层级教育实践的组织者。它与人类学和历史有着密切的联系,改革所产生的影响可能会扩散和在以后感受到,而且可能并不是在预期的某一层级感受到这种影响,而是在学校体系的其他层级。

接下来,我将用行动者网络理论的方法制作阿根廷教育改革的“平面制图”(flat cartography)(Latour, 2005: 171ff.),并将其作为网络进行分析,该网络调动了特定的人工制品、代理人和力量,以便在中学大规模引进数字媒体。从行动者网络的视角来看,“链接平等”项目可以被视为一项重要的政策载体(Strathern, 2004),它通过国家、地区、学校和课堂网络等不同教育层级来传播科技产品和知识(Nespor, 2004)。政策载体是促进知识(被理解为一组实践)在不同层级间“旅行”的连接者。这种“旅行”(其他理论称之为“影响”)的特殊条件是,要将专家知识和社会观点联系起来(Strathern, 2004: 28 - 29)。

因此,我认为该项目是一个政策载体,它调动了国家、跨国技术公司以及教育企业言论中与教师实践相关的话语和优先事项。在我的研究方法中,课堂的规模不应被视为一个独立、规模渐大的层次,而应被视为某种时间和空间的安排,这种安排除其他特征外,还被“参与者用外部事件来校准校本活动”来定义(Nespor,

2004：312）。因此，与外部事件的联系并在外部事件中的情境化行动定义了一个特定网络的一部分，如学校和课堂。这解释了为什么“没有师生对其进行校准的世界时空顺序的描述，教学描述就不可能完整”（Nespor，2004：313）。尽管本章不会特别分析课堂实践，但会指出从跨国、国家层面到课堂层面的许多行动者（包括人工制品和人），他们相互连接并共同构建了整个改革网络，这就是我想在下面跟踪的轨迹。

2.3　行动中的改革网络：阿根廷的“链接平等”案例

首先，我将讨论国家层面的政策文件和战略，正如接下来将要展示的，这些文件和战略远非单一化、同质化的。阿根廷政府于 2010 年广泛推出“链接平等”项目，旨在缩小数字鸿沟，改变公立教育。① 该项目以中学为重点，承诺在三年内（2010—2012 年）为公立学校师生提供 300 万台上网本（netbooks），截至 2015 年底，已分发了 500 多万台上网本。此外，该项目还必须为全国 13 000 多所学校提供网络连通、电线和插座。2018 年，在新政府削减预算，减少社会支出的背景下，“链接平等”项目结束。然而，无论是其庞大的规模、改革意图，还是其社会融合性取向（social inclusion orientation），这在新自由主义言论和新民粹主义沙文主义盛行的时期都并不常见，因而引人注目。

2010 年的总统法令推出“链接平等”项目，规定其为“承认教育的公益事业属性，并承认个人和社会有权享有高质量的教育”的一部分。改革的言论中充满“公民权”“社会权利”“国家责任”等词，却几乎没有“个人主义”“自由主义”“经济竞争”等词，然而它们在其他地方普遍流行。2003—2015 年，阿根廷的社会政策呈现以下特征：平等主义（egalitarianism）、民主参与和权利、教育创新，以及以国家为中心的政策取代市场驱动型战略，这使阿根廷成为有趣的激进政治实验室。②

拉丁美洲其他国家（如乌拉圭和秘鲁）的改革项目聚焦于小学（Pérez Burger et al.，2009；Cristiá et al.，2012），阿根廷的信息与通信技术（information and

① 了解有关该项目更详细的讨论（参见 Dussel, Ferrante, & Sefton-Green, 2013）。

② 我借鉴了麦吉尔克（Justin McGuirk）关于拉丁美洲城市政策分析中的“激进政治实验室”概念（McGuirk，2014）。

communication technology，简称 ICT）教育政策则侧重于中等教育，面向全国所有公立中学（超过 13 400 所中学）。[①]"链接平等"项目的一个有趣特点是，它响亮而明确地呼吁，要使公立学校更强大，对年轻人更有吸引力，要更新教学方法，沟通校内外文化，以避免新生们认为中等教育是精英主义的和过于学术化的。教育领域的信息与通信技术政策通常推出"去学校化"的改革项目（Selwyn，2011），而阿根廷的项目倾向于通过对学校的重新调整和重建，使学校为公共知识和社会民主作出更大的贡献，并提高新生在学校活动、知识学习等方面的参与度，这些新生大多就读于受改革项目影响的公立学校。"链接平等"项目并没有不加批判地庆祝新技术，而是将其与社会融合、公众参与的政治优先事项相协调。在突然变化的背景下，"链接平等"项目被视为改善学校，使公立学校成为重要的学习环境这一长期战略的又一进展（Ministerio de Educación de la Nación Argentina，2011）。人们并不认为上网本会替代教师或书籍，应当更新而非放弃求知和识字的目标。

此类言论不同于英美两国广泛流传的言论，在英美，信息与通信技术项目主要由商业部门提供，目标是培养具有竞争力的全球劳动力和具备数字素养（digital-literate）的全球公民（Selwyn & Facer，2013）。这些项目还承诺更密切地监督学生的工作和活动，以及生成旨在加强对教育体系问责的数据。[②] 在这方面，阿根廷的项目作为一个例子脱颖而出，说明当地力量如何以特定方式调动全球媒介和人工制品，并将它们与当地的战略和领域联系起来。该项目指出，中等教育的问题在于其不民主、僵化的结构和课程，并将数字媒体纳入一系列战略和社会关系，以促进社会团体和知识的融入，而这些社会团体和知识长期被排除在中学之外。这种说法并不是以自由主义术语来传播灵活的或定制的内容，而是专注于课程和文化内容的扩展和更新，并制定诱人的策略，以确保新生能够成功参与学校活动。值得注意的是，人们经常使用"数字原住民"（digital natives）这一概念，以使上网本的引入合法化，因为它是新生更为熟悉的设备，可以使他们更专注、更积极地回应教师的要求。屏幕和社交媒体的新注意力经济（attention economy）与课程要求之间可能存在的矛盾并没有得到解决，而是假设学习模式与学生高度参与之间存在自

① 后来，该项目扩大到包括教师教育机构和有特殊需要儿童的学校。一些省和地区还开展了其他针对小学的项目。

② 参见"No Child Left Untableted"，New York Times Magazine, Sept. 9th, 2013.

然连续性。

2.3.1　调动连接者（connector）：跨国企业和政府行动者

除了这种一般的话语和政治战略外，决定实施一项具有“链接平等”规模、成本和维度的政策，就会影响众多行动者和机构。首先，多重目标——生产和购买上网本，建立设备与学校的网络连通，为 40 多万教师和校长提供培训，开发教育软件，等等——意味着资源、人员的大规模调动，导致组织和行政方面众多难以应对的挑战，相应的策略是让几个国家机构参与该项目的管理，从而对任务和责任进行分配。这种策略的一个影响是，项目由多个机构运行，机构间的职责和分工很复杂，比如隶属于总统办公室的中央机构负责分发上网本和培训教师，教育部负责监管内容和提供教师教育，这导致机构之间责任的重复和一定程度的竞争。

在该项目的众多行动者中，跨国公司是重要的“影子参与者”，它们的有些作用被国家的突出地位和政府的大众言论遮蔽。上网本的硬件由 10 家国际公司共同开发，总部设在中国，在阿根廷组装。最终版的上网本可以运行 Windows、Linux 以及其他免费软件程序和应用程序，包括一系列教育软件、用于制作音频和视频的多媒体工具。据报道，微软以每台 3 美元的价格授予上网本 Windows Office 的完整许可。此外，英特尔也是外包开发与选择软件和内容方面的重要合作伙伴。正如林加德（B. Lingard）等人所说，“在网络治理的世界，在公共政策形成、决策制定和实施的复杂博弈中，政府被视为与企业和民间社会行动者并肩作战”（Lingard, Hogan, & Sellar, 2014：29）。

作为一种旁注，值得注意的是，2013 年在民族主义言论抬头的政治背景下［石油公司国有化，与对冲基金就外债问题发生冲突，马尔维纳斯群岛（英国称福克兰群岛）的归属之争］，私营公司的生存变得越来越艰难。当时，开放源代码、免费的操作系统 Huayra Linux 发布，它以盖丘亚语中风的名字 Huayra 来表示存在“变革之风”，这将促进技术主权和国家独立于跨国公司。这是三年来朝着开放源代码政治迈出的第一步，而令人惊讶的是，在“链接平等”项目启动时，人们对这个问题保持沉默（参见 Venturini, in progress）。我们有必要记住的是，正如尼斯博（Jan Nespor）所说：“改革是斗争和谈判的偶然效果，在这些斗争和谈判中，各团体试图通过与其他相对持久和广泛的网络联结来界定自己和自己的利益。”（Nespor, 2002：366）

上网本自身也配备了很多软件和内容。在上网本的“桌面”空间，为教师提供的教育资源超过5 000种，这些资源主要由国家教育门户网站Educ. ar于前几年制作，有的也由私营出版社提供，这再次显示出其与私营部门以及与非营利开发商（如动态数学软件GeoGebra）的紧密联系。

由于多年来阿根廷基础设施投资不足，大量资源匮乏，该项目面临的首要挑战是网络连通问题。该倡议的目标是为每个教室安装“技术层”（technological floor，即安装足够的插座和电线），以便可以同时连接20—30台上网本。然而，这是非常昂贵和难以实现的，上网本的分发比学校的布线进展得更快。尽管没有建立网络连通，师生们还是找到了创造性的方法来解决这一问题，比如在教室里离线使用上网本，回家或去网吧上网。正如一位教师在2012年的一次采访中所说，这种情况的一个连带作用是，学生对哪些网络是开放的，如何访问或入侵封闭的网络有了相当的了解（参见Dussel, 2014）。

一方面，与改革网络相关的另一个连接点是设备的技术支持和维护。在最近对教室的研究中发现，技术的修理和维护似乎是一个薄弱环节：在一些教室，只有三四台上网本可以工作，而大多数设备已损坏（Haedo, 2015）。另一方面，政策低估了使项目在学校层面特别是教师层面得以运行的行动者的重要性。“链接平等”项目从一开始就提议在学校设一名专门负责设备和网络连通的新员工。这个代理人称为“学校技术专家”（Referentes Tecnológicos por Escuela，简称RTE），负责帮助教师解决技术问题。然而事实表明，技术类毕业生短缺，并且在失业率较低的时期，教师工资没有竞争力，这使得提议难以实现。因此，几个学区不得不在几所学校之间共享“学校技术专家”，而他们无法及时对日常故障进行排除。由此可见，改革网络的一个重要问题是缺少保证传输和连接的中继站（relay），这是改革网络组建过程中面临的困难。

2.3.2 调动知识：专家和教学方法

教学方法和教学内容也是改革网络中的重要连接者。由于“链接平等”项目强烈呼吁改造学校与更新课程和文化内容，因此教师培训和课程政策是优先采用的策略。然而，这些策略的时间表与设备分发、新员工分配的时间表不同。正如西班牙教育史学家所说，教育体系的改革速度慢于改革者的期望（Viñao Frago, 2002）。教师培训由几个机构同时提供，机构之间有时相互竞争，导致培训进程放缓。2011 年，每个特定地区提供类似培训项目的公共机构多达 5 个。① “链接平等”项目推进校长和督学组织的地方与国家会议，商讨采用新技术的策略和步骤。教师在线课程、为教学单元提供标准和实例的课程材料是这些会议的补充。根据不同的报告，大量教师接受了某些培训，包括自助课程（即预先包装的活动）以及辅导课程。②

总体来说，该项目制作的教师培训文件和材料提升了教师在教育变革中的核心地位，然而，它们只提供一般性建议，强烈呼吁教师的主动性和创造性——这是阿根廷教师教育政策的一个共同原则。这些文件非常谨慎地强调，会有一系列准入门槛，要谨慎录用新手教师和训练不足的教师。然而，培训的最终落脚点似乎被定义为一位经验丰富的教师，可以熟练地在不同平台之间切换，使用不同的语言；零散地提到了所谓的“课程内容”（语言、历史、数学）或课程和文化更新。相反，重点放在学习如何使用这些资源，并保持学生的注意力和积极性上，这与之前提到的让新生参与学校活动的挑战是一致的。“社会融合”似乎已经成为一个重要的纽带，通过社会融合，教室里发生的事情会根据外部事件，特别是根据教育政策的重点和策略进行校准。

在这种安排中，数字媒体是一种可以增加课程内容对新生吸引力的资源，正如前文所述，这被认为是对旨在提高中学生融合性和参与度的改革的主要挑战。该指南表达了对数字技术的一种简单信任，并未提及新媒体使用与传统课堂实践之间的潜在冲突。例如，他们提出，为了最大限度地利用课堂数字技术，教师可以采用数字内容（即将互联网作为一套教育资源）、社交媒体、多媒体材料、博客、项目或团队协作作业等手段（Ministerio de Educación de la República Argentina,

① 这些机构是：阿根廷国家教育部（National Ministry of Education），国家教育门户网站（Educ. ar），阿根廷国家社会保障局/链接平等，省教育部（Provincial Ministry of Education），以及伊比利亚美洲国家组织（Organization of Ibero-American States,简称 OEI），这是一个在该领域著名的政府间机构，自 2010 年以来培训了 60 000 多名教师。

伊比利亚美洲国家是指包括拉丁美洲 19 个讲西班牙语和葡萄牙语的国家以及欧洲伊比利亚半岛的西班牙、葡萄牙和安道尔在内的 22 个国家。——译者注

② 根据阿根廷国家教育部委托 11 所公立大学的评估报告，2010—2011 年，包括校长、督学、教师、家长和学生在内的 472 242 人参加了培训课程（Ministerio de Educación de la República Argentina, 2011）。罗斯（C. Ros）等人对接受该培训的教师数给出了类似估计，全国接受该培训的教师总数约 85 万人（Ros et al., 2014）。

2011：19）。这些选择都未经验证，并且只设想了积极的结果。例如，对使用脸书（Facebook）或谷歌（Google）作为替代和改进旧通信系统的方法，该项目指南持明确和中立的立场（Ministerio de Educación de la República Argentina，2011：22）。

有趣的是，跨国企业不仅通过设备进入网络，还通过软件和教学内容（如上述内容）进入网络。互联网公司，尤其是社交媒体——现在是数字媒体的"王者"——声称其是开放的空间、中立的参与舞台，为人们的参与和创造提供了空间，以实现民主和自我实现的理想。正如范迪伊克（José van Dijck）所声称的，扎克伯格（Zuckerberg）和其他人提倡的企业理念是，一切都必须是社会性的，必须建立一个开放和连通的空间（van Dijck，2013）。在脸书和推特（Twitter）这样的社交媒体上，人们为了更受欢迎，必须在网上分享和注释所有的生活经历，理由是促使各方都能获得所有数据。① 政策性文件和课程取向强化了这一企业理念，并在同一方向上组织文化生产。在最近政府资助的一项研究中，一名学生说他很重视这个项目，因为现在"我们都可以拥有上网本和脸书"（Ministerio de Educación de la Nación Argentina，2013：12）。民主化意味着人们成为社交媒体的客户和消费者，而社交媒体似乎正定义着社会和文化参与（Isin & Ruppert，2015）。令人惊讶的是，在谴责帝国主义和贪婪资本主义的激进政治言论中，这一点竟然没有受到质疑。

2.3.3 作为改革话语的评估：教育改革中新代理人的产生

在教育技术项目的平面制图中，我想分析的最后一组代理人是评估部分。近年来，评估已成为一种独特的"文化产品"，将人员、资源和特定的道德观与他们自己的仪式和等级制度结合起来（Strathern，2000：2）。在教育改革中，评估变得越来越普遍，它调动了问责（accountability）和透明度（transparency）等言论，成为当代政治战略的主要部分。

拉丁美洲教育技术项目的评估内容，以及如何围绕学校技术的使用构建变革和价值观值得注意。由于这些项目会导致巨大的公共支出，它们已经成为若干评估的对象，其中一些是国际评估（Warshauer & Ames，2010；Lagos Céspedes & Silva Quiróz，2011；Severin & Capota，2011；Cristiá et al.，2012），还有一些是国家级评

① "应用程序和人一样，是可以增加整体数据流量的连接器，因而所有公司都可以从扩展网络连通而产生的'巨大价值'中获益"（van Dijck, 2013: 58）。

估(Benítez Larghi & Winocur, 2016)。这些评估在项目的最初几年(2010—2012年)达到了顶峰,它们对于构建分析指标、诊断学校大规模技术设备项目至关重要。评估指标包括：有个人电脑(上网本或笔记本电脑)的学生所占比例、每所学校的网络连通与覆盖率、教室中数字设备的使用频率、教师培训以及数字设备对学生学习的影响。此外,还对教师关于数字文化的看法以及学生的学习动机和兴趣进行了调查。这些指标必须量化,因而教师培训是通过向教师询问具体信息与通信技术课程的调查来衡量的,使用频率是根据教师报告的每天或每周使用这些设备的情况来计算的;学生学习是通过学生在标准化考试中的表现来衡量的。

第一波国际评估勾勒出一幅不太乐观的全景图,反映了最初的期望并没有实现。评估对成本效益关系作出了一个相当负面的判断,认为这些项目成本高昂,但没有给学生学习带来显著的成效。评估指出了网络连通和设备维修方面的缺陷,这一缺陷降低了为教室中的每名学生有效配置计算机的可能性。研究发现,该项目所产生的积极影响体现在学生对该项目的热情以及设备分配对低收入家庭的溢出效应上。最重要的是,这些评估成功地在课堂数字化的教学影响和两个指标之间产生了一种话语等价(discursive equivalence)：学生在测试中的表现,以及数字设备的课堂使用频率。尽管学习动机提高也是项目的积极影响,但在实现社会包容和有效利用方面,动机提高并没有被视为与学业成绩同等重要(Cristiá et al., 2012)。

在这些研究框架中,一些开放和不可预测的现象,如将新技术引入制度化环境(institutionalized settings)被转化为可量化的指标,以寻求对"物有所值"的成本效益分析(Strathern, 2000：287),这些指标通常只考虑学习者的个体差异。人们将评估性研究视为审计过程的一部分,只有某些操作被认为是有价值的,才必须加以考虑(Strathern, 2000：2)。通过数字设备的课堂使用频率和学生的测试表现来衡量教学影响,正是反映这种简化的鲜活例子。然而,这些指标没有考虑设备是如何使用的,以及测试是否反映了数字设备正在调动的知识和技能。虽然任何评估性研究都会存在这种简化,即通常会将复杂的现象简化为特定指标,但在第一轮评估性研究中,这种简化是极端的,几乎没有从方法论上反思指标遗漏的内容,以及评估如何能包括数字人工制品曾经和正在改变被重视的认识方式和知识。评估是从表面价值来看待教育变革的承诺,所得出的结论是,这些承诺没有实现并且不现实,但无法就改革战略正在产生的其他影响提出其他论据,比如评估机器的启动。

在这些国际评估推进的同时，国家层面开展了第二组评估，其中大多与项目密切相关。乌拉圭的情况尤其值得注意，因为它不仅关注教室层面的变化，也关注家庭内部的变化（Pérez Burger et al.，2009；Pittaluga & Rivoir，2012）①。2013年，乌拉圭委托富兰（Michael Fullan）进行一项评估性研究，该研究引入了衡量学校改革的系统性指标：学校治理和行政管理、学校氛围、教师自主权、教师工作条件、可获得的支持和资源、社区支持程度（Fullan et al.，2013）。委托报告对该项目的实施进行了批判性诊断，指出了其在教学转型方面的缺陷，并提出了一系列建议。有意思的是，这一批评并没有削弱人们对该项目的支持，直到今天，该项目的支持率仍然居高不下。

在乌拉圭案例中，诸如富兰提供的批评报告可以被项目采纳，作为对战略方向的一种调整，而就阿根廷而言，在政治对抗的背景下，人们在该项目领域较少达成共识，媒体也总是密切监督项目。因此，这些评估肩负着为项目提供合法性的重任，这在指标的选择和结果的传达方式中显而易见，通常是匆忙的和大张旗鼓的。在"链接平等"项目中，评估早期意图衡量由数字设备带来的社会融合程度，尽管事实证明它很难量化（Ponce de León & Welschinger Lazcano，2016）。值得注意的是，当局利用当时执政的基什内尔（Cristina Kirchner）政府的政治和财政上的独立性，甚至与世界银行（World Bank）或经济合作与发展组织（Organisation for Economic Co-operation and Development，简称 OECD）/国际学生评估项目（Programme for International Student Assessment，简称 PISA）等国际机构或项目隔离，来与国际评估协议（international protocols of evaluation）保持距离。阿根廷的评估采用了"地方评估方案"（local repertoires of evaluation）（Lamont & Thévenot，2002），即由社会来衡量和区分学校行动的特殊形式和价值等级制度。在这套地方评估方案中，社会融合排在第一位，基线被设计为考虑复杂和多维的不平等情境②，它们本应在数年内得到跟踪和监控，以了解项目对每个场景的影响。遗憾的是，由于政策和评估团队人员的变

① 温诺克（R. Winocur）和桑切斯·维莱拉（Sánchez Vilela）深入研究了该项目在乌拉圭低收入家庭和社区的使用和效果（Winocur & Sánchez Vilela, 2016）。

② 包括 11 种不同的社会和教育不平等情境，考虑了农村/城市、与国家中心的地理距离、性别、收入、学校表现、机构概况等之间的相互作用。

动，该评估在基线研究没有继续进行。

另一组评估由 11 所公立大学（后来增至 15 所）组成的联盟开展，该联盟由阿根廷国家教育部资助和监督，在 2011—2015 年进行了几项研究。2011 年开展的第一轮研究主要通过半结构式访谈和观察，重点关注教育和社区行动者（校长、教师、学生、家庭、民间团体）的态度和看法（Ministerio de Educación de la Nación Argentina, 2011, 2013）。2013—2014 年，该联盟在不同地点采用同一研究设计进行了第二轮研究，对不同层面进行了评估，主要包括机构影响、教师培训和实践、学生对上网本的使用情况和看法、上网本在家庭和社区的使用情况（Kisilevsky et al., 2015）。这些研究指出了学校对数字技术不同程度的应用，从“初始”到“转化”，再到对项目的接受和支持。与这些研究并行的是，该项目本身是一个独特的国家机构，它对 2013—2014 年项目受益者进行了一次大规模调查（Kliksberg & Novacovsky, 2015），了解其对学校和家里使用上网本的看法和使用频率，包括上网本在哪门课程中使用更频繁，以及上网本是否有助于提升年轻人的就业能力。

这些由不同国家机构开展的研究显示了评估研究和政策合法性的融合，以及评估实施背景对研究和展示内容的影响程度。由大学开展的第一轮评估在 2011 年头三个月内进行，并在总统大选前几天进行了宣传，此轮评估基本均专注于教师和学生对数字文化的看法和态度的积极变化。时隔两年，大学开展了第二轮研究，范围更广，但其结果直到项目结束时才作为项目成果的一部分展示，低估了项目的不足之处。阿根廷评估报告指出，尽管该项目的官方言论几乎没有抵制科技是教育变革的“魔力子弹”这一承诺，但最终以一种庆祝的口吻促成了这样一种观点，即科技是一种不可阻挡的积极力量，衡量该项目价值的主要方法是，看每所学校在单一程度上取得的进步有多大。国际研究的方法论个人主义（methodological individualism）从学生转移到了学校，学校被视为遵循类似模式的单元：采用的是一种逐步走向完善的过程，等同于在课堂上更多和更持续地使用数字技术，并更多地坚持数字文化的价值观。虽然政府言论是进步和左倾的，但其理论基础与科技公司所倡导的理论基础并无差别。它没有显示出跨国技术在异质空间中的碰撞、障碍和迂回（Appadurai, 2013; Burrell, 2012），使这些特定空间中技术和机构相互作用的特殊性变得扁平化。

由阿根廷国家教师教育学院（National Institute of Teacher Education，简称

INFD）开展的一个研究项目是这种评估言论（evaluative rhetoric）的例外，该定性研究在一年内追踪了5所教师教育机构，密切关注所选教师和学生可以用数字媒体做些什么（Ros et al.，2014）。该评估是少数几个在没有学习指标框架的情况下研究课堂实践的项目之一，它较少关注政策合法性，更多的是以开放的视角来看待教室中新设备的作用，并注意这些用途在几个方面（学科和教学知识、关系、参与）的矛盾和挑战。研究小组成员包括当地和外部研究人员，他们均接受过民族志敏感性（ethnographic sensitivity）培训①。在这方面，该研究对项目产出的关注要少于对知识的物质性（materiality of knowledge），以及这种新的物质性所产生的各种互动的较大变化的关注；它特立独行，以某种方式打断了自第一轮评估性研究开始的评估逻辑。

2.4 结语

本章旨在为阿根廷技术密集型项目的改革网络进行“平面制图”。“链接平等”项目于2010年推出，2018年结束，具有促进数字化融合和学校变革的双重目标。该项目计划为每名学生提供一台上网本，试图通过向中学生（其中很大一部分来自低收入家庭）和教师教育机构分发设备来弥合数字鸿沟，同时更新与扩展课程和文化内容，从而促进学生参与学校活动。我对阿根廷项目的兴趣还在于了解在这种社会与文化融合和参与的背景下，一种不同的言论如何与技术变革的期待和想象、技术公司的言论，以及在这场相遇中留下了浓墨重彩的一笔的制度化行动者（如学校代理人或评估机构）同时存在。

这种分析假设，改革是将多条轨迹组合在一起的运动或力量，改革将产生一

① 这项研究揭示了调动数字媒体的复杂实践网络。不同于在课堂实践中划分明确的断裂性（ruptures）或连续性（continuities），该研究表明课堂配置（classroom configurations）不是被重新划分（reshuffled），而是重新洗牌（reshaped）。没有证据表明“翻转教室”或去中心的、横向的教与学组织已经存在，教师在提供课堂讲稿、引入资源和促进有关数字媒体的对话方面仍有发言权。虽然大多数机构缺少网络连通，但数字媒体的使用被视为是必须的：互联网搜索或使用视听材料是常态，它们可能发生在教室内外，具体取决于设备的可用性。课堂时间用于讨论和集体工作，并且给出了在家中要完成的任务，家中的网络连通和物质条件可能更好地实现它们。数字媒体融合似乎正在发生，但不是以人们想象的形式出现，也就是说，同时存在相同的和集中分布的数字工件；相反，在这些教室中，与知识的互动是由课前、课中和课后出现的数字设备进行的（Ros et al.，2014）。

种新的空间性，不同于以往有关学校技术引入的“完全逆转”或“更多相同”的观点。配备了技术的教室不仅仅是简单的“扩展教室”，它们被刻在需要尽职组装的复杂网络中。在这方面，拉图尔（B. Latour）所举的产生教室空间所需众多连接者和中介者的例子，可以用来强调这种异质性。拉图尔写道：

> 请用一分钟思考那些能让你与学生互动，不被街上的噪声或走廊外等候另一堂课的人群干扰的事物。如果你怀疑这些谦卑的中介者具有把这里变成局部地方的能力，那么请打开门窗，看此时你是否仍然可以教任何内容。如果你对这一点犹豫不决，那么试着在一些艺术展上授课，周围的孩子在尖叫，喇叭里传出电子音乐。结论是显而易见的：如果不是被教室中其他无声机构“框住”，你和学生甚至无法在“当地”要实现的目标上集中一分钟精力。（Latour，2005：195，his emphasis）

在他的引领下，我试图在对“链接平等”项目的分析中描绘那些默默运作以产生改革网络的代理人（包括人和物）：社会融合的政治言论、计算机、插座、电缆、软件和平台、项目小册子和材料、学校的墙壁和办公桌、教师培训师、教师、学生和校长、资金、技术助理、不同的国家机构、评估原理和人员等。有关学校改革的主流研究很少或根本不关注这些代理人，然而，如前所述，它们显然在改革网络的组建和发展中发挥了重要作用。

最后，让我们回到格里菲思的教育预言。由阿根廷的案例可以看出，在当今的技术和教育环境中，教育技术变革的梦想仍然存在，并且在很多方面是无可置疑的。来自不同政治派系的政治家都相信数字设备在学校变革中的力量。然而，正如这项研究所揭示的，教育技术改革项目所调动的力量比想象的要复杂得多，包括公众熟知的代理人和其他新代理人，这些代理人的行动方向不可预测。因此，在我们的研究中，似乎有必要超越教育改革的全球话题，开始关注改革网络所汇集的偶然和不稳定方式，这使得它们比不可避免的和不可阻挡的技术变革的言论所假设的，更加多样化和不稳定。

参考文献

Appadurai, A. (2013). *The future as cultural fact. Essays on the global condition.* London: Verso.

Benítez Larghi, S. & R. Winocur (comps) (2016). *Inclusión digital. Una mirada crítica sobre la evaluación del*

Modelo Uno a Uno en Latinoamérica*. Buenos Aires: Editorial Teseo.

Burrell, J. (2012). *Invisible users. Youth in the internet Cafés of urban Ghana*. Cambridge, MA: The MIT Press.

Crary, J. (2013). *24/7. Late capitalism and the end of sleep*. London & New York: Verso.

Cristiá, J., Ibarraran, P., Cueto, S., Santiago, A., & Severín, E. (2012). *Technology and child development: evidence from the one laptop per child program*. Washington, DC: IDB Working Paper Series 304.

Cuban, L. (2008). *Frogs into princess. Writings on school reform*. New York: Teachers' College Press.

Das, V. & D. Poole (2004). The state and its margins: Comparative ethnographies. In Das, V. & D. Poole (comps.). *Anthropology in the margins of the state* (pp. 3 - 33). Santa Fe, NM: School of American Research Press.

Daston, L., & Galison, P. (2007). *Objectivity*. New York: Zone Books.

Doane, M.-A. (2002). *The emergence of cinematic time. Modernity, contingency, the archive*. Cambridge, MA: Harvard University Press.

Dussel, I. (2014). Programas educativos de inclusión digital. Una reflexión desde la Teoría del Actor en Red sobre la experiencia de Conectar Igualdad (Argentina) [Educational programs of digital inclusion. A reflection from ANT on the experience of Connect Equality]. *Versión. Estudios de Comunicación y Pol ítica, UAM-Xochimilco, 34*, 39 - 56.

Dussel, I. (2018). Digital technologies in the classroom: A global educational reform? In E. Hulqvist, G. Ladson-Billings, S. Lindblad, & T. S. Popkewitz (Eds.), *Critical analysis of educational reform in an era of transnational governance* (pp. 213 - 228). New York: Springer Verlag.

Dussel, I., Ferrante, P., & Sefton-Green, J. (2013). Changing narratives of change: Unintended consequences of educational technology reform in Argentina. In N. Selwyn & K. Facer (Eds.), *The politics of education and technology* (pp. 127 - 145). London, UK: Palgrave Macmillan.

Fenwick, T. (2012). Matterings of knowing and doing: Sociomaterial approaches to understanding practice. In P. Hager et al. (Eds.), *Practice, learning and change: Practice-theory perspectives* (pp. 67 - 83). Dordrecht, The Netherlands: Springer.

Foucault, M. (2003). Nietzsche, genealogy, history. In P. Rabinow & N. Rose (Eds.), *The essential Foucault. Selections from the essential works of Foucault, 1954 - 1984* (pp. 351 - 369). New York: The New Press.

Friedberg, A. (2005). *The virtual window. From Alberti to Microsoft*. Cambridge, MA: The MIT Press.

Fullan, M., et al. (2013). *Ceibal: Los próximos pasos*. Toronto: Michael Fullan Enterprises.

Haedo, T. (2015). *¿El pasado ya pasó? Transmisión y construcción de la memoria colectiva acerca del pasado reciente en la escuela secundaria [Is the past past? Transmission and the construction of collective memory on the recent past in secondary schools]*. Unpublished MA Thesis, Facultad Latinoamericana de Ciencias Sociales/Argentina.

Isin, E., & Ruppert, E. (2015). *Being digital citizens*. Lanham, MD: Rowan and Littlefield.

Kisilevsky, M., et al. (2015). *Cambios y continuidades en la escuela secundaria: La universidad pública conectando miradas. Estudios evaluativos sobre el Programa Conectar Igualdad, Segunda Etapa*. Buenos Aires: Ministerio de Educación de la Nación.

Kliksberg, B., & Novacovsky, I. (2015). *Hacia la inclusión digital: Enseñanzas de Conectar Igualdad*. Granica:

Buenos Aires.

Lagos Céspedes, M. E., & Silva Quiróz, J. (2011). Estado de las experiencias 1 a 1 en Iberoamérica. *Revista Iberoamericana de Educación, 56*, 75 – 94.

Lamont, M. & Thévenot, L. (2002). *Rethinking comparative cultural sociology. Repertoires of evaluation in France and the United States*. Cambridge, UK: Cambridge University Press.

Latour, B. (2005). *Reassembling the social*. Oxford, UK: Oxford University Press.

Law, J. (2009). Actor network theory and material semiotics. In B. Turner (Ed.), *The new Blackwell companion to social theory* (pp. 141 – 158). London, UK: Blackwell Publishing.

Lingard, B., Hogan, A., & Sellar, S. (2014). *Commercialising comparison: Pearson, edu-business and new policy spaces in education*. (Unpublished Paper). The University of Queensland.

Mannoni, L. (2000). *The great art of light and shadow. Archeology of the cinema*. Exeter, UK: University of Exeter Press.

McGuirk, J. (2014). *Radical cities: Across Latin America in search of a new architecture*. New York: Verso.

Ministerio de Educación de la Nación Argentina. (2011). *Estrategia político pedagógica y Marco normativo del programa Conectar Igualdad* [*Political and pedagogical strategy and normative framework of the program connect equality*]. Retrieved from http://bibliotecadigital.educ.ar/uploads/contents/estrategia0.pdf

Ministerio de Educación de la Nación Argentina. (2013). *Nuevos cambios en las instituciones, aulas, sujetos y comunidades a partir de la implementación del Programa Conectar Igualdad (PCI)* [*New changes in institutions, classrooms, subjects, and communities since the implementation of the program connect equality*]. Segunda Etapa-Año 2012. Unpublished Research Report.

Ministerio de Educación de la República Argentina. (2011). El modelo 1 a 1: Notas para comenzar. In *Serie Estrategias en el aula para 1 a 1* [*The 1: 1 model: Notes for Getting Started*]. Buenos Aires: Ministerio de Educación.

Morozov, E. (2014). *To save everything, Click Here: The folly of technological solutionism*. New York: Public Affairs.

Nespor, J. (2002). Networks and contexts of reform. *Journal of Educational Change, 3*, 365 – 382.

Nespor, J. (2004). Educational scale-making. *Pedagogy, Culture and Society, 12*(3), 309 – 326.

Nespor, J. (2011). *Technology and the politics of instruction*. New York and London: Routledge.

No Child Left Untableted. (2013). *New York Times*, Sept. 9th 2013.

Pérez Burger, M., et al. (2009). *Evaluación Educativa del Plan Ceibal 2009* [*Educational evaluation of Plan Ceibal 2009*]. Montevideo, Uruguay: Plan Ceibal, Dirección Sectorial de Planificación Educativa.

Pittaluga, L., & Rivoir, A. (2012). Proyectos 1 a 1 y reducción de la brecha digital: El caso del Plan Ceibal en Uruguay. *Information Technologies and International Development, 8*(4), 161.

Ponce de León, J., & Welschinger Lazcano, S. (2016). Las evaluaciones del Programa Conectar Igualdad: actores, estrategias y métodos. In Benítez Larghi, S. & Winocur Iparraguirre R. (comps), *Inclusión digital. Una mirada crítica sobre la evaluación del Modelo Uno a Uno en Latinoamérica* (pp. 47 – 81). Buenos Aires: Editorial Teseo.

Popkewitz, T. S. (1991). *A political sociology of educational reform.* New York: Teachers' College Press.

Popkewitz, T. S. (2008). *Cosmopolitanism and the age of school reform. Science, education, and making society by making the child.* New York: Taylor and Francis.

Ros, C., et al. (2014). *Inclusión digital y prácticas de enseñanza en el marco del Programa Conectar Igualdad para la formación docente del nivel secundario [Digital inclusión and teaching practices within the Program Connect Equality for pre-service teacher education for secondary schools].* Buenos Aires: Ministerio de Educación de la Nación.

Sadin, E. (2017). *La humanidad aumentada. La administración digital del mundo.* Buenos Aires: Caja Negra Editorial.

Selwyn, N. (2011). *Schools and schooling in the digital age.* London, UK: Routledge.

Selwyn, N. (2014). *Digital Technology and the Contemporary University. Degrees of Digitalization.* Oxon, UK and New York: Routledge.

Selwyn, N., & Facer, K. (Eds.). (2013). *The politics of education and technology.* London, UK: Palgrave-MacMillan.

Severin, E., & Capota, C. (2011). *Modelos Uno a Uno en América Latina y el Caribe. Panorama y Perspectivas.* Washington, DC: Banco Interamericano de Desarrollo-División de Educación (SCL/EDU). Notas Técnicas # IDB-TN-261.

Snickers, P., & Vonderau, P. (Eds.). (2009). *The YouTube reader.* Stockholm: National Library of Sweden.

Strathern, M. (Ed.). (2000). *Audit cultures: Anthropological studies in accountability, ethics, and the academy.* London: Routledge.

Strathern, M. (2004). Commons + Borderlands. In *Working papers on Interdisciplinarity, accountability, and the flow of knowledge.* Oxon, UK: Sean Kingston Publishing.

Valialho, P. (2017). Solitary screens: On the recurrence and consumption of images, en Pepita Hesselberth and Maria Poulaki (Eds.), *Compact cinematics. The moving image in the age of bit-sized media* (pp. 122-129). London: Bloomsbury.

van Dijck, J. (2013). *The culture of connectivity: A critical history of social media.* Oxford, UK: Oxford University Press.

Venturini, J. (in progress). *Del software libre a los recursos educacionales abiertos: la conformación de un movimiento por el conocimiento libre [From free software to open educational resources: The shaping of a social movement for free, open knowledge].* MA Thesis. FLACSO/Argentina.

Viñao Frago, A. (2002). *Sistemas educativos, culturas escolares y reformas [Educational sustems, school cultures and reforms].* Madrid, Spain: Morata.

Vincent, G. (1980). *L'école primaire française—Étude sociologique.* Lyon: Presses Universitaires de Lyon.

Warshauer, M., & Ames, M. (2010). Can one laptop per child save the World's poor? *Journal of International Affairs, 64*(1), 33-51.

Winner, L. (2004). Sow's ears from silk purses: The strange alchemy of technological visionaries. In M. Sturken, et al. (Eds.), *Technological visions. The hopes and fears that shape new technologies* (pp. 34-46). Philadelphia: Temple University Press.

Winocur, R., & Sánchez Vilela, R. (2016). *Familias pobres y computadoras. Claroscuros de la apropiación digital* [*Poor families and computers. Lights and shadows of difital appropriation*]. Montevideo: Editorial Planeta.

作者简介

伊内斯·达塞尔(Inés Dussel)　拉丁美洲顶级公共研究机构——墨西哥国立理工学院研究与高级研究中心（Center for Research and Advanced Studies of the National Polytechnic Institute，简称 CINVESTAV）教育研究系（Department of Educational Research）全职研究员。2001—2008 年担任拉丁美洲社会科学学院（Latin American School for the Social Sciences）（阿根廷）教育领域的主任。出版 10 本著作，主编 4 本著作，并以 6 种语言撰写了 180 多篇文章。其研究兴趣集中在以历史学和社会学的方法研究知识、学校和政治之间的关系。目前正在研究学校与数字视觉文化（digital visual culture）之间的交叉，以及视觉技术的历史，特别是儿童媒体的历史。

电子邮箱: idussel@gmail. com。

（魏晓宇　译）

第三章

教育治理与学校自主办学：中国中小学的持续变革

范国睿　张　琳

（中国　华东师范大学）

3.1　引论

教育治理（education governance）与学校自主办学（school autonomy）是一对彼此关联的概念，其内涵既涉及学校组织与政府、社会的关系，又涉及学校内部管理者、教师、其他员工与学生乃至家长之间的复杂关系。教育治理的实质是建立依法办学、自主管理、民主监督、社会参与的现代学校制度，其核心，一是使学校摆脱对政府的过度依赖，实现自主办学；二是逐步实现教师、学生、家长等利益相关者充分参与和教育专业组织积极介入的合作共治，凸显学校的主体性，增进学校办学的专业性，更好地满足学生的教育需求，促进学生的全面发展（褚宏启，2004：63）。

随着义务教育的普及和现代制度化教育体系的建立与完善，学校组织体系日益复杂，作为教育专业组织的学校与以政府及教育行政管理部门为代表的教育管理者之间的教育管理权力博弈日益复杂。早在20世纪70年代，澳大利亚一些教育工作者就对集权式学校管理模式提出批评，开始探索由地方教育局、校长、家长、社区人员、教师、教育管理人员共同合作的学校管理模式，这种模式后来被称为校本管理（school-based management，简称SBM）（Cuttance，1993；Gamage，1999）。

校本管理在美国纽约州、佛罗里达州、加利福尼亚州等亦有探索，进而发展成行政控制型校本管理（administrative control SBM）、专业控制型校本管理（professional control SBM）和社区控制型校本管理（community control SBM）三种基本的校本管理模式(Murphy & Beck, 1995: 36)①。20世纪90年代,美国由明尼苏达州的圣保罗市立中学(St. Paul City Academy)开始,进行了遍及30多个州的特许学校(charter school)改革,尝试在州、学区和学校之间重新进行权力分配,扩大学校的办学自主权,同时强化教育绩效与问责(Finnigan, 2007)。这种基于个别学校情况的管理模式被许多国家和地区借鉴(Ayeni & Ibukun, 2013; Gamage, 2001)。

学校自主办学问题成为教育改革实践与教育研究的核心主题(European Commission, 2007),相关的概念涉及集权(centralization)、分权(decentralization)、授权(authorization)、多元治理(multi-governance)、参与治理(participation in governance)等。围绕这一主题的研究在两个层面展开:一个层面是以政府向学校放权或授权为主线的政府与学校之间的权力关系;另一层面是以教师、家长参与为主线的学校内部领导与教师、家长之间的权力关系。就前者而言,科恩(David K. Cohen)曾研究美国联邦和州的教育政策对学校治理的影响(Cohen, 1982),问题的关键在于决策权的重新分配,构建一种促进学校不断改进和可持续发展的放权模式(Mohrman et al., 1994: 57; Wohlstetter & Mohrman, 1994)。当政府部门将权力下放给学校时,学校内部同样需要放权,建立一种校长、教师、家长、学生和社区居民直接参与学校决策的机制(Dimmock, 1993: 92),以实现学校的有效治理(effective school governance)(Resnick, 1999)。各种变革对有效的学校治理至关重要。首先,必须改变学校组织管理的观念,形成共同愿景。这将促进新的学校发展战略规划的形成(Gamage, 2009),并引起学校内部组织结构与运行机制的变化(Machin & Silva, 2013)。其次,学校自主办学还涉及学校改进(Honig & Rainey, 2012)、教师培训、校本课程等(Herman, Janice, & Herman, 1993)。实际上,政府在向学校放权的同时,不仅对学校自主办学进行了严格的规定和限制,更加关注放权与学校自主办学带来的绩效与产出(Gunnarsson, Orazem, Sánchez, & Verdisco, 2008),还向学校提出了更高的办学目标与绩效指数(Smyth, 2014)。

由于各国的政治体制以及文化传统的差异,教育管理体制、政府-学校的权力配置关系以及由此衍生的问题、矛盾与冲突也不尽相同。迪莫克(Dimmock,

① 利思伍德(Kenneth Leithwood)和孟席斯(Teresa Menzies)曾提出第四种校本管理模式,即平衡控制模式。该模式以实现社区与专业人员双重控制为目标,又被称为"家长和教师共同决策模式"(Leithwood & Menzies, 1998)。

1993）联合许多国家的学者，深入探讨不同背景下的校本管理与学校效能关系。美国与德国学者根据2000—2009年国际学生评估项目（Programme for International Student Assessment，简称PISA）面板数据，联合评估了学校自主办学对不同国家和地区的意义（Hanushek, Link, & Woessmann, 2013）。海厄姆（Rob Higham）等人从学校领导者的视角，研究了英国学校自主办学与政府控制的关系（Higham & Earley, 2013），朱春芳分析了英国基础教育治理模式（朱春芳，2016），威尔金斯（Andrew Wilkins）则进一步研究了英国政府如何通过专业化的检查工具加强对公立学校的监管，以实现“对控制权的控制”（Wilkins, 2015）。

詹姆斯·科（James Ko）等人研究了20世纪90年代以来香港地区实施校本管理以来的学校自主办学与问责制的发展（Ko, Cheng, & Lee, 2016）。夏建刚等人比较分析了中美两国之间在学校自主办学问题上的异同，并提出了两个主要问题：（1）寻求外部政府的集中控制与学校自主办学之间的最优平衡；（2）寻求学校内部校长权力与教师权力之间的最优平衡（Xia, Gao, & Shen, 2017）。哈努谢克（Eric A. Hanushek）等人借助2000—2009年42个国家和地区100多万名学生的PISA数据，研究了学校自主办学与学生表现之间的相关性及其在不同国家之间的差异。研究发现，在发达国家（地区）和PISA成绩高的国家（地区），学校自主办学对学生成绩有积极影响，但在发展中国家（地区）和PISA成绩低的国家（地区），则会产生负面影响（Hanushek, Link, & Woessmann, 2013）。

1978年中国开始实行改革开放，着力发展经济。1985年，《中共中央关于教育体制改革的决定》（中发〔1985〕12号）发布，提出“坚决实行简政放权，扩大学校的办学自主权”，开始把推进教育管理体制改革，促进学校自主办学提上教育改革日程。1990年以来，中国开始探索社会主义市场经济发展道路，同时开始探索建立与社会主义市场经济体制相适应的教育体制。2010年，《国家中长期教育改革和发展规划纲要（2010—2020年）》发布，首次提出要建设现代学校制度，“适应国家行政管理体制改革要求，明确政府管理权限和职责，明确各级各类学校办学权利和责任”，“推进政校分开、管办分离”，“政府及其部门要树立服务意识，改进管理方式，完善监管机制，减少和规范对学校的行政审批事项，依法保障学校充分行使办学自主权和承担相应责任”。

2013年，中共十八届三中全会通过了《中共中央关于全面深化改革若干重大问题的决定》，提出全面深化改革，推进国家治理体系和治理能力现代化，要求教育领域“深入推进管办评分离，扩大省级政府教育统筹权和学校办学自主权，完善学校内部治理结构”。2015年《教育部关于深入推进教育管办评分离　促进政府职能转变的若干意见》(教政法〔2015〕5号)发布，指出在当前中国的教育体制中，“政府管理教育还存在越位、缺位、错位的现象，学校自主发展、自我约束机制尚不健全，社会参与教育治理和评价还不充分”。在厘清政府、学校、社会之间权责关系的基础上，教育部将落实和扩大学校办学自主权推进到实验与推广阶段，提出了到2020年基本形成“政府依法管理、学校依法自主办学、社会各界依法参与和监督的教育公共治理新格局”的教育治理战略目标，并于2015年组织开展教育管办评分离改革试点①。在改革试点过程中，全国一些省(区、市)参照国家改革试点，分别组织区域内的改革试点工作。本研究是笔者在参与跟踪部分国家和地方学校自主办学改革试点地区工作的基础上，以独立第三方的视角，理性观察和审视地方政府推进教育管办评分离改革的各项政策举措以及相关试点学校自主办学的改革进程。本研究的目标是厘清当下学校依法自主办学所面临的问题与挑战，探索保障和促进中小学依法自主办学的制度与机制。

3.2　研究设计

本研究以国家教育领域综合改革为背景，以国家教育管办评改革试点地区为重点，兼顾国内其他地区的教育治理与学校自主办学改革经验，从政策文件与实际推进的改革实践等方面进行调查、观察和分析。

3.2.1　学校自主办学的内涵

30多年来，中国关于学校自主办学的认识逐步深入。1985年，中央教育体制

① 教育管办评分离改革试点分为综合改革试点和单项改革试点。综合改革试点单位包括北京市东城区教育委员会、上海市教育委员会、无锡市教育局、浙江省教育厅、青岛市教育局、重庆市江津区人民政府、成都市教育局、克拉玛依市教育局；单项改革试点围绕“加大简政放权力度，加强和完善政府服务机制”“完善监督制约机制，做好事中、事后监管”“健全学校自主发展、自我约束的运行机制”“推动教育领域去行政化，取消校长行政级别”“健全学校面向社会开放办学机制”“探索第三方评估，发挥教育评价结果的激励与约束作用”等主题展开，试点单位包括乌兰察布市教育局、沈阳市教育局、佛山市顺德区教育局、西北大学(教育部，2015a，2015b，2015c)。

改革文件起草领导小组通过调研揭示了“在学校管理体制上，由于政府权力过于集中，学校无法成为一个独立自主的办学主体，外无威力，内无动力，整个学校缺乏活力”（中共中央，1985；胡启立，2008），成为倡导学校自主办学的开始。2010年发布的《国家中长期教育改革和发展规划纲要（2010—2020年）》将现代学校制度建设定义为“依法办学、自主管理、民主监督、社会参与”。

教育部2012年印发的《全面推进依法治校实施纲要》（教政法〔2012〕9号）指出，“要以建设现代学校制度为目标，落实和规范学校办学自主权，形成政府依法管理学校，学校依法办学、自主管理，教师依法执教，社会依法支持和参与学校管理的格局”。这些表述，既肯定了学校的办学自主权，又构建了规范和制约学校办学自主权的结构性框架。

基础教育办学通过中小学实施，中小学享有法律规定的各项办学权。2015年12月修订的《中华人民共和国教育法》第二十九条规定，学校及其他教育机构拥有的权利包括：（1）按照章程自主管理；（2）组织实施教育教学活动；（3）招收学生或者其他受教育者；（4）对受教育者进行学籍管理，实施奖励或者处分；（5）对受教育者颁发相应的学业证书；（6）聘任教师及其他职工，实施奖励或者处分；（7）管理、使用本单位的设施和经费；（8）拒绝任何组织和个人对教育教学活动的非法干涉；（9）法律、法规规定的其他权利。综上，在教育法律与政策层面，学校依法自主办学意味着以下方面。

3.2.1.1 学校依法自主办学的法律主体地位得以确认

依法自主办学，意味着学校的办学自主权因法律规定而神圣不受侵犯。依法自主办学，需要打破政府作为教育的管理者、组织者和评价者的“三位一体”格局，重新厘定政府与学校的关系，确保政府将办学权转让给学校，使学校拥有依法自主办学组织者的身份。实现学校自主办学，需要在“有限责任政府”的治理理念上达成共识，需要有系统的法律与政策体系的规范与保障，需要政府和教育行政部门依法行政。

3.2.1.2 在法律与制度框架中保障学校的办学自主权

保障学校依法拥有办学自主权，是学校教育日常工作的需要。教育事业的专业性、学校教育任务与内容的变化性和复杂性，客观上要求学校及教师拥有更多的专业决策权。保证学校和教师在教学领域获得更大的自主权，是对教育教学规律、教学与教师专业性的尊重。学校自主办学，就是要保障校长和教师在尊重客观教育规律的基础上行使专业自主权，让学校充满自由的精神，恢复学校教育的育人本质。

3.2.1.3 学校教学责任、教育直接责任的落实

在教育体系的建立和发展过程中，最基本和最直接的教育过程是教师与学生之间的教与学过程，这也是履行教育责任的过程。随着义务教育的普及和普通高中普及程度的提高，以及教育规模的扩大和现代社会管理的发展，超越实际教学关系的教育组织的间接管理（间接教育过程）也变得纷繁复杂。这些间接教育过程反映了教育的“生产关系”。当间接教育过程变得过于复杂时，反映教育“生产力”水平的直接教育过程就难以焕发生机与活力。要真正实现学校自主办学，就要从根本上消除阻碍教育“生产力”发展的体制机制障碍，使学校和教师在充分行使办学自主权的同时，肩负起本应承担的教育责任。这也意味着，学校在自主发展的同时，建立健全自我约束的运行机制至关重要，唯其如此，才能有效地承担相应的教育责任。

3.2.2 理论框架

考察以学校自主办学为核心的教育改革，需要将其置于教育治理的理论框架中。“治理”是一个动态发展的概念。“治理”（governance）一词源于古希腊文“kubernaein”（kubernáo），有掌舵（steering）、引导或操纵等含义。在13世纪的法国，“治理”被认为等同于“管辖”“统治”和“领导”（Gaudin，2002）。自现代国家产生以来，国家和公共事务的管理方式主要有政府治理、市场治理和公共治理三种（宋官东，吴访非，2010）。20世纪90年代，鉴于市场与政府在社会资源配置中双双失灵，一些政治学家和管理学家主张用“治理”（governance）代替“统治”（government）（俞可平，1999），此时“治理”概念的内涵已发生很大变化。罗西瑙（James N. Rosenau）区分了“统治”与“治理”概念的内涵，虽然两者均指向有目的的行为，但统治以正式权威作后盾，治理则以共同的目标作后盾（Rosenau，1992：4）；治理在很大程度上被看作没有政治权威条件下的相互依存关系的调节（Rosenau，1999）。全球治理委员会（Commission on Global Governance，简称CGG）认为，治理是各种公共的或私人的个人和机构管理其共同事务的诸多方式的总和（Commission on Global Governance，1995：23）。换句话说，被统治的主体一定是社会的公共机构，尤指政府，治理的主体既可以是公共机构，也可以是私人机构，还

可以是公共机构和私人机构的合作。统治过程是以政府权威为基础，通过制定和实施政策自上而下发号施令，对社会公共事务实行单一向度的管理行动；治理则是政府与社会组织、公共机构与私人机构等通过建构平等、协商和合作的伙伴关系，依法对社会事务、社会组织和社会生活进行规范和管理，最终实现公共利益最大化的过程。治理的实质在于建立基于市场原则、公共利益和共同愿景的合作，其运行机制并不依赖于政府权威，而依赖于合作网络的权威，其权力向度是互动和多元的。

教育治理是国家治理的重要组成部分。基于治理的教育改革，旨在变革以往以政府权威管理教育活动的做法，通过政府放权，建立政府、社会与学校的合作关系。这需要政府内部组织、编制、人事、财政等诸多涉及教育事务的部门与教育行政部门之间建立健全以优化处理教育事务为核心的横向部际协商沟通机制；需要中央、省、市、县等不同层级的政府和教育行政部门之间在逐级下放教育管理权限的基础上，建立健全畅通的上下沟通机制；需要通过实行清单管理机制，以责任清单、权力清单和负面清单，简政放权，厘清政府与学校、社会组织之间的权力关系，将相应的教育管理权限下放给各级各类学校，转移给相应的专业社会教育组织，进而通过制定宏观教育发展规划、专业教育标准，引领区域和学校教育发展。通过"放管服结合"，打造服务型政府，提高政府的教育服务能力，在加强事中、事后监管的同时，为学校提供优质的教育服务。

对学校而言，核心的问题是如何依法自主办学。在学校内部治理层面，重要的是制定学校章程，并以学校章程为依据，统一和规范学校内部规章制度，理顺各种关系，完善学校内部教师和家长参与办学的治理结构；以章程为依据和标准，推进学校内部自我监督与评估，推进校务公开，建立健全校务社会报告制度，接受社会监督和评估（见图 3.1）。

3.2.3 研究设计

追踪分析各地教育管办评分离改革实践，首先要系统分析各级政府和教育行政部门的政策文本，其次要通过了解参与其中的教育利益相关者的体验与感受，深刻把握实际推进的相关教育改革举措及其实施成效。

本研究主要采取以下研究方法。

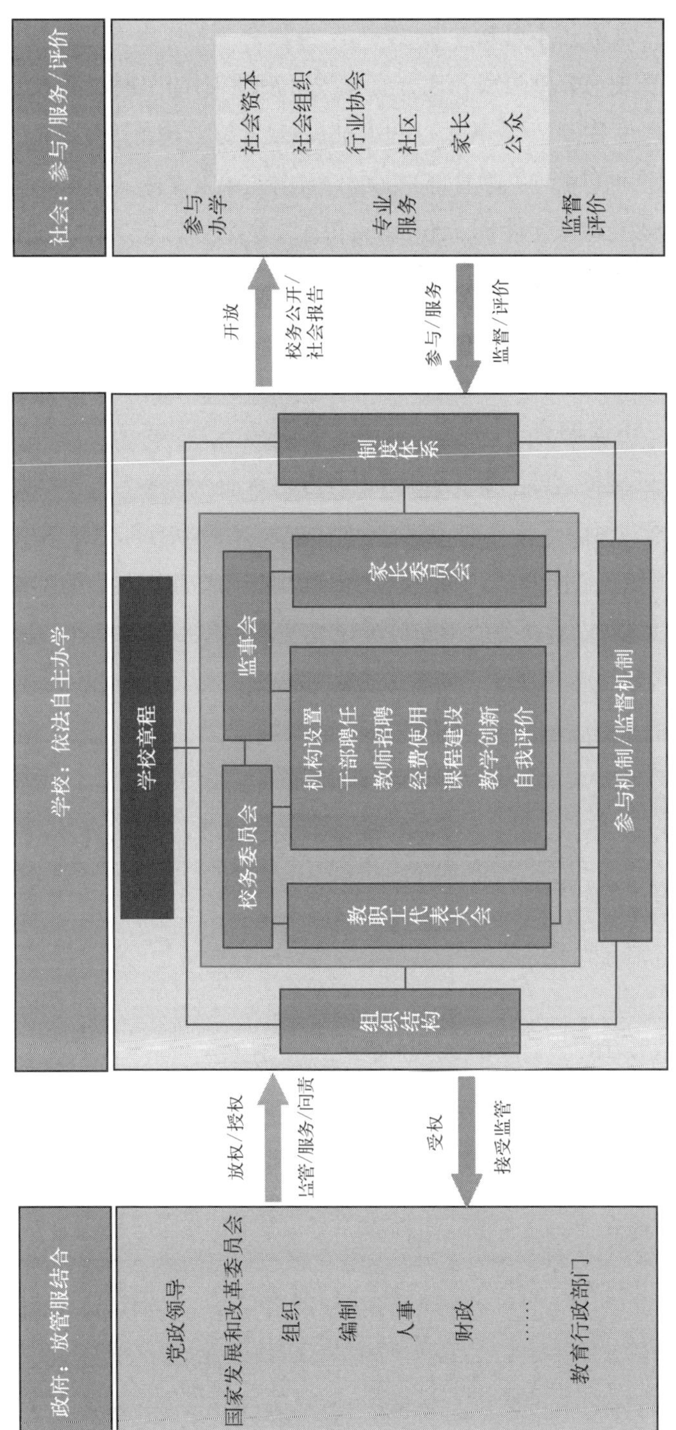

图 3.1　学校依法自主办学模型

3.2.3.1 政策文本分析

广泛搜集、整理与分析国家和地方有关教育治理现代化建设、教育管办评分离改革、现代学校制度建设、下放教育行政审批权、教育综合改革等领域的相关政策文件。共收集国家层面(国务院、教育部)相关教育法律、政策文件20余份,地方层面(省政府、省教育厅)教育政策文件80余份,国家和省级教育改革试点项目文件120余份。

3.2.3.2 问卷调查

向上海、北京、江苏、广东、四川、山东、河南等地的教育行政领导、中小学校长发放调查问卷2 000份,回收有效问卷1 890份,回收率为94.5%。

3.2.3.3 访谈调查

在上海浦东、闵行、普陀、徐汇等区,以及江苏无锡、北京、广东深圳和顺德、四川成都、山东青岛、河南郑州等地,对政府分管教育领导、教育综合改革项目负责人、教育行政机构领导和工作人员、中小学(小学、初级中学、九年一贯制学校和普通高中)校长和教师代表,以座谈会或个别访谈等形式进行访谈(见表3.1)。

表3.1 调查对象

<table>
<tr><th colspan="2" rowspan="2">调查对象</th><th colspan="2">访谈调查</th><th colspan="2">问卷调查</th></tr>
<tr><th>人数</th><th>百分比(%)</th><th>人数</th><th>百分比(%)</th></tr>
<tr><td rowspan="4">教育行政干部</td><td>政府分管教育领导</td><td>6</td><td>3.13</td><td rowspan="3">58</td><td rowspan="3">3.07</td></tr>
<tr><td>教育综合改革项目负责人</td><td>5</td><td>2.60</td></tr>
<tr><td>教育局局长</td><td>12</td><td>6.25</td></tr>
<tr><td>教育局工作人员</td><td>28</td><td>14.58</td><td>273</td><td>14.44</td></tr>
<tr><td rowspan="2">校长</td><td>义务教育学校</td><td>16</td><td>8.33</td><td>196</td><td>10.37</td></tr>
<tr><td>普通高中</td><td>27</td><td>14.06</td><td>286</td><td>15.13</td></tr>
<tr><td rowspan="2">教师代表</td><td>义务教育学校</td><td>32</td><td>16.67</td><td>397</td><td>21.01</td></tr>
<tr><td>普通高中</td><td>66</td><td>34.38</td><td>680</td><td>35.98</td></tr>
<tr><td colspan="2">合计</td><td>192</td><td>100.00</td><td>1 890</td><td>100.00</td></tr>
</table>

3.3 研究发现

从整体上看，围绕贯彻落实《国家中长期教育改革和发展规划纲要（2010—2020 年）》（2010）、《全面推进依法治校实施纲要》（2012）、《中共中央关于全面深化改革若干重大问题的决定》（2013）、《教育部关于深入推进教育管办评分离 促进政府职能转变的若干意见》（2015）、《依法治教实施纲要（2016—2020 年）》（2016）等相关文件精神，教育治理改革在全国各地均有所推进。2015 年，教育部提出开展教育管办评分离改革试点工作；同年，各试点单位全面启动试点工作，并同期开展教育管办评分离理论与实践研究课题；相关省市亦同步推进辖区内的改革试点工作。经过几年的努力，各地的学校自主办学改革持续推进，学校自主办学的权利得到初步保障，自主办学的运行机制不断建立与完善，但改革面临的困难与挑战仍十分严峻。

3.3.1 持续推进的学校自主办学改革

从中国各地的教育治理与学校自主办学实践来看，主要集中在以下几方面：

3.3.1.1 逐步推行清单管理，初步厘清政府—学校权责关系

清单管理是在权责梳理与公开的基础上，厘清权力边界，明晰权责，规范政府与市场、政府与社会、政府与公民的权责关系，提升政府效率和效能的管理过程（王萌萌，2014）。教育部印发的《依法治教实施纲要（2016—2020 年）》（教政法〔2016〕1 号）指出，“积极推动教育地方性法规规章建设”，“支持各地结合本地教育发展特点和实践需要，制定有针对性的地方性法规”。鼓励各地在教育法律规范尚存空白的领域先行先试，以教育立法推动教育改革，为全国性教育立法积累经验。

调查发现，有些地区注重在改革实践探索基础上，以教育法律法规建设促进和保障学校办学自主权。青岛市 2014 年起就着力推进依法治校、建设现代学校制度的改革试验，从人、财、物和教育教学管理四个方面梳理了 10 项学校自主办学权清单，清单中包含的权力已经完全下放给公办学校（见表 3.2）。在此基础上，2017 年 2 月，青岛市人民政府发布《青岛市中小学校管理办法》（政府令第 252 号），明确规定了教育行政部门下放给学校的 10 项权力。在改革实践过程中，一些地区尝试由教育行政部门统筹政府相关职能部门的教育管理活动，如青岛市人民政

府发布的《青岛市中小学校管理办法》(政府令第252号)规定,“有关部门开展与中小学校有关的评审、评比、评估、竞赛、检查等活动的,应当于每年11月底前向教育行政部门提报次年计划,由教育行政部门编制目录并于次年年初向学校公布”,从而既有效保障了政府相关职能部门的教育职能,又在很大程度上为学校创造了安静的教育环境,使学校能够潜心办学。

表3.2　青岛市政府向学校下放的10项权力

项目		学校权力
人事管理	副校长聘任	校长在核定的副校长职数内,按规定程序聘任副校长
	内设机构与干部选拔	学校在核定的内设机构和干部职数内,按规定程序自主设置内设机构,自主选任中层干部
	教师招聘	经市人力资源社会保障、教育行政部门核准,市管学校可以在核准的用编进人计划内,自主招聘紧缺、特色专业人才和重点院校优秀毕业生
	教师的任用与考评	在额定编制内依据有关人事管理规定对聘用教师具有任用、考评等权力
	教师专业发展	市管学校可根据有关规定,自主安排人员参加国内外教育考察、学习培训、学术性会议等活动
财务和基建项目管理	预算管理	学校按照部门预算要求进行预算管理,各级教育行政部门不再对学校预算内开支的具体事项进行审批
	专项资金使用	将市级教育专项资金中用于学校基础设施修缮、设备购置、图书选购等项目的安排使用权限,下放给市管学校,由市管学校依据有关法律法规自行组织采购,市教育行政部门负责监管考核
	基建维修项目	市管学校的基建维修项目,投资在5万元以下的,由学校依法自主管理和验收,投资在5—20万元的,由学校依法管理,市教育行政部门依法参与监管验收
教育教学管理	教育教学权	学校可以在每周总授课时间不变的情况下,适当调整课程安排和每节课授课时间并按规定报批备案
	特色建设	可以按照发展规律和实际情况,自主确定学校特色和文化建设,自主申报实验项目,自主申请评估项目

资料来源:青岛市人民政府办公厅.(2014).*关于进一步推进现代学校制度建设的意见*(青政办发〔2014〕4号).http://www.qdedu.gov.cn/n32561912/n32561915/170120112807376625.html

也有一些地方教育行政部门，如四川省新都区教育局，在面临学龄儿童激增、教育事业亟待发展，但教师人数受到编制限制等困境时，从问题出发，主动进行改革试验，通过人事、财务等机制创新，在经费包干的基础上，自主招聘备案制教师（李晓东，2016），在办学实践中取得良好效果。

3.3.1.2　适时出台地方教育法律规章，保障学校依法自主办学

教育部印发的《依法治教实施纲要（2016—2020年）》（教政法〔2016〕1号）指出，"积极推动教育地方性法规规章建设"，"支持各地结合本地教育发展特点和实践需要，制定有针对性的地方性法规"。鼓励各地在教育法律规范尚存空白的领域先行先试，以教育立法推动教育改革，为全国性教育立法积累经验。教育部以法律为基础的学校办学方式在上节已经说明。

《青岛市中小学校管理办法》（政府令第252号）规范了多年来困扰学校治理的人、财、物等热点难点问题，如"校长可以按照规定提名、聘任副校长"，"中小学校可以在核准的进入计划内，自主招聘紧缺专业和高层次人才"，"自主设置内设机构，按照规定选任机构负责人"等。

3.3.1.3　学校章程从无到有，现代学校制度建设持续推进

学校章程作为学校的"宪法"，是学校依法自主办学的重要依据。针对我国中小学长期以来存在的无章办学、章程设计不规范、有章不依、缺乏有效监督等现象（陈立鹏，梁莹莹，王洪波，2011），2012年教育部印发《全面推进依法治校实施纲要》（教政法〔2012〕9号），要求"到2015年，全面形成'一校一章程'的格局"。《教育部关于深入推进教育管办评分离 促进政府职能转变的若干意见》（教政法〔2015〕5号）要求，"各级各类学校要依法制定具有各自特色的学校章程，全面形成一校一章程的格局。同一学区内的中小学，可以制定联合章程"。

在推进现代学校制度建设进程中，各地均贯彻落实"一校一章程"的要求，以章程建设为抓手，探索建立现代学校制度。调查发现，几乎所有地方教育行政部门均发文要求中小学编制学校章程，并跟进检查和审核。截至2016年12月，各地学校章程审核工作已基本完成，学校章程从无到有，向现代学校制度建设迈出了重要一步。

3.3.1.4　学校内部治理结构不断完善，民主决策、参与管理机制逐步形成

围绕"完善学校内部治理结构"，《教育部关于深入推进教育管办评分离 促进

政府职能转变的若干意见》（教政法〔2015〕5号）指出，要“进一步加强和改善党对学校的领导”，“充分发挥基层党组织的政治核心作用”，“坚持和完善普通中小学和中等职业学校校长负责制，中小学建立由学校负责人、教师、学生及家长代表、社区代表等参加的校务委员会，对学校章程、发展规划及年度工作报告，对重大教育教学改革及涉及学生、家长、社区工作重要事项的决策等提出意见建议，完善民主决策程序”。在具体的学校实践层面，大多数学校强调传统的组织架构，包括教导处、德育处（学生处）和总务处，重视校务委员会、教职工代表大会、家长委员会的组织建设及其参与机制。

调查发现，一些学校从改革与发展的实践出发，突破传统管理模式，尝试建立决策权、执行权、监督权三权制衡的治理结构。四川省新都区旃檀中学探索实施“理事会领导下的校长负责制”，按照决策权、执行权、监督权相互制衡、相互协调的思路建立理事会、校务委员会、监事会“三会制衡”的内部治理结构（旃檀中学，2016）。其中，学校理事会是学校的最高决策权力机构，执行决策职能；校务委员会执行理事会决议，安排布置学校日常事务，享有机构设置权、人事管理权、经费使用权、教育教学管理权等，定期向理事会报告工作，接受监事会监督；监事会是学校的监督机构，对校务委员会依法治校行为进行检查和监督，对学校财务收支状况进行审核、监督、公证等。

3.3.2 学校自主办学改革中的问题分析

由于教育系统本身的复杂性，以及教育改革必然涉及的利益关涉，全面审视这一时期的教育治理与学校自主办学改革，仍面临诸多问题与挑战。

3.3.2.1 地方政府和教育行政部门的简政放权意愿与改革力度不均衡

实行教育管办评分离和现代教育治理体系现代化建设，首先需要政府和教育行政部门简政放权。在调查过程中，40%来自教育行政部门的受访者在思想认识上对基于统一的“教育管理”与基于多元参与的“教育治理”的差异，对下放办学自主权之于促进学校自主发展的意义与价值，对基于清单管理的教育治理模式的认识并未到位（见表3.3）。

受访者的回答“下放办学自主权是基于上级的要求”，体现出下级感到必须听从上级的指示，也表现出面对改革要求的无助感。这种“无助感”还表现在国家教育法律体系中缺乏有关简政放权的法律依据，对具体下放哪些权力，放到什么程度，国家没有统一的标准，地方教育行政部门难免畏首畏尾。由于权力下放之后，多主体参与治理的制度与机制尚未健全，一些地方教育管理者也表现出担忧。有些地方教育主管领导对学校自主办学的能力与责任心缺乏信心，想放不敢放，想做不敢做。耐人寻味的是，在“教育行政部门不肯放”和“教育行政部门不敢放”这两个问题上，教育局局长、教育局中层干部和校长的认识存在较大反差。因此，一些地区持观望态度，在改革措施上，一味“参照”其他地区的做法，也就出现近乎形式主义的简政放权改革，或从形式到内容大部分类同的清单，清单管理形同虚设，学校办学自主权难以落实。

表 3.3 不同利益相关者对下放办学自主权的认识

	项目	教育局局长(%)	教育局工作人员(%)	校长(%)
1	国家没有统一的放权标准	89.9	82.7	73.6
2	缺乏相关法律保障	95.8	78.8	70.4
3	根据上级要求下放办学自主权	90.6	88.7	81.4
4	区域内其他地区都已下放相关权力	88.6	83.2	78.8
5	参照其他地区的做法下放办学自主权	80.8	88.6	66.3
6	教育行政部门不肯放	23.6	38.7	88.3
7	教育行政部门不敢放	34.7	85.2	77.8
8	教育发展中遇到的问题倒逼改革	77.6	68.5	87.6
9	校长的强烈要求	60.3	58.6	88.9
10	权力下放是为了真正促进学校的自主发展	70.7	66.9	98.3
11	校长缺乏自主办学的意识、能力和责任	70.6	86.6	25.8

3.3.2.2 府际关系影响教育治理改革进程

府际关系，指政府之间在垂直和水平上的纵横交错关系，以及不同地区的政府间关系。对同一地区而言，主要涉及同级政府内设部门间的横向府际关系。府际关系本身是政府间的权力配置和利益分配关系（谢庆奎，2000）。教育行政部门是区域教育事业发展的主要职能部门，但政府内承担教育事务管理的部门远不止于此，诸如发改委、组织、编制[①]、人事、财政等相关部门，均承担着不同的教育管理责任。

美国学者赖特（Deil S. Wright）的研究指出，府际关系具有“人际性”和“政策性”等特点（Wright，1982），因此，在具体的政府事务运作过程中，当部门间的权责清晰时，“政策性”关系会发挥作用，而当这种界限不清晰时，“人际性”关系就会起作用。担任过山东省潍坊市教育局局长的北京市十一学校校长李希贵认为，许多本该学校拥有的权力，如人事招聘、工资发放等实际操作层面的日常管理环节，学校的治事权并不大。“学校需要的教师要由人事部门招聘，教师工资要由财政部门发放，教师职称评聘，也要由主管部门来管，学校成了局外人。”（俞水，易鑫，2013）

调查发现，影响学校自主办学的相关因素，如学校领导任命（聘任）、教师编制与聘任、教师专业技术职务晋升、学校经费使用、教师绩效工资制度等，大都与组织、编制、人事、财政等部门紧密相关，66.8%受访的地方教育行政部门领导和85.7%受访的具体负责教育行政事务的工作人员认为，由于部门工作性质、权责范围等因素，教育行政部门与这些职能部门之间的沟通并不顺畅，相互扯皮推诿的现象屡有发生。例如，随着课程与教学改革的不断深化，除课堂教学外，许多学校增加了基于活动与实践的校本课程，但教师编制的测算依据仍被传统的师生比要求束缚。调查过程中，不少地方教育局局长表达了“许多重要教育资源的供给，教育行政部门说了不算”的感叹（见表3.4），因此也就有45%的中小学校长和教师受访者对政府下放教育权力心存疑虑。

表3.4 影响学校自主办学的相关因素

	项目	教育局局长（%）	教育局工作人员（%）	校长（%）
1	学校领导任命（聘任）的行政化倾向	78.8	67.4	92.6
2	教师编制没有考虑学校改革与发展需求	95.2	78.8	86.4
3	学校不能自主聘任教师	78.5	75.4	90.4
4	教师专业技术职务晋升的量化倾向	66.7	68.2	82.6
5	教育经费管理不利于学校发展	23.6	58.7	88.3

① 编制部门是负责规定职工定额和相应岗位工资的部门。

续　表

项　　目	教育局局长(%)	教育局工作人员(%)	校长(%)
6　绩效工资没有发挥激励教师多劳优劳的作用	68.8	42.8	89.5
7　许多重要教育资源的供给，教育行政部门说了不算	70.6	86.6	67.8
8　政府相关部门对学校干预过多	82.1	74.8	91.3

除教育局、督导室、教研室等教育行政与业务部门外，文明办、人事、财政、城建、交通以及卫生、防疫、食品安全、环保、绿化、公安、消防安全、综合执法等相关政府部门及下设业务部门都在自己的业务职能范围内，行使对中小学的检查和监督职责，这些管理活动在一定程度上影响了学校的日常教育教学活动（见图3.2）。

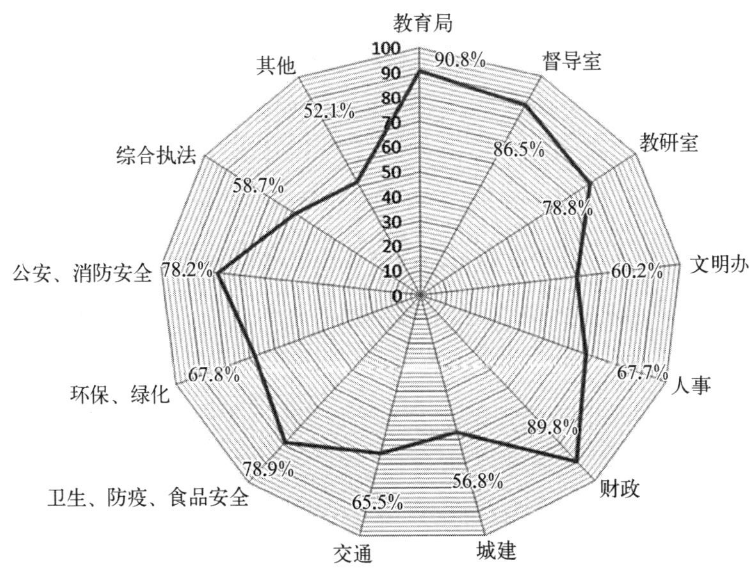

图3.2　学校日常面临的来自政府和相关部门的各种检查

3.3.2.3　学校对办学自主权有较高期待

部分地区和学校对学校治理的认识尚存偏差，对学校治理的理念认识不到位，多是从“要权”和“有权”的维度来理解办学自主权，相对忽视“用权”与“限权”，忽视学校自主办学的责任。调查发现，学校自主管理、民主参与的意识和能力有待进一步培养，少数校长已适应传统的政府管理模式，甚至觉得一旦下放办学自主权，反而会增加办学压力和责任（见图 3.3）。因此可以判断，与推进学校治理体系现代化类似，推进学校治理能力现代化，提升校长自觉的学校自主办学意识与自身的领导力同样迫切。

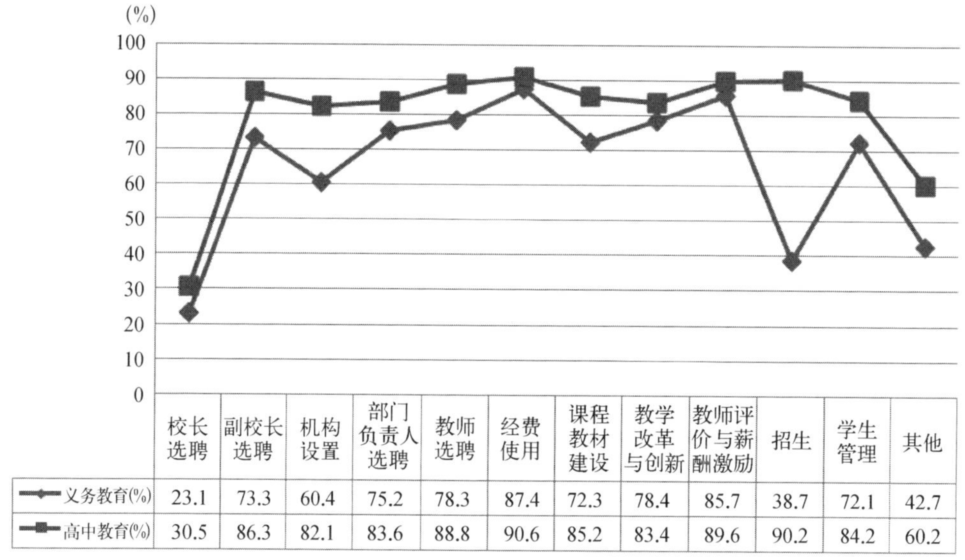

	校长选聘	副校长选聘	机构设置	部门负责人选聘	教师选聘	经费使用	课程教材建设	教学改革与创新	教师评价与薪酬激励	招生	学生管理	其他
义务教育(%)	23.1	73.3	60.4	75.2	78.3	87.4	72.3	78.4	85.7	38.7	72.1	42.7
高中教育(%)	30.5	86.3	82.1	83.6	88.8	90.6	85.2	83.4	89.6	90.2	84.2	60.2

图 3.3　学校期待的办学自主权

从校长对学校自主办学的权力期待来看，校长们对副校长选聘、机构设置、部门负责人选聘、教师选聘、经费使用、课程教材建设、教学改革与创新、教师评价与薪酬激励、招生、学生管理等自主权，均有较高期待（义务教育阶段对招生权的期待较低，这或许与义务教育阶段的就近入学政策有关）。其中，对自主设置内部机构、自主选聘部门负责人、自主选聘教师、自主使用办学经费等的期望值相对更高。从义务教育学校与普通高中的比较来看，普通高中的办学自主权要求高于义务教育阶段的学校。

3.3.2.4　学校章程建设存在同质化倾向

在改革实验过程中，各地根据教育部关于“到 2015 年，全面形成‘一校一章程’的格局”的要求，积极推进章程建设，“一校一章程”的任务似乎已经完成。但是，细察各地学校章程建设过程，不难发现，许多地方为了完成“一校一章程”的要求，教育行政部门通过下发“章程模板”让各级各类学校填空的方式，在短时间内“顺利”完成。因此，从搜集到的“学校章程”文本来看，普遍存在“千篇一律”“格式化”的现象，多数学校章程的篇章结构和内容表述高度一致，甚至完全一致，缺乏对学校办学宗旨、发展愿景和价值观的个性化阐述和规定，在具体的办学实践过程中，“有章不依”“有章难依”的现象也就在所难免。

客观上，与“先有章程，后有学校”不同，中国学校章程建设是“先有学校，后补章程”，如此“急就章”的做法，可以理解，但从长远的办学过程来看，进一步完善章程建设，势在必行。实际上，随着学校改革的深化，一些地区和学校在匆匆完成章程编制任务之后，深切感受到学校章程之于学校治理的重要作用，已经在“一校一章程”基础上修订章程，以形成基于管办评分离的学校章程 2.0 版，并以此作为学校改革与发展的法理依据。

3.3.2.5　学校内部治理结构有待优化

调查发现，人们对“学校内部治理结构”的认识和理解并不一致，主要侧重于学校组织建设、学校制度体系、权力分配和制衡三大方面，如“学校管理体制”“学校管理制度”“学校组织结构”“学校权力分配机制”“对校长权力的制约”“对学校决策权执行权和监督权的规定”等(见图 3.4)。

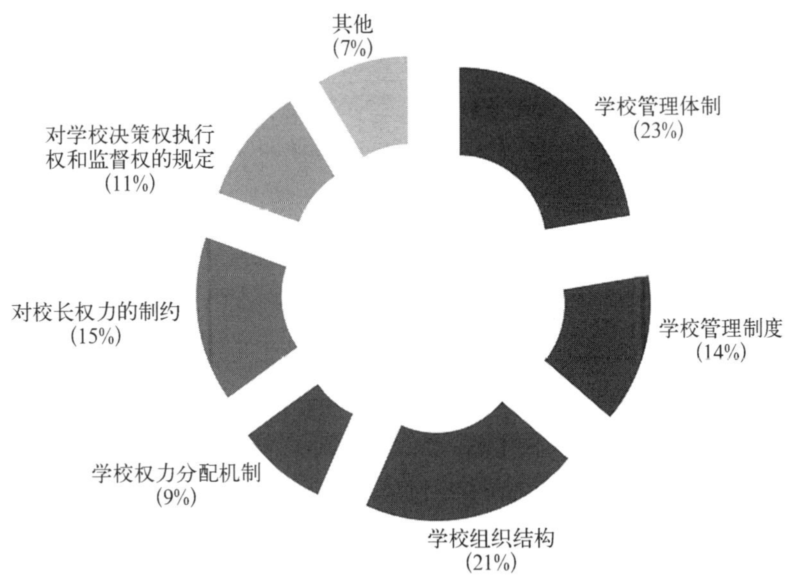

图 3.4　对“学校内部法人治理结构”的不同理解

在具体的学校实践层面，大多数学校强调传统的组织架构，包括教导处、德育处（学生处）、总务处，重视校务委员会、教职工代表大会、家长委员会的组织建设及其参与机制。实际上，由学校党政领导和中层干部组成的"党政办公会""党政联席会议"拥有学校的大多数决策权，校长是主要决策者。

调查发现，几乎所有受访校长和教师所在学校每年都召开教职工代表大会，教职工代表大会在与教职工福利待遇等切身利益紧密相关事务方面的决定性作用被广泛肯定，但仍有45%的受访教师对教职工代表大会参与学校重大事务决策的作用心存疑虑。52%的受访教师认为，应该加强与家长的沟通，但对家长委员会参与学校治理的作用并不看好。总之，学校内部治理结构尚不适应学校治理的需要，相关的组织、制度以及不同组织的权责关系有待进一步完善和明晰。

3.3.2.6 学校监督评价机制尚待完善

校务公开被视为学校监督机制的重要举措。调查发现，目前中小学校务公开的主要内容涉及办学目标、教育经费预算与使用、教育收费、学校发展规划、课程与教学改革、招生政策与招生工作、教育资源配置、教育教学质量、重大建设项目及招投标、教师考核评价、教职工福利分配等内容，但义务教育学校和普通高中的校务公开内容不尽相同（见图3.5）。

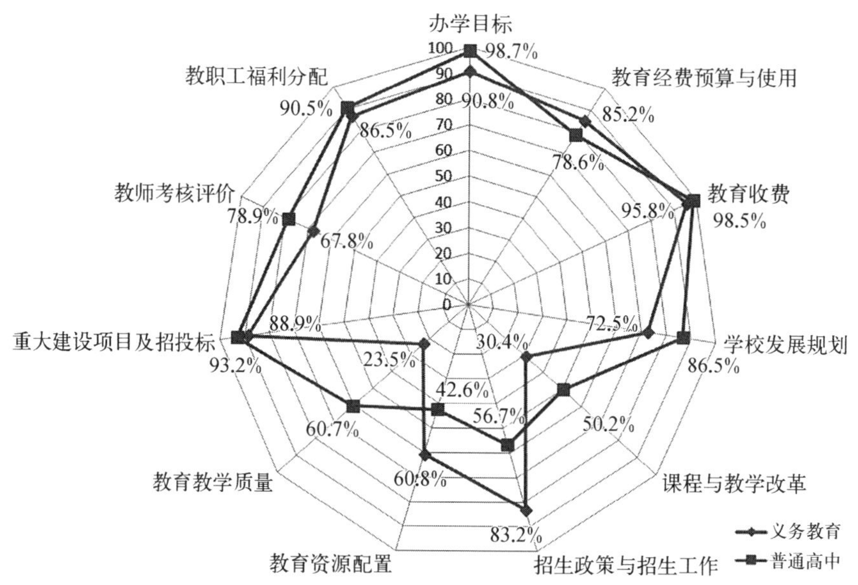

图3.5 义务教育学校和普通高中的校务信息公开内容

在访谈过程中，38%的受访教师认为，校务公开并没有发挥理想的监督作用。近年来，中国中小学校务公开的意识和程度有所提高，但仍有部分学校领导对校务公开的认识不到位，存在一些问题：较重视教育结果公开，相对忽视教育过程公开；重视对内公开，忽视对外公开；上级部门检查时公开，平时不公开；只公开政府规定的相关信息，回避公开关涉学校改革与发展重大问题的信息；信息零散；信息公开"走过场"等。由此，暴露出选择性、形式主义等弊端。

78%的受访教师认为，学校自我评价的机制仍不健全。85.7%的受访教育行政部门领导和69.3%的受访校长表示，愿意将一些专业服务、专业评价事务交由第三方社会组织实施。其中，约三成的受访者表示有强烈需求，87.7%的受访教育局局长表示，学校评价主要还是依靠教育质量监测与督导部门的督导评价。

90%的受访校长赞同引入第三方专业组织评价学校教育质量与整体办学水平，但是，在数量和专业服务能力等方面，中国社会组织的发育并不健全，专业组织尤其是有管理经验的优质专业组织，以及有能力接受政府和学校委托的专业组织，并不能满足教育改革的需求，因此，受访者对现有社会组织的评价能力又不无担忧。此外，在社会组织参与教育评价的机制上，许多地方仍以教育行政部门直接授权为主，社会组织通过公开竞争的方式参与教育服务和评价的机制有待完善。

3.4　建构与完善学校自主办学的治理机制

对中国教育改革的未来发展而言，政府、学校与社会合作的教育治理机制仍在建构与完善过程之中；这种教育治理框架下的学校自主办学模式同样处于建构与完善过程之中。真正的学校自主办学不能偏离教育的公共目的，这在很大程度上与校长的道德领导（moral leadership）相关（Keddie, 2016）。但是，教育改革的成败不能系于某一个人的道德自律，需要诉诸完备的制度保障。显然，假设学校真正拥有自主办学的权力，那么如何"用"好这一权力就成了问题的关键。为此，需要从学校章程、制度体系、组织结构、运行机制、评价与保障等方面，建立与完善系统化的学校自主办学的长效治理机制。

3.4.1 建立与完善基于学校章程的学校多元治理机制，保障学校权力的有效运用，促进学校自主发展

随着教育治理体系的建立与完善，政府和教育行政部门逐步将办学自主权下放给学校，如何“用好权”成为学校依法自主办学的重点。这就要求学校以章程为依据，优化内部治理结构，提高自主办学能力，提升学校治理能力现代化水平，自主决策、自主经营，以至于最终实现学校的自主发展。

3.4.1.1 基于学校章程的学校制度体系建设

毫无疑问，学校章程是建立现代学校制度、促进学校健康持续发展的法理依据。建立与完善基于学校章程的学校治理机制，首先要求章程本身体现多元参与治理的价值理念，这就要求学校以教育治理体系现代化建设、教育管办评分离改革、学校依法自主办学、多元参与的理念来审视学校章程的性质，从学校自身情况和特色出发来制定、修订和完善章程文本，以彰显学校的办学理念、办学目标和办学特色。在此基础上，学校要以章程为统领，健全学校自主办学管理的制度体系，理顺和完善规章制度，制定或修订学校的民主管理制度、岗位责任制度和常规管理制度（万华，2016）。

民主管理制度主要包括校务委员会制度、教职工代表大会制度、学生代表大会制度、家长委员会制度、民主生活制度、教职工评议制度、公示制度等；岗位责任制度涉及学校教师、管理人员、教辅人员等各类人员的岗位责任制度、考核评价制度、薪酬制度等；常规管理制度包括行政管理制度、教育教学管理制度、学生管理制度、学校物资管理制度、学校安全管理制度、对外合作与交流制度等。要建立健全内部各机构的组织规则、议事规则、管理流程与办事程序等，形成健全、规范、统一的制度体系，从而保障学校自主办学。

3.4.1.2 基于章程的学校内部治理结构优化

基于多元参与的学校治理理念，客观上要求在教育行政部门向学校下放办学自主权的同时，健全与完善普通中小学校长负责制，鼓励和引导校长向教师、学生、家长和社会让渡权力，推进学校多元参与治理机制建设，完善学校理事会、学校校务委员会、教职工代表大会、家长委员会、社区教育委员会制度，逐步建立起教师、家长、学生、社区代表和专家参与的学校治理机制。

在学校重大事务决策层面，健全科学决策与民主决策程序，要求学校的重大决策例行公众参与、专家论证、风险评估、合法性审查、集体研究决定等程序，按规

定需经校务委员会、教职工代表大会、家长委员会等讨论通过的事项，必须在校长办公会作出决策前组织召开专门会议征求意见和建议。因此，学校应探索成立由教师、家长、社区人士、专业人员及学生代表组成的校务委员会，促进决策的科学性和民主性。

建立学校重大决策、重要合同和文件合法性审查机制，确保学校依法依规办学。在决策执行的过程中，构建由不同主体、不同部门构成的权力矩阵，充分发挥教职工代表大会、家长委员会、学生会以及社区相关部门在学校治理中的作用，加大利益相关者在学校治理中的参与度。通过责任清单管理，明确不同主体在不同管理事务、管理环节上具有的权利、义务和责任等。推进教师和学生组织建设，可以通过任命学生为校长助理，学生和教师担任值周校长，以及成立教师或学术委员会等形式，推动实现学生和教师的自我管理（见表 3.5）。

表 3.5　学校内部治理结构

项目 \ 相关性 \ 机构	学校理事会*	校务委员会	教职工代表大会	学术委员会	家长委员会	监事会*
学校章程	●	●	●	●		●
学校发展规划	●	●	●	●	●	●
教职工薪酬激励方案	●	●	●			●
重大课程与教学改革项目	●	●	●	●	●	●
学校财务	●	●	●			●
学校年度工作计划	●	●	●		●	●
学校年度工作总结	●	●	●		●	●
学校日常管理工作		●				
学校年度发展报告	●	●	●	●	●	●

注：* 仅指设有理事会、监事会的学校。

3.4.2　建立与完善多元参与的学校事务监督、评价与问责制度，加强学校依法自主办学过程中的事中、事后监管

在依法自主办学过程中，学校需要自觉、主动地向社会公开办学过程中的重大事务，接受社会监督；也要在自我评估的基础上，接受来自政府和社会专业组织

的监督与评价；对办学过程中的违规违纪行为，则需要依法、依章接受问责。

3.4.2.1 建立与完善校务公开与社会报告制度

从学校治理的社会意义上讲，推进教育治理体系现代化，客观上需要建立和完善校务公开与社会报告制度，及时向社会展示学校改进、教育质量和办学水平的真实情况，提高学校治理以及学校教育教学事务的透明度，使政府、社会公众、家长等教育利益相关者有根有据地了解、认识、监督和评价学校办学水平和质量。因此，在依法自主办学过程中，学校有责任向社会报告其行为过程和结果（王晓辉，2007）。

针对以上种种现象，2010 年《教育部关于推进中小学信息公开工作的意见》（教办〔2010〕15 号）发布，系统设计了中小学校务公开的内容、形式和程序。在具体的实践过程中，香港地区在 20 世纪 90 年代开始推行学校社会报告制度（赵中建，1998；彭新强，2006），学校将相关教育活动及绩效指标以社会报告书的形式公之于众，便于公众和家长在知情基础上监督和评价学校。相关经验，值得借鉴。

在未来的改革与发展过程中，学校应在严格落实国家有关教育信息公开要求的同时，进一步探索校务公开与社会报告的机制和程序，既适时发布学校发展过程中的程序性和即时性信息，又定期发布学校发展的阶段性报告和总结性年度报告，让社会了解学校的发展轨迹、经验和成就。同时，积极探索互联网、大数据时代教育信息的数字化发布机制，兼顾线上和线下，使关心教育的公众都能获得有关学校的信息。

3.4.2.2 建立与完善学校发展的多元评价体系

对学校办学过程与教育教学质量的监督和评价，是学校依法自主办学的有力保障，这就要在逐步革除评价主体上的单一行政评价、评价标准上的单一学业（考试）成绩评价的过程中，建立与完善以学校自我评价为基础、以教育督导评价为主导、积极引入社会组织的专业评价的多元评价体系。

构建学校自主发展性评价机制的根本目的在于，激发学校自我监督、自我发展的内驱力。因此，要从以往注重学校办学条件改善转向关注学校内涵发展，从外力驱动发展模式转向实现内生动力的自主发展模式。学校自我评价是持续的学校教育事务的监督与监测过程，以学校管理团队为主体，同时吸收教职工、学生、家长及专家顾问等相关人员参与。

根据苏格兰的经验，学校自我评价需要集中回答以下两个问题：一是我们现在有多好，要把教师工作的主要优势和发展需要及其对学生的影响区分开来；二是我们可能有多好（Grek et al.，2010）。建立以学校制订发展规划为起点，以保障规划科学有效实施为基础，以评价学校发展目标达成度为重点的学校评价指标体系，突出学校依法自主办学的主体地位，努力构建学校自评与外部评价相结合、学校自主发展与多元监督指导相统一的评价新机制。自我评价和外部评价以学校规划为引领，以教师发展为基础，以学生发展为核心，以教、学、教育文化为载体，以组织管理为保障，以规划与管理、教师发展、教育、教与学、学生发展为重点。

在教育管办评分离改革的格局中，虽不能否认教育督导在多元评价体系中的重要地位，但督导评价的功能与作用发生了根本性变化，构建与完善督政、督学、监测三位一体的教育督导体系，是督导评价改革的重要任务。督导评价是加强基础教育管理、推动基础教育均衡协调发展的重要途径和手段，具有反馈、促进、鉴定、导向和监督的功能，保证政府和教育行政部门及时掌握区域内教育发展状况，确保政策法规的落实，便于及时发现问题，反馈情况，提出建议，改进工作。为此，一方面，需要强化教育督导的独立性，恰当地处理好督导部门与政府部门的权责划分，有效发挥教育督导的督政职能。教育督导作为与政府和教育行政部门有着天然紧密联系的评价部门，在参与政府教育标准研制的过程中，发挥着专业支持和政策导向的重要作用。另一方面，需要增强教育督导的专业性，在广泛开展的教育质量监测过程中，不断积累基于区域性大数据的教育证据与经验，建立区域性教育评价数据库，进而有效提高教育评价的科学性，以及区域间、校际的公平性。

社会组织参与教育，不只是一个“评价”的问题。积极培育社会组织，吸引社会力量参与办学，是因为社会组织具有参与管理、共同决策、专业支持、权力制衡、绩效评估等多种功能。社会组织在参与学校事务评价时，扮演着评价和监督的角色，体现权力制衡。社会组织可以对学校的教育教学质量、学校形象、教师的师德和业务水平，甚至校长的工作予以评价，对学校办学行为和学校管理团队的执行能力发挥监督作用。为了促进和保障学校自主发展，需要积极发挥第三方教育评价的功能。

在改革试点期间，虽然一些地区已经意识到政府和学校从社会组织（第三方组织）购买专业支持、监测、评价等服务的重要性，如山东省和深圳市分别下发规范第三方教育评价、市公办中小学购买教育服务等实施办法，但客观上讲，中国目前的第三方教育评价组织仍存在数量不足、资质不理想、参与评价机制不健全等问题,这就需要大力培育专业化的教育评价机构(组织),帮助其提高参与教育评价的技术、方法、工具等专业资质,提高大规模承接政府转移的教育评价和教育咨询等业务的能力;进一步完善社会组织参与评价的准入机制,完善政府购买专业教育评价服务的机制,完善第三方教育评价组织独立开展并发布评价结果的机制,有效地发挥第三方组织在区域或学校教育满意度、教师专业发展、课程领导力、学校整体办学水平等综合或专项评价中的“公信评价”作用。

3.4.2.3 建立与完善学校教育问责制度

在有法可依的基础上,落实执法必严,加强学校问责是依法治校的关键。教育问责(accountability in education)是教育工作者以培养高素质的学生为目的,以履行对公众的教育承诺为己任,以追求效能为要求,最终接受责任追究的一种奖惩机制。

《国家中长期教育改革和发展规划纲要(2010—2020年)》提出“完善教育问责机制”的要求,建立与完善学校教育问责制度,成为学校依法自主办学过程中的重要一环。学校问责,顾名思义,就是对照《义务教育学校管理标准》等国家或地方教育标准、学校章程,以及学校分阶段发展规划中的进度安排,将学校发展的多元评价结果与学校的绩效考评挂钩,寻找学校发展过程中的差距和不足,进而对学校发展过程中的重大失误和不足进行追责。在这一过程中,可以借鉴美国特许学校法案有关问责主体、问责方式、问责情节和问责程序等问责条款的经验(The Center for Education Reform, 2015)①,着眼于问责后学校的后续改进与发展,建立与完善科学规范的问责方式、问责程序与问责处置形式,形成科学、合理和系统的问责机制,从而保障和促进学校的健康发展。

3.4.3 建立与完善学校法律顾问制度与法律救济制度，支持与保障学校依法自主办学权

在学校依法自主办学过程中,学校领导以及教师和学生等利益相关者,难免

① 美国特许学校的相关法律规定，可以根据学生的学业成绩、严重违反适用于特许学校的法律、大量违反特许状的行为，以及特许学校授权方裁定认为学校存在严重的故意违反公务员法的做法等，采用“撤销特许状”“不再续签特许状”“特许资格留用察看”“警告性认证”等问责方式。

会遭遇种种困难和障碍。为学校及相关人员提供必要的法律咨询、法律救济等法律支援，是依法维护学校办学权及相关个人权利的重要保障。

3.4.3.1　建立与完善学校法律顾问制度

《全面推进依法治校实施纲要》（教政法〔2012〕9 号）要求，中小学“应当指定专人负责学校法律事务、综合推进依法治校，有条件的学校，可以聘请专业机构或者人员作为法律顾问，协助学校处理法律事务”。在依法治校的背景下，学校聘请法律顾问的实质就是维护学校、教师、学生及家长的合法权利，通过提供及时和专业的法律咨询服务，帮助中小学规避或降低法律风险。

法律顾问的服务内容包括：参与学校仲裁委员会的活动，为解决学校内部纠纷提供咨询；为维护学校整体（教职工、学生）合法权益，代理学校参与诉讼、仲裁和复议等活动；参与学校决策的法律论证，协助学校规范各项规章制度；参与学校涉外活动中合同和协议的草拟与审查工作，并提出法律意见；协助学校定期或不定期对教职工和学生进行法治宣传教育和校园安全培训等，提高法治意识和能力等。

中小学法律顾问制度的建设，可根据学校具体情况采取不同的模式：一是可以由教育行政部门采取购买服务的方式，聘任律师担任学区法律顾问，法律顾问为学区所辖学校提供法律咨询和服务；二是在教育行政部门和司法部门的支持下，学校自行购买律师事务机构的服务，并对其服务作出评价，服务不合格者将被淘汰出本区域学校法律顾问的选择范围；三是对于那些法律资源较为丰富（比如大学的附属学校，可以利用大学法律专业的资源），且规模大、法律服务需求量大的学校，可以自行聘任法律顾问或设立专门的法律顾问机构。当然，在中小学法律顾问制度建设过程中，可以通过制定学校法律顾问制度等规范性文件，规范、监督和评价学校法律顾问的相关工作。

3.4.3.2　建立与完善学校法律救济制度

法律救济是指当相对人的权利受到侵害时，相对人可以通过法定程序和途径使受损害的权利得到法律上的补救（梁明伟，2006）。教育中的法律救济方式主要有三种：一是以仲裁和调解为主的法律救济方式，主要是通过教育系统内部的组织机构或者其他民间渠道来实施法律救济；二是以行政方式为主的法律救济，主要包括行政申诉、行政复议和行政赔偿；三是诉讼，只要是侵犯了相对人的合法权利，符合民事、刑事和行政诉讼法受理范围的，都可以通过诉讼方式获得司法救济。

面对学校内部产生的各种纠纷，包括师生之间、学生之间、家长和教师（学校）之间的纠纷等，建立学校法律救济制度尤为必要。首先，建立区域和学校内部纠纷调解（仲裁）委员会。该委员会由学校管理者、教育行政部门、教师及相关利益主体代表构成，注重发挥教职工、学生、家长、专业法律人员（法律顾问）在基层调解组织中的作用，由其对学校纠纷事件进行交涉处理。其次，建立与完善教育申诉制度。相较于《中华人民共和国教育法》对学生提起诉讼范围的规定，申诉制度作为一种内部救济制度，不受范围限制，只要师生对学校处理结果不认可，通过向主管学校的教育行政部门提出申诉，迫使教育行政部门对学校工作进行监督审查，从而达到教育系统或学校内部自我纠偏的效果。以上两者都是教育系统内部的监督和纠错机制，如果通过内部途径仍不能解决问题，最后可以采用司法诉讼方式来维护自身的合法权益。

3.5 结论

本文基于学校立场，探讨促进和保障学校依法自主办学的制度设计问题。学校自主办学是国家和区域教育治理体系现代化建设的组成部分，单就作为教育治理主体的学校而言，制定科学完备的学校章程以及建立基于章程的学校多元治理机制，是学校依法自主办学的关键。校务公开与社会报告制度有助于提高学校治理的透明度。学校发展的多元评价体系是学校整合自我评价与行政评价、社会评价的结果，正确认识学校发展的问题，不断改进与发展。学校教育问责制度是对学校办学权的规范与保障。完备的学校法律顾问制度为学校自主办学提供专业的法律支持，而学校法律救济制度是对学校以及教师、学生等相关人员的法律救济，保障学校合理用权，有效限权，以优化学校教育生态，提高整体办学水平和教育质量。

参考文献

Ayeni, A. J., & Ibukun, W. O. (2013). A conceptual model for school-based management operation and quality assurance in nigerian secondary schools. *Journal of Education and Learning*, 2(2), 36 - 43.

Cohen, D. K. (1982), Policy and organization: The impact of state and federal educational policy on school governance. *Harvard Educational Review, 52*(4), 474 - 499.

Commission on Global Governance. (1995). *Our global neighbourhood: The report of the commission on global governance.* Oxford: Oxford University Press.

Cuttance, P. (1993). School development and review in an Australian state education system. In C. Dimmock (Ed.), *School-based management and school effectiveness.* London and New York: Routledge.

Dimmock, C. (1993). *School-based management and school effectiveness.* London and New York: Routledge.

European Commission. (2007). *School autonomy in Europe: Policies and measures.* Eurydice. Availabe from: EU Bookshop.

Finnigan, K. S. (2007). Charter school autonomy: The mismatch between theory and practice. *Educational Policy, 21*(3), 503 - 526.

Gamage, D. T. (1999). 校本管理：澳大利亚的经验. 叶赋桂, 译. *清华大学教育研究*, (3), 41 - 48.

Gamage, D. T. (2001). School-based governance: An Australian experience 1974 - 2000. *Studies in International Relations, 22*(1), 63 - 91.

Gamage, D. T. (2009). Managing school change: Continuous improvement based on a shared vision and a strategic plan. In J. Zajda & D. T. Gamage (Eds.), *Decentralisation, school-based management, and quality* (*Globalisation, Comparative Education and Policy Research 8*). Dordrecht, Heidelberg, London, New York: Springer Science + Business Media.

Gaudin, J.-P. (2002). *Pourqui la Gouvernance?* Paris: Presses de Sciences Politiques.

Grek, S., Lawn, M., Ozga, J., Shapira, M., & Weir, A. (2010). *School self-evaluation in Scotland.* Scotland: National Report.

Gunnarsson, V., Orazem, P. F., Sánchez, M. A., & Verdisco, A. (2008). *Does local school control raise student outcomes? Evidence on the roles of school autonomy and parental participation, working paper no. 09012, July 2008.* Iowa: Department of Economics, Iowa State University.

Hanushek, E. A., Link, S., & Woessmann, L. (2013). Does school autonomy make sense everywhere? Panel estimates from PISA. *Journal of Development Economics, 104*, 212 - 232.

Herman, J., Janice, J., & Herman, L. (1993). *School-based management: Current thinking and practice.* Charles C. Thomas Pub Limited.

Higham, R., & Earley, P. (2013). School autonomy and government control: School leaders' views on a changing policy landscape in England. *Educational Management Administration & Leadership, 41*(6), 701 - 717.

Honig, M. I., & Rainey, L. R. (2012). Autonomy and school improvement: What do we know and where do we go from here? *Educational Policy, 26*(3), 465 - 495.

Keddie, A. (2016). School autonomy as "the way of the future": Issues of equity, public purpose and moral leadership. *Educational Management Administration & Leadership, 44*(5), 713 - 727.

Ko, J., Cheng, Y. C., & Lee, T. T. H. (2016). The development of school autonomy and accountability in Hong Kong: Multiple changes in governance, work, curriculum, and learning. *International Journal of Educational Management, 30*(7), 1207 - 1230.

Leithwood, K., & Menzies, T. (1998). Forms and effects of school-based management: A review. *Educational Policy, 12*(3), 325 - 346.

Machin, S., & Silva, O. (2013). *School structure, school autonomy and the tail*. Special Paper No. 29, March 2013, London school of economics and political science.

Mohrman, S. A., et al. (1994). *School-based management — Organizing for high performance*. San Francisco: Jossey-Bass.

Murphy, J., & Beck, L. G. (1995). *School-based management as school reform: Taking stock*. Thousand Oaks, CA: Corwin Press.

Resnick, M. A. (1999). *Effective school governance: A look at today's practice and tomorrow's promise*. Working paper, Denver, Colorado, The Education Commission of the States.

Rosenau, J. (1992). Governance, order, and change in world politics. In J. N. Rosenau & E.-O. Czempiel (Eds.), *Governance without government: Order and change in world politics*. Cambridge: Cambridge University Press.

Rosenau, J. (1999). Toward an ontology for global governance. In M. Hewson & T. J. Sinclair (Eds.), *Approaches to global governance theory*. Albany, NY: State University of New York.

Smyth, J. (2014). *Why the push for greater school autonomy, and what does it mean for schools?* (March 13, 2014). http://theconversation.com/why-the-push-for-greater-school-autonomy-and-what-does-it-mean-for-schools-23639

The Center for Education Reform. (2015). *Charter school law*. https://www.edreform.com/issues/choice-charter-schools/laws-legislation/

Wilkins, A. (2015). Professionalizing school governance: The disciplinary effects of school autonomy and inspection on the changing role of school governors. *Journal of Education Policy*, *30*(2), 182 - 200.

Wohlstetter, P., & Mohrman, S. A. (1994). *School-based management: Promise and process*. CPRE Finance Briefs.

Wright, D. S. (1982). *Understanding intergovernmental relationships*. California: Brooks/Cole Publishing Company.

Xia, J., Gao, X., & Shen, J. (2017). School autonomy: A comparison between China and the United States. *Chinese Education & Society*, *50*(3), 284 - 305.

陈立鹏,梁莹莹,王洪波.(2011).我国中小学章程建设现状与思考.*中国教育学刊*,(1),24 - 28.

褚宏启.(2004).*中国教育管理评论(第2卷)*.北京:教育科学出版社.

国家中长期教育改革和发展规划纲要工作小组办公室.(2010).*国家中长期教育改革和发展规划纲要(2010—2020年)*.http://www.moe.gov.cn/srcsite/A01/s7048/201007/t20100729_171904.html.

胡启立.(2008).《中共中央关于教育体制改革的决定》出台前后.*炎黄春秋*,(12),1 - 6.

教育部.(2010).*教育部关于推进中小学信息公开工作的意见*(教办〔2010〕15号).http://www.moe.edu.cn/publicfiles/business/htmlfiles/moe/s7048/201407/xxgk_171900.html

教育部.(2012).*全面推进依法治校实施纲要*(教政法〔2012〕9号).http://www.moe.edu.cn/publicfiles/business/htmlfiles/moe/s5933/201301/146831.html

教育部.(2014).*义务教育学校管理标准(试行)*(教基一〔2014〕10号).http://www.moe.edu.cn/publicfiles/business/htmlfiles/moe/s3321/201408/172861.htm

教育部.(2015a).*教育部办公厅关于组织申报教育管办评分离改革试点的通知*(教政法厅〔2015〕1

号). http://www. moe. edu. cn/srcsite/A02/s5911/moe_621/201507/t20150714_193824. html

教育部.(2015b). *教育部关于深入推进教育管办评分离 促进政府职能转变的若干意见*(教政法〔2015〕5号). http://www. moe. edu. cn/publicfiles/business/htmlfiles/moe/s7049/201505/186927. html

教育部.(2015c). *教育部办公厅关于确定教育管办评分离改革试点单位和试点任务的通知*(教政法厅函〔2015〕49 号). http://www. moe. edu. cn/srcsite/A02/s5911/moe_621/201510/t20151009_212155. htm

教育部.(2016). *依法治教实施纲要(2016—2020 年)*(教政法〔2016〕1 号). http://www. moe. edu. cn/srcsite/A02/s5913/s5933/201605/t20160510_242813. html

李晓东.(2016). 解开公办学校身上的绳索——成都市建立现代学校制度的改革探索. *光明日报*, 10 - 31(5).

梁明伟.(2006). 论教师权利及其法律救济. *教师教育研究*, *18*(4), 48 - 51, 39.

彭新强.(2006). 香港学校管理改革：回顾与展望. 载曾荣光, *二十一世纪教育蓝图? 香港特区教育改革议论*. 香港：香港中文大学出版社.

青岛市人民政府.(2017). *青岛市中小学校管理办法*(政府令第 252 号). http://www. qingdao. gov. cn/n172/n68422/n68424/n31280899/n31280909/170216151912598134. html

青岛市人民政府办公厅.(2014). *关于进一步推进现代学校制度建设的意见*(青政办发〔2014〕4 号). http://www. qdedu. gov. cn/n32561912/n32561915/170120112807376625. html

山东省教育厅.(2016). *山东省第三方教育评价办法(试行)*(鲁教改发〔2016〕1 号). http://www. shandong. gov. cn/art/2016/10/28/art_286_1640. html

深圳市人民政府办公厅.(2016). *深圳市公办中小学购买教育服务实施办法*. http://www. sz. gov. cn/zfgb/2016/gb965/201607/t20160727_4255281. htm

宋官东, 吴访非.(2010). 我国教育公共治理的路径探析. *中国教育学刊*, (12), 19 - 22.

万华.(2016). 中小学依法治校的误区及其消解策略. *中国教育学刊*, (8), 10 - 15, 50.

王萌萌.(2014). 清单管理的公共治理视野. *重庆行政(公共论坛)*, *15*(6), 41 - 42.

王晓辉.(2007). 关于教育治理的理论构思. *北京师范大学学报(社会科学版)*, (4), 5 - 14.

谢庆奎.(2000). 中国政府的府际关系研究. *北京大学学报(哲学社会科学版)*, *37*(1), 26 - 34.

俞可平.(1999). 治理和善治引论. *马克思主义与现实*, (5), 37 - 41.

俞水, 易鑫.(2013). 推进教育治理体系和治理能力现代化. *中国教育报*, 12 - 05(03).

旃檀中学.(2016). *成都市新都区旃檀中学章程*. 成都：旃檀中学.

赵中建.(1998). 香港《学校管理新措施》述评. *上海教育科研*, (4), 25 - 27.

中共中央.(1985). *中共中央关于教育体制改革的决定*(中发〔1985〕12 号). http://www. moe. edu. cn/publicfiles/business/htmlfiles/moe/moe_177/200407/2482. html.

中共中央.(2013). *中共中央关于全面深化改革若干重大问题的决定*. http://www. gov. cn/jrzg/2013 - 11/15/content_2528179. htm

中华人民共和国全国人民代表大会.(2015). *中华人民共和国教育法*. http://edu. people. com. cn/n1/2016/0223/c1006 - 28141034. html

朱春芳.(2016). 主体共治, 校本管理：英国基础教育治理模式探析. *比较教育研究*, *38*(7), 21 - 26.

作者简介

范国睿　教育部长江学者特聘教授，国务院政府特殊津贴专家，华东师范大学教育学部教育学系教授、教育部人文社会科学重点研究基地华东师范大学基础教育改革与发展研究所研究员、教育治理研究院院长、国家宏观教育政策研究院首席专家。曾任华东师范大学师资管理办公室主任、研究生院副院长兼培养处副处长、教育科学学院院长、教育学部常务副主任等。现兼任全国教育专业学位研究生教育指导委员会副主任委员、国家教师教育咨询专家委员会委员、中国教育学会教育政策与法律研究分会副理事长、中国教育发展战略学会教育政策专业委员会副理事长、上海市教育学会副会长、华东师范大学科学研究委员会副主任等。长期从事教育学原理、教育政策与治理、学校变革与发展等研究。著有《教育生态学》（2000）、《学校管理的理论与实务》（2003）、《教育系统的变革与人的发展》（2008）、《教育政策的理论与实践》（2011）、《教育政策与教育改革（上卷）：本土探索》（2016）、《从规制到赋能: 教育制度变迁创新之路》（2018）等，主编《教育政策观察》《中国教育政策蓝皮书》等。

电子邮箱: grfan@ecnu. edu. cn。

张　琳　华东师范大学外国语学院讲师。阿姆斯特丹大学（University of Amsterdam）、纽约州立大学(State University of New York)和拉筹伯大学（La Trobe University）访问学者。目前研究重点是教育政策和教师专业发展。

第四章

20世纪90年代中期以来的中国教师教育政策

饶从满

（中国　东北师范大学）

20世纪90年代中期以来，伴随社会的快速发展，中国的教师教育进入了一个新的转型期。提高质量是贯穿20世纪90年代中期以来中国教师教育发展的主题，这20多年的时间大体可以分为三个阶段：体系重构时期（20世纪90年代中期至2005年）、内涵建设时期（2005年至2016年）和振兴发展时期（2017年至今）。本章以此分期为线索，从背景、目标、内容和效果等方面，回顾20世纪90年代中期以来中国教师教育政策的变迁，并对未来中国的教师教育发展进行初步的展望。

4.1　体系重构时期

4.1.1　政策背景

4.1.1.1　全方位的社会转型

20世纪90年代中期至2005年的社会转型影响了中国教师教育的改革与发展。以下三方面的社会转型对教师教育产生了不同的影响。

（1）从计划经济体制向市场经济体制转变

中国共产党于20世纪90年代初提出建立“社会主义市场经济体制”，以此作为我国经济改革的目标和方向。当计划经济体制转变为市场经济体制后，与计划经济体制相适应的封闭式教师教育体制日益暴露出其不适应性。经济体制的转型在加速旧的师范教育体制瓦解的同时，也为新的教师教育体制的萌生和发展提供了动力。

（2）从农业社会向工业社会和信息社会转变

中国经历了从农业社会向工业社会的转变，也经历了从工业社会向信息社会的转变。为了适应信息、知识和网络社会的需求，党的十六大明确提出了建设学习型社会的重要目标。学习型社会的建设对教师和教师教育提出了新的要求。显然，20 世纪 90 年代初的中国教师素质和教师教育是无法满足这种要求的。

（3）从农村、贫困社会向城市、富裕社会的转变

改革开放以后，随着我国经济的快速增长，居民收入和生活水平大幅提高。国民收入的提高和生活水平的改善，一方面意味着国民在教育上可以有更多的投入，对教育的需求也会随之不断增长；另一方面也意味着国民对教育的质量要求会不断提高，会以更挑剔的眼光看待学校和教师的工作。鉴于教师在提高教育质量方面的关键性作用，改革教师教育，提高教师素质，无疑成为教育改革的重中之重。

4.1.1.2 以素质教育为指向的基础教育改革

20 世纪 90 年代以来，中国提出并开始实施素质教育，为此开始了一场广泛、全面而又深入持久的基础教育课程改革。1999 年 6 月，《中共中央国务院关于深化教育改革全面推进素质教育的决定》发布，明确了全面推进素质教育的指导思想和基本策略。2001 年教育部印发的《基础教育课程改革纲要（试行）》（教基〔2001〕17 号）拉开了中国基础教育课程改革的序幕。

以实施素质教育为主旨的基础教育改革带来了教师角色的转变。按照素质教育的要求，教师不仅仅是知识的传授者，还应该是能够对学生的学习生活进行指导、督促和评价，与学生建立民主平等的互动关系，为他们提供更好学习环境的设计者，是具有先进教育观念，勤于反思、善于合作的探究者和能进行课程开发的学科专家。教师角色的转变必然会对教师教育提出新要求。因此，如何改革教师教育，建立起与素质教育相适应的教师教育新体系，便成为教师教育改革的重点。

4.1.1.3 趋于平衡的教师供求关系

从 1949 年到 20 世纪 90 年代初，中国长期处于教师数量短缺的状态。然而，进入 20 世纪 90 年代中期特别是进入 21 世纪之后，受计划生育政策、高等教育扩招以及教师待遇和社会地位提升等几方面因素的影响，教师供求关系开始发生变化。进入 20 世纪 90 年代中期之后，教师数量不足的问题逐步得到很大的缓解。进入 21 世纪以来，小学、初中的教师数量呈逐渐增加的趋势（饒従満，2007）。

4.1.2 教师教育政策的目标、内容和效果

由于教育需求的不断增长，20 世纪 90 年代中期至 2005 年前后，中国的教师

教育以教师专业化为指导思想,旨在提高教师素质,重构教师教育体系。

4.1.2.1 改革教师培养体系

教师培养体系的改革主要体现为水平维度的开放化和垂直维度的高等教育化(饒従満,2007)。

(1) 教师培养体系的开放化——水平维度的改革

在中国,自 1950 年开始到 20 世纪 90 年代初,教师培养一直在单一、封闭的体制下进行。在这种体制下,教师只能由独立设置的师范院校来培养,师范院校也只能承担培养教师的任务。但是,到了 20 世纪 90 年代,许多师范院校纷纷设立非师范类专业,向综合大学方向迈进。据对师范院校专业设置情况的不完全统计,到 20 世纪 90 年代末,大多数重点师范院校的非师范类专业已占其专业总数的 50%左右(Rao, 2013: 275)。除了设立非师范类专业,20 世纪 90 年代初开始的高校合并浪潮更是对原来的师范教育体系形成巨大冲击。1990 年以来,共有 115 所高等师范院校并入其他学校或更名为综合性高等学校。到 2005 年 7 月,高等师范院校从 290 所减少到 153 所(于兴国,2010: 94 – 97)。

自 20 世纪 90 年代以来,中国教师教育政策的目标就是构建多元、开放的教师教育体系。1993 年颁布的《中华人民共和国教师法》第十五条规定"国家鼓励非师范高等学校毕业生到中小学或职业学校任教",这打破了师范院校的垄断,开启了多元化、开放式的教师教育体系。特别是国务院 2001 年发布的《关于基础教育改革与发展的决定》(国发〔2001〕21 号)和教育部 2001 年印发的《中小学教师队伍建设"十五"计划》进一步提出,要完善以独立设置的师范院校为主体、综合性高等院校共同参与的开放的教师教育体系。上述这些规定从国家政策层面确立了中国教师教育体系多元开放的基本走向。教育部数据显示,到 2005 年,全国培养本专科师范生的综合院校达到 324 所,培养的师范类专业毕业生占全国师范类毕业生总数的 40%,非师范院校已经成为中国教师教育的一支重要力量。

(2) 教师教育的高等教育化——垂直维度的改革

1949 年之后,中国逐渐形成了师范大学/学院—高等师范专科学校—中等师范学校(包括幼儿师范学校)的三级师范教育格局。四年制师范大学/学院培养高中和职业学校教师,二至三年制高等师范专科学校培养初中教师,中等师范学校培养小学和幼儿园教师。进入 20 世纪末以后,随着教师学位提升政策的实施,教师培养体系也逐步升级。国务院发布的《关于基础教育改革与发展的决定》（国发〔2001〕21号）中明确提出，“推进师范教育结构调整，逐步实现三级师范向二级师范的过渡”。教育部印发的《中小学教师队伍建设“十五”计划》要求“推进各级各类师范院校的布局、层次和类型等方面的结构调整”，“使教师教育机构的办学层次由‘三级’向‘两级’适时过渡”。2002年召开的全国教师教育工作会议则明确提出要逐步形成专科、本科、研究生三个层次的教师教育体系（“新三级”），以全面提升中小学教师的学历。

教师教育的高等教育化改革已经取得阶段性成效。根据国家教育统计，1999—2005年，中国高等师范本科院校由87所增加到96所，师范专科学校由140所减少到58所（其中新建17所），中等师范学校由815所减少到228所（教育部，2010）。

教师教育的高等教育化为教师教育质量的提升奠定了基础。但是，仅仅提升教师教育的层次，不足以保障教师教育质量的提升。在提升教师教育层次的同时，如何根据专业教育的要求进行配套的改革与设计，是必不可少的前提。但这一时期的教师教育的层次提升过程中多大程度上有机融入了专业教育的考虑与设计，值得探究。

4.1.2.2 构建教师终身学习体系

教师应该成为终身学习者，应成为全民终身学习体系和终身学习社会的示范（管培俊，2004）。在此认识的基础上，中国开始将构建教师终身学习体系作为改革的重要目标。终身教育的理念着眼于在纵向和横向一体化的基础上对整个教育体系进行重组和重构；这些对于中国教师教育体系的重组至关重要。

（1）一体化——纵向的整合

“纵向的整合”是指打破职前、入职和在职教育机构各自为政、相互割裂的局面，建立各阶段教师教育机构明确各自角色，履行各自职责，并且相互联系的合作体制。中国的教师职前教育和在职教育长期以来分属两个领域。职前教师教育由师范类普通教育机构实施，而在职教师教育则主要在属于成人教育机构的教师进修学校和教育学院中实施。在制度上，双方各司其职，互无关联。进入20世纪90年代之后，这种体制的不足和缺陷经常被人们提起，主要表现在以下三方面：第一，由于职前教育机构和在职教育机构缺乏相互交流，导致教学内容不连续、欠缺实用性；第二，与职前教育机构相比，在职教育机构未能提供令人满意的培训；第三，职前教育机构和在职教育机构之间的教育资源重复配置，造成教育资源的浪费（赵麟斌，2000）。

针对这些问题，上海市早在 1993 年就开始了改革的尝试。具体做法是将上海教育学院、上海第二教育学院并入华东师范大学，组成华东师范大学继续教育学院，以谋求职前与在职教育的一体化。通过机构一体化推动教师教育一体化的改革，得到了教育部的支持，在 21 世纪初开始向全国推广。高等师范院校相继设立教师继续教育学院或系所，普通教育机构也由此开始积极地参与教师在职教育。据统计，1990 年全国共有 265 所教育学院，但随着高等教育机构的合并，大多数教育学院已经被合并到师范院校等机构，到 2005 年减少到 64 所（教育部，2010）。

教师教育的一体化改革，就机构一体化的进展而言，成效显著。但是机构的一体化本身并非目的，实现职前与在职教育的功能一体化才是根本。若要实现教师教育的功能一体化，必须根据终身学习的理念，在明确职前教育和在职教育阶段各自应该做什么和能够做什么的基础上，构建明确的分工体系。在分工不明确的情况下，即使实现了机构的一体化，也难以达到教师教育功能一体化的目的（张贵新，饶从满，2002）。教师在职教育在普通高校，特别是研究型大学，有被轻视的风险。

（2）网络化——横向的整合

要建立教师终身学习体系，必须将各种具有促进教师发展功能的机会或资源，在考虑各自功能特点的基础上予以有效的整合，此即“横向的整合”。为了实现横向的整合，利用 IT 技术和远程教育手段来谋求教师教育的网络化，可以说是世纪之交以来中国教师教育改革的重大特征。其中最具代表性的是 2003 年教育部启动实施的“全国教师教育网络联盟计划”。组建教师教育网络联盟旨在促进教师教育机构体系（人网）与卫星电视网（天网）、计算机互联网（地网）及其他教育资源的优化整合，促进教师教育资源的最优化。实施该计划的宗旨是确保无论是城市还是农村都能共享优质教育资源，从而使得教师在职教育质量的提升成为可能（教育部师范教育司，2009：612－616）。教师教育的网络化，为构建教师随时随地可以学习的终身学习体系创造了有利条件。然而，网络各主要机构之间的角色分工与机构协作机制尚未完全建立。

4.2　内涵建设时期

4.2.1　建设创新国家与构建和谐社会的国家战略

进入21世纪后，中国从全面建设小康社会的全局出发，将推进建设创新型国家作为一项重大战略决策。2006年，全国科技大会召开，国务院发布《国家中长期科学和技术发展规划纲要（2006—2020）》，提出建设创新型国家的发展战略。建设创新型国家离不开创新型人才，而要培养创新型人才，教师质量至关重要。如何培养出符合创新型国家建设所需要的高素质教师，是摆在中国教师教育面前的重要课题。

2004年党的十六届四中全会首次提出了构建社会主义和谐社会的历史任务。2006年党的十六届六中全会通过了《关于构建社会主义和谐社会若干重大问题的决定》。在此背景下，改革开放以来"效率优先，兼顾公平"的公共政策原则逐渐受到挑战，公平被摆在与效率同等重要甚至更加重要的位置。此后，人们普遍认为，社会公平正义是和谐社会的特征，应当成为公共政策的核心价值。

4.2.1.1　提高教育质量与促进教育公平的教育课题

进入21世纪之后，有限的优质教育资源难以满足社会公众日益增长的对高质量教育的迫切需求，已经成为中国教育领域的主要矛盾。中国教育发展面临两个重大现实问题：在适度扩大规模的同时，如何不断提高教育质量；在提高教育质量的长期过程中，如何科学合理地配置有限的优质教育资源。因此提出了中国教育发展的两个重要的时代任务：提高教育质量与促进教育公平（钟秉林，2010）。

2010年国家中长期教育改革和发展规划纲要工作小组办公室发布《国家中长期教育改革和发展规划纲要（2010—2020年）》（本章简称《规划纲要》），提出公共教育资源的配置要向以农村为代表的教育质量薄弱地区倾斜，逐步缩小城乡、区域间的教育差距，推动公共教育协调发展。因此，如何加强薄弱地区的师资队伍建设，成为这一时期教师教育政策的焦点之一。

4.2.1.2　解决教师队伍结构性过剩和专业化水平亟待提升问题

教师供求关系是影响教师教育的重要因素。21世纪以来特别是2005年之后，教师供求关系的天平开始倾斜于教师供给一方，逐渐出现教师供大于求的局面。以2008年为例，师范类专业毕业生达到76.5万人（包括本科毕业生30.3万人、专科毕业生 24.3 万人、中师毕业生 21.9 万人),另外还有 17.1 万通过认证获得教师资格证的非师范类专业毕业生,累计 93.6 万人,而当年基础教育学校录用的新教师只有 25 万人,仅占毕业生总数的 26.7%(钟秉林,2010)。

与教师总量上的供大于求形成鲜明对比的是结构性师资短缺和质量上的突出矛盾。结构性教师短缺主要体现在三方面：一是随着高中教育的快速发展,高中师资短缺;二是外语、音乐、体育、美术等学科领域的师资短缺;三是由于经济发展的区域差异,西部地区、农村地区和民族地区师资短缺。所谓质量上的突出矛盾,是指教师的整体素质和专业化水平无法满足教育发展的需要,亟待提高(钟秉林,2010)。

4.2.2 教师教育政策的目标、内容和效果

在上述背景下,大约从 2005 年起,中国的教师教育政策遵循以促进公平为基础、以提高质量为核心的基本原则,开始将重心从体系重构转向内涵建设,继续在教师专业化理念的指引下,优化教师资源配置,加强农村教师队伍建设。

4.2.2.1 制定标准——构建教师教育质量保障体系

标准是质量管理的基础和质量控制的依据。教育部从 2004 年开始着手教师教育相关标准体系的研制,并于 2011 年发布《教师教育课程标准(试行)》,为教师教育机构制定教师教育课程方案、开发教材与课程资源、开展教学与评价提供了依据。2014 年教育部印发《师范类专业认证标准(试行)》,为教师教育项目的认证和质量评估提供重要指南。

4.2.2.2 强化实践——推进实践取向的教师培养

理论与实践的有机结合对于作为一种专业教育的教师教育至关重要。然而,在 20 世纪 90 年代以来的教师教育开放化进程中,师范生的教育实践处于不断弱化的趋势：由于中小学不愿接收师范生进行教育实践以及高校教育实习经费紧张等诸多原因,师范生得不到足够的实践机会;即使获得了实践机会,师范生在很多情况下也难以获得充分的、高质量的实践指导(周鸿,1997;任印录,沈河江,马静,1998)。

2007 年,《教育部关于大力推进师范生实习支教工作的意见》(教师〔2007〕4 号)发布,首次以政策文件的形式提出“高师院校要因地制宜地组织高年级师范生,到中小学进行不少于一学期的教育实习”的要求,并将“实习支教”作为推进教

育实习制度改革的一个重要机制。然而，在实际的实施过程中，很多高校是把“支教”作为保障师范生“实习”机会的手段，地方和实习学校则主要是把“实习”视为“支教”的工具。因此，虽然通过实习支教，师范生的教育实践机会得到了保障，但是教育实践指导跟不上，这严重影响了师范生教育实践的质量。

2012 年《国务院关于加强教师队伍建设的意见》（国发〔2012〕41 号）发布，2014 年《教育部关于实施卓越教师培养计划的意见》（教师〔2014〕5 号）发布，不仅要求“落实师范生教育实践不少于一学期制度”，还提出要“建立高等学校与地方政府、中小学（幼儿园、职业学校）联合培养教师的新机制”以及“双导师制”，以保障师范生的教育实践。

教育部在《教师教育课程标准（试行）》中指出，“实践取向”是教师教育课程标准的基本理念之一。这一时期的教师教育政策所要加强的不仅仅是师范生的教育实践本身，更希望通过加强教育实践，推进实践取向的教师培养模式改革。然而，正如 2016 年《教育部关于加强师范生教育实践的意见》（教师〔2016〕2 号）所指出的，虽然教育部不断要求高校加强师范生的教育实践，推动实践取向的教师培养模式改革，但成效尚未充分彰显，教学实践仍是教师培养的薄弱环节。为了进一步推进实践取向的教师教育，《教育部关于加强师范生教育实践的意见》（教师〔2016〕2 号）发布，从目标、内容、形式、指导、评价、基地、经费等多方面对师范生的教育实践进行了整体规划。

4.2.3 提升层次——发展研究生层次的教师教育

大力发展研究生层次的教师教育已成为国际趋势（佐藤学，2015：10；那須川知子，渡辺隆信，2014：57 – 146；徐今雅，2008）。中国在逐步实现教师教育高等教育化的基础上，也迈开了加速发展研究生层次教师教育的步伐。早在 1996 年，中国就开启了研究生层次的教师教育试点——教育硕士专业学位教育试点。2009 年 3 月，《教育部关于做好全日制硕士专业学位研究生培养工作的若干意见》（教研〔2009〕1 号）发布，决定启动并大力发展全日制教育硕士教育。根据这一文件，教育硕士教育从只招聘在职教师和教育管理人员转变为同时招收应届毕业生和在职教育人员，还从只提供非全日制教育转变为同时提供非全日制和全日制教育。教育硕士教育由此迅速发展。2007 年之前，全国共有 49 所院校可以开展教育硕士专业学位教育，截至 2016 年底，共有 142 所院校具有开展教育硕士专业学位教育的资质。从招生人数来看,在职教育硕士 1997 年不足 200 人,2005—2009 年稳定在每年 1.1 万余人,2010—2014 年基本每年录取 8 000—10 000 人;全日制教育硕士由 2009 年的 3 896 人,2012 年的 8 092 人,发展到 2016 年的 14 537 人(全国教育专业学位教育教学指导委员会秘书处,2016)。

需要指出的是,全日制教育硕士教育是在国家大力发展专业学位研究生教育的背景下启动并发展起来的。它在多大程度上是基于教师教育的考虑,还需要进一步考究。但是教育硕士专业学位教育要真正发挥其通过提升学历层次进而提高教师教育质量的功能,需要面对的问题不少,比如:(1)由于在职教师的工学矛盾等原因,质量问题一直困扰着在职教育硕士专业学位教育的发展。(2)由于高校教师教育师资特别是学科课程与教学论的师资不足,分类培养得不到充分保证等,全日制教育硕士专业学位教育的特色没有得到彰显,质量提升依然任重而道远(周险峰,2015)。

4.2.4 完善制度——改革教师资格制度

教师资格制度作为教师行业的职业准入制度,是开放式教师培养体系的重要环节和制度保障。中国在 1993 年《中华人民共和国教师法》中规定"国家实行教师资格制度"之后,国务院于 1995 年发布《教师资格条例》(中华人民共和国国务院令第 188 号),教育部于 2000 年发布《〈教师资格条例〉实施办法》(中华人民共和国教育部令第 10 号),逐步构建了教师资格制度法律法规体系,并自 2001 年开始全面实施教师资格制度。但是从实施的实际情况来看,还存在诸如学历标准要求过低、考试制度不规范、认证机制不够完善、教师资格终身有效等问题。

2010 年发布的《规划纲要》明确提出,要建立"国标、省考、县聘"的教师资格准入与管理体制以及教师资格证书定期登记制度。随后,教育部于 2011 年在浙江、湖北两省启动中小学教师资格考试改革与定期注册试点工作,2014 年将试点省份扩大到 15 个省。试点中有三个方面的变化:一是任何考生不论教育背景,都可以参加教师资格笔试;二是师范院校毕业生申请教师资格也必须参加教师资格考试;三是教师每五年要进行一次教师资格证书登记。

几年的试点工作表明,教师资格考试制度的改革严格了教师职业准入,实行教师资格证书登记,扩大了优质教师资源的增量,盘活了现有教师资源的存量(刘信阳,张茂聪,2014;刘翠航,朱旭东,2015;陈林,2018)。

然而，教师资格考试制度的最新改革也引起了一些担忧。仅凭考试是否足以判定非师范类专业学生是否具有作为教师的专业素养，是否符合教师专业化的要求；五年一个周期的教师资格证书登记制度是否过于频繁，是否会对教师正常教学和专业发展造成干扰，这些都是人们普遍担心的问题（刘信阳，张茂聪，2014；刘翠航，朱旭东，2015；陈林，2018）。

4.2.5 教育扶贫——加强农村教师队伍建设

长期以来，农村教师队伍一直是中国教师队伍建设的重点、难点和薄弱点，也是影响教育均衡发展的关键环节。教师教育被认为是促进教育公平的重要途径。因此，中国政府采取了三项政策措施加强农村教师队伍建设和教师教育。

4.2.5.1 制定和实施师范生免费教育

2007 年，中国政府决定用国家财力，在教育部直属的六所师范大学实施师范生免费教育，旨在以此吸引大量优秀高中毕业生报考师范专业，并鼓励优秀青年终身从事教育，特别是到经济相对落后的中西部地区、农村地区中小学任教。据统计，2012—2016 年，六所部属师范大学共培养免费师范毕业生 5.2 万人，履约就业率为 96.5%，其中，90.3%到中西部地区中小学任教（黄伟，2017）。

随后，针对师范生免费教育政策实施过程中出现的问题，教育部调整了覆盖范围和责任机构，推动地方师范大学开展师范生免费教育。截至 2017 年，已有 28 个省（区、市）实施地方师范生免费教育政策，每年约有 4.1 万名免费师范毕业生到农村学校任教（黄伟，2017）。

4.2.5.2 实施“农村学校教育硕士师资培养计划”

教育部于 2004 年推出“农村学校教育硕士师资培养计划”（本章简称“硕师计划”），每年在具有推荐免试硕士研究生资格的高校选拔部分优秀应届普通本科毕业生，录取为“硕师计划”研究生。取得教育硕士研究生入学资格的学生先到国家和省级贫困县及以下农村学校任教 3 年，并在职学习研究生课程，第四年到培养学校脱产集中学习 1 年，毕业时获教育硕士专业学位研究生毕业证书和学位证书。截至 2014 年，“硕师计划”共吸引了 8 881 名优秀应届本科大学毕业生到贫困地区农村学校任教，在一定程度上缓解了农村骨干教师紧缺的问题（教育部，2014c）。但其在发展中也面临着招生难、工作安排难、培养经费落实难、培养质量保障难以及毕业后大量流失等问题（周其国，张朝光，周淑芳，2008；杨卫安，2011）。

4.2.5.3 实施中小学教师和校长“国家级培训计划”

中国政府相继于 2010 年和 2014 年启动了中小学教师“国家级培训计划”（本章简称“国培计划”）和中小学校长“国培计划”。中小学教师“国培计划”旨在提高中小学教师特别是农村教师队伍的整体素质。截至 2013 年，中央财政投入 42.5 亿元，培训教师 493 万人，其中农村教师 473 万人，占 95.9%。2014 年，中央财政投入 21.5 亿元，实现将中西部农村义务教育教师轮训一遍的目标（教育部，2014c）。中小学校长“国培计划”的首要宗旨，就是为农村地区特别是边远贫困地区培养一批实施素质教育、推进基础教育改革发展的带头人。“国培计划”的实施对提升中小学教师特别是中西部农村教师的专业水平有很大的促进作用（李瑾瑜，杨帆，2018；王定华，2017）。但是其在实施过程中也存在培训时间不太合理、培训内容缺乏针对性、培训模式比较单一等影响培训效果的问题（王定华，2017；王红，2018）。

4.3 振兴发展时期

2017 年堪称中国教师教育振兴发展的元年。之所以这么说，是因为从 2017 年开始，教育部在各种重要场合提出振兴教师教育，并着手教师教育振兴发展的规划设计和初步措施。

2017 年 8 月 25 日，教育部在长春召开“全国教师教育振兴暨教师队伍建设工作会议”，提出振兴教师教育的话题。2017 年 9 月 6 日，教育部教师工作司黄伟副司长在中国民主促进会中央委员会举办的“庆祝第三十三个教师节暨 2017 · 中国教师发展论坛”上做了题为《面向教育现代化的教师教育振兴》的报告，再次强调要努力开创教师教育振兴发展的新局面。

从教育部相关负责人在这两个场合的发言或报告来看，为了振兴教师教育，目前和今后一段时间，教育部主要根据中央关于全面推进新时期教师队伍建设改革的总体部署，按照《教师教育振兴行动计划（2018—2022 年）》（教师〔2018〕2 号）的工作安排，以提升教师教育质量为核心，具体推进以下几方面工作：一是牢牢确立师德教育的首要位置；二是加大培养培训促公平力度；三要力推教师教育供给侧结构性改革；四要着力建设高水平的教师教育体系（教育部，2017a；黄伟，2017）。

教育部在2017年10月发布《普通高等学校师范类专业认证实施办法（暂行）》（教师〔2017〕13号），这是建设高水平教师教育体系的重要举措。该认证办法立足“学生中心、产出导向、持续改进”的基本理念，构建了师范类专业三级监测认证体系。按照工作部署，教育部自2018年开始开展师范类专业认证。

根据《教育部教师工作司2018年工作要点》，2018年《中共中央国务院关于全面深化新时代教师队伍建设改革的意见》（本章简称《建设意见》）发布，以全面深化教师队伍建设改革；《教师教育振兴行动计划（2018—2022年）》（教师〔2018〕2号）启动，推动教师教育实现全面振兴（教育部教师工作司，2018）。这两个文件为目前和今后一段时间里中国教师教育的振兴发展提供总体愿景与蓝图。

2018年1月20日，中共中央、国务院联合发布《建设意见》。《建设意见》基于对教师工作“极端重要性”的高度认识，着眼于未来5年的目标和任务，展望了到2035年的长远发展，从全面加强师德师风建设、大力振兴教师教育、深化教师管理综合改革、不断提高教师地位待遇、切实加强党对教师工作的领导五个方面，对全面深化教师队伍建设改革作出总体部署。

《建设意见》高度重视教师地位待遇的提高，指出教育要发展，教师质量要提高，教师的地位待遇必须随之稳步提高。为了提升教师的政治地位、社会地位和职业地位，《建议意见》提出了“健全中小学教师工资长效联动机制，核定绩效工资总量时统筹考虑当地公务员的实际收入水平”等比较具体、有针对性的举措。

除了提高教师的地位待遇，《建设意见》还针对教师教育提出了“加大对师范院校支持力度”，“创造条件，推动一批有基础的高水平综合大学成立教师教育学院，设立师范专业”，“提高教师培养层次，提升教师培养质量”，“推进教师培养供给侧结构性改革”等具体要求（中共中央，国务院，2018），表明了要通过大力支持教师教育，提高教师教育地位，达到做强、做优教师教育的目的。

《教师教育振兴行动计划（2018—2022年）》（教师〔2018〕2号）于2018年2月发布，主要是贯彻《建设意见》关于教师教育改革发展的基本精神，规划设计支持教师教育、提高教师教育地位、提升教师教育质量的具体措施。

从2017年以来出台的教师教育政策来看，中国政府不仅对振兴教师教育有清醒的自觉，而且抓住了教师教育振兴发展的关键。由此，我们看到了中国教师教育振兴发展的曙光。但是，由于时日尚短，目前所看到的更多的是政策层面的意图，教师教育究竟是否能够振兴发展，还有待时间的检验。

参考文献

Rao, C. M. (2013). The Reform and development of teacher education in China and Japan in an era of social change. In Kimonen, E. & Nevalainen, R. (Eds.). *Transforming teachers' work globally: In search of a better way for schools and their communities.* Rotterdam: Sense Publishers.

那須川知子, 渡辺隆信. (2014). *教員養成と研修の高度化: 教師教育モデルカリキュラムの開発にむけて*. 東京: ジアース教育新社.

饒従満. (2007). 中国における教師教育の改革動向と課題. *教員養成カリキュラム開発研究センター研究年報*, *6*, 39 – 50.

佐藤学. (2015). *専門家としての教師教育を育てる*. 東京: 岩波書店.

陈林. (2018). 教师资格与国家统一考试制度的价值导向、实施现状及其问题分析. *当代教师教育*, *11*(2), 52 – 57.

管培俊. (2004). 关于教师教育改革发展的十个观点. *中国高等教育*, (2), 24 – 26.

国家中长期教育改革和发展规划纲要工作小组办公室. (2010). *国家中长期教育改革和发展规划纲要(2010—2020 年)*. http: //www. moe. gov. cn/srcsite/A01/s7048/201007/t20100729_171904. html

国务院. (2001). *国务院关于基础教育改革与发展的决定*(国发〔2001〕21 号). http: //www. gov. cn/gongbao/content/2001/content_60920. htm

国务院. (2006). *国家中长期科学和技术发展规划纲要(2006—2020 年)*. http: //www. gov. cn/gongbao/content/2006/content-240244. htm

国务院. (2012). *国务院关于加强教师队伍建设的意见*(国发〔2012〕41 号). http: //old. moe. gov. cn//publicfiles/business/htmlfiles/moe/moe_1778/201209/141772. html

黄伟. (2017). 面向教育现代化的教师教育振兴. *中国教师*, (20), 16 – 19.

教育部. (2001a). *教育部关于印发《基础教育课程改革纲要(试行)》的通知*(教基〔2001〕17 号). http: //www. gov. cn/gongbao/content/2002/content_61386. htm

教育部. (2001b). *中小学教师队伍建设"十五"计划*. http: //www. edu. cn/oldnews_653/20060323/t20060323_153222. shtml

教育部. (2007). *教育部关于大力推进师范生实习支教工作的意见*(教师〔2007〕4 号). http: //www. gov. cn/zwgk/2007-07/11/content-680592. htm

教育部. (2009). *教育部关于做好全日制硕士专业学位研究生培养工作的若干意见*(教研〔2009〕1 号). http: //www. moe. gov. cn/srcsite/A22/moe_826/200903/t20090319_82629. html

教育部. (2010). *热点关注: 中小学教师队伍建设又上新高*. http: //www. moe. edu. cn/jyb_sjzl/moe_364/moe_2489/moe_2513/tnull_40890. html

教育部. (2011). *教育部关于大力推进教师教育课程改革的意见*(教师〔2011〕6 号). http: //www. moe. gov. cn/srcsite/A10/s6991/201110/t20111008_145604. html

教育部. (2014a). *师范类专业认证标准(试行)*. http: //edu. imnu. edu. cn/n537c19. jsp

教育部. (2014b). *教育部关于实施卓越教师培养计划的意见*(教师〔2014〕5 号). http: //www. moe. gov. cn/srcsite/A10/s7011/201408/t20140819_174307. html

教育部.（2014c）. *金秋硕果盈满枝——教师节设立 30 年教师队伍建设成果丰硕*. http://old.moe.gov.cn//publicfiles/business/htmlfiles/moe/s8285/201409/174427.html

教育部.（2016）. *教育部关于加强师范生教育实践的意见*（教师〔2016〕2 号）. http://www.moe.gov.cn/srcsite/A10/s7011/201604/t20160407_237042.html

教育部.（2017a）. *振兴教师教育，从源头上加强教师队伍建设：全国教师教育振兴暨教师队伍建设工作会议召开*. http://www.moe.edu.cn/jyb_xwfb/gzdt_gzdt/moe_1485/201708/t20170825_311978.html

教育部.（2017b）. *教育部关于印发《普通高等学校师范类专业认证实施办法（暂行）》的通知*（教师〔2017〕13 号）. http://www.moe.edu.cn/srcsite/A10/s7011/201711/t20171106_318535.html

教育部，国家发展改革委，财政部，人力资源社会保障部，中央编办.（2018）. *教育部等五部门关于印发《教师教育振兴行动计划（2018—2022 年）》的通知*（教师〔2018〕2 号）. http://www.gov.cn/xinwen/2018-03/28/content_5278034.htm

教育部教师工作司.（2018）. *关于印发《教育部教师工作司 2018 年工作要点》的通知*（教师司函〔2018〕1 号）. http://www.moe.edu.cn/s78/A10/A10_gggs/A10_sjhj/201801/t20180124_325390.html

教育部师范教育司.（2005）. *加强与改革教师教育服务基础教育——教师教育文件、经验材料选编*. 北京：高等教育出版社.

教育部师范教育司.（2006）. 教师队伍：八个方面看发展. *光明日报*，09-06（6）.

教育部师范教育司.（2009）. *教师教育和教师工作资料汇编（2001—2007 年）*. 长春：东北师范大学出版社.

李瑾瑜，杨帆.（2018）. 教师培训：40 年的实践历程及其发展趋势. *教师发展研究*，*2*（4），17-26.

刘翠航，朱旭东.（2015）. 教师资格“国考”研究热点、问题与建议. *课程·教材·教法*，*35*（9），97-102.

刘信阳，张茂聪.（2014）. 试论“国考”教师资格证书制度改革的问题与出路. *教师教育论坛*，*27*（9），5-10.

全国教育专业学位教育教学指导委员会秘书处.（2016）. *教育专业学位教育概况*. http://edm.eduwest.com//viewnews.jsp?id=41

任印录，沈河江，马静.（1998）. 高师教育实习改革探索. *河北师范大学学报（教育科学版）*，*1*（2），93-96.

王定华.（2017）. 努力推动教师培训工作再上新台阶. *中小学教师培训*，（6），1-6.

王红.（2018）. 五大困境捆住了教师培训. *重庆与世界*，（8），48-49.

徐今雅.（2008）. 发达国家学士后教师教育及对我国的启示. *浙江师范大学学报（社会科学版）*，（3），75-78.

杨卫安.（2011）. 农村教育硕士发展的困境与出路——兼论教育硕士培养的城乡二元化倾向. *湖南师范大学教育科学学报*，*10*（5），60-63.

于兴国.（2010）. *转型期中国教师教育政策研究*. 长春：东北师范大学.

张贵新，饶从满.（2002）. 关于教师教育一体化的认识与思考. *课程·教材·教法*，（4），58-62.

赵麟斌.（2000）. 世纪之交我国高等师范教育的发展走向. *福建师范大学学报（哲学社会科学版）*，（1），140-144.

中共中央，国务院.（1999）. *中共中央国务院关于深化教育改革全面推进素质教育的决定*. http://www.edu.cn/zong_he_870/20100719/t20100719_497966.shtml

中共中央，国务院.（2018）. *中共中央国务院关于全面深化新时代教师队伍建设改革的意见*. http://www.gov.cn/xinwen/2018-01/31/content_5262659.htm

钟秉林.（2010）. 推进灵活多样培养　提高教师教育质量. *中国高等教育*，（19），13-16.

周鸿. (1997). 论高师教育实习的协同效益. *教师教育研究*, (3), 28 - 32.

周其国, 张朝光, 周淑芳. (2008). 农村教育硕士政策分析. *教育与职业*, (15), 13 - 15.

周险峰. (2015). 教育硕士专业学位研究生培养的进展、问题及对策——基于二十四所培养高校的调查分析. *学位与研究生教育*, (2), 36 - 40.

作者简介

饶从满　东北师范大学国际与比较教育研究所所长、教授。主要研究与比较教育、教师教育、公民和道德教育相关的问题。

电子邮箱: raocm506@nenu. edu. cn。

Part II Higher Education Reform

第二编 高等教育改革

第五章

大学理念及其幽灵：论“被排斥者”的幽灵般回归

丹尼尔·S. 弗里德里克
（美国　哥伦比亚大学师范学院）

德里达（Jacques Derrida）在其颇具影响力的文章《无条件的大学》（*The University Without Condition*）中指出：“除了应赋予大学所谓的学术自由，还应在原则上给予大学质疑、坚持主张的无条件自由，以及公开发表有关真理的研究、知识和思想的权利”（Derrida, 2002: 202）。德里达继续指出：“因此在大学，没有什么事情是不容置疑的，不论是当前坚定的民主人士，还是传统的批判观念（即理论批判），甚至连‘思考即质疑’这种‘质疑’形式的权威也是可以被质疑的”（Derrida, 2002: 205）。虽然“无条件的大学事实上并不存在……”（Derrida, 2002: 204），但德里达的文章扩展了这样一个观点，即这是未来大学新人文学科的使命。

考虑到本章的写作意图，我不会深入研究德里达在新人文学科方面所做的工作，而是使用德里达的理论工具，以及其他一些被布兰科和彼伦（Blanco & Peeren, 2013）称为“幽灵般回归”（the spectral turn）的相关理论工具，以便颠覆无条件大学隐含的办学理念。继布兰科和彼伦之后，我将幽灵（specter）视为一种概念隐喻，一种为理论工作服务的分析工具，如此这般，幽灵也的确能够称得上是一种理论。而我们的目标将是重新考虑那些被排斥在传统大学校园之外的事物是如何渗入无条件大学并影响其发展的。重新思考排斥/包容的问题，并以此对大学项目进行不同的解读，可能有助于我们重新思考未来大学的使命。

为了阐述文章的内容，我会提及阿根廷制定的一些政策，它们为最近建立的一批公立大学奠定了框架基础。这些公立大学的特殊性在于，它们的设立有着明确的目的，即为那些本来被排斥在高等教育之外的人提供教育机会。实现这一目的的方式包括将学校建在贫困率高的地区，提供高质量的免费教育，以及重新规划学术课程，以满足周围社区的需求。

我将在本章指出，尽管这些新大学强化了高等教育作为一种公共产品的观念，并且它们在未来几十年很可能对阿根廷的高等教育格局、就业市场和整个社会的发展产生重要且积极的影响，但这些大学在发展过程中仍会受到几个幽灵①的影响，这突出了这样一个事实：每一次为区分新旧事物所做的努力，都使得我们在重新刻画新事物时面临更多的困难和可能性。由于被排斥者困扰着全纳项目（inclusion project），因此，它们凸显了只关注存在（presence）的政策的局限性。

本章首先简要介绍阿根廷高等教育的现状，重点介绍在过去 25 年中建立的一批相对较新的公立大学。随后聚焦其中一所大学，即萨米恩托将军国立大学（Universidad Nacional General Sarmiento），以审视困扰其发展的三大幽灵：被排斥者、模范学校、学校所处地域。最后探讨了一些幽灵是如何对我们所知道的欧洲大学的总体模式以及特定大学的发展产生影响的，这些幽灵可能会影响那些旨在提高大学包容性的高等教育政策。

5.1 阿根廷大学的新模式

从某些方面来看，阿根廷高等教育的现状可以说既反映了当地的历史和特点，也反映了一些全球趋势以及与西欧大学的深度联系。例如，虽然高等教育入学人数稳步增长，但到 2010 年，20 岁以上的人口中仅有 6.4%的人完成了大学学业。在一个公立（免费）大学体系非常强大的国家，这种相对较低的大学完成率可以归因于多种变量，但它回避了一个问题，即公共教育被认为是一项权利（即免费，大多数情况下没有入学考试，唯一正式的先决条件是高中学历）与绝大多数人一直被排斥在公共教育之外的现状之间的矛盾关系。显然，这不仅仅是一个教育问题，特别是考虑到阿根廷存在巨大的不平等现象。然而，阿根廷曾在不同的时期试图采取多种策略来解决高等教育中的问题。

其中一项战略是在过去 30 年间新建了 27 所公立大学，包括 20 世纪 80 年代后期和 90 年代上半叶建立的 10 所大学，以及 21 世纪初期至中期建立的 17 所大

① 在整篇文章中，我将“幽灵”（specter）和“鬼魂”（ghost）作为同义词使用，尽管它们的词源有些不同。

学。在20世纪初，阿根廷只有4所国立大学，即国立科尔多瓦大学（National University of Córdoba，成立于1613年）、国立布宜诺斯艾利斯大学（National University of Buenos Aires，阿根廷目前最大的公立大学，有超过27万名学生，成立于1821年）、国立滨海大学（National University of El Litoral，成立于1889年）和国立拉普拉塔大学（National University of La Plata，成立于1897年）。在接下来的70年中，又陆续建立了超过7所国立大学，随后在20世纪70年代根据“塔基尼计划”（Plan Taquini）新建了14所大学（Rovelli，2009），试图缓解过去阿根廷大学中过度拥挤的现象。然而，阿根廷政治、社会和人口的变化使得已有的这些高等教育机构仍然不能满足民众的需求，促使梅内姆（Carlos Saúl Menem）在任总统期间（1989—1999年）新建了10所公共教育机构，其中6所位于布宜诺斯艾利斯市周边。本章将聚焦这些大学及其幽灵。

5.1.1 新成立大学的幽灵（即精神）基础

如上所述，布宜诺斯艾利斯大学是传统意义上阿根廷规模最大、最著名的高等教育机构。尽管公民享有公共、免费教育权利已被列入国家宪法，并且通过学校改革来重申，然而现实情况是，1918年的大学改革在很多方面促成了民主化的体制结构，此次改革始于科尔多瓦（Córdoba），并迅速扩大到全国其他地区。改革中确立了大学的预算自主权，明确学生和教职工都能够参与学校治理，要求通过“扩展”项目来与更广泛的社区取得联系，关注教学结构，反对通过考试来聘任和晋升教师等。自1918年以来，所有国立大学都必须遵循这些原则，人们期待参与、公平的聘任方式、独立以及与更广泛的目的建立关系，会使入学（access）成为一种自然的结果。

阿根廷延续了19世纪发起的集权运动，将港口城市布宜诺斯艾利斯定位为国家的经济、政治和智力中心，布宜诺斯艾利斯大学随即成为国家知识精英的摇篮。作为一所享有盛誉的高校，布宜诺斯艾利斯大学在课程设置和制度结构方面模仿了现代欧洲大学。此外，布宜诺斯艾利斯市的布局调整与主要公立大学的合并同步进行。随着人口的增长，市民接受高等教育的需求与日俱增。在20世纪40年代中期以前，大学一直是精英阶层的专属领地，然而工业化［发生于庇隆（Juan Domingo Perón）第一届任期内］导致人口结构的变化，大学被迫对这种变化作出回应（Gluz，2011）。从某种意义上来说，自1918年学校改革以来，入学率得到了改善；[①]然而如前文所述，接受高等教育仍然是少数人的特权。

20世纪90年代，阿根廷的经济、政治生活发生了转变。梅内姆在其连续两届政府任期（1989—1999年）内，重新启用上一任独裁政权的一些私有化经济方案，（在新自由主义经济思想设定的规则指导下）国家干预的作用越来越小，导致各级私立教育蓬勃发展。中等教育完成率的提高，使得民众对大学、学院以及贸易学校的需求增加。大多数政策制定者认为，全纳（inclusion）问题最好交给市场解决。

因此，对梅内姆政府来说，建立大批公立大学的做法看似是矛盾的，我们需要进一步研究这个时期出现的一些相互矛盾的内容。在这10年内建立的10所大学中，有6所位于布宜诺斯艾利斯市周边。据赛罗尔（A. Chiroleu）等人称，"布宜诺斯艾利斯大学当时由激进党（如反对派等）管理，创办公立大学是为了降低布宜诺斯艾利斯大学的影响力，并响应管理这些地区的政党领导人要求在其管理地域建立大学的号召"（Chiroleu, Suasnábar, & Rovelli, 2016：30）。在城市外围建立公立大学以使布宜诺斯艾利斯大学去中心化的想法得到阿根廷知识分子的拥护，其中大多数人对梅内姆及其政府持批评态度，一些人与布宜诺斯艾利斯大学有着深厚渊源。他们认为，梅内姆政府设法通过为来自郊区（非常穷困的地区）的学生提供无需长途通勤且免费的（尽管质量较低）高等教育机会，以降低布宜诺斯艾利斯大学的入学率，从而有理由削弱该校的财政。而布宜诺斯艾利斯大学也已成为抵制梅内姆政府提出并实施新自由主义政策的阵地，罢工、公开示威和媒体争论成为日常现象。梅内姆总统则通过在其管辖的地域创办新大学的方式予以反击。

尽管这些大学因梅内姆总统的意图而受到批判，但我不会在本章对此细究，这超出了我的职权范围。它们的建立是基于创新（innovation）和入学机会的考量，不过在特定区域，每种考量的重要性不同。6所新设立的大学位于布宜诺斯艾利斯周边地区，在那些地区设立大学（高质量的公立大学），在这之前似乎是难以想象的，因此这些大学被迫重新考虑以下问题：将它们建在那里的目的是什么？创

① 遗憾的是，我们可以查到的最早的布宜诺斯艾利斯大学学生人数普查是在1958年，显示入学人数仅为58 684人。直到1980年，入学人数才缓慢而稳定地增长，随后在1988年几乎翻了一番。普洛诺（Plotno, 2009）认为，这一次入学人数的大幅度增长是由于阿根廷政府在上一次独裁统治后重新采用民主执政的方式，这使得逃离阿根廷的学生和教职工得以回归。根据最近一次的在校人数普查，从2011年开始，在布宜诺斯艾利斯大学注册的学生有277 373人（http://www.uba.ar/institucional/censos/Estudiantes2011/estudiantes2011.pdf）。

新和入学机会对它们来说意味着什么？是什么构成受教育的主体？很快，这些大学不仅质疑所谓的质量和入学机会之间的矛盾，还质疑机会的增加会线性地促成更加民主的体系这一观点。前者是布宜诺斯艾利斯知识界批评的基础，后者得到了政治领导的鼓吹和支持。

为了进一步说明我的观点，我将详细讨论一个具体案例：阿根廷的萨米恩托将军国立大学。萨米恩托将军国立大学成立于1993年，位于洛斯波沃林（Los Polvorines），距布宜诺斯艾利斯约有一小时车程，巴斯克（Barsky, 2005）称之为“郊区”（periurban）：城市和农村、农村和城市之间的边界，即“分散的城市”（diffuse city）。学生的大致情况如下：超过90%的学生家长从未上过大学，70%以上的学生家长没有完成高中学业（Martín, 2013：134－135）。萨米恩托将军国立大学第一任校长多梅克（Roberto Domecq, 1993—1998年在任）在表达对大学基本使命的不同解读之间的紧张关系时指出，有些人认为“质量较差的大学是为穷人准备的，但我们的立场是，如果求学者是贫穷的青年，那么更有理由给予他们最好的教育”（Martín,2013：24），从而违背了面向就业市场的短期职业生涯培训的理念，这似乎是创办这批大学的立法基础。①

就新大学的学校结构而言，多梅克肯定地说：“该地区没有其他大学，这使我们有很大的自由来思考大学的结构、意义和目标……这是一次对创新的呼唤。”（Martín, 2013：25）根据前三任校长的说法，萨米恩托将军国立大学主要的创新在于始终围绕回应主题或问题的中心（centers）来组织学校，而不是像传统学校那样。围绕中心这一想法会促成更多的跨学科、基于团队合作以及理解深层次问题的多种工作，而不仅仅是传授技能。城市生态中心（Center for Urban Ecology）就是一个例子，它的出现源于人们对一个有工业历史、废弃工厂、洪水泛滥和居民生活质量低下地区的土壤和水质量的关注。

萨米恩托将军国立大学的第二个独特之处在于其看待部分弱势群体学生入学问题的立场。用第三任校长费尔德曼（Silvio Feldman, 2002—2010年在任）的话来说：

> 向来自不同年代，拥有不同文化经历的人学习是一种很好的学习方

① 创办这批公立大学的原始法律文本表明，它们将提供“与就业市场相关的短期职业生涯培训”。这项法律条款的意图是有争议的，因此最终版本删除了这一表达。

> 式。在理解对方复杂性的基础上思考和行动，意味着心智的变化，这需要经过艰苦的学习和努力。除此之外，还需要探究性思维，因为朝着获取权利的方向转变以及使用这些权利，不论是对获得权利的人，还是提供这些权利的机构，都是复杂的过程。我们不仅需要付出时间和努力，还需要具有以开放、批判与探究的方式去倾听的能力，以及超越自身确定性的能力（Martín, 2013：135）。

一些具体举措不仅旨在增加入学机会，还将受教育权作为一个持续进程，这些举措包括提供包含路费、书本费的奖学金（这里要提醒读者的是，这些公立大学没有学费），出版廉价的阅读材料，开放免费的幼儿中心和适合多个年龄段学生的游戏室，以及建立一个为社区提供艺术活动和社会活动的文化中心。所有这些项目都试图让新建立的大学不像传统大学那样倾向于为特权阶层服务。因此，这些新建成的大学展示了它们对（高等）教育作为一项人权（human right）和一种社会公共物品（public good）的理解。

5.1.2 普遍的幽灵

从某些方面来看，人们可以认为作为人权的大学是“无条件大学”，并且只有将上大学作为人权时，才能真正实现“无条件大学”。从这一解读视角来看，大学作为一种理念超越了具体机构创建大学时的意图（在这一案例中，阿根廷政府创办大学是为了分散布宜诺斯艾利斯大学的权力，并用当地一些低质量和低水平的工人培训机构来代替它）。领导团队的意图，将教育作为一项权利的特殊的历史文化视角，这种视角至少自 1918 年改革以来就深深地植根于阿根廷社会，并覆盖了梅内姆的项目，以及从 2003 年起政府为公共机构分配更多财政资金的转向，这些因素的结合为建立一个更具包容性的大学创造了条件。这种包容性显然一直存在于大学的理念中，但政策和环境的共同推动促使其更加蓬勃地发展。

我并不想完全挑战这一解读视角。这些新成立的大学位于它们本不应该在的地区，提供了本不应该提供的机会，并居住着本不应该居住在那里的人，确实打破了正常的流动。并且值得注意的是，由于这些学校是新设立的，它们的成立和工作的全部影响只有在几十年后才能得到评估，因为那时候校友们才开始在社区中产生影响。因此，本章不能被看作对这些大学的批评。我认同创办这些大学是积极的、重要的工作。我想提供的是一种不同的解读，是对一些支撑但也破坏这些机构的逻辑的补充性解读。

当马丁（Martín, 2013）就毕业生的质量情况采访多梅克时，考虑到前任校长在那里任教了一段时间，多梅克回答：

> 一方面，学生提交的作品质量参差不齐。一些缺陷暴露了出来，学校没有对学生进行良好的培训以帮助他们找到正确表达自我的方式，因此他们在表达自我方面遇到了困难，但他们有强烈的意愿去工作和发挥自己能力……我们需要克服许多障碍，诸如缺乏表达经验，在方法上存在缺陷，学习内容过多难以“理解消化”，等等。另一方面，学校也充满了创造力、直觉以及关于现实的知识（Martín, 2013：45）。

萨米恩托将军国立大学的第二任校长柯拉基奥（José Luis Coraggio, 1998—2002 年在任）在讨论他所面临的一些问题时承认，城市生态学等研究领域“没有取得良好的效果，因为它们没有达到家长和学生的预想。它们应该被称为建筑学。任何拥有自己独特性的事物都是不可替代的”（Martín, 2013：56）。从这个意义上来说，令萨米恩托将军国立大学的所有人感到惊讶的是，截至 2013 年，师范教育专业的学生占学生总数和毕业生的 40%。当被问及如何理解这一点时，第三任校长费尔德曼说：“教学更贴近学生的社会生活……有时候大学提供的某些学位没有充分地与学生所学的知识和生活经验产生联系”（Martín, 2013：141）。

这些评论反映出一些问题：大学的不同之处体现在哪里？大学遇到的障碍与谁相关？我将提出的解读是，请大家考虑在这些努力中（以及在任何我们历史上称为“大学”改革的努力中），是什么在困扰着大学的观念，以及对“无条件大学”——一个“允许处处质疑的地方”的概念——的呼吁如何受到大学自身局限性的影响。

布兰科和彼伦将幽灵作为一个概念隐喻、一种为理论工作服务的分析工具进行讨论，从这个意义上来说，它也是一种理论（Blanco & Peeren, 2013）。他们将德里达于 1993 年出版的《马克思的幽灵》（*Specters of Marx*）一书视为“幽灵般回归”这一观点的催化剂。在德里达看来，怀着开放的心态去理解幽灵，意味着一个学者“能够超越存在（presence）与不存在（nonpresence）、真实（actuality）与虚幻（inactuality）以及生命（life）与非生命（nonlife）之间的对立，从而思考幽灵存在的可能性以及幽灵作为一种可能性等问题[……]德里达用幽灵的形象来探究那种如幽灵般萦绕在我们周围(没有完全领会的)的事物,以这种萦绕于心的方式去呼唤正义,或至少是要求对一些问题作出回应”(Blanco & Peeren, 2013: 9)。因此,从幽灵的角度去思考政策,可以指出历史在其间所发挥的具体作用,从而避免只关注存在的事物、赢家和输家,或是谁持有事件的话语权等问题。诸如创建新的大学模式以促进其包容性等一些政策,并不仅仅是执行政治家和/或民众的意志;相反,这些政策以及使其合法化的叙述总是为那些没有实现的、尚未达到预期的、仅仅是可能性的东西所制约。因此,事情的关键不在于确定谁或什么在保持沉默,而在于谁或什么不能完全保持沉默。

5.1.3 被排斥者、模范学校及学校所处地域

在审视这批新大学特别是萨米恩托将军国立大学的创立和运作时,考虑一些影响学校发展的具体幽灵可能有助于我们理解其局限性以及一种可能的方式,其中,包容和排斥不仅深深交织在一起,包容和排斥还不总是政策的结果,而是不可预测的干扰的结果。接下来,我将重点讨论困扰萨米恩托将军国立大学的三个幽灵。

第一个幽灵是那些被排斥在大学空间之外的人,他们的缺席是一种需要回应的存在。大学所具有的全纳性、实现人人受教育权的潜力会对其本身及其运作产生一定的影响。大学敦促人们不断寻找实现这种潜力的方法,通过调动资源和机构,集中采用一些策略而边缘化另一些策略。这种方式所导致的必然失败(不可能纳入每一个人)困扰着大学理念和这所特定大学的存在。

“大学”这个词涵盖了宇宙的意蕴。虽然这个宇宙往往被定义为知识的宇宙(也许是一种无条件知识),但无可争辩的是,只有普遍包容所有知者(knower),方能实现所谓的宇宙。当任何人都试图构建教学大纲,划定学习领域、程序和路径时,这种不可能性都困扰着他们,因为总要在包容什么和排斥什么之间作出选择,但影响远不止于此。普遍性的幽灵通过对大学的无声呐喊“我们是一切!我们是所有人!”积极消除了理论与实践、劳动力市场的需求与对其他事物的需求之间看似紧张的关系,普遍包容的幽灵吞噬了理论与实践、劳动力市场与博雅教育(liberal arts)。

让我们回到萨米恩托将军国立大学的具体案例,当多梅克校长谈论他在学生作品中看到的障碍时,与那些具备优势(“创造力、直觉以及关于现实的知识”)的人相对,人们可以感受到那些没有创造力或直觉的人的幽灵,因为他们无法进入

对话。然而，他们不断地敲打着大学的大门，大学打开了一直关闭的大门，有效地打破了学校的正常运转，即使这大门已经被墙框住。

第二个幽灵指模范大学。萨米恩托将军国立大学正试图将自己与布宜诺斯艾利斯大学区分开来。当柯拉基奥校长解释新专业被接受的困难时，或者当费尔德曼校长惊讶并疑惑为什么师范教育成为大学的重要组成部分时，布宜诺斯艾利斯大学的幽灵发表声明：“你不像我，你的学生不像我的学生，你的标准和我们的标准不一样，你不是一所真正的大学。”考虑到萨米恩托将军国立大学存在的原因既关乎地域也关乎民众，它进行的创新以及面临的障碍总是与布宜诺斯艾利斯大学在该空间中的缺失有关。布宜诺斯艾利斯大学未能履行其普遍性的承诺，这为萨米恩托将军国立大学等学校打开了一扇门，试图为那些被排斥在传统大学之外的人提供接受教育的机会，这也意味着布宜诺斯艾利斯大学已经定义了包容和排斥、失败和成功。

萨米恩托将军国立大学提出的大学模式是这样的：它能够与周围社区的问题产生深度的联系，它注重知识和学术的创造性以回应新兴人群，计划支持非传统学生，灵活地适应新出现的挑战等。这所学校的办学理念不可避免地与欧洲大学的理念联系在一起，以至于如果新的理念太超前，它可能会承担不被学生、社区以及其他机构承认的风险，这给我们带来了一种语义和制度上的困扰。在语义上，这个问题变成了：概念在寻找新含义的过程中能延伸多远而不丢失本来的含义？换言之，新式大学真的有可能实现吗？在制度上，参与创建和发展新大学的每个人所接受的都是欧洲模式的高等教育，这一事实一方面反映了我们想象力的局限性，另一方面也指出了那些作为标杆而存在的理想学校其实一直存在。回到德里达幽灵的隐喻，欧洲大学模式以及布宜诺斯艾利斯大学等模范学校，就宛若幽灵般萦绕在萨米恩托将军国立大学周围，要求学校回答：我的孩子，毕竟我为你付出了这么多心血，你怎么能声称自己与众不同呢？

第三个幽灵是萨米恩托将军国立大学所处的地域：一个目前没有生产力，受到污染，被洪水淹没，并且历史复杂的地区。萨米恩托将军国立大学位于阿根廷的马尔维纳斯地区（Malvinas），该地区建于 1994 年，以前属于萨米恩托将军地区（创建于 1889 年）的一部分（这所学校校名的由来）。从传统意义上来说，萨米恩托将军地区是农村，该地区在 20 世纪 50—70 年代初经历了快速的工业化，人口增长了 10 倍，从 1947 年的 4.6 万人增长到 1980 年的 50 万人。然而，这种增长并非均匀地发生在整个地区，有些地方面积广阔却没有任何建筑物，阿尔西纳和博雷略（Alsina & Borello, 2007：10）称这种现象为“部分聚集”（partial agglomeration）。实际上，这个地区的人口分布是杂乱无章的。该地区从20世纪40年代开始建立贫民窟，安置从更偏远的农村地区迁移到城市的低收入者，贫民窟通常缺乏基础设施，如自来水、排水系统或铺设的道路等。后来，特别是20世纪90年代以来，基础设施明显改善，但该地区的发展仍不平衡。到2004年，该地区36%的道路铺设完成，排水系统覆盖率达到3.98%，4.67%的区域（以地表计）有饮用水，仅有0.2%的地方有可用的排水沟（Alsina & Borello, 2007）。2000年，阿根廷马尔维纳斯地区的居民有290 691人，人口密度为每平方千米4 614人，[①]萨米恩托将军国立大学是该地区唯一的大学。

布宜诺斯艾利斯周边地区的城市化进程非常复杂，远远超出了本章的写作目标，因此这些相关数据仅仅是一组现代建筑（包括一个我在商业剧院外见过的最先进的礼堂）与我的靴子在暴雨后陷进泥土里溅起的水花之间的并存。仿佛这片土地本身正在呼唤被认可，并采取行动抵制一所试图破坏其非生产性的大学。萨米恩托将军国立大学不仅受到学校所处的不良地理位置的困扰，还受到现代高等教育机构所承诺的进步的影响，导致这片广袤的土地在其农业潜力方面遭到了破坏。洪水、断断续续的恶臭、被带入建筑物的泥土，或者汽车启动时车轮溅起污泥的声音，都在不断提醒人们：不能仅仅用书籍、屏幕和水泥来铺满历史，而不期望彻底要求作出回应的抵抗。

本文强调的困扰萨米恩托将军国立大学的三个幽灵包括被排斥者、布宜诺斯艾利斯大学所代表的欧洲大学办学范式，以及学校所处的地域，它们迫使学校对其日常生活的不同方面采取行动。对课程设置的犹豫不决、项目和政策的执行与回溯，以及新老基础设施的建设和改造等，这些都是萨米恩托将军国立大学试图摆脱幽灵所进行的尝试。然而在这些行动中，幽灵又出现了，这也证实了学校无法从笼罩着它的力量和物质中解脱出来。

5.2 大学幽灵与大学政策

“无条件大学”常受困扰，没有驱魔术可以消除那些要求它做不可能的事情的

① 参见www.malvinasargentinas.gov.ar

幽灵。从这个意义上说，德里达想让大学成为允许任何事物受到质疑之所的想法受到一些因素的限制，我们需要做的就是将重点放在这些问题的存在上，并将所有可能存疑的东西都囊括在内。大学必须关注那些萦绕在其周围的幽灵对自身发展所产生的影响，比如关注那些处在经验领域之外的幽灵，关注大学所处地区的现实环境，关注那些缺席的事物，它们问：难道我们不是你们的一部分吗？

就政策而言，对影响大学项目的幽灵的深入思考，无论是对大学的总体规划还是具体细节的安排都有深远影响。总的来说，德里达为“无条件大学”的辩护仍然是支持高等学校作为可能性场所的最有力论据之一，该场所的政治角色使其具有任何机构或空间都没有的独特作用。即使如他所说，“无条件大学事实上并不存在”（Derrida, 2002：204），但在宣称与真理有关的任何观点的自由方面，无条件性至今似乎仍然是大学自由辩护的核心。然而，这种无条件性也有其局限性，因为大学的宇宙从来无法与可能的宇宙完全契合。虽然为捍卫“无条件大学”这一理念（例如，美国的终身教职）而制定的政策是绝对必要的，尤其是如今处在市场理性受侵犯、博雅教育“价值”受到冲击的时代，但是在政策设计过程中，不应忘记那些暂未被纳入考虑范围的事物。知识、知识分子以及认知方式的幽灵是欧洲大学模式所没有的，它们困扰着普救论者（universalist），而对它们的回应一方面意味着试图打破一个满足于将现有的东西作为进步主要标志的机构的边界，另一方面意味着承认再多的政策和实践也无法消除大学的幽灵。学会和这些幽灵共处可能是对它们唯一尊重的回应，尽管这可能会让我们感到不舒服。

对萨米恩托将军国立大学而言，学会和幽灵共处会引发一系列矛盾。第一个矛盾源于向被排斥者敞开大门的行为，人们逐渐意识到，该行为是一种权力行为，必然会重新划定排斥的界限，而不是完全消除排斥现象。为满足传统上被排斥在高等教育之外的主体的需求而设立的项目，如家庭护理、写作中心和特定津贴（如果可能的话），构成了波普科维茨（Thomas S. Popkewitz）所称的“双重姿态”（double gestures），即包容和排斥同时存在（Popkewitz, 2008, 2009）。学校通过区分其目标人群，努力划出了一条新的界限，使其他主体被排斥在外。如上所述，由于在大学理念和特定大学项目中包含了普遍性的承诺，那些被排斥在外的幽灵从未完全离开。倾听和回应这些幽灵（而不是在完全消灭它们的幻想中运作）意味着要接受重新绘制这些界限所固有的权力关系，即使失败了，也不会缺失包容的视野。

第二个矛盾则涉及这样一个问题：当旧事物的阴影总是笼罩创造性行为时，我们该如何创造新事物？倾听这一幽灵意味着我们需要用区分新事物的方式来抑制我们为行动辩护的冲动。相反，新事物可以被理解为为大学寻找不同的框架，目前还没有可供大学参考的标准，因此需要将依随性作为项目的组成部分。我们现在正在尝试，因为在特定条件下，它可能会产生积极的结果。但无论是借鉴过去的经验，还是反对这些经验，都不能保证结果。

第三个矛盾对应了第三种幽灵，指作为现代大学产品的受教育主体所体现出的进步欲望与作为相同主体可能遭受生态破坏证据的地域物质性之间的矛盾。人们尝试忽视地域这一幽灵，提议将“城市生态学”变成一个跨学科的研究领域，如此便可以治愈环境，将过去抛诸脑后。显然，在不放弃这一努力的情况下，无节制的工业化的幽灵不仅要求被人们听到，还要求被人们感受到。大学不得不变得脏兮兮的。应对这些幽灵可能意味着学会与泥泞共处，将水的毒性纳入课程，将其理解为与创立它的现代性有内在联系。国家快速城市化所导致的生态灾难将不会被视为需要被治愈的症状，而是提醒我们为实现“无条件大学”所应创设的可能的结构条件。

显然，这三个矛盾并没有指向传统意义上的政策建议，因为它们的适用性不强，并且其结果也无法衡量。相反，它们将“被幽灵萦绕的大学”（spectered university）视为一个无法解决的问题，一个需要学习有关包容性边界的机构。这些边界并不意味着接受不公正现状，相反，它们应该被视为一种刺激：当将幽灵视为大学的组成部分时，“包容”这个概念本身发生了变化，并且包容/排斥不再被看作一个二元问题。因此，我们受这些幽灵驱使不仅需要审视教育政策中允许学校做的事情和不能做的事情，还要祛除由自己的欲望所生发出的幽灵。

致谢 感谢哥伦比亚大学师范学院博士生麦考尔（Seth McCall）和科森（Jordan Corson），本文中的许多想法来自我们2017年的讨论。

参考文献

Alsina, G., & Borello, J. A. (2007). *Diagnóstico ambiental del Partido de Malvinas Argentinas. Instituto del Conurbano*. Universidad Nacional de General Sarmiento. Retrieved from www.ungs.edu.ar/ms_publicaciones/

wp-content/.../05/Malvinas-Argentinas-2004.pdf

Barsky, A. (2005). El periurbano productivo, un espacio en constante transformación. Introducción al estado del debate, con referencias al caso de Buenos Aires. *Scripta Nova, 9*, 194. Retrieved from http://pdfhumanidades.com/sites/default/files/apuntes/Barsky_Periurbano%20productivo.pdf

Blanco, M. d. P., & Peeren, E. (2013). Introduction: Conceptualizing spectralities. In M. d. P. Blanco & E. Peeren (Eds.), *The spectralities reader: Ghosts and haunting in contemporary cultural theory* (pp. 1–27). New York: Bloomsbury Academic.

Chiroleu, A., Suasnábar, C., & Rovelli, L. (2016). *Política universitaria en la Argentina: revisando viejos legados en busca de nuevos horizontes*. Buenos Aires, Argentina: Universidad Nacional de General Sarmiento.

Derrida, J. (2002). The University without condition. In *Without Alibi* (pp. 202–237). Stanford: Stanford University Press.

Gluz, N. (Ed.). (2011). *Admisión a la universidad y selectividad social*. Buenos Aires, Argentina: Universidad Nacional de General Sarmiento.

Martín, J. P. (2013). *La construcción de una aventura*. Buenos Aires, Argentina: Universidad Nacional de General Sarmiento.

Plotno, G. S. (2009). Un estudio sobre ingreso y deserción en la UBA (p. 17). Presented at the XXVII Congreso de la Asociación Latinoamericana de Sociología. VIII Jornadas de Sociología de la Universidad de Buenos Aires, Buenos Aires. Retrieved from http://cdsa.aacademica.org/000-062/2035.pdf

Popkewitz, T. S. (2008). *Cosmopolitanism and the age of school reform: Science, education and making society by making the child*. London: Routledge.

Popkewitz, T. S. (2009). The double gestures of cosmopolitanism and comparative studies of education. In R. Cowen & A. M. Kazamias (Eds.), *International handbook of comparative education* (pp. 385–401). Berlin: Springer.

Rovelli, L. (2009). Del plan a la política de creación de nuevas universidades nacionales en Argentina: la expansión institucional de los años 70 revisitada. *Temas Y Debates, 17*, 117–137.

作者简介

丹尼尔·S. 弗里德里克(Daniel S. Friedrich)　美国哥伦比亚大学师范学院(Teachers College, Columbia University)课程系副教授，课程与教学系系主任。在课程研究(curriculum studies)、教师教育(teacher education)、比较教育与国际教育(comparative and international education)等领域发表了大量文章。第一本著作《作为课程问题的民主教育》(*Democractic Education as a Curricular Problem*)于2014年由劳特利奇(Routledge)出版社出版。参与合编的《拉丁美洲人的童年时期、学校教育和社会的共鸣》(*Resonances of El Chavo del Ocho in Latin American Childhood, Schooling, and Society*)2017年由布鲁姆斯伯里学术(Bloomsbury Academic)出版公司出版。弗里德里克是比较教育与国际教育学会

（Comparative and International Education Society）比较教育和国际教育后基础方法特别兴趣小组（Post-Foundational Approaches to Comparative and International Education Special Interest Group）的联合创始人之一，布鲁姆斯伯里学术出版社“比较教育与国际教育新方向”系列的联合主编之一。

电子邮箱：Friedrich@tc. edu；Friedrich@exchange. tc. columbia. edu。

（王 珊 魏晓宇 译）

第六章

高等教育现代化

眭依凡

（中国　浙江大学）

2015年国际教育论坛通过的《教育2030：仁川宣言》（Education 2030：The Incheon Declaration）明确提出，到2030年确保全纳、公平和有质量的教育，增进全民终身学习机会。随后通过的《教育2030框架》（Framework of Education 2030）重申了这一愿景，并提出了10项具体目标和行动战略（UNESCO，2015）。中国政府于2016年发布《落实2030年可持续发展议程中方立场文件》，提出“深化教育现代化进程”（潘懋元，李国强，2016）。

党的十八届三中全会提出推进国家治理体系和治理能力现代化，然而，作为国家强盛之基的高等教育不仅只是治理现代化的问题，其整体现代化更是肩负着强国使命的高等教育必须面对的挑战。高等教育强国已经写进了我国教育改革与发展规划纲要。什么样的高等教育才能肩负强国之重任？答案是：高等教育现代化。高等教育现代化既是高等教育的发展目标和强国目标，又是发展高等教育和强国的手段与基础；既是我国高等教育改革进程中迫切需要解决的重大理论问题，又是创建强大高等教育体系中的重要现实问题。高等教育现代化有赖于理论指导，这是高等教育现代化研究的意义所在。本章旨在讨论与之相关的三个问题：何谓高等教育现代化？高等教育现代化有哪些特征和要素？如何实现高等教育现代化？

6.1　何谓高等教育现代化

中国学者从高等教育现代化的覆盖范围（《上海高等教育现代化指标研究》课题组，2007）、特征（张安富，2010）和过程（张应强，2000）等方面对高等教育现代化进行了界定。2013年，中国高等教育学会会长瞿振元教授提出，高等教育现代化是新时期高等教育改革发展的重大使命，实现高等教育现代化需要理论先行（瞿振元，2014）。

在概念界定的讨论中，需要明确以下几个问题："高等教育现代化"究竟是一个目标导向的概念，还是一个基于过程的概念？是一个面向未来的概念，还是一个关注现在的概念？是一个国际比较的概念，还是一个本土的概念？如果是目标导向的概念，目标是什么？如果是面向未来的概念，是多久的未来？如果是国际比较的概念，那么应该与谁比较？这都是高等教育现代化无法回避的基本理论问题。为获得对高等教育现代化更为全面准确的认识，我们可以先对我国早期现代化概念的提出和界定作一个简单的回顾。

我国在1964年12月第三届全国人民代表大会第一次会议的政府工作报告中首次提出"四个现代化"的概念，即工业现代化、农业现代化、国防现代化、科学技术现代化，并且提出要用两个15年来实现"四个现代化"。第一个15年，建立一个独立的、比较完整的工业体系和国民经济体系，使中国工业大体接近世界先进水平；第二个15年，力争在20世纪末，使中国工业走在世界前列，全面实现农业、工业、国防和科学技术的现代化。

1979年12月，邓小平把现代化具体表述为实现小康，并于1984年界定，"所谓小康，就是到本世纪末，国民生产总值人均达到800美元"（邓小平，1987：53），这使我国的现代化有了具体的可操作的数据参照。随着我国人均GDP不断增长，2002年11月，党的十六大提出在21世纪头20年完成"全面建设小康社会"的奋斗目标，这个阶段我国人均GDP目标是实现从1 000美元向3 000美元的跨越。而2012年我国人均GDP就达到了6 100美元，于是党的十八大后，我国将工业化、信息化、城镇化和农业现代化确定为"四化"并赋予它们新的内涵。由此可见，就国家有关经济社会领域的现代化概念而言，中国的现代化是一个既有本土区域界定又有国际社会参照，既指向未来某个时限又有一个相对量化目标的概念，即现代化是一个不断调整、不断提升、与时俱进的动态发展过程。

1983年，邓小平提出"教育要面向现代化，面向世界，面向未来"，这是我国首次提出教育现代化。就笔者掌握的资料，此前将教育与现代化关联起来的是天津南开大学的创始人张伯苓。张伯苓在一次演讲中提到，瓦式邦博士到南开中学时曾问他"教育之目的为何"，他这样回答道："我之教育目的在以教育之力量，使我中国现代化，俾我中华民族能在世界上得到适当的地位，不至于受淘汰。"（崔国良,1997：208)张伯苓先生在那个年代就认识到教育救国、教育强国的作用。邓小平提出的教育的“三个面向”,虽然不同于“四个现代化”,但其为教育事业的改革发展指明了方向。现在看来,教育的“三个面向”对我们进一步理解教育现代化具有方法论的意义,即教育现代化绝非一个独立的概念,其解读既不能脱离世界,也不能无视未来。

“高等教育现代化”能否依据教育“三个面向”的解读并参照国家经济社会现代化的理解予以界定? 基于前期的研究(眭依凡,2009,2014a,2014b),我们对“高等教育现代化”作如下界定是合适的：高等教育现代化是以国际高等教育最高水平、最先进状态为参照的目标体系和追求,是具有时空局限性的相对概念,反映未来某阶段或现实高等教育发展的最高水平及其综合实力的最强状态。

6.2　高等教育现代化的特征和要素

基于上述对高等教育现代化概念的讨论,可以确定高等教育现代化的特征绝不是其内部独立要素的反映,而是高等教育内部和外部诸多具有共性的特殊关系的体现。可以将这些关系归纳如下：第一,高等教育现代化既是一个国际比较及国际化的目标追求,又是一个注重本土现实的过程;第二,高等教育现代化既强调数量发展的要求,又强调质量的要求,是精英教育与普及教育的结合;第三,高等教育现代化既是高等教育未来发展的方向和目标,又是高等教育发展的进程和状态;第四,高等教育现代化既基于国家竞争和国家现代化的需要,又引领国家现代化发展并构成国家现代化不可或缺的基础;第五,高等教育现代化既是高等教育宏观治理体系的现代化,又是高等教育实施者大学治理能力的现代化;第六,高等教育现代化是高等教育理念现代化与高等教育内容、手段和方法现代化的结合。

高等教育现代化绝不是一个孤立的抽象概念,无论是作为目标还是过程变量,其操作价值都在于,它是由诸多具体表达高等教育某一状态或过程,即一组高等教育要素构成的集群概念。因为高等教育现代化是一个多要素参与的反映高等教育发展的复杂状态和进程,根本无法用某个单一的高等教育术语来描述高等教育现代化及其进程。一些学者确定了衡量高等教育现代化的四个指标,即规模、投入、质量和效能(凌云,俞佳君,2015)。据此前提,我们可以通过对这一基本理论的演绎,得出高等教育现代化主要由下列六个要素构成：

（1）高等教育的普及化。这是指50%以上的适龄青年有机会有条件接受高等教育（Martin，1973），也是高等教育现代化必须率先达成的基本目标。

（2）高等教育的高质量。高等教育有两个基本职能或核心使命，即人才培养和知识贡献。例如，如果没有足够的质量和效能，规模和数量上的发展并不是真正意义上的现代化。

（3）高等教育的善治结构。有效的治理结构特别强调效率优先、民主管理、整体设计、法治保障，这是确保高等教育现代化的组织条件和制度前提。

（4）高等教育的国际化。高等教育现代化本身就是国际比较且反映高等教育国际最先进状态和最高水平的概念，因此高等教育国际化是构成和体现高等教育现代化最重要的要素。本文在第三部分作专门讨论。

（5）高等教育的信息化。除了改变人们的生活和生产外，现代信息与通信技术（information and communication technology，简称ICT）的普及化及其日新月异的发展进步在理念、方法和路径方面对传统高等教育提出了挑战，并将高等教育带入了全新的大教育时代。尤其是由美国一批世界著名大学发起的大规模开放网络课程（massive open online course，简称MOOC）运动，使得高等教育优质资源已经不再是少数大学的垄断及少数知识精英独享的特权，这一由信息与通信技术的现代化给高等教育带来极大的冲击，不仅改变了传统的高等教育路径和方法，还改变了传统高等教育和大学的概念以及其存在的方式和意义。尽管其对传统高等教育还未形成所谓的颠覆性挑战，但这种全方位的高等教育信息化趋势（如MOOC）不得不被国际社会高度认同，并被视为代表了高等教育现代化的发展方向和发展趋势。

（6）高等教育的学习型社会。学习型社会根本不同于学历教育社会，高等教育不再只是以提供或获得某一特殊阶段的高学历为目的，高等教育的学习成为一种常态化的生活方式，成为人们满足兴趣爱好和知识更新所需要的闲暇教育和终身教育。作为高等教育的理想，高等教育的学习型社会是一种体现了学习时空的开放性、学习内容的多样性、学习机会的公平性、学习者的全民性、学习过程的主体性的社会形态。高等教育的学习型社会不仅反映了高等教育终身化的社会诉求，还是让人们终身参与高等教育学习得以实现的基础。因此，高等教育的学习型社会可以说是高等教育现代化的终极目标。

或许我们还可以找到其他反映高等教育现代化的指标，但上述六大要素是高等教育现代化不可或缺的重要组成部分（见图6.1）。

图6.1　高等教育现代化的要素

6.3　如何实现高等教育现代化

尽管我国的高等教育事业在近几十年来取得了令世界瞩目的长足进步，但与世界高等教育强国之间还存在较大差距。除了规模总量，我国目前在高等教育的效率和质量等方面尚缺乏优势，因此，加速高等教育现代化进程尤为迫切。毫无疑问，以世界高等教育综合实力最高水平及最强状态为基本特征的高等教育现代化，并不是一蹴而就的，然而当我们认识到高等教育现代化的重要性及其强国作用的不可替代性，如何加快实现高等教育现代化的问题就迫在眉睫。总结党的十一届三中全会以来中国社会经济巨变的成功经验，“改革”与“开放”两个关键词即可高度概括。

因此，党的十八大后，党中央坚定不移地进一步深化改革、扩大开放，为实现中国梦而努力。高等教育作为中国国家体系的一个极其重要且甚为复杂的系统，正经历着重大的变革和振兴。只有改革开放，才能实现高等教育现代化。

6.3.1　通过高等教育改革实现高等教育现代化

近几年，我国先后出台了《国家中长期科学和技术发展规划纲要（2006—2020

年）》《国家中长期人才发展规划纲要（2010—2020年）》和《国家中长期教育改革和发展规划纲要（2010—2020年）》。教育发展特别强调改革先行，原因有二：其一，教育作为一种最为复杂的社会活动，其涉及的社会因素，包括利益相关者最多；其二，教育领域积淀的久而未决的问题多，教育与政府、社会、学校、受教育者，以及教育理想与社会现实之间相互缠绕的诸多复杂关系尚未理顺，教育发展特别是高等教育发展中存在一定的冲突和障碍。改革无疑是推动高等教育现代化的动力和手段。

由于高等教育是统一性与多样性、系统要素及其诸多利益主体、内外部关系及其问题错综复杂、相互交织的庞大体系，因此高等教育改革是一项牵一发而动全身的系统工程，对其复杂程度必须有充分认识。片面的、孤立的、静态的改革或解决方案，可能可以解决暂时性的问题或部分问题，取得立竿见影的效果，但不能从根本上解决问题（眭依凡，2014a，2014b）。减少高等教育系统改革进程中的不确定性及复杂性，唯一的选择就是防止碎片化改革，对高等教育改革进行全面综合的、系统整体的顶层设计。

6.3.2 通过高等教育国际化实现高等教育现代化

在特定的国家背景和历史制度路径中，国家高等教育体系是一个追求效率和质量的开放社会体系。大学作为开放系统，必须通过不断吸收外界资源和能量来提升效率和质量，它不像封闭系统那样与外界没有资源和能量交换，这与高等教育国际化的概念不谋而合。

所谓高等教育国际化，是通过高等教育系统的对外开放和高等教育的国际合作交流，促进国际高等教育包括成功经验、科学技术、物质设备及人才和信息等在内的资源共享和流动，以提升高等教育发展水平和质量的活动及过程（浦琳琳，眭依凡，2016）。高等教育国际化是通过学习和借鉴世界高等教育最先进的方法、经验和技术，用尽可能短的时间达到或接近世界高等教育最先进状态的有效途径。因此，正如前文关于高等教育现代化讨论得出的结论，高等教育国际化不仅是促进高等教育现代化的手段和要领，还是反映高等教育现代化不可或缺的要素。正如奈特（Jane Knight）所总结的，“高等教育融入国际是刻不容缓、毋庸置疑的”（张哲，2012）。

在一个知识的决定性作用日益凸显的时代，高等教育已经成为一个国家实力的象征。没有高等教育的崛起，国家和民族的崛起凭借什么？没有高等教育的崛起，我们靠什么圆强国之梦？我想这正是我们必须研究高等教育现代化，并致力于加速高等教育现代化进程的意义和目的之所在。

参考文献

Martin, T. (1973). *Problems in the transition from elite to mass higher education*. Berkeley: Carnegie Commission on Higher Education.

UNESCO. (2015). *Education 2030: Incheon declaration and framework for action-towards inclusive and equitable quality education and lifelong learning for all*. Retrieved from http: //www. unesco. org/new/fileadmin/MULTIMEDIA/HQ/ED/ED_new/pdf/FFA-ENG-27Oct15. pdf

崔国良.(1997).*张伯苓教育论著选*.北京:人民教育出版社.

邓小平.(1987).*建设有中国特色的社会主义(增订本)*.北京:人民出版社.

瞿振元.(2014).实现高等教育现代化要理论先行.载范笑仙,胡赤弟,主编.*改革·质量·责任:高等教育现代化——2013年高等教育国际论坛文集*.北京:中国人事出版社,7.

凌云,俞佳君.(2015).中国离高等教育现代化还有多远——几个关键指标的国际比较.*教育研究与实验*,(2),23-28.

潘懋元,李国强.(2016).2030年中国高等教育现代化发展前瞻.*中国高等教育*,(17),5-7.

浦琳琳,眭依凡.(2016).高等教育国际化的"退"与"进".*中国社会科学报*,09-08(07).

《上海高等教育现代化指标研究》课题组.(2007).上海高等教育现代化框架及其指标的展望.*教育发展研究*,(4),16-23.

眭依凡.(2009).高等教育强国:大学的使命与责任.*教育发展研究*,*29*(23),26-30.

眭依凡.(2014a).论大学的善治.*江苏高教*,(6),15-21.

眭依凡.(2014b).公平与效率:教育政策研究的价值统领.*中国高等教育*,(18),11-15.

张安富.(2010)."十化"趋势:我国高等教育现代化发展的基本特征.*国家教育行政学院学报*,(12),53-57.

张应强.(2000).*高等教育现代化的反思与建构*.哈尔滨:黑龙江教育出版社.

张哲.(2012).高等教育国际化的价值比定义更重要——访加拿大多伦多大学安大略教育研究院教授简·奈特.*中国社会科学报*,09-17(A03).

作者简介

眭依凡 浙江大学高等教育研究所所长、博士生导师,教育部2012年度长江学者特聘教授,第七届国务院学位委员会教育学科评议组成员,第六届全国教育科学规划领导小组高等教育学科组副组长;享受国务院政府特殊津贴,获评全国"从事高教工作逾30年高教研究有重要贡献学者"。现为中国高等教育学会学术委员会副主任,中国教育发展战略学会常务理事,中国高等教育学会高等教育管理研究会副理事长。

电子邮箱: suiyifan@zju. edu. cn。

第七章

高等教育扩张对中国台湾高等教育回报率之影响

吴政达　汤家伟

（中国　台湾康宁大学/台湾政治大学）　（中国　台湾中山大学）

1994 年 4 月 10 日，台湾包括 3 万多人在内的 200 个民间团体在台北街头游行，同年 10 月，“四一〇教育改造联盟”成立，并提出了教育改造的四大诉求：落实小班小校，广设高中大学，推动教育现代化，制定教育基本法。这些努力使得台湾的高校数量急剧增加，从 1994 年的 60 所增加到 2017 年的 144 所；①而大学毕业生的失业率则从 1994 年的 2.52%上升到 2017 年的 5.19%。②

阿夫扎尔（Afzal, 2011）指出，教育是影响个人经济地位与社会成就的重要因素，亦被认定为发展人力资本的关键。教育能带动提升的不只是劳动者工作中的劳动生产力与效率，也可以通过教育投资开发出高度专业的人力资源，从而带动国家经济持续发展与增长。其中，教育回报率（rates of return to education）是反映教育投资经济收益的一项指标。传统上，计算教育回报率多数采用明瑟收入方程（Mincer's wage equation）计算出的明瑟收益率，该方程基于普通最小二乘法（ordinary least square method）。普通最小二乘法使用线性最小均方误差估计来确定每多受一年教育对个人平均收入的影响，因此无法进一步探讨处于不同收入水平的教育回报率的异质性。利用分位数回归（quantile regression）则可以对教育回报率进行分析，可提供不同分位数的估计结果，清楚解释被解释变量的整个分布情况。这种方法更全面地描述了教育回报率的整体情况。

分位数回归分析研究在国外已被广泛应用于许多领域，在教育领域的运用多

① 资料来源：台湾教育事务主管部门统计处，http://stats.moe.gov.tw/files/important/OVERVIEW_U03.pdf

② 资料来源：台湾地区行政管理机构主计总处，http://win.dgbas.gov.tw/dgbas04/bc4/manpower/year/year_t1t24.asp?table=21&ym=1&yearb=82&yeare=106&out=1

与教育回报率相关。例如,布金斯基(Buchinsky, 2001)运用分位数回归分析美国女性的教育回报率。马丁斯和佩雷拉(Martins & Pereira, 2004)运用分位数回归分析教育回报率,观察受教育水平与收入不均的相关性,并认为受教育水平与收入不均呈正相关。宁光杰(Ning, 2010)分析教育扩张是否可以改善中国收入不均的现象,通过分位数回归分析得出,低收入群体的教育回报率较低,对于收入差距影响有限。分位数回归分析可以弥补传统普通最小二乘法的缺点,并且揭示处于不同收入水平的教育回报率的差异。

本文采用分位数回归方法探讨台湾1994年以来高等教育扩张的现象是否影响大学的教育回报率,进而细究高等教育科系(如科学、工程和农业)的回报率差异。

7.1　分位数回归模型

分位数回归模型使我们关注解释变量对被解释变量分布的影响。分位数回归模型参数估计建立于"极小化所有误差项绝对值的总和"之准则上,表示如下:

$$y_i = x'_i\beta_\theta + \varepsilon_{i\theta} \quad i = 1,\ 2\cdots,\ n$$

其中,y_i 为被解释变量,为从样本 Y_i 中抽出的随机样本;x_i 为解释变量;θ 为取值为0—1的分量;β_θ 为参数向量;$\varepsilon_{i\theta}$ 为误差项。假设 y_i 的第 θ 条件分量为线性,可将条件分位数回归模型表示如下:

$$\text{Quant}_\theta(y_i \mid x_i) = x'_i\beta_\theta,\ i = 1,\ 2\cdots,\ n$$

$\text{Quant}_\theta(y_i \mid x_i)$,表示在给定 x_i 下,y_i 的第 θ 条件分量。β_θ 是估计不同 θ 值 $(0 < \theta < 1)$ 下,欲估计的未知参数向量。对于线性模型,回归参数 β_θ 之估计式为:

$$\widehat{\beta_\theta} = \text{Min}\Big\{\sum_{i = y_i \geqslant x'\beta} \theta\,|y_i - x_i'\beta| + \sum_{i = y_i < x'_i\beta} (1-\theta)\,|y_i - x_i'\beta|\Big\}$$

在此模型下,给定正、负绝对值误差不同的权数,即可得到分位数回归估计式。而参数估计式 $\widehat{\beta_\theta}$ 之意义为,当 x_i 变动一单位时,y_i 的第 θ 分量分位将会变动 $\widehat{\beta_\theta}$ 个单位。当 θ =0.5时,将上列式子乘以2,则可得最小绝对偏差之估计式如下:

$$\widehat{\beta}_{0.5} = \sum_{i=1}^{n} |y_i - x_i{}'\beta|$$

将 $\theta = 0.5$ 时的分位数回归称为中位数回归，可得知中位数回归为分位数回归中的特例。估计式亦可写成一般式如下：

$$\widehat{\beta}_{\theta} = \mathrm{Min}\left[\frac{1}{n}\sum_{i=1}^{n}\rho_{\theta}(y_i - x_i{}'\beta)\right] = \mathrm{Min}\left[\frac{1}{n}\sum_{i=1}^{n}\rho_{\theta}(\varepsilon_{i\theta})\right]$$

其中，ρ_θ 为调整方程式（check function），可视为分位数回归估计式中的正、负绝对误差权重，定义如下：

$$\rho_\theta(\varepsilon) = \theta\varepsilon \quad \text{if } \varepsilon \geqslant 0$$

$$\rho_\theta(\varepsilon) = (\theta - 1)\varepsilon \quad \text{if } \varepsilon < 0$$

故可知，$\widehat{\beta}_\theta$ 是经过排序后，y_i 的第 θ 样本分量。

7.2 高等教育回报率的分位数回归分析结果

研究的样本数据主要来自台湾教育事务主管部门的教育统计资料，以及主计处人力资源调查数据库（Human Resources Survey Database）和学术调查研究资料库（Survey Research Data Archive，简称 SRDA）。数据时间范围为 1994—2016 年，研究对象为 22 岁（台湾地区大学应届毕业生平均年龄）至 65 岁劳动者。

研究分析首先以明瑟（Mincer，1974）人力资本模型①为基础，根据分位数回归模型进行回归分析，分析 1994—2016 年台湾教育改革二十多年来台湾高等教育机构的教育回报率，以及回报率的趋势与变化情形，探讨影响高等教育回报率变化的因素。基本模型采用性别、所在县市、婚姻状况、工作经验、工作经验平方、受教育程度与企业规模等变量作初步分析，其中工作经验平方变量为矫正项目。表 7.1 为 1994—2016 年台湾高等教育回报率分位数回归分析表，本文将 θ 设定为 0.05、0.25、0.5、0.75、0.95 分别进行回归分析。

---

① 明瑟人力资本模型：$\ln Y = a + b_1 S + b_2 E + b_3 E^2 + \varepsilon$

表 7.1　台湾高等教育回报率分位数回归结果（1994—2016 年）

分量 θ	0.05		0.25		0.5		0.75		0.95	
年份	β	SD	β	SD	β	SD	β	SD	β	SD
1994 年	0.187	0.073	0.143	0.028	0.171	0.021	0.159	0.025	0.137	0.070
1995 年	0.309	0.027	0.208	0.026	0.168	0.021	0.180	0.024	0.233	0.014
1996 年	0.180	0.109	0.210	0.030	0.227	0.029	0.225	0.024	0.251	0.076
1997 年	0.081	0.099	0.168	0.028	0.203	0.026	0.241	0.017	0.216	0.071
1998 年	0.092	0.065	0.170	0.025	0.203	0.032	0.263	0.028	0.190	0.025
1999 年	0.160	0.016	0.185	0.018	0.200	0.016	0.237	0.039	0.285	0.035
2000 年	0.056	0.088	0.184	0.021	0.211	0.029	0.288	0.036	0.301	0.027
2001 年	0.027	0.024	0.165	0.018	0.233	0.033	0.260	0.037	0.275	0.044
2002 年	0.060	0.098	0.209	0.020	0.221	0.024	0.251	0.015	0.265	0.028
2003 年	0.153	0.050	0.193	0.024	0.215	0.022	0.209	0.022	0.162	0.022
2004 年	0.103	0.119	0.189	0.024	0.214	0.018	0.212	0.021	0.239	0.064
2005 年	0.153	0.041	0.165	0.019	0.191	0.017	0.188	0.024	0.234	0.087
2006 年	0.023	0.140	0.140	0.020	0.155	0.015	0.218	0.021	0.181	0.020
2007 年	0.008	0.131	0.163	0.020	0.202	0.018	0.218	0.020	0.212	0.024
2008 年	0.024	0.060	0.114	0.020	0.189	0.018	0.215	0.020	0.267	0.042
2009 年	0.166	0.017	0.189	0.007	0.202	0.006	0.224	0.007	0.231	0.017
2010 年	0.153	0.036	0.199	0.022	0.222	0.036	0.197	0.037	0.126	0.091
2011 年	-0.030	0.195	0.093	0.038	0.110	0.031	0.136	0.019	0.166	0.060
2012 年	0.053	0.053	0.105	0.017	0.129	0.017	0.139	0.019	0.235	0.032
2013 年	0.048	0.103	0.100	0.037	0.108	0.043	0.158	0.040	0.139	0.023
2014 年	0.153	0.086	0.076	0.034	0.135	0.042	0.185	0.040	0.227	0.039
2015 年	-0.240	0.438	0.036	0.040	0.144	0.049	0.219	0.055	0.216	0.115
2016 年	-0.655	0.172	0.003	0.034	0.099	0.029	0.149	0.028	0.118	0.082

注：β 为分位数回归系数，SD 为标准差。

图 7.1 是根据表 7.1 绘制的 1994—2016 年台湾高等教育回报率分位数回归趋势图，X 轴为年份，Y 轴为高等教育回报率的系数。根据中位数回归的趋势线可知，台湾高等教育回报率存在逐渐下降的趋势。

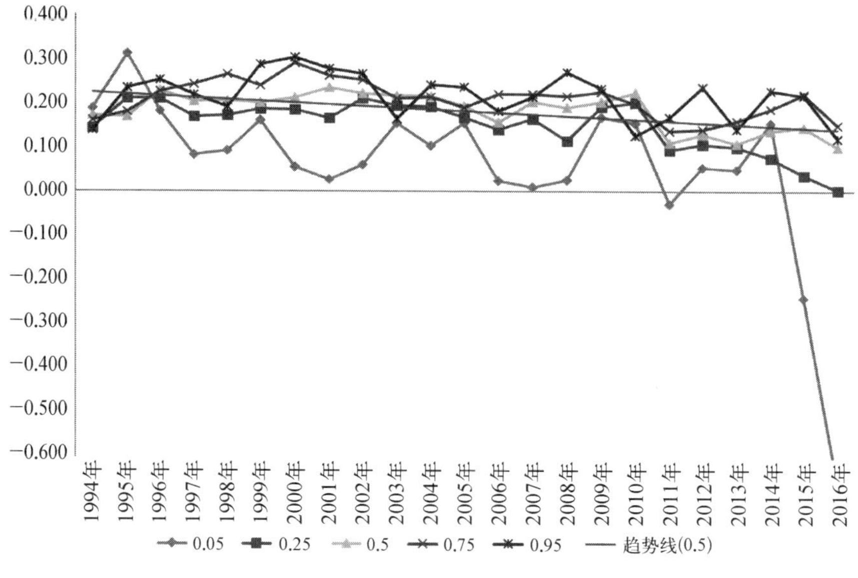

图 7.1　1994—2016 年高等教育回报率分位数回归趋势图

表 7.2 总结了 2016 年分位数回归结果。以受教育程度为例，系数为正值，表示受高等教育的劳动者收入高于未受高等教育劳动者的收入。同样，在工作经验与性别变量上，系数为正值，表明二者与收入呈正向显著关系。在婚姻状况变量上，系数为正值且不显著，代表未婚者收入与已婚者收入没有明显差异。工作经验平方系数为负值，显示与收入有负向显著关系，符合明瑟人力资本模型的观点，劳动者会随着年龄的增长与收入呈现倒 U 形。

表 7.2　2016 年台湾高等教育回报率分位数回归分析表(节选)

2016 年	分量	系　数	标准差	*T* 值	显著性水平
常数	0.05	9.526 0	0.022 5	424.387 0	***
	0.25	9.864 4	0.006 2	1 586.282 6	***
	0.50	9.974 2	0.006 7	1 498.895 2	***
	0.75	10.076 0	0.007 9	1 277.986 1	***
	0.95	10.340 3	0.022 4	461.384 5	***
性别	0.05	0.112 8	0.013 5	8.331 5	***
	0.25	0.150 1	0.005 0	30.028 4	***

续　表

2016 年	分　量	系　数	标准差	T 值	显著性水平
性别	0.50	0.178 7	0.005 2	34.082 7	***
	0.75	0.217 9	0.006 2	35.384 2	***
	0.95	0.231 5	0.016 9	13.727 7	***
婚姻状况	0.05	0.033 6	0.012 4	2.713 6	**
	0.25	0.059 7	0.004 9	12.147 4	***
	0.50	0.082 7	0.005 2	16.039 3	***
	0.75	0.120 4	0.006 3	19.068 4	***
	0.95	0.227 9	0.016 1	14.118 4	***
受教育程度	0.05	-0.655 1	0.172 3	-3.801 6	***
	0.25	0.002 8	0.033 8	0.084 0	
	0.50	0.099 5	0.028 7	3.469 0	***
	0.75	0.149 1	0.028 4	5.252 3	***
	0.95	0.118 3	0.082 1	1.440 8	
工作经验	0.05	0.035 1	0.003 0	11.865 9	***
	0.25	0.024 9	0.001 0	25.186 2	***
	0.50	0.026 5	0.001 0	25.932 0	***
	0.75	0.029 4	0.001 1	26.086 9	***
	0.95	0.033 5	0.003 0	11.341 4	***
工作经验平方	0.05	-0.000 9	0.000 1	-8.445 8	***
	0.25	-0.000 5	0.000 0	-12.607 7	***
	0.50	-0.000 4	0.000 0	-10.283 8	***
	0.75	-0.000 4	0.000 0	-9.949 1	***
	0.95	-0.000 5	0.000 1	-4.639 8	***

注：* $p<0.05$；** $p<0.01$；*** $p<0.001$。

7.3　不同科系高等教育回报率的分位数回归分析结果

高等教育科系根据学术调查研究资料库“人力运用调查”，将人力资源部分学历或考试的科系变量分为 10 类，包含文、法、商与管理、理、工、农、医、军警、教育与其他类科系，本研究采用 2016 年平均收入最低的农类科系作为参照点，针对不同科系进行教育回报率的探讨。

表 7.3 与图 7.2 为 1994—2016 年中位数回归下高等教育科系教育回报率的估计。对平均收入的劳动者而言，台湾教育改革二十多年平均下来，若以农类科系为参照目标，教育类科系毕业的劳动者教育回报率最高，为 23.8%。回顾 1994 年，医、教育、文类三个科系的教育回报率较高，而工、商与管理以及军警科系的教育回报率相对偏低。观察近五年数据，除了军警类科系下降幅度较为轻微，其余科系均有明显下降趋势。反观 2016 年教育回报率较高的科系为法、军警与教育，而教育回报率较低的科系则是商与管理、工类科系。

表 7.3　中位数回归下不同科系高等教育回报率分析

年份	文	法	商与管理	理	工	医	军警	教育
1994 年	0.149 0	0.136 0	0.036 6	0.084 6	−0.005 5	0.160 3	0.037 8	0.154 7
1995 年	0.162 7	0.165 9	0.062 7	0.109 9	−0.004 2	0.221 9	0.071 3	0.167 1
1996 年	0.112 2	0.076 7	0.027 2	0.091 7	−0.064 5	0.151 3	−0.004 0	0.161 0
1997 年	0.157 3	0.120 4	0.036 1	0.104 9	−0.052 6	0.183 0	0.026 7	0.200 4
1998 年	0.139 3	0.127 3	0.021 7	0.127 9	−0.016 2	0.179 6	0.066 4	0.211 7
1999 年	0.158 5	0.187 0	0.023 4	0.169 6	−0.032 5	0.195 8	0.084 7	0.219 9
2000 年	0.150 4	0.131 6	0.023 9	0.142 2	−0.044 5	0.184 6	0.094 5	0.185 1
2001 年	0.174 3	0.186 8	−0.001 0	0.134 6	−0.053 7	0.191 0	0.106 6	0.215 1
2002 年	0.151 7	0.235 4	0.019 1	0.136 0	−0.029 4	0.180 0	0.140 5	0.243 7
2003 年	0.139 3	0.207 9	0.032 5	0.080 7	−0.014 0	0.207 5	0.172 7	0.265 9
2004 年	0.156 6	0.211 0	0.027 8	0.118 3	−0.005 3	0.212 6	0.154 7	0.250 9
2005 年	0.120 1	0.225 2	0.026 4	0.151 5	−0.015 6	0.192 5	0.216 5	0.249 1
2006 年	0.158 7	0.252 6	0.049 8	0.106 5	0.012 7	0.217 7	0.246 2	0.251 1
2007 年	0.109 8	0.214 4	0.018 6	0.064 6	−0.020 2	0.187 9	0.213 1	0.224 7
2008 年	0.152 4	0.178 0	0.018 4	0.059 5	−0.006 3	0.195 1	0.219 5	0.279 4
2009 年	0.122 0	0.231 6	0.004 1	0.059 6	0.011 1	0.179 9	0.245 7	0.254 2
2010 年	0.070 6	0.256 5	−0.014 5	0.059 4	−0.036 1	0.135 5	0.206 6	0.207 8
2011 年	0.213 8	0.364 4	0.094 6	0.166 0	0.088 7	0.271 3	0.316 7	0.343 5
2012 年	0.155 2	0.337 2	0.068 0	0.152 5	0.059 8	0.263 9	0.323 0	0.343 7
2013 年	0.118 5	0.294 9	0.085 3	0.162 8	0.073 9	0.277 1	0.320 7	0.298 7

续　表

年　份	文	法	商与管理	理	工	医	军　警	教　育
2014 年	0.099 5	0.377 1	0.063 4	0.088 3	0.039 8	0.313 3	0.286 3	0.270 0
2015 年	0.078 6	0.283 1	0.030 3	0.094 8	0.008 4	0.235 0	0.324 8	0.209 0
2016 年	0.115 8	0.348 9	0.055 2	0.092 2	0.056 0	0.215 4	0.340 5	0.274 5
平均值	0.138	0.224	0.035	0.111	−0.002	0.236	0.183	0.238
排序	5	3	7	5	8	2	4	1

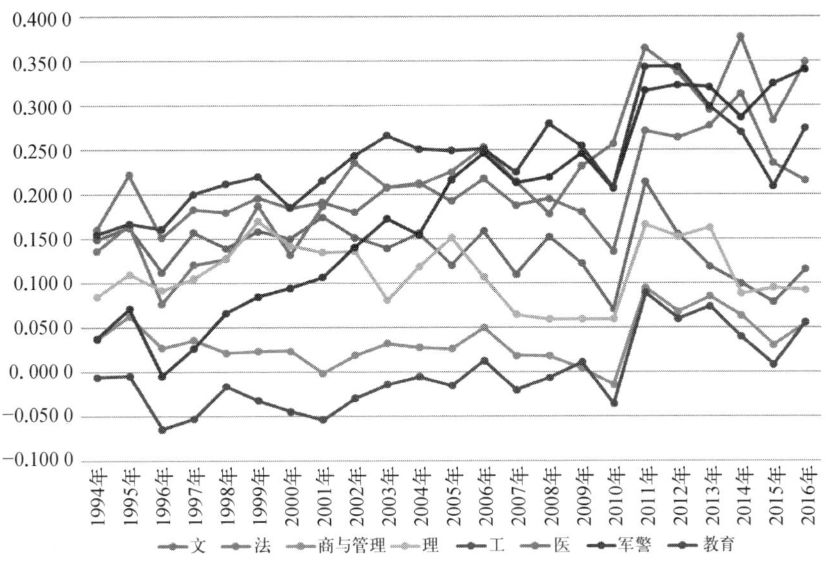

图 7.2　1994—2016 年不同科系高等教育回报率分位数回归趋势图

从数据可得知，1994—2016 年，教育回报率除了军警科系有稳定增长趋势，与医类科系教育回报率持平外，其余科系呈现上下浮动状态，而非稳定增长或衰退。

表 7.4 和表 7.5 使用 1994—2016 年五个分量的估计值比较了不同科系的分位数回归系数。

1994 年，对于低收入劳动者，教育、文、法和医类科系的高等教育回报率较高；对于高收入劳动者，法、理和医类科系的高等教育回报率较高。在医类科系，高收入劳动者与低收入劳动者的高等教育回报率存在明显差异。

2016 年，对于低收入劳动者，教育、医与军警类科系的高等教育回报率较高；对于高收入劳动者，医、法、军警类科系的高等教育回报率较高。

表 7.4　1994 年不同科系在五个分量的分位数回归系数

PR(0.05—0.95)	文	法	商与管理	理	工	医	军　警	教　育
0.05	0.123 8	0.109 4	0.045 8	0.048 0	0.041 9	0.108 2	−0.094 6	0.135 2
0.25	0.162 4	0.140 9	0.077 0	0.066 6	0.036 3	0.178 6	0.032 0	0.175 5
0.50	0.149 0	0.136 0	0.036 6	0.084 6	−0.005 5	0.160 3	0.037 8	0.154 7
0.75	0.140 2	0.157 1	0.047 2	0.138 0	−0.021 3	0.186 5	−0.002 7	0.145 1
0.95	0.099 2	0.401 4	0.111 8	0.095 8	0.024 5	0.474 9	0.022 6	0.113 8

表 7.5　2016 年不同科系在五个分量的分位数回归系数

PR(0.05—0.95)	文	法	商与管理	理	工	医	军　警	教　育
0.05	0.830 0	0.766 9	0.843 5	0.774 7	0.831 8	0.886 7	0.879 4	0.906 4
0.25	0.163 3	0.327 7	0.138 8	0.128 8	0.140 1	0.240 8	0.425 0	0.302 8
0.50	0.115 8	0.348 9	0.055 2	0.092 2	0.056 0	0.215 4	0.340 5	0.274 5
0.75	0.129 8	0.406 2	0.046 4	0.107 4	0.028 4	0.269 6	0.303 2	0.243 9
0.95	0.199 6	0.471 9	0.147 6	0.113 8	0.082 4	0.685 3	0.240 4	0.214 4

表 7.6 概括了 2016 年不同科系在中位数回归下的高等教育回报率回归分析结果。总的来说，这些结果表明受教育程度与收入之间呈正相关。工作经验、所在地区、性别和婚姻状况与收入呈显著正相关。具体来说，工作经验丰富的劳动者收入高于工作经验较少的劳动者；生活在六都（台湾最大的 6 个城市）的劳动者收入高于其他地区的劳动者；男性劳动者的收入高于女性劳动者；已婚者收入高于其他婚姻状况的人。而工作经验平方与收入呈负相关，这与明瑟人力资本模型相符。

表 7.6　2016 年不同科系高等教育回报率回归分析结果

	系　数	SD	*T* 值	*P* 值	显著性水平
常数	9.974 2	0.006 7	1 498.895 2	0.000 0	***
文	0.115 8	0.033 5	3.461 6	0.000 5	***
法	0.348 9	0.070 4	4.958 5	0.000 0	***

续　表

	系　数	SD	T 值	P 值	显著性水平
商与管理	0.055 2	0.028 9	1.911 9	0.055 9	
理	0.092 2	0.036 8	2.507 0	0.012 2	*
工	0.056 0	0.029 0	1.931 9	0.053 4	
医	0.215 4	0.031 7	6.788 8	0.000 0	***
军警	0.340 5	0.033 8	10.088 5	0.000 0	***
教育	0.274 5	0.033 4	8.207 8	0.000 0	***
生活在六都	0.037 8	0.004 8	7.848 9	0.000 0	***
男性	0.178 7	0.005 2	34.082 7	0.000 0	***
已婚	0.082 7	0.005 2	16.039 3	0.000 0	***
小公司	0.028 3	0.009 6	2.944 8	0.003 2	**
中型公司	0.035 0	0.011 1	3.155 2	0.001 6	**
大公司	0.076 9	0.007 0	10.994 9	0.000 0	***
本科学历	0.099 5	0.028 7	3.469 0	0.000 5	***
研究生学历	0.411 1	0.030 1	13.650 4	0.000 0	***
工作经验	0.026 5	0.001 0	25.932 0	0.000 0	***
工作经验平方	−0.000 4	0.000 0	−10.283 8	0.000 0	***

注：* $p<0.05$；** $p<0.01$；*** $p<0.001$。

总之，研究结果表明，受教育程度、工作经验、所在地区、性别和婚姻状况都与收入呈显著正相关，工作经验平方与收入呈显著负相关。台湾教育改革二十多年来，所有科系的高等教育回报率都在逐渐下降。平均而言，法、文与军警类科系高等教育回报率相对较高，还值得注意的是，对于高收入劳动者，选择医类科系较佳。军警类科系因为1993年相关部门针对警校学生的公费待遇，因此涨幅比其他科系明显。

7.4　结语

本研究使用分位数回归模型分析了1994—2016年台湾教育改革期间的高等教育回报率，检视过去二十多年中台湾受雇员工的高等教育回报率在不同的收入分布分位中呈现何种样态。首先，从高等教育回报率各年度的分位数回归分析中可以看出，高等教育回报率整体有逐渐下降的趋势，特别是近几年在中位数回归下的下降幅度更是惊人。从政策面剖析，台湾自 1997 年起高等教育扩张，2016 年大学数量达 126 所，大学以上毕业生人数每年接近 30 万人。高等教育的普及使得学历逐渐丧失作为求职者能力辨识指针的功能，由此所产生的负面现象，值得我们进一步探讨。

其次，本研究采用平均收入较低的农类科系作为参照点，针对不同科系探讨高等教育回报率。研究结果发现，二十多年来教育类科系毕业者的平均高等教育回报率最高，而近五年数据，除了军警类科系下降幅度较为轻微，其余科系均有明显下降趋势。这表明教育改革应考虑劳动力市场的不同需求，重新考虑继续扩大高等教育是不是改善人力资源的最佳途径。

最后，对未来研究有两项建议。一是本研究所分析的数据时间仅至 2016 年，未来可以纳入更长时间分析，尤其是加入未来调整收入幅度的数据进行剖析，更能发现个人背景、工作环境等相关因素与不同科系高等教育回报率间的影响，也更能进一步验证教育对人力资本的影响。二是本研究采用次级数据库进行分析，在建构教育收入回报模型时，未来可考虑加入人力资源数据库的相关变量。倘若可以进一步纳入在学阶段的各项综合信息，可重新验证和评估整体教育阶段投入对人力资本的贡献，更有益于厘清高等教育在人力资源发展方面的贡献。

参考文献

Afzal, M. (2011). Microeconometric analysis of private returns to education and determinants of earnings. *Pakistan Economic and Social Review*, *49*(1), 39 - 68.

Buchinsky, M. (2001). Quantile regression with sample selection: Estimating women's return to education in the US. *Empirical Economics*, *26*(1), 87 - 113.

Martins, P. S., & Pereira, P. T. (2004). Does education reduce wage inequality? Quantile regression evidence from 16 European countries. *Labour Economics*, *11*, 355 - 371.

Mincer, J. (1974). *Schooling, experience and earnings*. New York: National Bureau of Economic Research.

Ning, G. (2010). Can educational expansion improve income inequality? Evidences from the CHNS 1997 and 2006 data. *Economic Systems*, *34*(4), 397 - 412.

作者简介

吴政达　中国台湾康宁大学校长，曾任台湾政治大学教育学院院长、教育政策与领导研究所教授，台湾教育事务主管部门大学评鉴委员等职，并曾担任台湾各大学会和研究会理事长、教育期刊编辑委员。主要研究领域是教育政策分析、教育行政、教育统计等。

电子邮箱: chengta@nccu. edu. tw，profwuchengta@gmail. com。

汤家伟　中国台湾中山大学师资培育中心副教授。主要研究领域是教育政策分析和教育管理。

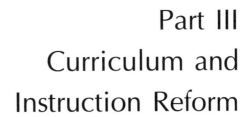

Part III
Curriculum and Instruction Reform

第三编
课程与教学改革

第八章

日本教育政策与全人发展课程

恒吉僚子

（日本　东京大学）

8.1　引言

日本的中小学教育和其他东亚社会的教育常常被认为是高成就的（OECD，2010）。在国际测试中，日本的中小学教育一直表现不错，例如，国际教育成就评价协会（International Association for the Evaluation of Educational Achievement，简称IEA）组织的第三届国际数学与科学教育成就趋势调查研究（Trends in International Mathematics and Science Study，简称TIMSS）、经济合作与发展组织（Organisation for Economic Co-operation and Development，简称OECD）发起的国际学生评估项目（Programme for International Student Assessment，简称PISA）等。源于日本的教育模式被其他国家模仿，其中最为著名的是日本的"授业研究"（lesson study）。授业研究是一种自下而上的教师相互学习的方法，教师向其他教师开放自己的课堂，并就如何理解和改进学生的学习进行讨论。目前，授业研究已经成立了国际范围的组织，并在许多国家以各种形式进行。①

总体来说，人们对日本学生在教育方面的高认知成就进行了较为充分的讨论。然而，到目前为止，关于非认知教育是如何融入日本教育的研究相对较少。实际上，部分外国学者已指出，日本教育具有全人发展的属性（Lewis，1995）。然而，这种分析仅作为一种文化层面的思考，而不是作为一种结构性（如课程）或政策性的研究，而这恰恰是本文关注的焦点。

① 世界授业研究协会（World Association of Lesson Studies）主页，http://www.walsnet.org/，retrieved,August,2017.

日本国家课程标准（Japanese National Curriculum Standards）关注非认知教育已有一段时间，包括学校活动（school event）、课堂讨论（class discussion）、学生会（student council）等活动。自从非认知教育成为国家课程标准的一部分，教育改革不可避免地要讨论指导非认知学习。因此，有必要了解课程的非认知部分，这甚至对进一步理解广受关注的日本教育的认知方面也是有价值的。

此外，在教育中培养孩子的社会与情感能力（social and emotional skills）已引起世界范围的关注（OECD，2015；Goleman，2005）。长期以来，日本教育将非认知学习与认知学习在课程中整合起来，成为一个很好的案例，人们从中可以观察到这种学习方式的形式，包括其益处和挑战，以及它如何进入教育改革政策的讨论。

8.2 为了均衡成长的改革

图 8.1 展示了现在日本的教育体系。小学和初中属于义务教育，20 世纪 70 年代以来，超过 90%的学生在达到这一教育水平后继续接受教育。因此，绝大多数初中毕业生会进入高中或者接受其他形式的同等学力教育。

日本是一个重视教育的社会，教师在日本历来享有很高的声誉，学生也一直为考入顶尖大学而紧张地准备。尤其在 20 世纪 50—70 年代日本经济高速发展时期，大众对考试的热情催生了“陪读妈妈”（education mamas）、“考试地狱”、“后进生”（children who can’t keep up with class）、“补习学校”（cram schools）等词汇（Rohlen，1983；Cummings，1980；Tsuneyoshi，2001）。媒体耸人听闻地报道考试压力（如应试教学，考试不及格者自杀），几十年来，中央教育审议会（Central Council for Education）等主要政府机构的教育政策文件都支持日本学生应该减负的言论。

实际上，在“二战”后的大部分时间里，由于日本学生在各种国际测试中表现优异并被认为学习勤奋，日本政策制定者面临的问题并不是低成就（low achievement），相反是日本学生为考试投入太多。因此，这样做的目的是减轻日本臭名昭著的中考和高考的压力，以便促进孩子们更好地成长。

这种努力的结果体现在最近备受关注的宽松教育（relaxed education）上。有选择地删除课程内容以便留给孩子们更多的时间，同时重申全人发展原则，不断

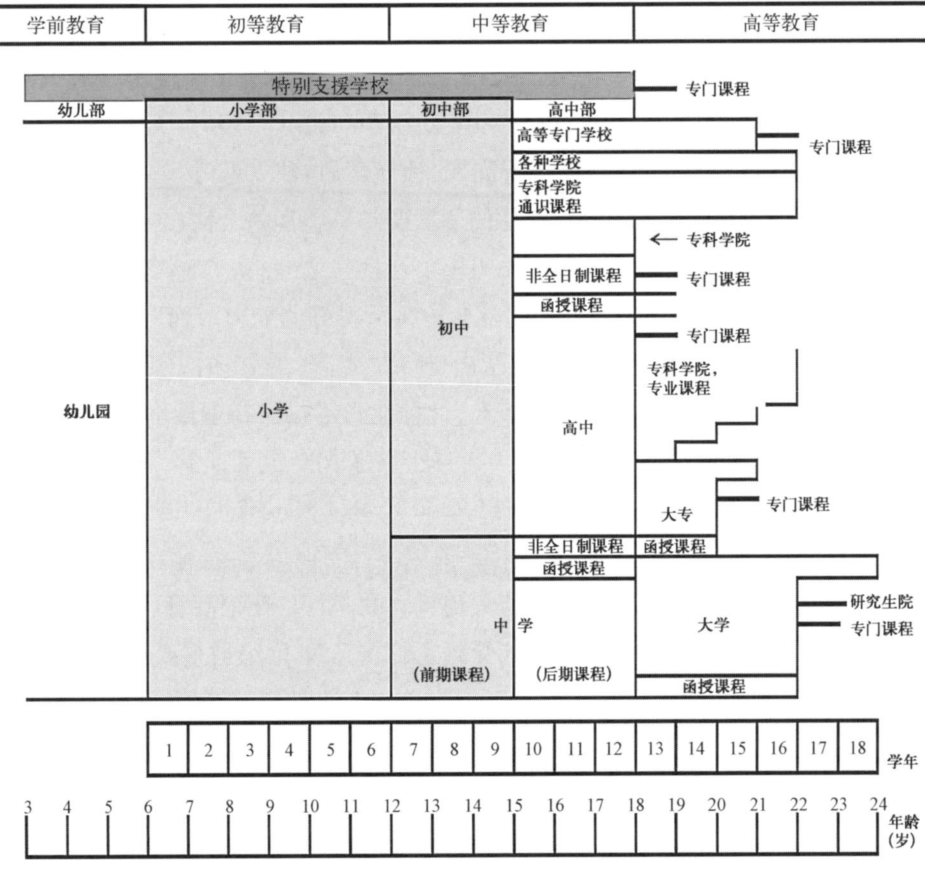

图 8.1　日本教育体系

资料来源：Ministry of Education, Culture, Sports, Science and Technology (MEXT) (2015). *Guidebook for Starting School: Procedures for Entering Japanese Schools*. https://www.mext.go.jp/component/english/__icsFiles/afieldfile/2016/06/24/1303764_008.pdf. Retrieved August, 2017.

平衡智、德、体之间的关系。

1977 年修订的国家课程标准有选择地减少了各科学时。在 1989 年的国家课程标准修订(1992 年在小学实施)中，提倡“新的学校教育观”(new scholastic view of education)，强调个体要有在快速变化的社会中独立行动的能力、思考和判断的能力以及学习的乐趣。一年级和二年级开设了一门实践课程(hands-on subject)，即生活课，代替了社会研究和科学课。

这种趋势在 1998 年的修订版国家课程标准中达到顶峰(2002 年在小学实

施）。此次改革呼吁培养学生好好生活的能力[ikiru chikara，翻译为“生活（生命）的力量”]。学生不仅面临着世界性问题，还面临一些日本特有的问题，如老龄化。因而人们认为需要培养学生在迅速变化的国际化、科学进步时代茁壮成长的能力。用中央教育审议会的话来说（Chuo Kyoiku Shingikai, 1996），无论社会如何变化，未来的孩子都需要具备独立分析问题、独立学习、独立思考、独立判断行动的能力和良好的问题解决能力；同时，他们还需要具备丰富的个性，与他人合作时具有自控力，还能顾及他人；身体健康也很重要。换言之，确立了智、德、体均衡发展的目标。这些能力是“在不断变化的社会中生活得好的能力”，而“以一种平衡的方式发展这些能力很重要”。有研究指出，所谓“生活（生命）的力量”，是一种“整体能力”（Chuo Kyoiku Shingikai，1996）。这种能力不仅仅指理性（智力素质），它也包括感性（flexible emotions），能为美与自然所感染的心，正义感，对生命、人权的尊重，关怀等，以及健康和强健的身体（Chuo Kyoiku Shingikai, 1996）。入学考试导致的过度竞争再次被抨击。

能力观的转变支持了对教育改革关键概念的修订。死记硬背、以教师为中心的教学、全班授课和“为考试而学”都受到了抨击。21 世纪最重要的能力是独立思考、合作和创新。实践学习、问题解决、儿童自主学习、在真实世界学习、反思等被频繁强调（Tsuneyoshi, 2004：369）。

伴随着能力观的变化，课程也发生了变化。例如，在 1998 年的改革（Monbukagakusho，1998）中设立了鼓励整合和独立学习的综合学习（integrated studies）课。根据文部科学省（Ministry of Education, Culture, Sport, Science and Technology，简称 MEXT）的要求，学校设计这一课程的目的是促使学生能够通过跨学科和探究性研究，独立思考生活，同时培养发现问题、独立学习和思考、作出前瞻性决策、更好地解决问题的能力和品质（Monbukagakusho, 2011b）。这一课程应包括国际理解、信息、环境、健康与福利领域，以及其他现有课程无法有效解决，需要用跨学科方式解决的其他领域。

20 世纪 90 年代末是“宽松教育”发展的鼎盛时期，一场关于日本教育成就下降的讨论引起轰动，补习学校、学者、文部省代表都参与了这场讨论（Ichikawa, 2002）。批评者认为，传统媒体塑造的日本学生过度学习的形象与现实不符。有人认为，学业成绩处于中低水平的学生的学习时间少于其他主要国家相同程度的学生（Kariya, 2002）。

接下来的课程设置是对之前几十年改革的回应。2017 年至今，小学课程从 2011 年 4 月开始实施（初中课程始于 2012 年，高中课程始于 2013 年，数学和科学课程开始得更早）。这次改革的目标是，教育“既不是‘宽松’的（relaxed），也不是‘填鸭式’的（cramming）”。[①] 这次改革重新将“生活（生命）的力量”界定为一种结合了智、德、体的均衡能力。坚实的认知能力、“丰富的心灵”（richness of heart）和健康的身体是“急剧变化的未来社会”所必需的。[②]

8.3 全人课程

日本《教育基本法》（Fundamental Law of Education）第一条要求培养“人格”与“和平民主的国家和社会的建设者”。“教育目标”一节要求知识、情感品质、价值观和态度以及身体健康共同发展。[③]《教育基本法》反映了平衡智、德（情感/价值观）、体的需要。

目前，日本的教育体系是半中央集权制的，国家课程标准规定了课程的总方向。如前所述，为了适应时代变化，课程标准每隔十年左右修订一次。

虽然人们对增加的科目或课时，或某些学科如英语的教学模式的变化给予了大量关注，但在英文文献中很少提及日本国家课程标准对全人教育构建的基本框架。不难看出，尽管侧重点不同，平衡智、德、体的理想始终不变。

表 8.1 是日本小学年度学科单元。生活课是一门实践性学科，它反映了对体验式学习、内在动机、真实生活和实践学习的日益重视。跨学科的综合学习课再次反映了朝向独立思考的课程改革方向的趋势。还有其他两种课程不同于一般学科，它们是道德教育和特别活动（special activities）（见表 8.1）。特别活动很好地反映了日本国家课程标准全人教育的性质，因此是本章的重点。

①② From the homepage of the Ministry of Education, http://www.mext.go.jp/a_menu/shotou/new-cs/idea/, retrieved August, 2017.

③ From the Fundamental Law of Education, http://elaw.e-gov.go.jp

表 8.1　日本小学各学科课时数（学校教育法）

年　　级		一年级	二年级	三年级	四年级	五年级	六年级
各科目学时	阅读	306	315	245	245	175	175
	社会研究			70	90	100	105
	数学	136	175	175	175	175	175
	科学			90	105	105	105
	生活	102	105				
	音乐	68	70	60	60	50	50
	美术	68	70	60	60	50	50
	家政					60	55
	体育	102	105	105	105	90	90
道德教育课时		34	35	35	35	35	35
外语活动课时						35	35
综合学习课时				70	70	70	70
特别活动课时		34	35	35	35	35	35
总课时		850	910	945	980	980	980

资料来源：http://www. mext. go. jp/a_menu/shotou/new-cs/youryou/syo/

表 8.2 摘自国家课程标准中特别活动目标部分的总体目标(general goal)。特别活动包括小学的课堂活动、学生会、社团活动和学校活动等几种方式。特别活动的具体内容依据学段课时的不同而调整。

表 8.2　特别活动课程学习（小学）

总　体　目　标
有效团体活动(特别活动)旨在促进学生身心的平衡发展和个性的培养。参与团体活动有助于建构主动与积极改善生活及人际关系的态度。同时,也应该培养每个孩子对生活的态度和表现出色的能力

资料来源：Translation from Tsuneyoshi (Ed.). (2012). *The World of Tokkatsu*. translated by Mary Louise Tamaru, http://www. p. u-tokyo. ac. jp/~tsunelab/tokkatsu/

在有教育目标的特定课时中设置这些活动(如学校活动),意味着教育中的非认知因素与认知因素融合在一起。特别活动的教育目标强调社会关系,这使得小团体形式被广泛地应用到活动中。下文将给出一个课堂活动的例子。

虽然在其他国家的学校里也可以看到日本"特别活动"课程的某些元素,比如运动会,但日本的案例提供了一个例子,说明当作为官方教育角色的一部分时,全人教育理念是如何在课程中落实的。

8.4　内容示例:课堂活动(2017年8月)

如上所述,"课堂活动"与学校活动、社团活动和学生会一样,是特别活动的组成部分。每个组成部分都有自己的目标,同时符合表8.2中特别活动课程的总体目标。例如,课堂活动的具体目标是:

> 通过课堂活动,培养学生良好的人际关系,以自我激励和实践导向的态度解决各种问题,并在参与改善课堂和学校生活的过程中保持健康的生活态度。(Monbukagakusho, 2011a)

虽然课堂活动下的活动目标是相似的,但在下面"学校活动"的目标中可以看到一些差异:

> 通过学校活动,形成良好的社会关系,增强学生的集体感或者与集体的联系,培养学生的社会责任感,鼓励学生以自我激励、实践导向的态度进行合作,并通过合作改善校园生活。(Monbukagakusho, 2011a)

学校活动包括以下具体活动:仪式、艺术展一类的文化活动、体育活动、远足和露营,以及志愿服务。

每一种活动都有更具体的内容。例如,在"课堂活动"下面列出具体内容,具体内容按发展水平(年级)划分,各年级有共同内容(common contents)。课堂活动的共同内容见表8.3。

表8.3　小学阶段特别活动中课堂活动的共同内容

(1)建构课堂及校园生活 * 解决课堂及校园生活中出现的各种问题 * 组织班级,划分和执行任务

续 表

* 改善学校不同群体的生活
(2) 适应日常生活和学习以及健康和安全
* 确立充满希望和目标的生活态度
* 养成基本的生活习惯
* 发展良好的人际关系
* 理解劳动的意义和值日活动的价值，如打扫卫生
* 使用学校图书馆
* 形成健康、有利于身心安全的生活态度
* 学校午餐：包含午餐教育，养成良好的饮食习惯

资料来源：Monbukagakusho (Ministry of Education). (2011a). *Shogakko gakushu shido yoryo*. Tokyo: Author.

8.5 非认知教育的结构化

日本国家课程标准的结构横跨学科和非学科。将非认知教育融入常规课程的结果如何呢？

一个明显的结果是非认知教育变得制度化了。由于非认知教育是国家课程标准的组成部分，全国所有的学校和教师都要参与其中，“标准化实践”应运而生。虽然课程内容往往不像数学那么清晰，但每个教室都有非认知教育的印记。例如，在全国各地的小学教室里，观察者发现了一些有关所谓“值日”的海报，由小组负责诸如清洁等任务（见图 8.2）。课堂讨论和学校活动在日本随处可见。我们将在下一节讨论这类非认知教学的结构。然而，与数学不同的是，数学课程受学界影响，有固定的教科书，特别活动更多的是教师基于政府指导纲要的创造。教师研究团体、课程专家等在并不明晰的非认知教育领域的建构过程中发挥了很大作用。

将非认知教育纳入课程，意味着存在由教育者形成的不同研究团队，他们和学科的研究团队类似，会举办年会，展示课例，出版刊物等。

非认知教育在课程中的存在不但表明特别活动（或课程中的其他课余时间）结构的制度化，而且意味着每隔十年修订国家课程标准时，不仅会成立讨论各学

图 8.2 值日（小组负责任务）转盘图

资料来源：作者的照片。左边是“生活值日小组”，右边是“清洁值日小组”。

科的改革小组委员会，还会成立专门讨论特别活动的改革小组委员会。

8.6 特色活动的开发

日本国家课程标准中对特别活动的定位意味着它将成为授业研究的对象。日本各地的教师都在寻求最佳的教学方法，他们的观点并不总是一致，而是相互展示各种不同的实践。政府机构出台了一些指导方针，但由于比较笼统，因此教师通常可以在教学实践中留下自己的印记。

我在这里列举一些反映标准趋势的例子。

8.6.1 班长和小组的作用

由于特别活动致力于给学生赋权，并且鼓励学生间合作，一些有利于班级和学校福利的任务通常由学生轮流完成。在英语文献里最受关注的是值日班长（daily monitors）和小组任务。全班同学通常被分成不同的小组，小组成员们会在一段时期内合作完成各种认知或非认知活动。随后，学生会被重新分组，这样学生就可以体验到如何与不同的人一起工作。小组成员通常会有同质性（如性别相同）。尽管清洁任务小组在国外很有名，但也有一些小组可供学生选择想做的活动类型，比如照顾班级宠物，或者管理班级图书等。

图 8.2 展示了小组活动时的常见例子。它是一个转盘，小圆圈里写着组号，大圆圈里写着小组的清洁地点（如图书馆）。如果你在网上查询清洁值日，会发现教师相互交流了大量有关如何动员学生去打扫卫生的信息，大家还可以免费下载转盘模板。除了公共团体或私人公司的出版物或指南等传统的信息途径外，互联网为教师提供了各种信息资源。

8.6.2 教师的角色

由于非认知活动是课程的一部分，教师开始讨论什么样的内容和技巧（例如，组建和使用小组，使用反思时间和课堂讨论的激励技巧）可以最大限度地实现自我导向、自我激励和实践导向的合作行为这一既定目标。

在小学课堂，构建课堂共同体以及作为学习促进者的教师身份一直和课堂管理紧密相连。如上所示的小组构建和丰富的共同活动，是非认知教育制度化的例证。课堂讨论是教师构建课堂共同体的核心手段。如果以打扫卫生为例，学生可能在班级里讨论打扫卫生的意义，这样会帮助学生意识到更为干净的环境更适宜学习，也会促使学生更为主动地去做这样的事。重要的是活动的过程，而非结果。像清洁工这样的客人也许会被邀请过来，教师也许会鼓励学生思考他们所做的事情的意义，是否保持了校园和社区的清洁。①

8.6.3 在共同做事中学习

实际参与活动的合作性学习方式，是日本国家课程标准勾勒出的这些课外活动的主要特征。如上所述，“一起学习和做”与讨论和反思相关，教师试图成为促进者，用不同方式组织学生以达到赋权的效果。换言之，就是在合作学习的背景

① “Japanese Whole Child Education: Learning from Cleaning and Lunch.” *Tokkatsu* Series 1, 2015. The Center for Advanced School Education and Evidenced-Based Research, The University of Tokyo, DVD, not for sale.

下,以"做中学"的方式尽可能地激发学生的内在行为动机,实现指向特别活动目标的行为系统和日常活动的结构化。

特别活动并不是唯一被引入课程的课外领域,还有综合学习课程,它带来了跨学科的整合、发现和探究。

尽管本章并不详细讨论特别活动课程的其他组成部分,我们仍可以看出特别活动更注重"一起做"与多样性,它是从音乐活动到课堂讨论等多样化课外活动的结构化。由于"做中学"是特别活动的主要特征,一个人为什么要做某事以及如何做某事就显得至关重要。比如,清扫活动,能够以民主的方式或者专制的方式去完成,两者的区别并不是清洁本身。

在这里只需指出,哪些属于课外活动、哪些活动被视为最重要的活动,会因社会和时代的不同而有所不同。在理想情况下,非认知教育中的各个组成部分应该是相互关联的。如果以日本的特别活动为例,体育活动、打扫卫生等应该与课堂讨论联系起来,让孩子们讨论这些活动的目的和意义,并练习自我激励的自主决策,正如特别活动中所提及的。这也意味着非认知领域应与实践相联系,比如将打扫卫生与健康和体育结合。

本章发现日本课程的特点之一是将学科以外的活动纳入正式课程。将什么课外活动作为特别活动纳入课程在不同历史时期有所差别。目前,特别活动集课堂讨论、体育活动、艺术展览和俱乐部活动于一身。值得注意的是,道德教育是日本课程中价值观教育的一部分,而特别活动是"做中学"、实践性的体验活动,两者发挥着各自的功能,但也存在着交集。①

8.7 结语

课程中课外活动部分的实际内容随着时代的变化而变化,甚至比学科内容的变化更大。新科目的设立也是为了反映时代的需要(如设立综合学习课程),但是由于课外活动包括各种各样的活动,要使其以一种结构化的方式达到共同目标,是一个巨大的挑战。

① "二战"后,日本道德教育的内容和在课程中的地位一直备受争议,在2018年实施的(小学)国家课程标准中,道德教育被安排成为"特别科目道德教育"。

值得注意的是，虽然特别活动强调团体情境，但国家课程标准中的目标规定了学生的自主行为，该目标鼓励教师“退后一步”。强调“做中学”有助于与政府摇摆不定的意识形态保持距离。相比之下，价值观教育（日本的道德教育）与价值观培养的关系更为直接，其在课程中的定位在“二战”后一直存在很大争议，历史教科书中的内容也是如此。

也就是说，任何涉及社会、文化、情感和行为领域的教育活动，都必须非常注意其指导原则。如果课程的原则是民主的、参与的和儿童自发的，那么课程中的课外活动可以补充和加强民主社会中儿童的学术发展。然而，历史已经表明，集体活动或全人教育也可以被用于极权主义、民族主义和非民主的目的。

全人教育，意味着将教育的范围扩大到社会与情感、价值观等方面，似乎越来越受到各国教育改革方案的支持。更重要的是，教育工作者和决策者都要记住教育价值所依循的指导原则。

参考文献

Chuo Kyoiku Shingikai (Central Council for Education). (1996). *21 seiki o tenbo shita wagakuni no kyoiku no arikata ni tsuite* (*The model for Japanese education the perspective of the 21st century*), first report. http://www.mext.go.jp/b_menu/shingi/chuuou/toushin/960701d.htm. Retrieved August, 2017.

Cummings, W. K. (1980). *Education and equality in Japan*. Princeton: Princeton University Press.

Goleman, D. (2005). *Emotional intelligence: Why it can matter more than IQ*. New York: Bantam Books.

Ichikawa, S. (2002). *Gakuryoku teika ronso*. Tokyo: Chikuma Shobo.

Kariya, T. (2002). *Kyoiku kaikaku no genso*. Tokyo: Chikuma Shobo.

Lewis, C. (1995). *Educating hearts and minds: Reflections on Japanese preschool and elementary education*. Cambridge: Cambridge University Press.

Monbukagakusho (Ministry of Education). (1998). *Shogakko gakushu shido yoryo* (*The Course of Study for elementary school*). Tokyo: Author. http://www.mext.go.jp/a_menu/shotou/new-cs/youryou/syo/toku.htm. Retrieved August, 2017.

Monbukagakusho (Ministry of Education). (2011a). *Shogakko gakushu shido yoryo*. Tokyo: Author.

Monbukagakusho (Ministry of Education). (2011b). *Course of Study* (English), chapter 5, the period for integrated studies. http://www.mext.go.jp/component/english/__icsFiles/afieldfile/2011/03/17/1303755_012.pdf. Retrieved August, 2017.

OECD. (2010). "Japan: A story of sustained success." *Strong performers and successful reformers in education: Lessons from PISA for the United States*. https://www.oecd.org/japan/46581091.pdf. Retrieved, August,

2017, pp. 137 - 157.

OECD. (2015). *Skills for social progress: The power of social and emotional skills* (OECD skills studies). Paris: OECD Publishing. Doi: https://doi.org/10.1787/9789264226159-en. Retrieved, August, 2017.

Rohlen, T. P. (1983). *Japan's high schools*. Berkeley: University of California Press.

Tsuneyoshi, R. (2001). *The Japanese model of schooling: Comparisons with the United States*. New York: Routledge.

Tsuneyoshi, R. (2004, May). The new Japanese educational reforms and the achievement "crisis" debate. *Educational Policy, 18*, 364 - 394.

作者简介

恒吉僚子(Ryoko Tsuneyoshi)　日本东京大学(University of Tokyo)教育研究生院比较教育学教授，从事关于学校的跨国田野调查工作。曾任东京学校教育卓越中心(Center of Excellence in School Education，后更名为“高等学校教育和循证研究中心”)主任和东京大学校长助理。是日本知名学术组织日本科学理事会(Science Council of Japan)前执行委员会成员。曾任日本多个学术组织的执行委员会成员，如日本跨文化教育学会(Intercultural Education Society of Japan)、日本教育研究协会(Japan Educational Research Association)等。目前的研究项目包括她长期关注的日本多元文化的兴起、日本教育的国际化以及教育借鉴等。

电子邮箱: tsuney@p.u-tokyo.ac.jp。

（韩铁刚　魏晓宇　译）

第九章

国家课程为谁而设：韩国国家课程体系中的政治

金永熙

（韩国　首尔国立大学）

9.1 引言

许多国家都实施由中央政府为学校和教师制定课程这一教育政策。制定这些政策的根源在于，人们日益认识到，课程应当在影响和改进教师实践方面发挥更大的作用。政策制定者明白，与其他因素相比，教学与学生学业成就的关系更直接。因此，政策制定者越来越注重制定课程以影响教学（Sinnema & Aitken，2013）。自2000年经济合作与发展组织（Organisation for Economic Co-operation and Development，简称OECD）通过国际学生评估项目（Programme for International Student Assessment，简称PISA）对学生学业成就进行国际比较以来，国家主导的课程政策的实施步伐加快。PISA引发的全球竞争凸显了在国家层面对学校教育进行质量管理的必要性，这导致许多国家引入国家课程体系，在该体系的基础上控制学校、教师和班级。因此，在许多国家，国家课程正成为改善教育的关键杠杆，决策者试图通过调整国家层面的课程来改善教育。

许多国家实施的自上而下的课程政策旨在为所有学生提供更好和更公平的教育，韩国、新加坡等长期实施国家课程的东亚国家在PISA测评中取得了卓越的学生学业成就，正强化了这一目标。继英国于1988年引入国家课程体系之后，澳大利亚和新西兰等英语国家也采用了这一体系。美国还制定了联邦层面的共同核心州立标准（Common Core State Standards）；所有州的学校和教师都必须遵守这些准则。然而，中央政府规定详细课程内容和教学方法的国家课程模式也遭到了强烈批评，因为它迫使教师成为技术人员，执行预先确定的过程（Masuda，2010；

Priestley & Biesta, 2013; Taylor, 2013)。

近期影响世界教育政策的话语强调教师的作用(OECD, 2005; Barber & Mourshed, 2007)。采用国家课程体系的国家与时俱进,减少国家层面规定的内容数量,并制定政策以增加学校层面的自主权,允许教育者就课程作出决定(Sinnema & Aitken, 2013)。这是一个至关重要的变化,摆脱了过去通过规定课程和严格控制使教师失去专业化的政策方向(Priestley & Biesta, 2013)。这种新的国家课程政策形式减少了政府对教育内容和方法的详细指导,允许教师成为积极的课程开发者(Priestley, 2011)。这种变化从频繁使用的强调教师自主性的表述,以及将教师作为国家课程政策变化的推动者中可见一斑。然而,由于新政策还包括逐步加强问责制,新方法是否比以往的规定性方法更能保障教师的自主权,还存在争议。虽然在许多国家,由政府主导的详细的课程规定正在消失,但是通过控制教育产出来取代这些规定的努力正在加强(Priestley, Biesta, Philippou, & Robinson, 2015)。

韩国自20世纪50年代开始实施国家课程体系以来,该体系经历了多次修改,因而关于国家课程体系的论述十分丰富。由于20世纪初日本35年的殖民统治,1945年解放后美国的三年军事管理以及1950—1953年的朝鲜战争,韩国在设计和发展现代教育方面面临困难。20世纪50年代以来,韩国在短期内实现了快速的教育发展;自2000年以来,在PISA测评的所有领域,韩国一直名列前茅(So & Kang, 2014a)。国家课程在使韩国能在短时间内取得如此显著的教育成果方面发挥了至关重要的作用。国家课程规定了小学、初中和高中12年间每一门课程的指导方针,规定了每门课程的内容和课时。由于国家课程具有强大的法律权威,所有地区的公立、私立学校以及教师都必须遵循政府的指导方针。建立已久的国家课程体系为学校教育提供了一套共同的标准,保证韩国所有学生的平等教育条件,并有助于提高学生的学业成就。

在早期,韩国的国家课程文件对教育内容作了非常详细的规定,学校和教师没有多少灵活性或自主性来决定课程。教育政策在20世纪90年代初开始改变,当时政府采取自治政策,逐渐赋予地方和学校对课程作出决定的自由裁量权。最近已经努力改革课程,旨在克服以高考为中心的学校文化(与韩国教育的长期弊病有关),提升学生的快乐和幸福感。这次提议的改革突出了呼吁教师成为改革推动者的政策话语。然而,虽然国家课程进行了几次修订以改善学校的表现,但实际上学校几乎没有什么变化。"改革而不改变"的问题成为韩国社会争论的焦点(Cuban, 1988; Spillane, 1999; Tyack & Cuban, 1995),其他国家也是如此。

教育政策反映了决策者的价值观和意图,不仅提供了管理教育实际参与者的手段,还影响了他们的思想和行为(Grimaldi, 2012; Popkewitz, 1991)。尤其是国家课程,对学校施加了多样的和微妙的影响,因为课程框架本身就被视为用来制约教师的(Ball, 2006)。韩国实施国家课程体系已有多年,在各种历史和社会背景下不断修订,对学校和教师保持着强大的影响力。回顾韩国的国家课程体系,可以帮助我们理解有关国家课程的辩论和争议是如何产生的,以及国家课程体系是如何影响学校的。

本研究旨在通过回顾韩国 70 余年来的国家课程改革进程,深入了解国家课程复杂的有时是相互矛盾的作用及其对学校实际运行的影响。为此,本研究主要围绕两个主题展开。首先,通过对韩国国家课程改革的历史社会学阐释,揭示国家课程改革的政治性。其次,探讨国家课程体系对学校教育的影响。

9.2 不断变化的国家课程政策

因为课程改革是高度情境化的,而且往往是政治性的,所以它总是根据所在地区的社会、文化和教育体系量身定制。韩国国家课程是在独特的历史和社会背景下设立的,每次政治权力发生变化时都会进行修订。20 世纪初以前,朝鲜有占据统治地位的王朝,1910—1945 年朝鲜被日本统治。解放后,韩国于 1948 年正式成立大韩民国政府,建立了国家课程体系。最初,韩国国家课程聚焦于形成具有韩国独特身份的国家,使用由中央政府严格规定的课程。然而,自 20 世纪 90 年代建立文官政府(civilian government)①以来,国家课程促进了更加自主和多样化的教育方式。最近修订的国家课程主张,学生的幸福是全国教育的重中之重。以下提供韩国国家课程变化的历史-社会学解释。

9.2.1 形成韩国人的内在认同: 将国家建设成一个同质的群体

1945 年,朝鲜摆脱日本的统治获得解放,美国和苏联分别进驻朝鲜半岛南半

① 文官政府（civilian government），亦译“文民政府”。金泳三自称他的政府为“文官政府”，即文职的、民选的民主政府，以区别于过去的军部政权或半军部政权。——译者注

部和北半部进行军事管理。1948 年，朝鲜半岛南半部成立韩国，北半部成立朝鲜。美国在其三年的军事管理中，旨在将其民主思想和制度烙印在韩国社会。美国军事管理当局与韩国教育当局合作，共同领导了教育改革，由此奠定了韩国现行学校制度(六年小学、三年初中、三年高中、四年大学)和义务教育制度的基础。美国军事管理时期也为韩国教育积极引进和接受美国教育思想提供了契机。一些学者在美国进步主义的影响下开展了所谓“新教育运动”，帮助学校设置了以儿童和生活为中心的课程。特别是这一时期出台了韩国学校遵循的一套指导方针——“教学大纲”，这成为韩国后来建立自己的国家课程体系的基础(So, Kim, & Lee, 2012)。

1948 年，美国军事管理终止，韩国政府正式建立。1949 年颁布的《教育法》赋予新政府实施独立和民主的教育制度的权力。然而，1950—1953 年朝鲜战争爆发。战后韩国最重要的教育政策是使小学成为义务教育。制定这一政策是基于教育是国家发展的主要动力这一信念。该政策很快就产生了效果，到 20 世纪 60—70 年代，韩国的小学和初中都实现了完全入学(Park,2015)。战后另一项有意义的举措是建立国家课程以规范韩国的所有学校。由此，韩国开始实施单一的标准化课程，基于这些标准，全国所有的学校和学生都得到有效规范。

起初，国家课程强调国家建设。1948 年的《宪法》规定，在韩国，国家是政治主体的来源。而实际的国家建设是通过国家课程来实现的。一个国家由特定地区的成员组成，这些成员形成共同的国家身份非常重要。一个国家最关键的特征是要有积极的主体，他们认为自己是该地区的成员，并自愿参加该地区的各种活动(Hwang, 2015)。国家发展是一个非常复杂和长期的过程，政府必然会运用法律的力量。国家课程是形成儿童和青少年国家认同的关键机制。国家课程被设计成培养两种主体：政治主体和经济主体。在政治上，课程旨在培养自愿和积极献身于国家的公民；在经济上，课程的目标是培养高效、多产的公民以振兴国家经济(Hwang, 2015)。

这项政策在 20 世纪 50 年代国家课程中得到最广泛的实施，旨在通过道德教育培养政治主体。人们对美国军事管理时期美国式自由价值观的抵制，以及韩国和朝鲜之间的冷战，催生出对促进国家认同和集体道德(collective ethics)的教育体系的迫切需要。为此，1954 年制定的第一部国家课程文件强调道德教育，从那时起，这方面的课程得到加强，发展成为一门称作“道德”(ethics)的独立学科，至今仍是课程的一部分。道德教育包括民主以及民族主义道德等。然而在与朝鲜的对抗中,民主被视为一种反对共产主义的意识形态,也是国家的一种基本政治意识形态,因此它与美国的民主截然不同,道德教育利用民族主义和集体主义的道德来重新定义民主,试图否认个人的主体性,强迫人们组成一个群体。道德教育是形成集体国家的教育计划。

1961 年军事政变之后,韩国成立了军事政府,加速了通过国家课程使国家成为顺从的政治主体的努力。韩国政府试图通过将国家意识形态培训(national ideology training)纳入学校课程来强调韩国人的独特身份。国家意识形态培训包括反共产主义教育,强调与朝鲜的敌对关系,以及"韩国式民主",这是一种适应韩国语境的对西方民主的解释(So, Kim, & Lee, 2012)。特别是 1968 年纳入学校体系的《国民教育宪章》(Charter of National Education),是形成民族和塑造韩国认同的基本文本。韩国的历史教育是 20 世纪 70 年代小学至高中的一门必修课,也是通过组织课程内容将国家与民族统一起来,为国家建设作出贡献。

国家课程的另一目的是将韩国人口转变为高效的经济劳动力。朝鲜战争后,为了振兴遭受战争破坏的国民经济,韩国加强了职业技术教育。20 世纪 60 年代,韩国正处于工业化进程中,教育在这一时期的主要作用是提供工业化国家所需的大量劳动力。然而,尽管有此项政策,韩国领导人仍然觉得,与现代资本主义所需要的理性经济人(rational economic agents)相比,培养受民族主义激励的有纪律的人更为重要(Hwang, 2015)。政府实施课程政策,不仅帮助公民通过学校教育获得现代知识,而且设立必要的学科,以确保劳动力具备现代职业道德。那个时代的国家课程旨在培养高效的经济劳动力,但更强调驯服公民的纪律和道德,以便动员公民顺应国家政策。

简言之,韩国早期的国家课程一方面利用民族主义教育培养顺从的政治主体,另一方面试图创造有效的经济主体来推动现代化和工业化。国家课程在国家建设中发挥了重要作用,并错综复杂地强调了这两个目标。这项政策一直持续到 20 世纪 80 年代,与军事政府并驾齐驱。

9.2.2 走向自主和民主化: 提高学校和教师的自主性

国家课程的技术形式既可以通过确定学校和课堂的条件来提高所有学生学业成就的质量,也可以通过破坏学校和课堂的专业性来降低学生学业成就的质量

(So & Kang, 2014a)。在韩国,国家课程文件中提出的指导方针严格控制了全国所有中小学的课程,侵犯了学校和课堂的自主权。政府详细规定了每学年要教授的课程、每门课程所需的课时,以及所有教学内容。20 世纪 90 年代,韩国国家课程政策发生了显著变化。在 1987 年 6 月的民主化运动之后,韩国社会面临一个巨大的转折点。这种民主化的趋势质疑政府过度控制教育所造成的学校课程标准化。1992 年修订的国家课程文件试图为地方和学校提供就当前课程作出决定的机会。根据这项政策,典型的规定是学校可以自行组织创造性教育活动,以满足独特的教育需要或学生的需求(Ministry of Education, 1992)。

1993 年成立文官政府后,韩国国家课程政策的方向发生了质的变化。文官政府改变了国民教育的方向,更加注重培养民主公民,摆脱了以往军事政府所强调的民族主义和反共产主义思想。鉴于 20 世纪 90 年代以来全球化的迅猛发展,韩国国家课程聚焦于培养能够应对全球化的民主公民。

金泳三政府(1993—1998)是韩国第一个文官政府,它制定了一项与过去有质的不同的教育改革计划。具体而言,它旨在帮助韩国进入以全球化和信息化为特征的 21 世纪(Commission for Education Reform, 1995)。在 1995 年实施的"5·31 教育改革"(May 31 Educational Reform)中,政府确定了自由化和民主化的教育改革方向。政府从以供应者为基础的单向教育,转向以消费者为中心的自主和开放的教育形式。这些教育改革充分地将新自由主义引入教育领域,表明强调地方和学校的自治和竞争将取代过去由国家主导的标准化教育。这一改革方向为当时以及随后的国家课程修订提供了基础。因此,1997 年修订的国家课程提倡以学生为中心的课程,以教育多样性取代统一性,聚焦使学校能够组织和调整课程,以适应学生的各种能力和水平(So, 2017)。

随后的金大中政府(1998—2003)和卢武铉政府(2003—2008)也旨在根据第一届文官政府提出的教育改革计划改革国家课程。通过对国家课程进行更多的修订,政府实施了进一步授权地方和学校对课程作出决定的政策。然而,当 2009 年李明博政府(2008—2013)再次修订国家课程时,课程自主政策发生了新的转变。2009 年修订的国家课程包括各种指导方针,允许学校对课程的许多方面作出决定。一个例子是减少规定行为的数量,以前规定每个年级和学科之间有严格的界限,新的国家课程使学校能够通过使用一个结合多个学科或年级的集群系统,自主决定如何组织课程。此外,在这一新制度下,学校有权增加或减少国家课程所要求的20%的课时。对高中来说，在学校层面采用这种新的自主管理体系，学校课程的许多部分可以由教师进行专业判断（Ministry of Education, Science, and Technology, 2009）。通过这一系列的课程改革，建立了一个制度框架，使学校在作出课程决定时能够行使自主权。

如上所述，自20世纪90年代以来，一系列国家课程改革的重点是增加地方、学校和教师对课程的自主决定权。然而，国家课程建设中国家的传统角色并没有完全被抛弃。课程的传统目标保持不变，但“好公民”的定义随着时间的推移在改变。文官政府希望公民具有自主性、竞争性，能够积极主动地参与全球化，而不是具有强烈的民族主义或反共产主义。这样的公民不能像过去那样通过政府的单向控制来造就，而必须在自治的氛围中培养。因此，文官政府的国家课程强调培养有竞争力、有能力的经济主体，而不是民族主义集团内的政治主体（Hwang, 2015）。军事政府课程强调培养的政治主体遭到民主化进程的破坏，文官政府旨在培养具有经济能力的公民，以便在所谓的无限竞争时代茁壮成长。因此，国家课程的方向发生改变，从培养服从领导者的国民转向培养有能力提高国家竞争力的人才。文官政府课程政策逐渐提高了地方和学校在课程决策中的自主性，为培养在市场经济中茁壮成长的人提供了必要的基础。

9.2.3 把学生幸福放在学校教育的中心：强调学生主体性

自从PISA开始进行国际比较研究以评估学生学业成就，许多国家开始注重提高学生的学业水平。在学生学业成就方面，美国因排名低于韩国、新加坡和中国香港等东亚国家和地区，最近寻求在若干重要科目上实施国家课程标准（Zhao, 2009）。然而，尽管美国联邦政府作出了努力，美国文化仍然不太关注考试成绩等易测量的结果（McCluskey, 2010）。因此，尽管美国的PISA排名相对较低，学生幸福感水平却高于许多排名超过美国的国家（OECD, 2011）。

韩国的情况恰好相反。尽管韩国的PISA排名高得令人羡慕，但学生的幸福感指数始终在OECD国家中垫底（Park, Park, Seo, & Youm, 2010）。这一令人震惊的结果迫使韩国教育政策更多地关注学生的幸福感，而不是仅关注学生的学业成就。朴槿惠政府（2013—2017）推出了一项新的教育愿景，其政策旨在提供幸福教育，帮助学生发现梦想和才能。因此，2015年修订的国家课程将教育范式从“死记硬背的知识教育”转变为“享受学习的幸福教育”。政府采取了两种方法来帮助学生获得幸福的生活：发现和消除学生不快乐的原因，积极为学生提供快乐的机会（So & Kang, 2014a）。这一政策立场在本届政府（2017—）[①]期间一直保持不变。

自1998年以来，韩国在全国范围内使用标准化测试来诊断学生的学习成绩。该测试通过对全国六年级（小学六年级）、九年级（初中三年级）和十年级（高中一年级）的学生按1%~5%的比率进行抽样，评估他们韩语、英语、数学、社会和科学五门课程的成绩。2008年，政府扩大了样本范围，将所有这些年级的学生都包括在内，以减少成绩低于基本水平的学生数量。其结果是，成绩低于基本水平的学生比例持续下降，城乡差距也缩小了。然而，尽管有这些积极影响，各地区和学校之间的过度竞争导致学生的压力和负担日益加剧。

这一现象成为社会问题后，韩国政府努力减轻学生的负担。2010年，高中参加测试的年级从一年级改为二年级，科目从5门减少到3门（韩语、英语和数学）。自2013年以来，小学不再参加标准化测试（Ministry of Education, 2013a）。2017年，政府大幅度改变了标准化测试的政策，将是否在初中和高中实施标准化测试交由各省市决定。因此，各省市的地方教育部门（local education office）可以自主决定是否进行测试。政府只抽3%的学生，分析结果，并据此制定国家教育政策。尽管有人担心这会导致学生学业成绩下降，但这项改革还是进行了，它清楚地表明，韩国教育政策的重点在于提高学生的幸福感。

为进一步减轻学生的压力，韩国政府不断减少国家课程所规定的学习内容和学习量。韩国学生继续在各项国际学生测试中获得高分，包括国际数学与科学教育成就趋势调查研究（Trends in International Mathematics and Science Study，简称TIMSS）和PISA。然而，这些成就背后隐藏着学生由于学习负担过重而长期承受极端心理压力的问题（So & Kang, 2014a）。这个问题早在20世纪80年代就暴露出来。学生的压力显然是由国家课程要求的学业内容过多，以及许多科目很难造成的（Shin, Kwak, & Kim, 1981）。因此，国家作出努力，减少义务教育阶段要求学生完成的科目数以及每门科目所需的学时数。

尽管已有这些变化，但在国家课程的多次修订中，学生沉重的学业负担仍然是要解决的首要问题。政府已经采取了一系列政策来解决这个问题。每当修订

① 指文在寅政府时期（2017—2022年）。——译者注

国家课程时，都会实施新政策——减少学生学习的课程数量，赋予学生根据自己需要和能力选择课程的权利，减少每门课程的学习内容，并将过难的内容延后到下一年的课程。2015 年修订的国家课程旨在通过仔细地选择和减少学习内容，以及将重点放在每门课程必须学习的关键概念和原则上，来减轻学生的学业压力。

此外，政府还实施了一项名为“免试学期”的政策，帮助学生积极追求幸福生活。根据这项政策，在初中的一个学期内，教师可以灵活地组织辩论或实践训练，而无需组织传统的考试，这样可以使课堂更加以学生为中心。学生还可以通过参加各种活动，包括职业探索活动，更好地发现自己的梦想和才能（Ministry of Education, 2013b）。免试学期旨在将韩国教育转变成一个能够造就学生梦想和才能的体系。它源于这样一种认识，即因为学生在以高考为中心的教育体系中面临极其激烈的竞争，所以他们缺少兴趣，缺乏信心，幸福感低。免试学期旨在解决韩国教育长期面临的这些问题，并实现公共教育的突破。一些初中在 2013 年试行免试学期，从 2016 年开始，所有初中都引入免试学期。

免试学期最显著的特点是学生在该学期无需参加常规的笔试。相反，他们可以参加并体验各种各样的活动。事实上，在注重高考的教育体系中，学校愿意放弃考试本身就是一个显著的改变。过去，学校只关注备战高考，结果，学生没有机会去探索他们喜欢或想做的事情，教师也发现很难提供自主和创造性的课程。2015 年修订的国家课程重新组织了初中教育，使学校能足够灵活地运作，实施一个免试学期。教师在这个学期可以自主地用基于实践的活动代替传统课程，向学生介绍不同的职业和新的学术话题，带领学生体验各种艺术、体育以及俱乐部活动。

以前，韩国的学校教育在没有考虑学生的天赋、兴趣或需要的情况下，强迫他们学习给定的内容。教师只能遵循国家课程，缺少自己的判断或理解。免试学期旨在从根本上改变韩国学校教育体制。教师在该学期要明确学生想做什么，并基于此设计和实施课程。免试学期是对造就学生梦想和才能的全面尝试，这在韩国教育中曾被忽视。

9.3 国家课程体系对实际学校教育的影响

韩国国家课程为学校教育设定了共同标准，有利于为学生提供平等的教育条件，并提高所有学生的学业成就。为了提供更好的教育，国家课程经常修订。然而，韩国国家课程的大规模改革并没有显著改变学校的实践。尽管韩国通过改革课程以确保建立一个更加灵活、自主、优先考虑学生幸福感的教育体系，为许多改革奠定了基础，但实际上，这些改革并没有带来实际的改变。虽然改革了学校教育制度，但实际的学校实践几乎没有变化。分析韩国国家课程体系对实际学校实践的影响，有助于解释其中的原因。

9.3.1 政府的课程改革：不变的学校实践

课程改革往往是政治和政策驱动的（Fernandez, Ritchie, & Barker, 2008）。特别是每当新政府上台时，韩国国家课程都会进行修订。修订国家课程是出于新政府的政治需求而非学校的教育需求（Gim, 2002）。由于国家课程修订伴随着五年一轮的制度变革，具有讽刺意味的情况或事件经常接踵而至，例如，前一个国家课程文件还未在所有学校全面实施，新的课程文件已经开始制定了。

韩国国家课程文件包括一般指导方针（general guidelines）和具体学科课程（subject-specific curriculum）。一般指导方针列出了国家课程应该培养的理想的人的特征、学校层面的目标、各年级的学科组织以及分配给每个学科的时间。具体学科课程包括一般指导方针中组织的每一学科的具体内容。在制定新的国家课程时，首先制定一般指导方针，然后制定每个具体学科课程。普通教育研究专业的学者参与制定一般指导方针，而专门学科的学科专家负责制定每个具体学科课程。新政府总是谈论教育领域的改革，并试图在其任期内以教育政策的形式付诸实践。国家课程是实施政治理念的一种手段，因此，国家课程的修订总是由新政府的决策者领导。这些政策制定者，诸如青瓦台或教育部的官员，确定国家课程修订的基本方向和时间，以实施新政府的改革信息。然后邀请学者根据政策制定者的改革方向制定一般指导方针。学者制定的一般指导方针通过政策制定者的审查和修订最终确定。一旦完成，就按照一般指导方针制定具体学科课程。在此过程中，一般指导方针的制定者在很大程度上反映了决策者的观点，与学科专家形成了某种等级关系。

这种自上而下的过程会使一般指导方针与具体学科课程之间产生冲突，导致国家课程改革很少引发学校环境的实际变化。在制定学科课程的总体框架之后，学科专家需要根据一般指导方针修改每一门课程。然而，虽然学科专家似乎适当地反映了一般指导方针，但他们很少对学科课程作出实际的修改。例如，虽然几届政府都实施了减轻学生负担的政策，但是在减少学习内容或调整困难程度方面几乎没有实际进展（So & Kang, 2014b）。实际上，学校环境缺乏变化已经造成重复的言论：每届新政府都提出了减轻学生负担和改革课程的新方案。换言之，教育改革在不断推进，学校环境却没有任何实际的变化。

事实上，具体学科课程对韩国学校实践的影响比一般指导方针更大。韩国学校教育以学科为主，每个学科的教师几乎完全依赖外部专家编纂的教科书。这些教科书是根据政府制定的具体学科课程编写的。因此，除非对具体学科课程作出改变，否则，教科书内容的数量或质量，以及完全依赖教科书的学校教育的任何方面都几乎没有变化。政策制定者认为，通过改革一般指导方针，他们将能够影响教师所教授的课程（Cuban, 2013）。然而，与那些只影响学校体系结构的改革相比，要求教师改变课堂的改革不太可能成功（Tyack, 1991）。因此，虽然修改一般指导方针导致了学校体系的外部变化，但是很难带来课堂的实际变化。

由于每届新政府都会不断修订国家课程，教师可能感到精疲力尽。在韩国，改革国家课程的承诺是政治领导人赢得选举的政治平台。随着新政府上台，政府的改革信息通常在被恰当地传递到学校之前就会消失。有时新消息与旧消息相互矛盾。鉴于这种政治变革的模式，教师选择坚持自己的教学方式，等待政府更替，而不是热心地响应改革。许多教师认为，韩国频繁的国家课程改革仅仅是政府为了自身利益而实施的政治计划（So, 2013）。在这样一场政治风暴中，教师倾向于坚持熟悉的教学方法。

9.3.2 政策注意力更多地集中于新规定而非法令：学校对规定中的责任义务漠不关心

国家课程规定了所有学校都必须遵守的标准课程，是一项以投入为导向的政策。然而，许多采用国家课程体系的西方国家近期开始采取行动控制产出，而不是提供更详细的课程措施（Priestley, Biesta, Philippou, & Robinson, 2015）。在新政策下，学校和教师有作出有关课程的决定的自主权，但同时也要对学生的学业成绩负责，这是通过基于考试的问责来衡量的。

韩国在多次修订国家课程后，已经实施了一项政策，减少政府对课程的规定。

地方和学校被授权自主决定课程的某些方面，然而仍需遵循国家课程中的计划规定（Baek, 2010; Hong, 2011; Jeong & Lee, 2011; Gim, 2011）。2015 年的国家课程还详细列出了小学和初中每年的所有必修科目，以及课时和教育内容。与西方的趋势相反，韩国基于考试的问责似乎正在削弱。国家学业成就测试对学校或教师的测评力度不大，而且测试结果并不能真正控制教学实践。近年来，各个城市和省份可以决定是否参加这个测试，这进一步减少了它对实际课堂教学的影响。

在韩国，国家课程仍然具有相当大的影响，它具有确定学科地位和内容的法律权威（Goodson, 1994）。因此，许多利益相关方重点关注国家课程中应该包括哪些内容。学科专家努力为他们的学科争取更多的课时和更多的学业内容。各政府部门以及利益相关者都在努力将自己的利益纳入国家课程（So, 2013）。因此，制定国家课程需要投入大量的时间、精力和资金，既传达政府的改革辞令，也协调各利益相关方的需求。

最近，韩国课程政策正朝着给予地方和学校更多课程自主权的方向发展。国家课程成为地方和学校的标准，地方教育行政部门和学校教师将制定更详细的版本。因此，政府促进统一的且因地制宜的地方课程实施的能力，是课程改革成功的一个关键方面（Pietarinen, Pyhältö, & Soini, 2017）。然而，韩国政府对新课程如何实施兴趣不大。尽管人们预期修订后的国家课程将改变和改善学校，但政府并没有真正试图了解学校的实际情况。政策制定者和利益相关者对讨论或负责实施国家课程文件中描述的变更不感兴趣，这与制定这些文件时的努力形成鲜明对比。

此外，韩国也有很多国家课程改革未能改变评价体系的案例。在韩国，高考的准备工作通常从小学开始。由于较好的高考成绩是进入一流大学的保障，从一流大学毕业又是获得高社会地位和高经济报酬的途径，学生从小学阶段开始就希望能进入一流大学。当然，大多数学校提供高考课程。这种类型的教育解释了为什么尽管韩国学生学业成就很高，但他们在学习中信心不足，缺少快乐，幸福感低（So & Kang, 2014a）。国家课程不断修订，旨在消除以高考为中心的学校教育体系的弊端。事实上，2015 年的国家课程甚至宣称将学生幸福放在首位。然而，高考仍然主导着学校教育。这一体系本身并没有真正向国家课程改革建议的方向转变。

这就解释了为何与制定新课程规定的极大热情相比，人们对于在韩国教育体系内实施新课程的兴趣很少。这种以投入为导向的体系是基于计划规定问责而非产出问责的。这两种问责方式，无论是计划规定导向还是产出导向，都剥夺了教师对课程作出决定的充分自主权。然而，韩国的例子表明，与产出导向的问责方式相比，计划规定导向的问责方式保障了教师更大的自主空间（Priestley, Edwards, Priestley, & Miller, 2012）。在一个以新计划规定为重点的国家课程体系中，很少有政策制定者关心计划规定课程是如何由教师实施或由学生体验的。因此，韩国教师对国家课程规定的新改革反应不强烈。相反，高考实际上控制着教师的课堂和学生的生活，这并非政府的本意。

9.3.3 国家课程约束下的教师：教师力量的缺失

最近世界各国尝试的课程政策都把教师称为改革的推动者（agents of change）。这一政策趋势旨在克服人们对国家课程改革未能对学校进行根本改革的质疑（Cuban, 1988; Spillane, 1999; Tyack & Cuban, 1995）。“改而不变”所导致的重复的空虚，提升了人们对教师在学校改革中角色和能力重要性的认识。因此，许多国家正在努力减少本国课程中的法律规定和要求，同时赋予学校层面有关课程的决策权。

自20世纪90年代以来，韩国一直致力于将国家控制降至最低限度，并提高地方和学校自主决定课程的权力。韩国目前允许地方和学校在参考中央政府制定的指导方针的基础上，自主调整课程以适应自身环境（So, 2017）。韩国政府通过逐步提高教师对课程内容的决策权，使教师成为教育改革的推动者。目前，韩国教师拥有一定的权利来改变和调整课程。

然而，虽然韩国教师有权调整课程，但他们往往不会使用这一权利。在韩国，教师职业保证了相对较高的初始工资和稳定的社会地位，这就是为什么许多优秀的学术候选人选择担任教师（Barber & Mourshed, 2007）。然而，这些刚从教时非常称职的教师，在学校里变得异常被动，很少充分利用他们的专业知识。教师的消极态度与韩国长期推行国家课程密切相关（So & Kang, 2014a）。对在国家课程体系内受教育的教师来说，遵守规定的国家课程似乎是很自然的。此外，他们教的课程内容全部包含在指定的教科书中。对大多数韩国教师来说，实施课程意味着通过教科书教学，这不仅被视为一种学习辅助，还被视为标准或“圣经”来严格遵守（Jeong, 2006; Park, 2007）。换言之，国家课程已经成为一种“封闭文本”，迫使教师以某种方式阅读，而非让他们能够解释材料或作出自主的决定（Kim，2007）。在这个国家课程体系中，教师几乎没有空间展示他们的专业知识或设计一门创造性的课程。

总之，韩国长期的国家课程体系使得教师的专业生活受到约束。旧的学校规则要求教师遵循国家课程的内容，迫使他们不断以国家课程为标准来反思自己的教学。此外，不变的教科书制度、高考和政府强加的学业内容都限制了教师的主体性。虽然与国家课程相比，教师的自主性有所提高，但受国家课程约束的教师不能轻易地抛弃传统的学校规则或习俗。

9.4 结论：面临的挑战

在过去的几十年里，韩国和其他亚洲国家一样，经历了社会、经济和政治上的巨大变化。当韩国的军部政权被文官政府取代时，韩国开启了民主化的进程。为了应对新自由主义的全球压力，韩国对培养自主的、有能力的经济主体而非民族主义主体和集体政治主体表现出兴趣。国家课程在给韩国社会带来这些巨大变化方面，发挥了主导作用。

国家课程已经在韩国实施了 70 余年，在某些方面对韩国教育起到了积极的作用。最重要的是，国家课程在全国所有学校实施，有助于向所有学生提供公平和平等的教育机会。最近政府修订了国家课程，以满足不同类型学习者的需要，这表明课程改革有利于提高教育公平（Sinnema & Aitken，2013）。此外，韩国国家课程通过明确提供详细的内容，极大地帮助了那些对教学感到不确定或焦虑的教师。尤其是对那些要应付大班上课、工作环境艰苦、缺乏经验，或没有足够时间备课的教师来说，国家课程起到了至关重要的指导作用，而不是压力或控制的工具。从长远来看，国家课程帮助教师变得成熟和见多识广（Apple，1988；Sloan，2006）。

韩国通过多次修订国家课程，已经建立了更灵活的以教师为主导的课程方式，以及优先考虑学生幸福感的教育形式。然而，国家课程的大规模改革并没有带来学校内部的实际变化。虽然学校教育体系已经改革，但实际的学校教学仍然保持不变。这篇综述对国家课程体系的几个方面提出了挑战，以期通过课程改革给学校带来实际的变化。

首先，有必要采取以互动和动态的方式使用自上而下和自下而上的方法进行学校改革的策略。学校改革可以以任何方式进行（Fullan, 2007）。在自上而下的方法中，学校和教师被视为政策制定者制定的新课程的实践者和消费者。相比之下，自下而上的方法依靠学校的能力和教学共同体来创造一个创新的学习环境（Leana, 2011; Lieberman & Pointer Mace, 2008）。与韩国类似，许多国家试图使用自上而下的方法来改革教育体系。然而，除非学校教师改变自己，否则课程改革不会成功，这种方法不会给学校带来实际的改变。因此，有必要考虑一种综合两种方法优势的策略（Fullan, 1994; Hargreaves & Fullan, 2012; Ramberg, 2014）。新策略需要为国家课程中的学校改革提供基本方向和框架，同时尊重和支持学校教师的创新努力。

其次，参与学校改革的利益相关者需要一个共同的理解过程。许多学校改革研究表明，改革的成功与改革的实施方式有关（Priestley, Biesta, Philippou, & Robinson, 2015; Ramberg, 2014）。韩国倾向于把重点放在新的改革方案的制定上，而不是实施上。然而，如果不清楚改革是如何实施的，任何改革都不可能成功。实施课程改革需要把新观念转化为新的教育实践。这一过程必须让所有利益相关者参与到形成改革的共识上来（Hargreaves, Lieberman, Fullan, & Hopkins, 2009; Weick, Sutcliffe, & Obstfeld, 2005）。课程改革的意义和重要性将进一步指导参与这一过程的利益相关者的行为（Hargreaves, Lieberman, Fullan, & Hopkins, 2009）。换言之，教师是否接受或拒绝改革，很可能取决于其所感知的意义和重要性。除非作出集体努力，澄清和沟通包括学校教师在内的利益相关者心目中改革的意义和重要性，否则，大规模的课程改革不可能在学校取得成功。

最后，我们应该关注如何建立一个提高教师主体性的结构。教师主体性是指教师在结构确定的范围内，积极地和有目的地指导自己的专业生活的权利（Hilferty, 2008）。换言之，教师主体性是教师为了应对外界所强加的改革或政策而积极采取的一种实践或行为方式。在最近的国家课程政策中，经常有人建议给予教师决策自主权，以课程作为改变学校表现的手段。然而，自主权与主体性不同。即使教师拥有自主权，如果他们出于习惯而复制过去的行为模式，也可能无法实现主体性。韩国已经给予教师更多的自主权来决定课程，但是教师并没有积极主动地行使自主权。仅仅通过减少计划或规定以及提供自主权，是无法实现教师主体性的。周边的结构或情境条件也影响教师的主体性（So & Choi, 2018）。

为了使教师成为学校改革的真正推动者，国家课程政策必须注重改善结构和环境，从而实现教师的主体性。

参考文献

Apple, M. (1988). *Teachers and texts: A political economy of class and gender relations in education.* New York and London: Routledge.

Baek, K. (2010). The elementary teachers' perception about the school-based curriculum autonomy. *The Journal of Elementary Education, 23*(2), 47–73.

Ball, S. J. (2006). *Education and social class: The selected works of S. J. Ball.* London: Routledge.

Barber, M., & Mourshed, M. (2007). *How the world's best-performing school systems come out on top.* Retrieved November 23, 2018, from https://www.mckinsey.com/industries/social-sector/our-insights/how-the-worlds-best-performing-school-systems-come-out-on-top

Commission for Education Reform. (1995). *Education reform for establishing new education system leading globalization and informatization.* Seoul: Commission for Education Reform.

Cuban, L. (1988). Constancy and change in schools (1880s to the present). In P. W. Jackson (Ed.), *Contributing to educational change: Perspectives on policy and practice* (pp. 85–105). Berkeley, CA: McCutchan.

Cuban, L. (2013). Why so many structural changes in schools and so little reform in teaching practice? *Journal of Educational Administration, 51*, 109–125.

Fernandez, T., Ritchie, G., & Barker, M. (2008). A sociocultural analysis of mandated curriculum change: The implementation of a new senior physics curriculum in New Zealand schools. *Journal of Curriculum Studies, 40*(2), 187–213.

Fullan, M. (1994). Coordinating top-down and bottom-up strategies for education reform. In R. Anson (Ed.), *Systemic reform: Perspective on personalizing education* (pp. 7–23). Washington, DC: U. S. Department of Education.

Fullan, M. (2007). *The new meaning of educational change* (4th ed.). New York, NY: Teachers College Press.

Gim, C. (2002). A critical examination of the Korean national curriculum research and development system. *The Journal of Curriculum Studies, 20*(3), 77–97.

Gim, C. (2011). A critique of the policy discourse of school-based curriculum autonomy in Korea. *The Journal of Curriculum Studies, 29*(4), 47–68.

Goodson, I. (1994). *Studying curriculum: Cases and methods.* London: Teachers College Press.

Grimaldi, E. (2012). Analysing policy in the context(s) of practice: A theoretical puzzle. *Journal of Education Policy, 27*(4), 445–465.

Hargreaves, A., & Fullan, M. (2012). *Professional capital: Transforming teaching in every school.* New York, NY: Teachers College Press.

Hargreaves, A., Lieberman, A., Fullan, M., & Hopkins, D. (Eds.). (2009). *Second international handbook of educational change*. Dordrecht: Springer.

Hilferty, F. (2008). Theorising teacher professionalism as an enacted discourse of power. *British Journal of Sociology of Education, 29*(2), 161–173.

Hong, W. (2011). Policy efforts for autonomous and diversified school curriculum: Paradoxical results and potential alternatives. *The Journal of Curriculum Studies, 29*(2), 23–43.

Hwang, B. (2015). Education and nation-building. In S. Oh et al. (Eds.), *70 years of Korean education* (pp. 305–360). Seoul: National Museum of Korean Contemporary History.

Jeong, K. (2006). A narrative inquiry on two teachers' experiences of the practical process of integrated subject matters' implementation in elementary school. *The Journal of Curriculum Studies, 24*(3), 125–146.

Jeong, Y., & Lee, K. (2011). Study on teachers' acceptance of curriculum autonomy policies. *The Journal of Curriculum Studies, 29*(3), 93–119.

Kim, B. (2007). The hermeneutical reconceptualizing of curriculum and teaching-learning process. *The Journal of Curriculum Studies, 25*(4), 61–80.

Leana, C. R. (2011). The missing LINK in school reform. *Stanford Social Innovation Review, 9*(4), 30–35.

Lieberman, A., & Pointer Mace, D. (2008). Teacher learning: The key to education reform. *Journal of Teacher Education, 59*(3), 226–234.

Masuda, A. (2010). The teacher study group as a space for agency in an era of accountability and compliance. *Teacher Development, 14*(4), 467–481.

McCluskey, N. (2010). Behind the curtain: Assessing the case for national curriculum standards. *Policy Analysis, 661*. Retrieved November 23, 2018, from http://ssrn.com/abstract=1572589

Ministry of Education. (1992). *The general guideline of the national curriculum*. Seoul: Ministry of Education.

Ministry of Education. (2013a). *The basic plan for national achievement assessment in 2013*. Seoul: Ministry of Education.

Ministry of Education. (2013b). *The basic plan for exam-free semester in secondary schools*. Seoul: Ministry of Education.

Ministry of Education, Science, and Technology. (2009). *The general guideline of the national curriculum*. Seoul: Ministry of Education, Science, and Technology.

OECD. (2005). *Teachers matter: Attracting, developing and retaining effective teachers*. Paris: OECD.

OECD. (2011). Education and skills. In OECD (Ed.), *How's life? Measuring well-being* (pp. 145–168). Paris: OECD. Retrieved November 23, 2018, from doi: https://doi.org/10.1787/9789264121164-9-en

Park, M. (2007). A narrative inquiry into elementary teachers' implementation of the integrated curriculum: Based on three teachers' stories. *The Journal of Curriculum Studies, 25*(1), 69–93.

Park, H. (2015). The scale and characteristics of school education expansion after liberation. In S. Oh (Ed.), *70 years of Korean education* (pp. 121–187). Seoul: National Museum of Korean Contemporary History.

Park, J., Park, C., Seo, H., & Youm, Y. (2010). Collection of Korean child Well-being index and its international comparison with other OECD countries. *Korean Journal of Sociology, 44*(2), 121–154.

Pietarinen, J., Pyhältö, K., & Soini, T. (2017). Large-scale curriculum reform in Finland: Exploring the interrelation between implementation strategy, the function of the reform, and curriculum coherence. *The Curriculum Journal, 28*(1), 22 – 40.

Popkewitz, T. (1991). *A political sociology of educational reform: Power/knowledge in teaching, teacher education, and research*. New York, NY: Teachers College Press.

Priestley, M. (2011). Whatever happened to curriculum theory? Critical realism and curriculum change. *Pedagogy, Culture and Society, 19*, 221 – 238.

Priestley, M., & Biesta, G. (2013). Introduction: The new curriculum. In M. Priestley & G. Biesta (Eds.), *Reinventing the curriculum: New trends in curriculum policy and practice* (pp. 1 – 12). London: Bloomsbury Academic.

Priestley, M., Edwards, R., Priestley, A., & Miller, K. (2012). Teacher agency in curriculum making: Agents of change and spaces for manoeuvre. *Curriculum Inquiry, 42*(2), 191 – 214.

Priestley, M., Biesta, G., Philippou, S., & Robinson, S. (2015). The teacher and the curriculum: Exploring teacher agency. In D. Wyse, L. Hayward, & J. Pandya (Eds.), *The SAGE handbook of curriculum, pedagogy and assessment*. London: SAGE Publication Ltd.

Ramberg, M. R. (2014). What makes reform work? School-based conditions as predictors of teachers' changing practice after a national curriculum reform. *International Education Studies, 7*(6), 46 – 65.

Shin, S., Kwak, B., & Kim, J. (1981). *Research and development of general guideline of the national curriculum*. Seoul: Korean Educational Development Institute.

Sinnema, C., & Aitken, G. (2013). Emerging international trends in curriculum. In M. Priestley & G. Biesta (Eds.), *Reinventing the curriculum: New trends in curriculum policy and practice* (pp. 141 – 163). London: Bloomsbury Academic.

Sloan, K. (2006). Teacher identity and agency in school worlds: Beyond the all-good/all-bad discourse on accountability-explicit curriculum policies. *Curriculum Inquiry, 36*(2), 119 – 152.

So, K. (2013). Issues of national curriculum revision: From a view of a general guideline researcher. *Education Research and Practice, 79*, 87 – 100.

So, K. (2017). *Understanding curriculum*. Paju: Kyoyookkwahaksa.

So, K., & Choi, Y. (2018). Understanding teachers' practices in the context of school-based educational reform: Focusing on the concept of 'teacher agency'. *The Journal of Curriculum Studies, 36*(1), 91 – 112.

So, K., & Kang, J. (2014a). Curriculum reform in Korea: Issues and challenges for twenty-first century learning. *The Asia-Pacific Education Researcher, 23*(4), 795 – 803.

So, K., & Kang, J. (2014b). Conflicting discourses on content reduction in South Korea's national curriculum. *International Education Studies, 7*(11), 10 – 18.

So, K., Kim, J., & Lee, S. (2012). The formation of the south Korean identity through national curriculum in the south Korean historical context: Conflicts and challenges. *International Journal of Educational Development, 32*(6), 797 – 804.

Spillane, J. (1999). External reform efforts and teachers' initiatives to reconstruct their practice: The mediating role of teachers' zones of enactment. *Journal of Curriculum Studies, 31*, 143 – 175.

Taylor, M. W. (2013). Replacing the 'teacher-proof' curriculum with the 'curriculum-proof' teacher: Toward more effective interactions with mathematics textbooks. *Journal of Curriculum Studies, 45*, 295 - 321.

Tyack, D. (1991). Public school reform: Policy talk and institutional practice. *American Journal of Education, 100*(1), 1 - 19.

Tyack, D., & Cuban, L. (1995). *Tinkering toward utopia: A century of public school reform*. Cambridge, MA: Harvard University Press.

Weick, K. E., Sutcliffe, K. M., & Obstfeld, D. (2005). Organizing and the process of sensemaking. *Organization Science, 16*(4), 409 - 421.

Zhao, Y. (2009). Comments on the common core standards initiative. *AASA Journal of Scholarship and Practice, 6*(3), 46 - 54.

作者简介

金永熙(Kyunghee So)　韩国首尔国立大学（Seoul National University）教育系教授。主要研究国家课程的形成与发展、教师的知识建构与认同、能力本位课程改革。直接参与了韩国国家课程体系的制定与修订，为韩国国家课程体系中形成批判话语作出贡献，并致力于推动建立能够考虑不同背景学生和课程管理中教师主体性的学校体系。值得注意的是，她向韩国介绍了国际上能力本位的课程发展趋势，带领韩国的教育工作者和政策制定者提出了不同的课程观，区别于以学科为中心的课程观。目前正在开展关于校本教育改革背景下理解教师主体性的项目。该项目使用定性方法，深入研究教师如何应对近期教育改革的背景，在这种背景下，教师被要求成为变革的推动者。

电子邮箱: sohee@snu. ac. kr。

（刘　志　魏晓宇　译）

第十章

日本的历史教育：日本国内政策中有关过去战争的争议

柴田政子

（日本　筑波大学）

10.1　引言

本章主要介绍历史教育的一些重要主题，包括国家观念（perception of nation）、集体记忆（collective memory）概念、国家教育政策以及这些主题之间的联系。我们在这一主题框架下，审视日本文部科学省①关于"二战"冲绳岛战役（1945年3—6月）②的历史教育政策所引发的争议，在这场战役中，战时日本人被视为既是侵略者又是受害者。此外，本章还探讨了争议的起因，追溯了19世纪后期日本成为现代国家过程中冲绳的政治和社会定位。

在日本乃至世界各地，人们从不同的角度解读冲绳岛战役。人们通常在学术和政治讨论中列举一些案例，这些案例还原了许多关于这场战役的"历史片段"。与此同时，卷入战役的国家和人民之间的和解（reconciliation）现象广受欢迎。特别是在世纪之交，一些政府和国家领导人开始检讨其国家对战时罪行的一贯冷漠态度，并尝试通过向受害者正式道歉来弥补过去的不义行为。

尽管现代国家史上出现了这种前所未有的"道歉时代"趋势，但是日本政府和

① 2001年1月6日起，文部省和科学技术厅合并成为文部科学省（Ministry of Education, Sports, Science and Techology，简称MEXT）。本篇中有明确时间规定在2001年1月6日前的，译作"文部省"，其余各处均译作"文部科学省"。——译者注

② 一些教科书提出，战争始于1945年4月1日美军登陆冲绳岛（主岛），而其他教科书则将3月26日作为战争的起始日期，第一批美军于当日登陆冲绳县的部分地区，即庆良间列岛（Kerama Islands），55%的"集体自杀"事件发生在该地（Ryukyu Shimpo, 2014: 38）。

文部科学省难以适应长期以来国家内部对历史教育政策所持有的不信任和批评的态度。有关冲绳岛战役的争议主要集中在日本历史教科书对这场战役的叙述上，特别是如何描述冲绳平民在日本帝国军队参战期间所发生的大规模自杀事件。

本章有三个论点：第一，日本国内历史教科书关于冲绳岛战役的争议有着深刻的历史根源，其中包括日本吞并冲绳的历史。第二，必须根据冲绳在现代日本国家观念中的定位来理解这些争议。第三，由于日本缺乏对战时事件进行批判性审查的政策，有关日本战役、战争的和解进展缓慢。

10.2 集体记忆与和解政策

集体记忆是有趋势的。它是社会建构的，在一定程度上反映了社会的主流话语（dominant discourse）（Halbwachs, 1989）。因此，从原则上来说，集体记忆与“客观”历史有所区别。事实上，社会精英所诠释的历史在很大程度上共享了集体记忆的某些元素，且通常与之相容（Wertsch，2002：20）。而官方对历史事件的解释与集体记忆密不可分，甚至常常就是集体记忆的直接反映。因此，随着社会形态的变化，国家历史在传递给下一代时又会变得有所不同。

毫无疑问的是，集体记忆并不是个人记忆的简单集合。在历史上发生的不公正事件中，受到社会公共利益（public interest）的影响，个别受害者的记忆有时会与集体记忆疏离，导致受害者暴露在政治幻想中或受害者的记忆被淡忘。这种情况也发生在东亚，且东亚在处理“二战”遗留问题时存在比欧洲更模糊的情况。当日本努力进行国家重建时，人们并没有广泛讨论广岛和长崎原子弹爆炸受害者所经历的痛苦，但是随着全球反核武器运动的发展，这种痛苦已经成为战后日本人集体记忆的一部分。

官方对国家历史阴暗面或过去不公正行为的解释在很大程度上受到公众记忆（public memory）的影响。在过去几十年间，令人沮丧的历史引起了日本政界和学术界的广泛关注。如前所述，一个显著的现象是，一些政府和国家领导人尝试审视对这些事件传统的、被广泛接受的看法，并通过向受害者正式道歉的方式修正过去的不公正行为。他们向那些因政治信仰、宗教信仰或种族出身而遭到国家当局（state authority）不公平甚至非人道待遇的受害者道歉。不管这些错误行为是在什么时候发生的——有些发生在遥远的过去，有些发生在最近——从世纪之交开始，这样的道歉已经成为世界各地的一种普遍现象。在某些情况下，道歉促使施害者与受害者达成和解，而在其他情况下则不然。尽管道歉的结果不同，教育领域的政策制定者纷纷效仿。公共教育尤其是历史教育中的理念和实践的变化反映了国家在描述、解释过去事件上作出的修正。

这种“历史修正”（amendment of history）的例子很多，特别是涉及“二战”的。1995 年，法国总统为将犹太居民遣送到纳粹死亡集中营而道歉，这是一个象征性的道歉。1997 年，瑞士政府也向大屠杀受害者致歉。1995 年，日本首相对在日本侵略战争和殖民统治期间的受害者表示深深的悔恨和衷心的道歉①，然而日本的道歉并没有带来与受害者持久的和解，由此可以看出，“将西方表达歉意的措辞移植到非西方文化语境中是极其困难的”（Barkan & Karn, 2006: 7）。如上所述，越来越多的国家试图通过向受害者正式道歉来修正其错误行为。巴坎和卡娜（Barkan & Karn, 2006）将这种行为视为近期尤其是冷战结束后的政治话语倾向（propensity in political discourse），并认为这种新的政治活动是由各国政府制定的长期策略驱动，目的是在该地区和世界范围内建立更加繁荣的政治和经济关系。受害者和施害者之间达成和解的有效过程确实主要依靠双方的政治领导，尤其是后者的道德勇气（moral courage）。此外，全球公众对反人道主义罪行（crime against humanity）的意识愈发强烈，这让受害者的索赔要求（claim）具有合法性，并成为有效的政治和教育手段（Barkan, 2000; Bekerman & Zembylad, 2012）。

考虑到现代国家的历史新趋势，本章将探讨冲绳岛战役的案例，日本文部科学省在历史教科书中对冲绳岛战役的叙述甚至没有使国内各方对这场战役的解释达成共识。下一节在讨论冲绳岛战役的历史背景之前，先讨论历史教科书中关于冲绳事件的相关争议。

10.3 与冲绳岛战役记忆冲突的历史教科书政策

教科书审定制度（textbook authorisation system）是“二战”后美军占领日本时期

① 1995 年，时任日本首相村山富市曾就日本侵略战争对包括中国在内的亚洲各国人民造成的巨大损害和痛苦表示衷心道歉。——译者注

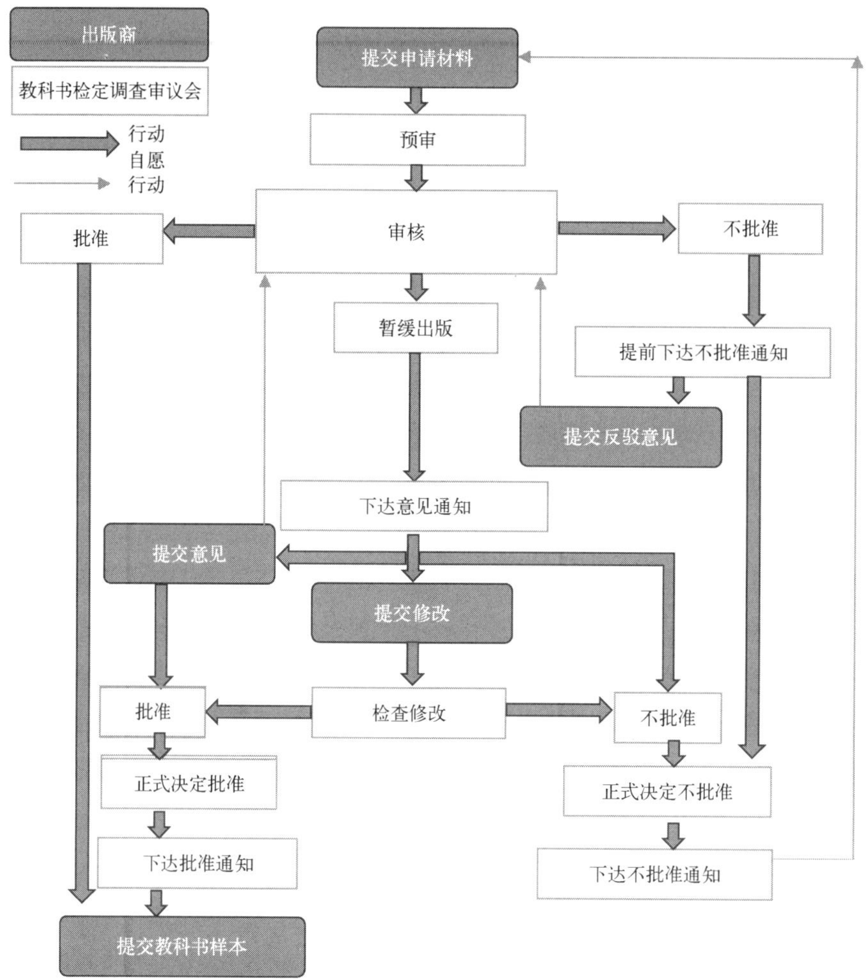

图 10.1　日本教科书审定流程

资料来源：http://www.mext.go.jp/a_menu/shotou/kyoukasho/gaiyou/04060901/1235090.htm. Accessed 1 August 2017.

(US Military Occupation, 1945—1952)日本教育急剧民主化(drastic democratisation)的一部分。在改革之前,小学(1903—1945)和中学(1943—1945)的教科书都是由国家编写的,“二战”后不久,教科书审定权转移到地方教育委员会(local education boards)。但是,随着东亚冷战(Cold War in East Asia)的激化以及所谓的“右倾”,从1955年至今,教科书审定权一直由文部科学大臣掌握。在目前的制度下,教科书审定工作由教科书检定调查审议会(Textbook Authorization Research Council,简称 TARC）负责，该审议会主要由大学教授、学校教师以及具有高等教育教学经验的文部科学省考试官员组成。① 通常情况下，教科书检定调查审议会在学校 4 月份实际使用教科书的前两年公布教科书审查结果。除非出版商获得一个简单的“批准”（approval）或“不批准”（disapproval）指示，否则出版商会根据教科书检定调查审议会的意见修改教科书。教科书获得批准后，各地方教育委员会为辖区内的学校选择各学科教科书。自 1963 年以来，日本文部科学省为义务教育（小学和初中教育）阶段学生免费提供教科书。截至 2016 年，日本文部科学省共花费 411 亿日元（占预算的 0. 8%），在全国免费发放了 1 亿本教科书（见图 10. 1）。②

尽管冲绳岛战役存在诸多争议，但直到 20 世纪 80 年代，它才成为历史教科书中的主要争议。后文将提到，在 20 世纪五六十年代，与战役有关的故事受到戏剧界和文学界的广泛关注。在冲绳岛战役中，超过 20 万人死亡，其中有 122 228 名冲绳人（94 000 名平民和 28 228 名士兵），65 908 名来自其他县的日本士兵和 12 520 名美国士兵。③ 冲绳岛成为日本唯一一个牵涉平民的地面战场。因此，双方军事行动造成严重的平民伤亡，伤亡人数约占冲绳县总人口的四分之一。在战时冲绳岛平民所经历的悲剧中，最具灾难性的是大量平民（总共约 1 000 人）④在战斗中集体自

---

① http://www. mext. go. jp/a_menu/shotou/kyoukasho/gaiyou/04060901/1235089. htm. Accessed 3 August 2017.

② http: //www. mext. go. jp/en/about/pablication/__icsFiles/afieldfile/2017/02/15/1374478 _001. pdf. Accessed 15 August 2017.

③ http://www. peace-museum. pref. okinawa. jp/heiwagakusyu/kyozai/qa/q2. html. Accessed 10 August 2017.

④ 各文献中的数字从 700 到 1 000 多不等。在历史教科书对这一集体自杀事件存在争议的情况下，自杀者的数量一般不是争议的关注点。由于要考虑自杀事件的相对精确度，笔者采用了最近披露的 30 起自杀案件共造成 1 143 人死亡的数据（Ryukyu Shimpo, 2014: 38 - 39）。从藤冈（Fujioka, 2008）和渡边（Watanabe, 2008）指出的情况可以看出，受政府政策的影响，“二战”后自杀者数量上升，政府扩大了 1952 年《战争受害者和幸存者救济法》（Act on Relief of War Victims and Survivors）的覆盖范围，纳入了与军队合作或参与军事行动的平民。藤冈认为，对于自杀事件，越来越多的幸存者及其亲属开始声称自杀者是以集体自杀的形式为国家服务，并据此要求获得国家的救济。关于该法案在冲绳的适用情况，冲绳地方政府向福利部门提交了请愿书，要求覆盖非战斗人员，比如学生士兵和学生护士等（Ryukyu Shimpo, 1953）。据《冲绳时报》（*Okinawa Times*）1958 年的报道，包括集体自杀在内的“战争合作者”的数量可能会增加，因为外交部对“冲绳战争遗属联盟”（Alliance of the War Bereaved in Okinawa）提出的“将该法案的适用范围扩大到战斗期间 13 岁及以下的人”的要求作出了积极回应（Okinawa Times, 1958）。

杀。在许多情况下，自杀是发生在家人、朋友和邻居中的。究竟为什么战区的非战斗人员会发生如此惨烈的集体自杀事件？

20 世纪 80 年代，日本围绕集体自杀事件进行了一次大争论。这场争论的导火索是教科书审定官要求将自杀事件纳入高中教科书。1983 年，在最初提交给教科书检定调查审议会的预授权版本中，含有以下脚注：

> 冲绳县变成了战场，约有 16 万冲绳的男女老少惨遭杀害。其中不少人是被日本军人杀害的（Ienaga，1993：229）。

根据要求，这种描述没有说明战争的全貌，因为大部分平民受害者是集体自杀的，因此应该将其列入脚注。这本教科书的作者是家永三郎（Saburo Ienaga）①，他在 1965—1997 年一直与日本政府进行法律斗争，以维护教科书编写的言论自由权，并称教科书审定制度违宪。在这种情况下，家永三郎认为，教科书审定官的意图是通过强调集体自杀来消弭日本军队大屠杀的可怕形象，因为“自杀”一词意味着自愿的、有主见的自我杀戮行为（Ienaga，1993：232）。② 事实上，日本（至少在政府方面）普遍认为集体自杀是帝国臣民的正义行为，“他们勇敢地避免了成为敌人战俘的耻辱”（Japan Defense Agency，The National Institute for Defense Studies，Military History Department，1968：252）。虽然这本教科书在第三次诉讼中仍存在争议，但是家永三郎部分胜诉，他重写了文本。审定后的教科书版本内容如下：

> 大约 16 万冲绳的男女老少惨死于轰炸或集体自杀。其中，不少人是被日本军人杀害的（Ienaga，1993：232）。

21 世纪初，一场更大的争议激起了冲绳人大规模的抗议活动。2006 年 4 月，根据教科书检定调查审议会关于日本高中历史教科书修改的“意见”，需要重写或改写教科书中有关军方向平民下达集体自杀命令的语句。所有改写的教科书于 2007 年 3 月获得批准。许多冲绳民众认为教科书歪曲了战争历史。9 月，约有 11 万冲绳民众聚集起来抗议教科书检定调查审议会的修改意见。民众抗议活动结束之后，负责出版 8 本教科书的 6 个出版商向文部科学大臣提交了申请，申请在

---

① 他同时还是 1946 年在驻日盟军总司令（General Headquarters of Supreme Commander for the Allied Powers，简称 GHQ SCAP）监督下发行的第一本战后历史教科书的作者之一。

② 冲绳县和平纪念博物馆（Okinawa Prefectural Peace Memorial Museum,由冲绳县创办和运营）的展览和出版物使用的是“被迫集体死亡”（forced group deaths），而不是“集体自杀”（group suicides）。

11 月再次修改改写后的教科书。文部科学大臣要求教科书检定调查审议会中负责日本历史的委员重新审定历史教科书。

在教科书检定调查审议会的审查报告中，一名负责日本历史内容的委员解释了其最初的决定，认为："关于集体自杀的最新研究和出版物表明，这个命令的存在并不一定是明显的。"（TARC，2007：6）该报告还指出，"不可能跟所有冲绳民众求证冲绳民众的自杀行为是否有军事命令。……因此，应当避免对军事命令的存在作出明确的判定"（TARC，2007：6）。教科书检定调查审议会的基本意见如下：

> 集体自杀是发生在太平洋战争结束时平民被卷入军事战斗的特殊情况下。这种情况有着错综复杂的背景，如教育、指导（instruction）以及在此期间某种情感的灌输（inculcation）。此外，还有各种因素造成了集体自杀事件。……因此，教科书中关于集体自杀事件的背景、原因过于简单化的表述可能无法使学生充分理解这一事件（TARC，2007：8）。

简而言之，尽管教科书检定调查审议会不否认日本帝国军队在一定程度上参与了集体自杀事件，但它不接受日本帝国军队直接下达自杀命令的说法。

与 20 世纪 80 年代的情况不同，这起案件引起了冲绳以外的媒体和公众的关注。在对经过改写的教科书进行重新审定之后，文部科学大臣于 2007 年 12 月 26 日批准了出版商提出的在教科书中重申军队"参与"集体自杀事件的请求，而且学校可以在 2008 年 4 月使用这批教科书。然而，只有在出版商充分参考冲绳岛战役和集体自杀背景的情况下，重述才是被允许的。此外，教科书检定调查审议会仍然认为，最初以明确的语气表达的"军方强迫自杀"仍然具有"误导性"。《冲绳时报》（*Okinawa Times*）就这一事件进行了特别报道，强调了对教科书检定调查审议会拒绝明确表达军队强迫行为的失望之情（Okinawa Times，2007），而《朝日新闻》（*Asahi Shinbun*）等主流报纸则表达了更多不同观点，其中包括对重申日本军队"参与"集体自杀事件这一行为的肯定（Shinbun，2007）。冲绳民众的诉求十分强烈，足以产生这样的政治影响。在提议获得批准的当天，文部科学大臣渡海纪三朗（Kisaburo Tokai）发表评论："我们的使命是考虑冲绳人民"，"我们将努力进一步加深公众教育中人们对冲绳岛战役的了解"。①

---

① http://kohoken.chobi.net/cgi-bin/folio.cgi?index=lb2&query=/lib2/20071226.txt. Accessed 10 August 2017.

从历史角度来看，冲绳岛战役不完全是日本国内的问题。为了解决这一复杂问题，下节试图追溯中央政府和冲绳民众在日本国家概念中是如何看待冲绳和冲绳人的。

10.4　冲绳岛战役教科书问题缓慢而复杂的缘起

10.4.1　冲绳在国家形成过程中的同化与分化

冲绳的近代史不断受到日本中央和地方政府同化（assimilation）和分化（differentiation）政策的影响。17 世纪初，日本封建领地（Japanese feudal fief）开始对琉球王国（Ryukyu Kingdom）进行军事入侵，1879 年明治维新时期，琉球王国正式被日本吞并，成为冲绳县。然而，中央政府对冲绳县的政治待遇与日本其他县不一样，如延迟土地改革和征兵。“二战”前，冲绳的所有知事（governors）都是从日本本土派去的，冲绳教育局等地方政府机构的官员很少是冲绳人。冲绳县与都市区相距遥远，气候环境不同，工业现代化进程比其他县缓慢。冲绳落后的经济发展使不少冲绳人移居到夏威夷和南美洲。1899—1937 年，约有 10.5%的日本移民（641 677 人）来自冲绳，冲绳是仅次于广岛县的第二大移民输出地，而冲绳县移民的保留率在日本所有县中最高（Ishikawa，2005：11－13）。从社会文化的角度来看，冲绳人往往被视为劣等少数民族，而不是大和民族那样“真正的日本人”（Bhowmik，2012）。针对冲绳人的社会污名与他们使用的琉球语以及一些在亚热带气候下养成的生活方式有关，这些对大多数日本人来说是陌生的。与受日本侵略的中国台湾（1895—1945 年）和韩国（1910—1945 年）相似，在勤劳、卫生和教育方面，“冲绳落后”（Okinawan backwardness）的观点反衬了“日本进步”的观点（Japanese progression）（Christy，1997）。

与殖民统治不同，冲绳并不受殖民事务局（Bureau of Colonial Affairs）的管辖，并且日本明确将其定位为本土（inland），与日本外部殖民地（outer territories）进行区分。“二战”前的日本将皇民化政策（policy of Kominka），即为国家和天皇培养“皇室臣民”（imperial subjects）的政策强加于帝国内的所有儿童和学校。例如，不论学校在哪，日本当局都强迫所有学生背诵有关教育的《教育敕语》（Imperial Rescript on Education）和一些仪式规范，如向东京皇宫鞠躬等。然而，日本帝国政府在冲绳推行文化同化政策（cultural assimilation policy）比在殖民地推行这一政策更为复杂。冲绳地方政府在努力保持当地民众对冲绳文化认同感的同时，还有意维持使冲绳和冲绳人成为真正“日本人”的政策，并试图得到中央政府的承认。

文化同化政策也反映在教育和人民生活的其他方面。在冲绳，最初有 14 所小学建于 1880 年，但入学儿童的数量非常有限。这主要是由经济困难和当地人对“日本文化”的排斥造成的（Miyagi, 1997）。由于琉球王国一直与中国历朝保持着朝贡关系，冲绳人更加熟悉中国文化而不是日本文化。然而，由于 1895 年甲午战争的结局，他们对日本本土的态度发生了变化。冲绳实行征兵制后（比其他地区迟了 25 年），冲绳男性放弃了传统的长发发型，女性也不再保留在手背上绘制文身的习俗。传统的冲绳姓名逐渐被听起来更加“日本化”的姓名取代。随着日本作为现代国家在国际政治和经济中崛起，冲绳人开始放弃当地风格的文化和生活方式，倾向于“真正的日本”文化和生活方式（Miyagi, 1997）。

这种改变最为明显地体现在语言教育政策上。1880 年，冲绳成立了“会话讲习所”这一机构，培养能够使用标准日语的教师。与冲绳其他地方政府机构一样，该机构的负责人也来自日本本土。为了在全国范围内推行标准的日语，日本文部科学省在全国学校课程中设立了“对话”（communication）科目，但最终，除冲绳以外的所有地区废止了这门课程。冲绳还为这门科目发行了一本专门的教科书《冲绳对话》（*Okinawa Taiwa*）。文部科学省对北海道也有特殊的政策，因为那里聚居着少数民族阿伊努人（Ainu）。但是，通过对 20 世纪 90 年代在北海道和冲绳两地先后发行的特殊版本的日语教科书进行比较分析，明显可以看出日本政府突出强调在冲绳地区推行标准日语（Kai, 2004：50－55）的政策。由于政策规定以及公众对这一政策的支持，冲绳小学的入学率在 20 世纪头十年超过了 90%。冲绳教育当局也为文化同化作出了努力。学生在进入小学的第三周后，会被禁止使用琉球方言。教师会在短途旅行等课外活动中特别注意学生的言语表现，因为学生在课外活动中往往没有在课堂学习时那么紧张（Kajimura, 2006）。此外，学校还引入了“方言牌”（dialect placard），这是对使用方言的惩罚（见图 10.2）。一旦学生说方言，就要将方言牌挂在脖子上，直到学生发现另一个违规者。在相互监督制度下，公立学

图 10.2　方言牌（© 冲绳县和平纪念博物馆）

校严禁学生使用方言。

10.4.2 “二战”时期的冲绳民众

从冲绳近代史来看,同化和分化政策明显影响了冲绳民众的生活。日本政府和日本帝国陆军对待冲绳和冲绳人的方式,给他们的生活和历史带来了极其痛苦的影响。美军登陆日本本土之后,冲绳岛和包括硫黄岛(Iwo Jima)在内的小笠原诸岛(Ogasawara Islands)成为战场。然而,正如冲绳知事所指出的,冲绳人认为他们是唯一在地面战斗中被迫经历苦难的日本人,因为在战斗开始前的几个月,大约6 000名小笠原诸岛居民就已经撤离(Ryukyu Shimpo, 2014: xvi)。①

日本对冲绳的特殊政策也体现在动员学生参军上。未经国会(National Diet)批准,日本陆军部(Ministry of the Army)将冲绳岛、小笠原诸岛及其他与日本大陆战略分离的岛屿上学生的法定参军年龄从17岁降至14岁。在冲绳,14—16岁的男学生被编入“铁血勤皇队”,女学生被编入9个战地护士部队,其中“姬百合学生护士队”伤亡最为惨重,幸存者回忆她们的经历:

> 我们在战争中长大,接受的教育目标是培养愿意为国家和天皇献身的人。我们相信日本正在进行一场神圣的战争,目的是给所有亚洲人民带来幸福……但是,没有什么战争是神圣的。我们在冲绳经历的事情是疯狂的,可悲得难以描述(Japan Times, 2007)。

日本教科书以一种更英雄主义而不是悲剧的口吻,描述那些在战争中服役的冲绳男女学生。特别是“姬百合学生护士队”的故事,在20世纪五六十年代的小说、电视剧和电影中广为流传。

据历史教科书记载,冲绳平民不仅死于美军在空中和海上的轰炸,还死于日本帝国军队士兵之手。有些人因在战场上说了士兵不能理解的方言而被当作间谍杀害,冲绳人因被迫将自己的庇护所让给士兵而遭到炸弹袭击。在八重山地区(Yaeyama area),日本陆军迫使平民撤离到疟疾肆虐的山区,命令他们放弃居住地的食物和牲畜。据八重山和平纪念博物馆(Yaeyama Peace

---

① 日本政府试图将冲绳民众撤离到日本本土的南部地区，但较大的人口规模以及冲绳岛与大陆较远的距离阻碍了许多撤离行动。例如，1944年8月，日本一艘载有784名学生的客船“对马丸”号货轮在撤离去鹿儿岛县的途中被美国潜艇击沉。

Memorial Museum)①收藏的史料记载,4个村庄的16 884名岛民感染了疟疾(53%的感染率),总共有3 647人死亡。

有争议的大规模集体自杀涉及30起事件,造成超过1 000人死亡(Ryukyu Shimpo, 2014: 38－39)。这些事件发生在1945年3月下旬至6月上旬,冲绳民众用手榴弹、简易爆炸装置、炸药、注射毒药、燃烧、溺水以及刺伤等方式结束生命。在庆良间列岛(Kerama Islands)的座间味村(Zamami Village),83%的集体自杀者是女性、小学生和年龄更小的儿童(Tobe, 2016: 55)。② 在其他事件中,大多数受害者也是妇女和儿童。日本在冲绳的有组织抵抗行动于1945年6月22日结束,当时的第32集团军总司令牛岛满中将(Lt. Gen. Ushijima)因战败自杀谢罪。最终有大约30%的教师和大多数师范学校的学生丧命(Iijima, 1972: 3－4)。

10.4.3 冲绳作为“二战”后日本的“外国土地”(1945—1972)

1945年4月,美军登陆冲绳岛,美国海军总司令尼米兹(Chester William Nimitz)宣布在冲绳建立美国海军军事政府(US Navy Military Government)。根据公告,他作为“琉球群岛(Nansei-Shotō)和邻近水域的军事总督”,掌控这一地区所有的军事力量,并中止了日本政府对该地区包括冲绳诸岛(Okinawa Islands)的管辖权(GRI-Legislature, 1957: 1)。1946年2月,驻日盟军总司令将冲绳县从日本领土分离出去,并成立了美国琉球群岛民政署(United States Civil Administration of the Ryukyu Islands,简称USCAR)。在1952年4月《旧金山条约》(San Francisco Treaty,《旧金山条约》第三条明确规定冲绳县归美国统治)获得批准前,美国琉球群岛民政署成立了琉球群岛政府(Government of the Ryukyu Islands,简称GRI),即美国军事政府控制下的冲绳民权机构(Okinawan's civic authority)。冲绳县在1972年5月14日回归日本前一直由美国托管。

虽然人力和设施都极度匮乏,但在美国的支持和控制下,战俘营的教育得以

---

① “战时疟疾”的受害者及其亲属要求日本政府根据《战争受害者和幸存者救济法》对他们进行补偿。政府驳回了这一要求,宣称为这些受害者设立了专项补偿金。1999年,作为冲绳县和平纪念博物馆的分部,八重山和平纪念博物馆在这项基金的支持下建成。资料来源: http://www.pref.okinawa.jp/yaeyama-peace-museum/toukannituite/leaflet_eng.pdf. Accessed 14 August 2017.

② 托比(Tobe, 2016)认为,这是由冲绳传统父权制社会中的首领严格维护“控制线”造成的结果。

非正式恢复。通过搭帐篷,“学校”得以建立,最早一批学校中有一所建于 1945 年 5 月 7 日,有四年级以下的学生 790 人(男生 395 人,女生 395 人)和教师 20 人(男教师 9 人,女教师 11 人)(Okinawa Education Board, 1977: 5 - 8)。美国当局向学校提供了黑板、乐器以及其他学习和运动设备。在 1948 年从日本“进口”教科书之前,琉球群岛政府教育部门制作的教科书是油印版的。美国当局采取的教育民主化措施也与日本本土一致,例如,暂停日本的历史、地理和修身(德育)课程,禁止一切极端民族主义(ultra-nationalistic)和军国主义活动等。冲绳在 1948 年引进“六三三”学制,比日本本土晚了一年。就日本本土而言,该学制获得了 1947 年出台的《教育基本法》(Fundamental Law of Education)的认可,运行相对较好。但在冲绳并非如此,因为这项法律在冲绳颁布需要再等待 11 年(GRI-Education, 1972: 54; Kaminuma, 1962)。

美国在冲绳推行的教育改革的独特之处在于对当地文化的强调,包括语言、艺术和历史(Hagiwara,2015)。从美国军事政府在占领期间为冲绳人出版的月刊《守礼之光》可以看出,美国当局显然重视美国民主思想、基督教和琉球独特的文化,并有意在政治和文化上将冲绳与日本分开。美国政府于 1953 年出台了《教育基本原则》(The Basic Principals in Education),并于 1957 年颁布《教育法》(Education Law)。美国政府强调了以下原则:

> 1. 冲绳县教育部门不得由日本文部省掌管,因为这违反了建立琉球群岛政府的原则;
>
> 2. 在适当的教育法颁布之前,美国政府将制定琉球教育法;
>
> 3. 冲绳县教育部门负责人可以与琉球大学(Ryukyu University)合作制定教师执照的标准;
>
> 4. 只要占领区管理和救济资金(Government Appropriation for Relief in Occupied Area,简称 GARIOA)①基金继续运作,美国政府将支持冲绳建设和改造校舍(GRI-Education, 1972: 55 - 56)。

在美国统治下的冲绳,教育民主化按照美国的方式进行。美国军事政府针对琉球群岛政府立法机构通过的法案行使否决权,禁止学校教师参加政治活动或集会。琉球大学校长未经美国当局许可,不能行使其合法权利(Hayashi, 1963)。此

① 占领区管理和救济资金，为奥地利、德国和日本等美国占领区提供紧急救济方案。

外，从日本“进口”的教科书必须再次经过美国的检查。例如，美国禁止冲绳地区使用家永三郎等人1959年所著的经过教科书检定调查审议会审定的教科书《日本历史（新版）》（*Japanese History: The New Version*），这本书强调了美国对“二战”后日本的军事统治，因此美国当局不容许冲绳的学校使用这本教科书（Taminato，2014：89）。在整个美国统治时期，冲绳在教育方面处于劣势，这不仅体现在财政状况或基础设施方面，还体现在学生进入高等教育机构和获得整体职业发展的机会方面。

10.5 结语

日本历史教科书中关于冲绳岛战役受害者的叙述，在有关日本战时错误行为的教科书争议中表现出鲜明的政治敏锐性。在冲绳岛战役中，战争时期的日本人在人们的记忆中既是侵略者又是受害者。然而，这种政治敏锐性并不仅仅基于日本平民被本国军队杀害这一事实。虽然冲绳岛具有战略意义，但战争时期强加于冲绳的军事和教育政策反映了冲绳在日本帝国与“二战”后日本的定位。自19世纪末冲绳并入日本以来，冲绳人一直受到同化和分化政策的影响。这些政策与“同质的大和（日本）民族纯洁性”的言论一起强加给冲绳人民，是日本殖民主义的意识形态驱动力。从冲绳县设立到“二战”结束，或者说直到今天，冲绳在日本的政治、社会和教育方面都被视为“他者”（other）——即使不是“陌生人”（stranger）——并在日本社会中得到承认。

一方面，冲绳人对这场战争的集体记忆与日本政府和文部科学省的官方意见之间的差异很大；另一方面，教科书检定调查审议会推翻最初所做决定的情况并不常见，但在“二战”后教科书审定的历史上不同寻常的是，战争受害者的公众声音使教科书检定调查审议会重新考虑长期以来对“二战”历史的传统观点。从这个意义上说，冲绳的案例说明了日本政府和文部科学省一直在处理的历史教科书争端的特别过程和结果。

当然，冲绳岛战役的受害者与日本之间的和解似乎远远没有实现。诚然，正如第一部分所讨论的，就过去的不公正行为制定和解政策的时机和意图，受到国际和国内政治背景变化的影响。从20世纪80年代起，日本政府和文部科学省也试图将和解政策列入其政治议程，但没有将其放在中心位置。对于以日本作为现代国家的存在理由为名所犯下的错误，缺乏批判性评论。然而，就冲绳而言，冲绳地方政府开创的新趋势值得注意。1995 年，冲绳县在冲绳岛最南部的冲绳县和平祈念公园（Peace Memorial Park）建造了和平基石纪念碑，这里是日本军队在最后一次也是最激烈的一次有组织战役中建立总部的地方，纪念碑上铭刻着所有在战争中牺牲的人的名字，不论他们的国籍或在战役中的地位。① 冲绳地方政府无疑为日本历史教育的发展点亮了希望之光。

参考文献

Barkan, E.（2000）. *The guilt of nations: Restitution and negotiating historical injustices*. New York：W. W. Norton & Company.

Barkan, E., & Karn, A.（2006）. Group apology as an ethical imperative. In E. Barkan & A. Karn（Eds.）, *Taking wrongs seriously: Apologies and reconciliation*（pp. 3 – 30）. Stanford：Stanford University Press.

Bekerman, Z., & Zembylad, M.（2012）. *Teaching contested narratives: Identity, memory and reconciliation in peace education and beyond*. Cambridge：Cambridge University Press.

Bhowmik, D.（2012）. Subaltern identity in Okinawa. In M. M. Marson & H. J. S. Lee（Eds.）, *Reading colonial Japan: Text, context, and critique*（pp. 90 – 108）. Stanford：Stanford University Press.

Christy, A. S.（1997）. Making of Imperial subjects in Okinawa. In T. E. Barlow（Ed.）, *Formations of Colonial Modernity in East Asia*（pp. 141 – 169）. Durham：Duke University Press.

Fujioka, N.（2008）. Okinawa Shudan-Jiketsu no Shinso to Kyokasho Kentei [The truth of the group suicides in Okinawa and textbook examination]. *Kokutai Bunka, 1009*, 8 – 29.

GRI-Legislature（Administrative Section, Secretariat of the Legislature, Government of the Ryukyu Islands）.（1957）. *USCAR legislation, 1957: A complete collection of outstanding proclamations, ordinances and directives with amendments thereto issued by the United States civil Administration of the Ryukyu Islands and its predecessors since 1945*. Naha：Kyodo Printing Company.

GRI-Education（The Department of Education, Government of the Ryukyu Islands）.（1972）. Okinawa ni okeru Sengo no Kyoiku no Ayumi [History of education in post-war Okinawa]. *Monbu Jiho, 1139*, 53 – 57.

Hagiwara, M.（2015）. Senryo Shoki ni okeru Rekishi-kyoiku no Sikou-sei [The intension of history education in the early occupation period]. *Nihon no Kyoikushigaku, 58*, 58 – 70.

Halbwachs, M.（1989）. *Shugo-teki kioku [On collective memory]*. Tokyo：Kohrosha.

① 据冲绳县介绍，这座纪念碑上刻有 241 414 个人的名字：冲绳人 149 425 名，其他县的日本人 77 417 名，14 009 名美国人，82 名英国人，34 名中国台湾人，82 名朝鲜人以及 365 名韩国人。http://www.pref.okinawa.jp/site/kodomo/heiwadanjo/heiwa/7623.html. Accessed 15 August 2017. 日语文本的翻译由本章作者负责，除非另有说明。

Hayashi, M. (1963). Okinawa ni okeru Kyoiku no Tatakai [Fight for education in Okinawa]. *Bunka Hyoron, 21*, 22 - 34.

Ienaga, S. (1993). Misshitsu. In *Kentei no Kiroku [Record of textbook examination "behind closed doors"]*. Tokyo: Meicho Kankokai.

Iijima, S. (1972). Okinawa ni okeru Kyoiku no Kadai to Tenbo [Problems and visions of education in Okinawa]. *Monbu Jiho, 1139*, 2 - 9.

Ishikawa, T. (2005). Okinawa-ken ni okeru Shutsu-Imin no Rekishi oyobi Shutu-Imin Yoin-Ron [History emigration from Okinawa prefecture and accounts on emigration motives]. *Imin Kenkyu, 1*, 11 - 30.

Japan Defense Agency, The National Institute for Defense Studies, Military History Department. (1968). *Okinawa Homen Rikugun Sakusen [Army operations in Okinawa]*. Tokyo: Asagumo Shinbunsha.

Japan Times. (2007). "Student nurse recalls horror of Okinawa fighting", 28 December: 3.

Kai, Y. (2004). Kokugo Kyokasho ni okeru Kogo-buntai Sentaku no Keiki [Movement for the selection of colloquial language style in Japanese language textbooks]. *Nihongo to Nihonbungaku, 39*, 49 - 66.

Kajimura, M. (2006). Okinawa no Hyojun-go Kyoiku-shi Kenkyu—Meiji-ki no Tsuzurikarakyoiku wo Chushin-ni [Research on history of education for the standard Language in Okinawa—Composition education in the Meiji period]. *Ryukyu Daigaku Kyoikugakubu Kiyo, 68*, 1 - 10.

Kaminuma, H. (1962). *Okinawa Kyoiku Sho-shi [Short history of education in Okinawa]*. Tokyo: Nanpo Doho Engokai.

Miyagi, H. (1997). Kominka Kyoiku no Higeki [The tragedy of Kominka education]. *Shakai Kyoiku, 41*(6), 50 - 55.

Okinawa Education Board (Okinawa-ken Kyoiku Iinkai). (Ed.). (1977). *Okinawa no Sengo Kyoikushi [History of education in post-war Okinawa]*. Naha: Okinawa Prefecture Education Board.

Okinawa Times. (1958). *Sarani Fueru "Sentou Kyoryokusha", Shudan Jiketu ya go no Teikyo, 13-sai Ikamo Tekiyou no Mikomi [Further rise of the number of 'military co-operators', group suicides and offering shelters, most likely including 13 years old and over]*. 9 August (Afternoon Edition): 3.

Okinawa Times. (2007). Gun ga Kyosei' Mitomezu ["The military forced (the suicides)" Disapproved]. 26 December (Special Edition): 1.

Ryukyu Shimpo. (1953). *Senbotsu-gakuto mo Gunjin Atsukai ni [Treating fallen students soldiers as soldiers]*. 29 August: 3.

Ryukyu Shimpo (Ed.). (2014). *Descent into hell: Civilian memories of the Battle of Okinawa*. Portland: Merwin Asia.

Shinbun, A. (2007). Kyokasho Kentei: Okinawa Hyouka to Fuman [Textbook examination: Positive valuation and discontent in Okinawa], 27 December: 35.

Taminato, C. (2014). Okinawa and textbook lawsuits. In The Committee for the 100th-Anniversary of the Birth of Saburo Ienaga (Ed.), *The 100th anniversary of the birth of Saburo Ienaga: Constitution, history, textbook lawsuits* (pp. 89 - 91). Tokyo: Nihon Hyoronsha.

TARC (TARC, Committee of Japanese History). (2007). *Heisei 18-nendo Kentei Kettei Kotogakko Nihon-shi Kyokasho no Teisei-shinsei ni kansuru Iken ni Kakawaru Chosa-shingi ni Tsuite [Report on the research deliberation about applications for revisions in Japanese history textbooks for upper secondary schools decided in the academic year of 2006*]. Tokyo.

Tobe, H. (2016). Okinawa-sen no Kioku to Gendai [Memory of the Battle of Okinawa and the present time]. *Rekishi Chiri Kyoiku*, *850*, 52-59.

Watanabe, N. (2008). Rekishi Kyoiku wo Yugameru mono [What distorts history]. *WiLL*, *8*, 34-43.

Wertsch, J. V. (2002). *Voices of collective remembering*. Cambridge: Cambridge University Press.

作者简介

柴田政子(Masako Shibata)　日本筑波大学（University of Tsukuba）人文与社会科学研究生院（Graduate School of Humanities and Social Sciences）国际日本研究博士项目（Doctoral Program of International and Advanced Japanese Studies）副教授。在英国伦敦大学学院（University College London，简称 UCL）院获得硕士学位（1996—1997 年），在伦敦大学教育学院（Institute of Education, University of London）获得博士学位（1998—2001 年），从事比较教育和教育史研究。自 2005 年在筑波大学任职以来，一直研究“二战”参与国的历史教育。虽然主要关注日本和德国，但最近其研究范围已扩展到它们在亚洲和欧洲的邻国。是《比较与国际教育研究》（*Research in Comparative and International Education*）杂志的国际咨询委员会成员。

电子邮箱: mshibata@sakura. cc. tsukuba. ac. jp。

（王　珊　魏晓宇　译）

第十一章

教育即学习设计：一个跨研究传统的教育探究整合模型

理查德·霍尔沃森　埃里卡·罗森菲尔德·霍尔沃森
（美国　威斯康星大学麦迪逊分校）

教育研究具有丰富多样的探究方法和认识方式。教育研究者急切地从社会科学和人文科学中汲取适用于自身的研究方法与观念，以理解和改善学校内外教与学的复杂条件。教育研究中丰富的认识论、研究方法和研究领域，呈现出一种充满活力的专业探究文化。教育作为通往机会和社会正义的路径，在世界范围内持续吸引着广泛的投资，影响政策制定并促进社会实践发展。随着社会对教育这一“社会进步引擎”兴趣的提升，越来越多的学者投身教育研究。2000—2015 年，仅在美国，获得教育博士学位的人数就增长了 65%，这种“激增”也再次表明社会对教育研究领域的强烈兴趣。①

虽然教育部门持续蓬勃发展和壮大，但是大部分教育部门仍存在一种困扰，即究竟何种研究可以算得上是高质量的研究？大家在这点上一直未能达成共识。批评者嘲笑那些在“文凭工厂”（diploma mills）工作的“教育学家”（educationist），认为他们的探究缺乏严谨性，且专业准备项目（professional preparation programs）的质量也不够高（Feuer, Towne, & Shavelson, 2002; Levine, 2005）。一些研究人员将教育研究中存在的这些“问题”置于学校教育的制度和政治文化中（Clifford & Guthrie, 1988; Powell, 1980）。教育学院（schools of education）被视作“大学里的笑柄”（butt of jokes in the university），被描绘成“智力荒地”（intellectual

① U. S. Dept of Education, Degrees in education conferred by degree-granting institutions, by level of degree and sex of student: Selected years, 1949 - 1950 through 2006 - 2007 (Table 303). http://www.nces.ed.gov/programs/digest/d08/tables/dt08_303.asp; and Table 318.30 Bachelor's, master's, and doctor's degrees conferred by postsecondary institutions, by sex of student and discipline division: 2014 - 2015. https://nces.ed.gov/programs/digest/d16/tables/dt16_318.30.asp? current=yes wastelands)(Labaree, 2006: 3)。

拉格曼(Lagemann, 2000)在教育研究的早期历史中找到了教育研究身份断裂(fractured identity)的根源。她认为,早期教育研究者为了使这一新的研究领域获得尊重,便“模仿‘硬’科学(或至少是更发达的社会科学)中的‘兄弟们’”(Lagemann, 2000: xii)。他们采用其他领域普遍的学术质量标准来使自己的工作合理化。在拉格曼看来,教育领域吸引了那些被认为社会地位较低的人,这也推动了教育研究领域在高等教育和公众中对自身合法性的追求。拉巴里(Labaree, 2006)指出,从历史上看,教育学院是为了满足在学业上被污名化的(academically stigmatized)群体的需求,如妇女、儿童、教师和工人阶层。以往,这些群体通常被排除在传统的高等教育之外,这使得教育研究领域相比其他研究领域,地位有所下降。对教育研究者而言,教育研究需要将理论应用于真实且复杂的教与学的实践,注重应用的特点让教育研究难以在理论层面获得合法性;对教育实践者而言,他们想让教育研究成为高等教育的一员,但过于注重理论会让教育研究过于抽象,难以应用于实践。由于教育研究无论是在行业内还是行业外都处于低地位,这使得公众领导者在解决法律纠纷、政策制定或地方学校管理问题上都绕过了教育研究,而更倾向于采纳教育学以外学科专家的建议。

教育研究和教育学院的现状引发了许多反思。一些研究者试图从真正具有教育意义的研究中界定该领域的本质特征(Ball & Forzani, 2007);一些研究者则将话语权推向了用其他学科的科学标准来定义研究(Feuer, Towne, & Shavelson, 2002; Slavin, 2002);还有一些研究者借鉴批判传统,试图将教育的影响纳入适当的社会、政治和经济背景(例如,Apple, 2010; Giroux, 2009; Popkewitz, 2007)。教育研究的多元表达导致一种不和谐的状态,教育领域内那些忠诚地拥护学科标准的研究者倡导严格执行公认的、严谨的研究方法,同时质疑使用其他研究方法的竞争对手的方法的合法性。对于合法性的追求分散了教育研究者的注意力,他们不再“仔细考虑哪些独有的特征可能会影响这一特定学术领域的严谨性和相关性”(Lagemann, 2000: xii)。失败、妥协、批评、质量差和没有声望的言论,贯穿合法性的争论。

然而,这种多样性不应该被视作不和谐、无用或要被抛弃的。恰恰相反,强烈的兴趣和方法的多变性标志着系统性探究出现了一个令人兴奋的新领域。因此,本章关注的重点在于——“我们作为研究者和教育者，该如何基于有机多样的手段和方法建立共享型的研究团体”。我们认为，所有这些不同的教育研究方法、问题和解释框架都共同致力于“教育即学习设计”这一理念。“教育”“设计”和“学习”是三个核心概念。其中，教育和学习相互关联，但并不等同。学习是人们在与他人和世界互动过程中自然而然产生的行为。无论我们是否在学习别人希望我们学习的东西，我们总是在学习。教育则是在一定的社会、制度和语言的环境中，为达到某些特定的结果来指导学习的一个过程。学校教育是最常见的教育形式。当一个社会团体试图通过调整自然的学习过程来帮助学习者掌握某些内容和技能时，学校便形成了。不过，在一些非正式的情境中，教育依旧是可以进行的。无论是拉夫（Jean Lave）关于“戈拉（Gola）和瓦伊（Vai）两地裁缝学徒制”的经典研究（Lave & Wenger, 1991），还是詹金斯等人（Jenkins et al. , 2007）关于“视频游戏和互联网文化如何建构学习”的研究，都展示了非制度化的、非正式的社会活动如何引导学习者发展技能并最终成为其他人的老师。因此，教育是一个使用社会和知识资源将学习者导向有价值的结果的过程。

这里有一个新的概念是“设计”。我们认为教育是有意识地将学习引向某些技能和倾向的设计活动。设计通常涉及一个创造事物的计划，以及为将新事物带到世界上而采取的行动。当人们为他人设计学习机会时，教育便产生了。在教育产生初期，部落的长者会通过设计教育环境来帮助下一代学习重要的文化知识和技能。随着社会的发展，专业的群体承担了教育者的角色。他们设计了包括教师、物质资源、课程、测评和空间在内的学校学习环境，将学习行为导向有价值的社会结果。正式的和非正式的学习社区是相似的，都是通过协调人、知识、社会互动和测评来指导学习。设计这些环境旨在确保实现某些个人的和公共的结果。教育是通过设计正式的结构与非正式的规范和惯例，将“野生”的学习转换为期望的学习结果和倾向的过程。

根据这个逻辑，如果教育即学习设计，那么教育研究则是关于“学习设计”的研究。这种视角使得多种教育探究方法相互关联，并共同应用于研究人们如何创建、测试、测评和批判指导学习这一过程，而不再将教育研究人员的努力看作大相径庭或互不相容的。在接下来的几个部分，我们认为通过使用“教育即学习设计”这一组织隐喻，可以将多数教育研究工作的方法分为三类：

- 科学探究(scientific inquiry)——测量教育设计对学校、社区、教师,最重要的是对学习者的影响;
- 实践探究(practical inquiry)——研究新设计如何融入、形塑日常工作,以及如何引导设计新的干预措施、实践和政策以指导教育;
- 批判探究(critical inquiry)——通过历史、社会、经济或政治框架创造关于设计与现实之间差距的批判性知识,以揭示新设计隐藏的且通常是无意识的特征。

在理想状态下,每一类研究都能够促成其他类型研究的发展。实践知识能够帮助我们了解当下的实践情境,促进产生新的学习设计。科学探究能够测量新设计的效果,并为实施设计和重新设计提供数据支持。批判探究关注的是教育设计与价值观念、道德以及实践原则之间的匹配度。这三类探究能够共同创造出强大的实践、理论和科学的教育探究体系。然而,我们这个支离破碎的教育研究世界的现实是,各类探究都将自己定位为与其他两类探究是不一样的,研究人员很难在其研究共同体之外交流自己的方法和结果的有效性。

本章简要概述每种类型的教育研究。首先,我们会探讨目前国际和国家政策如何将以社会科学为标准的科学探究定位为教育研究最重要的研究模型。其次,我们将讨论实践探究在接受和形成实证主义知识(positivist knowledge)中不可或缺的补充作用。科学探究和实践探究之间的交互迭代,为将科学和实践工作自然地联系起来,共同改善教育过程与结果提供了一条路径。此外,如果没有批判探究的视角,这一迭代的过程可能会脱离社会价值,成为一种优化尝试而非改进。因此,我们认为批判探究应该系统地介入研究者和教育者的设计过程之中,用以反思“科学—实践”这一循环过程的意图与结果。我们将描述如何整合这些方法概念,以便为学习环境设计的系统创新提供一条路径。

我们面临的挑战是如何将教育研究融入“教育即学习设计”这一共享隐喻(shared metaphor)。我们认为,文献中经常出现的看似相互排斥的教育探究方法,实际上可能成为推动教育研究迭代设计话语的力量。由于本文讨论的范围有限,很难对教育研究中各领域的所有主题作出有代表性的描述,因此,我们以最近一些关于各标准之间关系的讨论、高风险测试和学校问责政策为例进行研究。虽然这样选择会对之后的观点阐述有所限制,但我们仍旧希望这样一种讨论能够勾勒出一幅教育研究各流派合作进行教育探究的蓝图。

11.1 科学探究

科学探究旨在通过发展定量社会科学(quantitative social sciences)的方法和实践来提升教育研究的质量。教育科学探究者通过研究设计来测量结果与因素之间的因果关系,一旦确定了因果关系,科学探究者就会试图记录干预措施实施的条件,从而大规模地产生预期的结果。之后,科学探究还会试图记录环境因素如何影响干预措施的实施(Duncan & Murnane, 2011)。政策制定者将这种形式的探究视作教育研究的“黄金标准”,培养研究生使用这种探究方法,并且使其成为教育研究中的“合法研究”。

科学探究的作用在于通过严谨的学术研究,生产和传播能够跨越多种情境的事实证据(Feuer, Towne, & Shavelson, 2002)。科学探究致力于创造一种可预测的、可靠的知识来指导教育者和政策制定者的工作。从科学探究的视角来看,教育是以产生特定的学习和行为结果为目的的过程。科学探究的一种典型方式是在不同的学习情境中实施干预措施,然后对比干预组和控制组的结果,得出干预效果(intervention effects)(Mosteller & Boruch, 2002)。这类探究的作用是记录早已确立的(和新的)过程实际产生效果的程度。在诸如美国有效教育策略资料中心(What Works Clearinghouse,简称 WWC)这样的网站,可以找到一系列这样的探究,帮助教育者识别高质量的学习设计。

科学探究也能验证教育设计能否产生预期结果。教育科学探究通常与为所有学生和家庭提供学习机会的道德义务相关。有的探究关注了不同教育体系(特别是在种族和不同收入群体中)的结果差异,为这种形式的教育探究提供了一个引人注目的道德背景。探究人员发现,现场行动者(local actors)缺乏高质量的知识来指导项目的选择和实施,难以改善这一结果。在其他情况下,教育环境缺少一些对提高学习结果而言必要的、有价值的资源,例如课程材料、测评、学习空间等。许多时候,现场行动者自身也被认为缺少相应技能或资源而无法有效实施有助于提升学习效果的项目。高质量的探究会记录——特定的体系为何无法产生预期结果——这一过程,并寻找主要的影响因素。

一般来说,科学探究需要以大数据和统计的科学性来证明其关于结论的推断是正确的。探究人员往往在实验条件(真空条件)下进行探究,以获得关于“干预措施如何产生预期结果”的最佳和最可靠的信息。采用这类探究路径的探究人员往往远离真实的教育实践。政策决策者基于这些信息建立相应的奖励措施，激励人们遵循以探究为基础的实践。现场行动者控制相应的条件，以确保顺利推行已经被研究证明有效的项目。此时，探究人员则重新进入研究场域，衡量项目实施的准确性（例如，领导者建立的具体行动条件达到了何种程度）。以科学为导向的政策研究主要通过减少现场行动者对操作效果的难以预计的影响，最大限度地提高项目的“精准性”（fidelity）（Howe, 2004; Olson & Katz, 2001）。学校和现场行动者被视作研究基地，当它们重新创造并不破坏适当实施的必要条件时，它们就会受到重视。

在许多国家教育体系中，精确性是所有教育实践的指导原则。统一的教育体系会选择最好的课程，为教育工作者提供适当的培训，创建学习环境以优化实施，并使用复杂的测评系统来获取结果。当有关学校管理和课堂学习实践的决定由现场行动者作出时，政府机构扮演的角色是引导教育者遵守相关的实践建议。这一路径要求现场行动者在手段（项目、测评和实践）上作出选择，去判断何种手段对产生有效的教育目标（结果）是必需的。同时，它也试图通过创设一种“公共环境”（public climate）使所有的现场行动者难以违反相关的实践建议（Slavin, 2002）。

在强调现场服从的做法下，现场行动者在改善教与学的不确定过程中可以发挥的自由支配作用降低了。正如埃尔莫尔（Richard Elmore）对体系改革“难题”的描绘：

> 当选的政策领导人对学校提出了许多几乎难以做到的要求，学校领导被要求承担他们基本无法承担的责任。对每个人而言，特别是对儿童来说，失败的风险很高，后果也很严重。（Elmore, 2000）

从科学探究的视角来看，要想产生预期的效果，“现场服从”（local compliance）理论上是必要的，但它带来的实际效果很难把握。要想使地方放弃既定的模式转而使用已得到探究证明的科学的实践模式，还需要推出大量的奖惩措施来保证这一过程的实施（Schneider & Ingram, 1997; Stone, 2002）。从科学探究的视角来看，在为所有学习者创造可靠结果的过程中，现场行动者是一个不稳定的因素。

科学模型的普遍性（pervasiveness）可以从“最佳实践”话语（“best practices”

discourse)的当代转变体现出来——从"有效知识"(what works)转变为"循证实践"(evidence-based practices)。"最佳实践"模型在20世纪80年代出现，用以描述对教育工作者产生良好效果的技术。研究者收集并撰写关于最佳实践的文章，专业网络和会议中也开始涌现现场关于解决复杂问题的最新和最有趣的"最佳实践"案例。使用"practices"(实践)一词的复数形式反映了选择的多样性。"最佳实践"视角预设了实践者可以在特定的领域寻找吸引人的实践模式，然后通过教育实验来创造一个"更佳"的实践。"有效知识"话语的出现改变了干预与现场自治之间的关系。一项干预只有达到科学标准才会被收录到美国有效教育策略资料中心：

> 目前，只有通过精心设计的、实施过程良好的随机对照组实验(well-implemented randomized controlled trials)所获得的证据，才被视作有强烈说服力的，而同等的准实验设计(quasi-experimental designs)是否达标仍存疑；针对断点回归(regression discontinuity)和单一案例设计(single-case designs)的证据标准还在制定中。①

科学探究以何种知识与指导实践相关的先验决定为指导。"有效知识"和"循证实践"这两个标签为实现最佳的教与学结果提供质量保证。一份"最佳实践"方案的形成需要现场实践者的干预和专业团队根据现场情况不断进行的测试实践活动。从"有效知识"到"循证实践"的转变，就是利用科学探究在不同情境中测试干预措施，以确定哪些干预措施合格，以及应该如何使用这些方法来获得可预测的结果。

教育科学探究希望将一些质量可控的措施应用到千变万化的教育实践中。正如医生需要根据对最新学术研究的理解来开处方一样，教育从业者也被要求精确地实施已经接受检验的课程体系。公众通过教育改善社会的期望促使科研团队致力于寻找用于改善所有学习者学习结果的解决方案。无论是公众还是政策制定者，都在寻找关于"是什么构成了学校内外高质量教与学"的可靠标准。这种以可衡量的方式改善学校教育的努力，深深植根于动荡的政治斗争中，即学校如何(以及是否)能够解决长期存在的社会和种族不平等问题，并继续作为经济增长的引擎。科学观点将教育研究界定为一项技术问题，是运用社会科学方法的丰富

① http://ies.ed.gov/ncee/wwc/references/idocviewer/Doc.aspx? docId=19&tocId=4

传统来确定达到既定目的的最有效方式。科学探究旨在拨开笼罩在教育质量争议上的社会文化问题的迷雾,以确定适合所有学习者的有效知识。通过将教育定义为优化不同情境中干预的技术问题,科学探究试图将教育研究定义为产生指导政策和实践所需知识的领域。

11.2 实践探究

教育研究的主要目的之一是描述知识的种类,并帮助教育者在实践过程中使用这些知识。教育者通过设计教育情境来改进教与学。实践探究通过描述教育者如何设计环境以满足教与学的需求来理解这些措施。实践探究关注现场行动者如何进行教育互动以促进学习。现场教育实践为实践探究者提供了创意和工具。科学探究的重点是证明干预的质量,但没有提供充分的知识或技能来为教育创建优质环境(Erickson, 2005; Gee, 2005)。科学探究提供的"有效知识"教育模式并没有提供足够的指导来塑造一个实际的"最佳实践"世界。由于只有一小部分教育工作会涉及测量与干预,因此,实践探究必须记录并支持更广泛的设计实践(design practice)(Erickson & Gutierrez, 2002)。

参与者(教师)和学习者影响了实验精准性的观点,使人们意识到科学探究使用学习者和学习的"缺陷模型"(deficit model)。"缺陷模型"假定学习者除了遵守既定的学习过程外几乎没有贡献,教学的目标是培养学习者文化背景中缺失的知识和技能(参见 Moll, 1990; Valencia, 1997)。从实践探究的视角来看,"缺陷思维"对解释学生学习而言是一个不恰当的框架(Harry & Klingner, 2006; Tejeda, Espinoza, & Gutiérrez, 2003)。同样,科学探究在对教师和学校领导进行研究时也是采用"缺陷思维"(Stein, 2004)。它将教育者的现场技能和能力视作干扰实验效果的"噪声",要研究干预措施的真正效果,就要屏蔽这些"噪声"。实践探究者却将"噪声"视作一种信号,以跟踪教师和学习者如何在实施干预的环境中"航行"。当现有的实践被视作对现有工作产生干扰的"噪声"时,我们就失去了追踪"知识宝库"(funds of knowledge)的机会,而这对理解学习者如何利用先前的经验来理解新的知识和技能至关重要(González, Moll, & Amanti, 2005)。

实践探究旨在了解教师和学生是如何创造和驾驭学习环境的。实践教育探究采用建构主义的研究和设计视角。建构学习主义认为,人们在已有知识和经验的基础上建立新的理解(Kafai, 2014)。从教学的角度而言,如果清楚地了解学习者知道什么以及他们是如何知道的,就可以创建一个新的教学过程来适应学习者先前的理解。这种教师和学生之间持续的、反复的互动以及情境的变化,是很难在设计干预措施时就预料到的。从实践的角度来看,“实施过程”是观察“教育者和学习者如何选择具有不同特点的干预措施来建立一种学习之间的联系”的好时机。实践探究者以探究现场的教与学实践的展开为起点。从实践的角度而言,我们需要更好的方法来探究教育实践,因为实践本身对改善学习结果是一个必要条件。实践探究需要理解为什么某种实践在特定教育情境中具有可能性,而在另外一种教育情境中则不被考虑;为什么一些实践团体很依赖一套完善的组织惯例,而另一些团体非常讨厌这些惯例;专家实践的描述如何被重新构建为新方法。实践探究者必须了解,现场教育者如何将复杂的话语体系与环境联系在一起,如何追踪学习者在复杂的学习空间中的学习模式,后者更重要。

实践探究范畴将认识论(epistemological)和方法论(methodological)的传统结合在一起,而这些传统可能并不会承认它们的“亲属关系”。实践探究包括许多种类的质性研究,例如个案研究(case study)(Stake, 1995)和民族志(ethnography)(Van Maanen, 2011)。它也包括记录实践和行动在实际过程中如何展开的现象学研究(phenomenological studies),以及通过扎根理论(grounded theory)的方法来构建理论以描述行动发生的原因(Denzin & Lincoln, 2011)。实践探究也会采用定量方法,例如,潜在类别分析(latent class analysis)(Collins & Lanza, 2010)和记录大数据模式的机器学习(machine learning)(Bishop, 2006)。实践探究也包括基于对实践的见解使用新方法设计学习环境的传统。例如,基于设计的研究(design-based research)会通过构建人工制品和学习环境来测试关于实践的假设(Design-Based Research Collective, 2003),社会设计实验(social design experiments)则用现场行动者的专业知识来开发新的学习环境(Gutiérrez & Jurow, 2016)。此外,改善科学(improvement science)(Bryk, Gomez, Grunow, & LeMahieu, 2015)和可用性测试(usability testing)(Nielsen & Mack, 1994)等研究方法则会通过设计流程中生成的数据来不断优化创新。各类研究都有一个共识,即利用对当前实践的洞见来获取知识和设计的途径。

实践探究旨在揭示行动者如何操控和改变实践的特定环境。对实践探究而言，挑战在于如何识别对改进教学效果显著的结构（structures）、行动者（actors）以及策略（strategy）。对科学探究而言，显著性（significance）意味着因素和结果之间关系的一个方面——当分析表明预测因素和结果之间存在合理相关性时，这一发现就是显著的。在实践探究中，显著性衡量的是行动者对其处境的理解程度。实践探究试图捕捉使现场行动（local action）具有显著性的背景、结构和实践。当探究者进入到一个充满活力和多变的学习环境中，他们的全部注意力很快就会被各种各样的工具（tools）和互动吸引。在描述实践时，确定哪些环境特征对现场行动者具有显著性这一步骤本身就非常重要。记录典型行动者有意义的实践/情境，能够揭示具有真正意义的教育时机（authentic pedagogical opportunities），这扩大了调查研究的视野。研究实践专家（expert practitioners）所认为的具有重要意义的内容，有助于深入了解哪些现场情境特征对实践过程而言是重要的和有提升作用的，哪些特征是可以消除的。此外，还可以了解"最佳实践"如何帮助同事在类似的困难环境中减少障碍和寻找机会。实践探究面临的挑战是识别对改善教与学有意义的结构、行动者和策略。

博格曼（Albert Borgmann）提出的"焦点实践"（focal practices）概念有助于阐明实践探究的目标（Borgmann, 1984）。博格曼认为，"理所当然"（taken-for-granted）的工具构成并形塑我们的生活情境。焦点实践由工具和互动网络组成，引导我们的行为向有意义的方向发展。博格曼使用日常生活中一些焦点实践的例子，如跑步和吃饭，来展示我们如何组织工具和行动网络以实现目标。焦点实践理论适用于实践探究，因为它能够揭示我们在教与学的过程中如何安排日常工作和社交网络。此外，由于它说明了我们如何安排日常生活来实现目标，我们可以比较行动者如何围绕焦点实践组织他们的世界，以强调类似情况的实践者在感知意义上的差异。

长期以来，教育研究人员一直致力于研究如何捕捉这些焦点实践。例如，鲍尔（Deborah Ball）等人研究如何将数学问题教学作为一个焦点实践，来揭示和公开教师在教学中所运用的策略和先验知识（Ball, Hill, & Bass, 2005; Lampert & Ball, 1999）。奥尔（Julian Orr）也采用了类似的方法来调查施乐（Xerox）公司技术人员如何修理机器。奥尔将"战争故事"作为焦点实践，探索技术人员如何确定和解决维修问题的重要方面（Orr, 1996）。对焦点实践现象的调查也可以在认知民族志（cognitive ethnographies）中看到，这些民族志研究的是现场行动者如何通过工具和社会互动来创建意义网络。例如，哈钦斯（Hutchins，1995，1996）在分布式认知领域的开创性工作，研究了仅凭对个体认知的理解如何不足以解释复杂的技术任务。

对计算机认知辅导教师（computer-based cognitive tutors）和用户测试（user testing）的研究说明了另一条研究焦点实践的途径。基于设计的教育研究（design-based educational research）产生了丰富的现有理解模型，作为努力改进学习的结果。认知辅导（cognitive tutoring）（相关概述参见 Koedinger & Corbett，2006）开发了一个学生理解模型，以适当定制课程。虽然设立辅导教师的目的是改进学生的数学学习水平，但辅导教师设计的一个重要结果是深入了解学生在干预前是如何组织知识和经验的。认知辅导教师的测试通常涉及某种形式的可用性测试，这是一个从用户角度生成设计质量数据（data on design quality）的迭代过程。可用性测试提供了重要的数据来完善干预设计，同时也允许设计师构建强大的认知和行为主义模型，来描述用户如何使用新工具。换言之，设计和可用性测试可以用来揭示现有的焦点实践。可用性测试所产生的见解通常被视为在通往真正的研究目的（即改进）过程中的一种残余，因此很少作为研究结果进行报告。实践探究探索这些剩余的设计见解，以揭示焦点实践的重要特征。

博格曼的分析表明，识别焦点实践可以揭示焦点工具或人工制品，它们是将我们与世界联系在一起的重要对象。在教育中，人工制品是旨在影响教与学的中介手段（mediational means）（Wertsch，1993）。在教育中，现场行动者使用诸如政策、程序等人工制品来营造学习环境，以改善学校的教与学（Spillane，Halverson，& Diamond，2004）。在任何学校环境中，我们都能找到诸如课程包（curriculum packages）、日程表（daily schedules）、教师专业发展项目（faculty professional development programs）、素养测评（literacy assessments）、数据仓库系统（data warehouse systems）和工会协议（union agreements）等人工制品。人工制品可以从学校外部获得（或继承），也可以由现场行动者设计（Halverson，2004），用于开启、加速和测评变革过程（Halverson，2007）。

一方面，所有人工制品都是设计的结果。设计者将“意图”以“特征”的形式渗透到人工制品中，期待这一人工制品能够产生指导作用。测评、教科书和课程等教育人工制品有包括诸如实践解决方案、支持预期用途的资源、适当实施的后果、如何组织实践的建议等特性。例如，教育工作者设计的主日程表（master schedule）包括教师和学生的任务、组织空间和教学时间的计划，以及允许教师参与协作计划的规定。另一方面，用户将人工制品特性视作“可供性”（affordances），它反映了使用者是如何理解人工制品特性的。在上面这个例子中，主日程表让教师知道什么时候、在哪里授课，以及如何指导学生组织教学日。很多研究关注“设计的特性”和“被感知的可供性”之间的差距。用户通常根据先前的知识、经验和期望来理解人工制品的可供性。设计的特性旨在促进主体间的协作，如共同规划时间，为共同的实践问题设计解决方案，邀请教育工作者在严格的教学日程表中关注新思想的发展。

实践探究将教育者和学习者如何调控学习空间作为主要的分析因素。从实践的视角来看，教育是教学、学习和内容在多元复杂的学习环境中不断迭代的互动过程。这些环境包括物质层面，如人工制品，也包括具有不同兴趣和实践的人之间必不可少的社会互动。如果说科学探究更多的是将教育视为传递有价值的内容的机制，那么实践探究更多的是将教育视作一个行动者建立关系以支持复杂交流行动的社会过程。实践探究的目标是认识到“焦点实践”和“人工制品”对学习的开展产生了重要影响，并理解教师和学习者如何在设计的学习机会中运用他们的经验。

实践探究认为，当我们继续寻求解决教与学问题的方法时，我们过于匆忙，以至于忽略了我们真正希望改变的实践。这种“忽视”在我们对教育工作者日常实践的认识中表现得尤为明显。在教育政策研究界，我们有许多关于教育实践该如何“展开”的模型，也有很多关于教育实践是如何惨淡收场的详细说明，但是，我们对教师如何进行实际工作缺少足够了解。实践探究可以通过适当的定量和定性研究来填补这方面的空白。实践模型并不寻求取代科学探究的工作，而是试图更加具体和详细地描述行动科学，寻求改变。

早期获得更多实践知识的好处在于可以产生更多“教育性”的政策，从而更好地预测和促进实施过程。实践探究真正的潜力在于能够以专家型教育者的教育实践为基础，产生新的方法来解决教育问题。专家对实践的叙述，能够给新手提供一个具体的情境，以便其能够在工作中利用和拓展这些现场知识（local knowledge）和专业知识。通过探索焦点实践如何内嵌于专家的教与学实践来创造可行的变革机会，可以表明教育本身如何能够产生解决自身问题的模型。

11.3 批判探究

长期以来,批判探究和历史探究的丰富传统构成了教育研究领域的重要组成部分。这些传统反对将教育整体概念定义为设计。例如,批判视角质疑科学和实践分析模型作为教育研究本质特征的范围和合法性。设计模型可能只是一系列试图将教育研究技术化的努力中最新的一种,其目的是模糊当代教育话语中起作用的潜在社会力量(参见 Apple, 1996; Giroux, 2009)。科学和实践探究将教育研究简化为对已被证明的手段的“客观”选择和对现有实践的中性“描述”,使得那些继续调查这些政策所服务的利益的研究人员越来越容易被边缘化。例如,种族批判理论认为,为了促进经济增长,政策经常淡化种族在政策文件中扮演的角色,研究人员的作用不是表明如何优化政策,而应该是将种族和公平的隐含假设和含义公之于众(Ladson-Billings & Tate, 1995)。

教育历史探究质疑教育研究的科学和实践模型。历史探究表明,很多当代教育设计失败的原因与历史雷同。例如,纳尔逊(Nelson, 2005)对波士顿公立学校在 20 世纪五六十年代如何解决公平和学习问题的描述,可以为当前联邦政府致力于影响地方教育提供警示作用。历史探究也揭示了以往与当代假设之间的差异。例如,鲁道夫(Rudolph, 2002)的研究揭示了 20 世纪 60 年代的教育者如何假定科学(以及科学家)在拥有改变我们生活力量的同时,也能改变我们的课堂实践。这些文化假设似乎与当代在问责制要求驱动下小学科学学习减少和关注读写能力发展的做法相去甚远。历史探究的丰富多样,能唤起人们对以往教育情境的感知,让人质疑一个相当平凡的建议,即将教育简化为描述现场行动者如何选择手段,以及研究人员如何衡量结果的准技术性(quasi-technical)问题。

这些批判的和历史的视角,将社会的、政治的和经济的要素重新引入“科学-实践”的设计视角。科学探究关注的是教育干预所产生的结果,实践探究关注的是教育实践过程中的情景。批判探究则帮助我们构建教育设计所处的更大的社会和历史背景。批判探究引入了解释学(hermeneutics)的维度,它将设计和使用置于广阔的生活世界。批判探究运用理论框架来解释设计者所作出的假设,并将有关干预效果的发现也置于语境之中作出解释。这里(简要地)强调批判解释学(critical hermeneutics),以加深理解“教育即学习设计”这一隐喻的三个方面,分别是：(1) 质疑“意图”(problematizing intentions)；(2) 突出“特征”(features)和“可供性”(affordances)之间的区别；(3) 质疑“结果”。

11.3.1 质疑“意图”

批判探究质疑“意图”这一概念。预期用途(intended uses)以指导或激励的方式嵌入于预措施，以指导正确地使用。然而，许多案例表明，人工制品的形成不仅取决于设计者的意图，也取决于社会环境。批判理论家记录了关于教育的性质、目的以及学校体系预期目标的共同信念是如何由公共话语或经济和社会条件建构的。每一种教育设计都包含了由经济、种族认识论所塑造的但未明说的意图，而科学和实践探究往往不会揭示这些意图。以尼科尔斯和贝利内(Nichols & Berliner, 2007)的研究为例，他们通过反叙事(conter-narrative)质疑国家高风险问责政策(high-stakes accountability policies)所阐述的行动理论。传统的问责政策主张制定内容标准和共享的高风险测评，以指导学校改善所有学生和家庭的学习。尼科尔斯和贝利内的分析表明，在设计问责政策时，测评与政治和社会后果之间的隐形关联使得学校陷入考试准备而非教学工作，从而导致作弊、缩小课程范围等现象。他们的批判观点表明了相反的假设是如何嵌入问责政策并破坏其成功可能性的。批判探究擅长揭露教育设计中的隐藏意图。

教科书提供了另一个例子——人工制品如何传递关于如何塑造教育的混合信息。教科书明确指出了需要教授和学习的内容，也传达了大量关于社会、文化对学习者的期望等隐性内容(Bernstein, 1990)。长期以来，批判理论家一直通过教科书的出版和发行来研究课程传播的隐性特征，并记录了能再生产社会和经济地位的隐性课程(例如，Anyon, 1981; Apple, 1988)。此外，人工制品类型的传统特征可以覆盖旨在以新方式塑造实践的创新特征。虽然一系列新的教科书可能会承诺以新颖的方式组织学科知识，但其传统特征(如分页、静态图像和大规模制作)依然构成了一套教科书的隐性特征，成为现状知识的人工制品(status quo knowledge artifacts)。新媒体研究人员则采用了一条不同的路径，通过研究如何以全新的方式组织学习来思考现有媒体的形式特征，例如亲缘团体(affinity group)(Gee & Hayes, 2010)、参与式文化(participatory cultures)(Jenkins et al., 2007)。事实证明，揭示课程的“不完善性”和“隐性特征”是批判探究的沃土。

11.3.2　质疑“结果”

批判探究也会质疑结果。如上所示，从人工制品到结果的因果推断（causal inferences）的测量是科学探究的特征。科学探究中的许多争论集中在方法论问题上，即如何确保从测试分数中得出推论的条件；实践探究中的许多讨论则集中在创造条件以确保适当地实施。批判探究者调查测试分数真正衡量的是什么，以及这个衡量结果是否反映了教育成功的意义。来自不同传统背景的探究人员对用全国标准化测试（statewide standardized tests）衡量学生学习的实践提出批评（例如，Koretz, 2008；Nichols & Berliner, 2007；Noddings, 2007；Ravitch, 2010）。他们还批判了标准化测试与学习者需求之间的关系。例如，涅托（Nieto, 2009）的研究发现，英语学习者的需求可能因问责的压力而受到损害。如波普科维茨（Popkewitz, 2011）正在进行一项相关研究调查 PISA 测评中用于衡量技能的题目与这些技能所扎根的实际规训实践（disciplinary practices）之间的不匹配。批判探究创造了一个反思的空间——反思真实的学习环境、社会关注的结果与课程和评估的强制性标准之间的关系。

从另一层面来说，批判探究考察了所有普遍的教育措施的合法性。这种丰富的批判传统植根于杜威（Dewey, 1915）为学生的探究设计学习环境的论述。杜威提出，要根据学习者的经验而不是根据学习组织内容的要求来设计学习环境，这一观点为学校改革中的标准化运动提供了一个重要的反叙述。例如，努斯鲍姆（Nussbaum, 2010）认为，培养孩子的同情心可以平衡以经济价值和专业化为导向的教育，以此来捍卫人文学科。默南和莱维（Murnane & Levy, 1997）从经济学视角对“新基本技能”（new basic skills）进行反叙述，指出目前测量的知识种类并不适合数字化工作场所。詹金斯等人（Jenkins et al., 2007）认为，“参与式文化”正将学习的重点从测验转移到与分散的、基于兴趣的实践社区的真实接触。所有这些探究轨迹都质疑了如何衡量教育质量的传统说法。

批判探究质疑科学和实践探究阐明的意图、结果和描述。批判探究揭露设计中的隐性意图、未表露的特征以及意外的后果，在教育研究中起到矫正作用。对设计的条件和结果进行反思性调查，创造了一个基于当前工作经验的探究“空间”，在这一“空间”中，新的调查途径得以显现。历史探究通过展示相似（和不同）的工作是如何展开的，为设计提供了另一个反思维度。这可以帮助探究人员和实务工作者反思当前工作的局限性，并提高对设计教育新方法的认识。批判这一维度的融合表明，教育研究可以作为理解当前实践的过程，也可以提高新设计的可能性。

11.4 教育即学习设计

我们已经论证了以“教育即学习设计”这一视角可以整合多种教育探究的方法。学习自然地发生在日常生活的互动中，教育则是指通过特定手段达到特定教育目的而对学习环境进行设计的一个过程。教育工作者或使用、或创建、或改变、或适应、或忽略人工制品，来创建支持学习者达到特定目标的系统。科学探究采用实证主义的方法进行研究，强调应用既定的社会科学统计程序来观察教育设计的效果。实践探究旨在使用现象学的方法揭示教育工作者如何在日常工作系统中进行设计和生活。批判探究提供了一个解释学的视角，将设计置于社会、文化和经济背景中，并形成理解整个教育过程的新路径。

教育即学习设计，可以说明每一种传统如何为改进教育探究作出贡献。以阅读教育（reading education）研究为例，科学探究者能够测量对三年级的教学而言，哪种阅读方案可以通过教育环境对学生产生最为显著的效果；实践探究者可以研究教师如何用叙述和解说补充基础课程体系来帮助学生理解；批判探究者可以分析当前的阅读测评如何再生产“双轨教育体系”（two-tiered education system），即贫困学生学习基本技能，而富裕学生从事创造性探究。不同的探究类型考虑到了设计的不同方面，反过来，设计的视角也使得每一种类型的教育探究得到关注。科学探究关注人工制品（阅读方案）对学习者产生的影响；实践探究探索人工制品与当地实践系统中其他工具的联系；批判探究考虑在整个社会系统中实施基本技能人工制品的动机。每一种探究类型从不同的探究视角来考虑实践，会带来新的探究问题。

最近一项研究对广泛应用于美国学校教学的差异化指导策略这一干预反应进行了大规模调查，研究发现，在某些情况下，实验组学生的阅读成绩比接受传统教学的学生成绩要差（Balu et al.，2015）。科学探究者在大规模研究设计的背景下发现了这一结果。当各探究传统协同工作时，实践探究者便可以寻找学生课堂学习的条件，并提出新的教学设计来优化结果。批判探究者可以质疑这种干预的结果是否能够衡量阅读困难的人所期望的技能发展，并构建以公平性和参与度为基础的学习环境。结合每一种传统探究去关注焦点实践，可以帮助科学探究者提出新的研究设计；向实践探究者提出挑战，使他们质疑自己关于适当的教育实践的假设（通常是默认的意识形态）；推动批判探究者为设计日常教与学实践的新方向作出实质性贡献。

目前，各种传统的教育探究之间似乎产生了相互排斥。如果没有一个探究的共同情境，我们将只有一种支离破碎的和可疑的论述，在这种论述中，分歧往往演变成对探究的合法性的尖锐质疑。传统的分歧使得每一种探究方法都无法解决自身的缺陷。例如，科学探究可以精确地测量出对现有的实际情况产生影响的人工制品，以及事后对现有人工制品进行探究，但这使得科学探究者无法进行下一阶段的教育创新。实践探究者可能会在描述日常过程的复杂性中迷失方向，忽视其与系统有效性或实际的道德背景之间的联系。批判探究者可以衍生出自我参照的对象，其致力于内部的自我批判，以此形成新的实践形式。我们认为将不同的探究方法联系起来，不仅可以弥补每一种探究类型的不足，而且可能会产生更加广泛的讨论，在这种讨论中，教育探究超乎寻常的丰富性可以进行大规模的实施、测试和批判。

如果教育探究停留在目前丰富的但支离破碎的状态，其代价是什么？一个规模庞大、价值 4.4 万亿美元的全球产业已经出现，它生产的人工制品构建了世界各地的学习环境。[①] 公司提供资金，并利用探究来证明它们的课程、测评和技术能够产生决策者所期望的结果。这种通过创造知识来销售教育产品的"影子世界"，使学术探究的资金和影响相形见绌。作为一个完整的领域，碎片化的探究阻碍了我们在大范围生产和传播改进教育的知识方面发挥作用。那些努力探究教与学质量和公平的探究者，往往被简单地排斥在对话之外。

幸运的是，教育领域已经出现了一些将知识应用于大规模设计工作的重要活动。例如，互联学习联盟（Connected Learning Alliance）将研究人员、教育工作者和决策者聚集在一起，利用新媒体技术创造分布式学习环境，吸引学习者的兴趣，使学习者建立人际关系，并为所有学生提供公平的学习机会。[②] 互联学习使用基于

---

① Strauss, V. (February 9, 2013) "Global education market reaches $4.4 trillion — and is growing" Feb. 9, 2013. *Washington Post*. https://www.washingtonpost.com/news/answer-sheet/wp/2013/02/09/global-educa tion-market-reaches-4-4-trillion-and-is-growing/? noredirect=on&utm_term=.cfefcb006783

② https://clalliance.org/about-connected-learning/

设计的研究中的概念和方法来实验数字技术如何协调改善学习（Cobb et al.，2003）。基于设计的探究方法通过使用理论建立干预措施，生成有关学习过程和结果的丰富数据来完善人工制品开发，这一方法弥合了实践探究与科学探究之间的鸿沟。基于设计的研究通过将教育者和学习者定位为共同研究者，比较多种创新，在设计和测试过程中整合多种形式的专业知识，支持迭代和基于数据驱动的产品开发，系统地检测了理论与实践之间的契合度（Collins，1992）。网络改进社区（networked improvement communities，简称 NICs）采用基于设计的研究的改善科学思想，在合作设计工作中建设教育者和研究者社区（Bryk，2015）。网络改进社区正在世界范围内建立，致力于创造公平的学习机会，促进个性化学习和重新设计特殊教育，来解决社区大学教学中的问题。这些努力为教育研究领域如何将科学、实践和批判探究结合在一起提供了先例，为大规模改进教与学的设计提供了相关信息。

我们提出，将设计置于教育研究方法论的中心可以实现以下目标：第一，确定三种类型的探究；第二，概述这些探究如何为作为整体的研究作出贡献。如果我们能够认同“教育即学习设计”这一定义，那么我们就可以激励教育研究者在更宏大的项目背景中理解自己的工作。我们建议，与其用方法引导研究（例如，分层线性建模、个案研究或意识形态批判），研究者不如将设计视为教育的隐喻，将他们的研究与其他传统探究类型相结合。我们希望这一模型可以促成一个共享的、合作的教育探究领域。对所有学习者而言，努力改进各地教与学的努力使教育研究能够从社会科学和人文科学中区分出来。具有不同研究传统的教育研究者之间的合作，有助于实现建立教育科学的全球愿景。

参考文献

Anyon, J. (1981). Social class and school knowledge. *Curriculum Inquiry, 11*, 3–42.

Apple, M. (1988). *Teachers and texts: A political economy of class and gender relations in education.* London: Routledge.

Apple, M. (1996). *Cultural politics and education.* New York: Teachers College Press.

Apple, M. (2010). *Global cises, social justice, and education.* New York: Routledge.

Ball, D. L., & Forzani, F. M. (2007). What makes education research “educational”? *Educational Researcher, 36*(9), 529–540.

Ball, D. L., Hill, H. C., & Bass, H. (2005). Knowing mathematics for teaching: Who knows mathematics well enough to teach third grade, and how can we decide? *American Educator, 29*(1), 14－17, 20－22, 43－46.

Balu, R., Zhu, P., Doolittle, F., Schiller, E., Jenkins, J., & Gersten, R. (2015). *Evaluation of Response to Intervention Practices for Elementary School Reading (NCEE 2016－4000)*. Washington, DC: National Center for Education Evaluation and Regional Assistance, Institute of Education Sciences, U.S. Department of Education.

Bernstein, B. (1990). *The structuring of pedagogic discourse: Class, codes & control, volume IV*. London: Routledge.

Bishop, C. M. (2006). *Pattern recognition and machine learning*. New York: Springer.

Borgmann, A. (1984). *Technology and the character of contemporary life: A philosophical inquiry*. Bloomington: University of Indiana Press.

Bryk, A. S. (2015). Accelerating how we learn to improve. *Educational Researcher, 44*(9), 467－477.

Bryk, A. S., Gomez, L. M., Grunow, A., & LeMahieu, P. G. (2015). *Learning to improve: How America's schools can get better at getting better*. Cambridge, MA: Harvard Education Press.

Clifford, J. J., & Guthrie, J. (1988). *Ed School: A brief for professional education*. Chicago: University of Chicago Press.

Cobb, P., Confrey, J., di Sessa, A., Lehrer, R., & Schauble, L. (2003). Design experiments in educational research. *Educational Researcher, 32*(1), 9－13.

Cohen, D. K., & Barnes, C. A. (1993). Pedagogy and policy. In D. K. Cohen, M. W. McLaughlin, & J. E. Talbert (Eds.), *Teaching for understanding: Issues for policy and practice* (pp. 207－239). San Francisco: Jossey Bass.

Collins, A. (1992). Toward a design science of education. In E. Scanlon & T. O'Shea (Eds.), *New directions in educational technology* (pp. 15－22). New York: Springer-Verlag.

Collins, L. M., & Lanza, S. (2010). *Latent class and latent transition analysis for the social, behavioral, and health sciences*. New York: Wiley.

Denzin, N. K., & Lincoln, Y. S. (2011). *The SAGE handbook of qualitative research*. Thousand Oaks: SAGE.

Design-Based Research Collective. (2003). Design-based research: An emerging paradigm for educational inquiry. *Educational Researcher, 32*(1), 5－8.

Dewey, J. (1915). *The school and society*. Chicago: University of Chicago Press.

Duncan, G. J., & Murnane, R. J. (2011). The American dream: Then and now. In G. J. Duncan & R. J. Murnane (Eds.), *Whither opportunity? Rising inequality, schools, and children's life chances* (pp. 3－23). San Francisco, CA: Russell Sage.

Elmore, R. F. (2000). *Building a new structure for school leadership*. Washington, DC: Albert Shanker Institute.

Erickson, F. (2005). Arts, humanities, and sciences in educational research and social engineering in federal education policy. *Teachers College Record, 107*(1), 4－9.

Erickson, F., & Gutierrez, K. (2002). Culture, rigor, and science in educational research. *Educational Researcher, 31*(1), 21－24.

Feuer, M. J., Towne, L., & Shavelson, R. J. (2002). Scientific culture and educational research. *Educational*

Researcher, 31(8), 4 - 14.

Gee, J. P. (2005). It's theories all the way down: A response to scientific research in education. *Teachers College Record, 107*(10), 10 - 18.

Gee, J. P., & Hayes, E. R. (2010). *Women as gamers: The Sims and 21st century learning*. New York: Palgrave.

Giroux, H. A. (2009). *Youth in a suspect society: Democracy or disposability*. New York: Palgrave Macmillan.

González, N., Moll, L., & Amanti, C. (2005). *Funds of knowledge: Theorizing practices in households, communities, and classrooms*. Mahwah, NJ: Lawrence Erlbaum.

Gutiérrez, K. D., & Jurow, A. S. (2016). Social design experiments: Toward equity by design. *Journal of the Learning Sciences, 25*(4), 565 - 598.

Halverson, R. (2004). Accessing, documenting, and communicating the phronesis of school leadership practice. *American Journal of Education, 111*(1), 90 - 122.

Halverson, R. (2007). A distributed leadership perspective on how leaders use artifacts to create professional community in schools. In L. Stoll & K. S. Louis (Eds.), *Professional learning communities: Divergence, detail and difficulties* (pp. 93 - 105). Maidenhead, Berkshire, UK: Open University Press.

Harry, B., & Klingner, J. K. (2006). *Why are so many minority students in special education? Understanding race and disability in schools*. New York: Teachers College Press.

Howe, K. R. (2004). A critique of experimentalism. *Qualitative Inquiry, 10*(1), 42 - 61.

Hutchins, E. (1995). How a cockpit remembers its speeds. *Cognitive Science, 19*, 265 - 288.

Hutchins, E. (1996). *Cognition in the wild*. Cambridge: MIT Press.

Jenkins, H., Purushotma, R., Clinton, K., Weigel, M., & Robison, A. (2007). *Confronting the challenges of participatory culture: Media education for the 21st century*. MacArthur Foundation digital literacy series. Retrieved from http://newmedialiteracies.org/files/working/NMLWhitePaper.pdf

Kafai, Y. B. (2014). Constructivism. In K. Sawyer (Ed.), *The Cambridge handbook of the learning sciences* (pp. 35 - 46). Cambridge, UK: Cambridge University Press.

Koedinger, K. R., & Corbett, A. T. (2006). Cognitive tutors: Technology bringing learning science to the classroom. In R. K. Sawyer (Ed.), *The Cambridge handbook of the learning sciences* (pp. 61 - 78). Cambridge, UK: Cambridge University Press.

Koretz, D. (2008). *Measuring up: What education testing really tells us*. Cambridge, MA: Harvard University Press.

Labaree, D. (2006). *The trouble with Ed schools*. New Haven, CT: Yale University Press.

Ladson-Billings, G., & Tate, W. F. (1995). Toward a critical race theory in education. *Teachers College Record, 95*(1), 47 - 68.

Lagemann, E. C. (2000). *An elusive science: The troubling history of education research*. Chicago: University of Chicago Press.

Lampert, M., & Ball, D. L. (1999). Aligning teacher education with contemporary K - 12 reform visions. In L. Darling-Hammond & G. Sykes (Eds.), *Teaching as the learning profession: Handbook of policy and practice* (pp. 33 - 53). San Francisco: Jossey-Bass.

Lave, J., & Wenger, E. (1991). *Situated learning: Legitimate peripheral participation*. Cambridge, UK: Cambridge University Press.

Levine, A. (2005). *Educating school leaders. The education schools project*. Retrieved from http://www.edschools.org/pdf/Final313.pdf

Moll, L. C. (1990). *Vygotsky and education: Instructional implications and applications of sociohistorical psychology*. Cambridge, MA: Cambridge University Press.

Mosteller, F., & Boruch, R. (Eds.). (2002). *Evidence matters: Randomized trials in education research*. Washington, DC: Brookings Institution Press.

Murnane, R., & Levy, F. (1997). *Teaching the new basic skills*. Boston: Free Press.

Nelson, A. R. (2005). *The elusive ideal: Equal educational opportunity and the federal role in Boston's public schools, 1950–1985*. Chicago: University of Chicago Press.

Nichols, S. L., & Berliner, D. C. (2007). *Collateral damage: How high-stakes testing corrupts America's schools*. Cambridge, MA: Harvard Education Press.

Nielsen, J., & Mack, R. L. (Eds.). (1994). *Usability inspection methods*. New York: Wiley.

Nieto, S. (2009). *Language, culture, and learning: Critical perspectives*. New York: Routledge.

Noddings, N. (2007). *When school reform goes wrong*. New York: Teachers College Press.

Nussbaum, M. C. (2010). *Not for profit: Why democracy needs the humanities*. Princeton, NJ: Princeton University Press.

Olson, D. R., & Katz, S. (2001). The fourth folk pedagogy. In B. Torff & R. Sternberg (Eds.), *Understanding and teaching the intuitive mind: Student and teacher learning* (pp. 243–263). Mahwah, NJ: Lawrence Erlbaum.

Orr, J. (1996). *Talking about machines: An ethnography of a modern job*. Cambridge: MIT Press.

Popkewitz, T. (2007). *Cosmopolitanism and the age of school reform: Science, education, and making society by making the child*. New York: Routledge.

Popkewitz, T. S. (2011). Pisa: Numbers, standardizing conduct, and the alchemy of school subjects. In M. A. Pereyra, H.-H. Kottoff, & R. Cowen (Eds.), *PISA under examination: Changing knowledge, changing tests, and changing schools* (pp. 31–46). Rotterdam: Sense Publishers.

Powell, A. G. (1980). *The uncertain profession: Harvard and the search for educational authority*. Cambridge, MA: Harvard University Press.

Ravitch, D. (2010). *The death and life of the great American school system: How testing and choice are undermining education*. New York: Basic Books.

Rudolph, J. L. (2002). *Scientists in the classroom: The cold war reconstruction of American science education*. New York: Palgrave Macmillan.

Schneider, A. L., & Ingram, H. (1997). *Policy design for democracy*. Lawrence: University of Kansas Press.

Slavin, R. (2002). Evidence-based educational policies: Transforming educational practice and research. *Educational Researcher, 31*(7), 15–21.

Spillane, J. P., Halverson, R., & Diamond, J. B. (2004). Towards a theory of leadership practice: A distributed perspective. *Journal of Curriculum Studies, 36*(1), 3–34.

Stake, R. E. (1995). *The art of case study research*. Thousand Oaks, CA: Sage.

Stein, S. (2004). *The culture of education policy*. New York: Teachers College Press.

Stone, D. (2002). *Policy paradox: The art of political decision making*. New York: Norton.

Tejeda, C., Espinoza, M., & Gutiérrez, K. (2003). Toward a decolonizing pedagogy: Social justice reconsidered. In P. Trifonas (Ed.), *Pedagogy of difference: Rethinking education for social change* (pp. 10–40). New York: Routledge.

Valencia, R. (1997). *The evolution of deficit thinking: Educational thought and practice*. Washington, DC: Falmer Press.

Van Maanen, J. (2011). *Tales of the field: On writing ethnography* (2nd ed.). Chicago: University of Chicago Press.

Wertsch, J. V. (1993). *Voices of the mind: Sociocultural approach to mediated action*. Cambridge, MA: Harvard University Press.

作者简介

理查德·霍尔沃森(Richard Halverson) 美国威斯康星大学麦迪逊分校（University of Wisconsin-Madison）教育学院创新、发展和伙伴关系（Innovation, Outreach and Partnerships）系副主任,教育领导与政策分析（Educational Leadership and Policy Analysis）系教授。其研究旨在将学习科学（learning sciences）的研究方法和实践引入教育领导和交互媒介的世界。理查德教授是学习领导力综合测评项目（Comprehensive Assessment of Leadership for Learning Project）的创始人，也是“游戏+学习+社会研究中心”（Games+Learning+Society Research Center）的联合创始人和联合主任。

电子邮箱: rich. halverson@wisc. edu。

埃里卡·罗森菲尔德·霍尔沃森(Erica Rosenfeld Halverson) 美国威斯康星大学麦迪逊分校课程与教学（Curriculum and Instruction）系教授。其研究集中在年轻人如何学习将他们的生活故事艺术化，以及这个过程在认同发展和读写学习中的作用。埃里卡教授是2010年扬·霍金斯学习技术领域人文研究和学术研究早期职业贡献奖（Jan Hawkins Award for Early Career Contributions to Humanistic Research and Scholarship in Learning Technologies）的获得者，被公认为基于艺术的学习设计和理论的国际领军人物。

电子邮箱: erica. halverson@wisc. edu。

（吕珂漪　魏晓宇　译）

第十二章

中国以校为本的教学研究*

余文森

（中国　福建师范大学）

将教学研究的重心下移到学校，建立与新课程相适应的以校为本的教学研究制度，是当前学校发展和教师成长的现实要求与紧迫任务，也是深化教学研究改革的方向和重点。以校为本的教学研究要以新课程为导向，以促进每个学生的发展为宗旨，以课程实施过程中学校所面对的各种具体问题为对象，以教师为研究的主体，这是一种理论指导下的实践性研究，既注重切实解决实际问题，又注重概括提升、总结经验、探索规律。

12.1　以校为本的教学研究的基本理念

12.1.1　校本研究以学校为基础和前提

学校由教育活动的工具存在（空间存在）转向本体存在（文化存在），从教育决策的边缘走向教育决策的中心，成为自我、自律和自为的文化主体，肯定自我、重塑自我、回归自我、发展自我，这是教育改革和发展的希望所在。

12.1.1.1　校本的基本内涵

学校是真正发生教育或进行教育的地方，是教育改革的基点，教育的中心和灵魂在学校。以前我们更多关注的是教育或教育改革本身，而忽视承载教育和教育改革的学校，就像我们关注人的行为，却忽视人所处的环境和文化一样，结果始终达不到预期的目标。学校是教育的主体，这意味着：发展教育必须通过发展学

* 本文是作者在参加教育部基础教育司主持召开的"以校为本的教学研究制度"建设的系列研讨会的基础上写成的。文章吸纳了朱慕菊、刘坚、沈白榆、陈向明、吴刚平、刘良华、郭华、张行涛、丁钢等领导和专家的观点和意见，在此深表谢意！

校来实现，改革教育必须通过改革学校来实现，提高教育质量必须通过提升学校教育能力来实现。如果学校还是以前“那所学校”，管理还是以前那一套，那么教育发展和改革也就无从谈起。课程改革的根本依托在于学校文化重建，建设具有新理念、新精神和新制度的新型学校，是推进新一轮课程改革的关键。以校为本也就因此成为备受关注的焦点。

（1）为了学校

一切为了学校的发展，为了学校教育能力和教育精神的建设，为了学校文化的提升，当前要特别注重形成学校可持续发展的内在机制，进行学校个性化、人本化和特色化建设。为了学校归根到底是为了学生，为了所有学生，包括现在的和未来的每一个学生。任何改革都应有这样的自觉：促进学校的发展。

（2）在学校中

任何一所学校都是具体的、独特的、不可替代的，某一所学校所具有的复杂性是其他学校的经验不能完全说明的，也是理论所不能充分验证和诠释的。因此，学校发展只能是在学校中进行，它不能靠简单移植，靠“取经”，而是要靠学校的自我觉醒、自我努力和自我提升。只有植根于学校的生活，贯穿于学校发展的过程，并被所有教师体认、认同和追求的改革，才能沉淀为学校的血肉、传统和文化。

（3）基于学校

学校发展的主体力量是校长和教师，校长和教师是学校的当事人，对学校问题有真切的体会和全面的把握，因而拥有真正的发言权；校长和教师是学校的主人，对学校发展负有最直接的责任，要把校长和教师自身的发展与学校的命运有机联系起来；要相信校长和教师的创造潜能，充分发挥他们的主观能动性，引导他们从学校实际出发，规划学校，发展学校。实践证明，只有充分调动校长和教师的主动性和创造性，学校才能充满生命活力。

12.1.1.2　以校为本与以师为本

从学校与教师的关系来看，我们认为只有着眼于学校发展和教师个人发展的互动和统一，才能实现真正意义上的可持续发展。单纯依靠教师个体的重复劳动或自生自灭的个人奋斗，学校也许会出现一时的辉煌，但不可能实现可持续发展。相反，如果学校缺乏内涵，就会成为游离于教师之外的一个空壳（旅店），那么教师也将成为匆匆的过客。为此，一方面，需要不断地把教师个人的智慧、经验和思想转化为教师集体的财富，并形成学校的特色和传统，从而实现由教师发展推动学校发展;另一方面,学校通过自身的文化、机制和沉淀,感染、熏陶和培育教师,从而在教师身上打上学校的烙印,实现由学校发展推动教师发展。从长远的角度来看,后者是更为重要的。

12.1.2　校本研究是一种实践研究

教学研究向学校回归,向教师回归,向教学实践回归,是当今世界教学研究的共同趋势。一方面,理论工作者要树立"实践第一"的理念,要有深切的实践关怀,自觉地长期地深入到课程改革第一线,从实践中,从教师的无穷智慧和创造性劳动中,归纳、概括、提炼、升华和构建出具有时代精神的指导力强的生动活泼的教学理论。

另一方面,教师要成为研究者,成为反思性实践者。中小学教师的研究是一种实践性研究,实践既是研究的对象,又是研究的归宿。从研究的问题来源看,中小学教师研究的问题直接来自他们在教育教学实践中的需要;从研究的过程来看,中小学教师的研究是在自己教育教学中进行的,并与自己的教育教学活动不可分割地交织在一起;从研究的目的来看,中小学教师的研究主要是为了解决教育教学实践中的问题。可以说,实践性是中小学教师教学研究最根本的特征。对中小学教师而言,不能解决自身真实教学问题的研究,不能提升教学水平和提高教学质量的研究,不能促进自身专业化发展的研究,就不是真正意义上的教学研究。

总之,以校为本的教学研究旨在促进学校的发展,使学校具备研究的能力,形成自我发展、自我提升、自我创新和自我超越的内在机制,成为真正意义上的学习型组织。以校为本的教学研究以教师为研究的主体,教师即研究者,教师要形成研究意识,以研究者的心态置身教学情境,以研究者的眼光审视、分析和解决教学实践中的问题。以校为本的教学研究强调研究的实效性和可持续性,将教学研究与教师的日常教学实践和在职学习培训融为一体,使之成为教师的一种职业生活方式,促进教师的专业化发展。基于此,我们确立了校本研究的两个基本命题:命题一,正题:所有的教学研究都应该改变学校的日常生活(教师的日常生活和学校日常制度);反题:某种教学研究如果不改变学校的日常生活,如果教学研究与学校的日常生活不是一件事而是两件事,这种教学研究就是无效的。命题二,正题:所有的教学研究都应该被教师接受和欣赏;反题:某种教学研究如果在较长时间内不能被教师接受和欣赏，那么问题可能不在教师，而在教学研究所坚持的理论假设本身需要修改和调整。

12.2 以校为本的教学研究的基本要素

教师个人、教师集体、专业研究人员是校本研究的三个核心要素，他们构成了校本研究的三位一体关系，教师个人的自我反思、教师集体的同伴互助、专业研究人员的专业引领是开展校本研究和促进教师专业化成长的三种基本力量，三足鼎立，缺一不可，其关系可用图 12.1 表示。

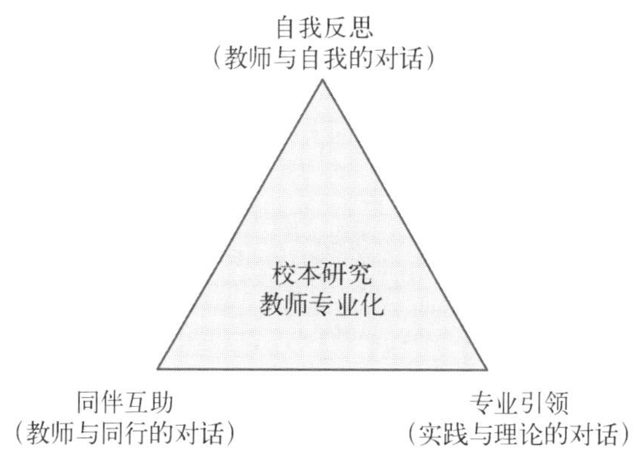

图 12.1　校本研究模型

12.2.1 自我反思

反思是教师以自己的职业活动为思考对象，对自己在职业中所作出的行为以及由此产生的结果进行审视和分析的过程。“反思的本质是一种理解与实践之间的对话，是这两者之间的相互沟通的桥梁，又是理想自我与现实自我的心灵上的沟通。”（朱小蔓，2000：337）显然，反思不是一般意义上的“回顾”，而是反省、思考、探索和解决教育教学过程中各个方面存在的问题，它具有研究性质，是校本研究最基本的力量和最普遍的形式。自我反思被认为是“教师专业发展和自我成长的核心因素”（朱小蔓，2000：337），它隐含着三个基本信念：

第一，教师是专业人员。这里的“专业”不是把所教的“学科内容”作为其专业表现，而是把教师的“教育行动与教育活动”视为其专业表现的领域。对专业人员来说，最难的问题不是应用新的理论知识，而是从经验中学习。学术知识对专业工作是必需的，但又是远远不够的。因此，专业人员必须培养从经验中学习和对自己的实践加以思考的能力（Shulman, 1998）。

第二，教师是发展中的个体，需要持续成长。教师作为专业人员，由“新手”成长为“专家型”教师，是需要过程的，而且这个过程是无止境的。终身学习是教师专业化的生长基础。

第三，教师是学习者与研究者。教师专业发展是“自我引导”的结果，因此，教师始终是一个持续的学习者。教师有能力对自己的“教育行动与教育活动”加以思索、研究和改进，由教师来研究和改进自己的专业实际问题是最直接和最确切的方式。这里强调的是教师自发的学习和研究，而不是在一种社会要求下的被动发展。

自我反思是开展校本研究的基础和前提，校本研究只有转化为教师个人的自我意识和自觉自愿的行为，校本研究才能得到真正的落实和实施。新课程非常强调教师的自我反思，按教学的进程，教学反思分为教学前、教学中和教学后三个阶段。在教学前进行反思，这种反思具有前瞻性，能使教学成为一种自觉的实践，并有效地提高教师的教学预测和分析能力。在教学中进行反思，即及时、自动地在行动过程中反思，这种反思具有监控性，能使教学高质高效地进行，并有助于提高教师的教学调控和应变能力。教学后的反思——有批判地在行动结束后进行反思，这种反思具有批判性，能使教学经验理论化，并有助于提高教师的教学总结能力和评价能力。

反思总是指向自我的，它要求把自己看作既是反思的对象，又是反思的承担者。教师反思过程实际上是使教师在整个教育教学活动中充分地体现双重角色：既是引导者又是评论者，既是教育者又是受教育者。因此，教师反思过程实际上是将“学会教学”与“学会学习”统一起来，努力提升教学实践合理性，使自己成为学者型教师的过程。过去的教师处于被研究者的地位，现在教师要成为研究者，成为反思性的实践者，教师不仅要成为教学的主体，而且要成为教学研究的主体，把自己作为研究的对象，研究自己的教学观念和实践，反思自己的教学实践，反思自己的教学观念、教学行为以及教学效果。通过反思，通过研究，教师不断更新教学观念，改善教学行为，提升教学水平；同时形成自己对教学现象、教学问题的独立思考和创造性见解，使自己真正成为教学和教学研究的主人，提高教学工作的自主性和目的性，克服被动性和盲目性。实践证明，教学与研究相结合，教学与反思相结合，还可以帮助教师在劳动中获得理性的升华和情感上的愉悦，提升自己的精神境界和思维品位，从而可以改变教师自己的生活方式，使教师能够体会到自己存在的价值与意义。

自我反思有助于改造和提升教师的教学经验，“经验+反思=成长”，许多研究表明，教师自身的经验和反思是教师教学专业知识和能力的最重要的来源。没有经过反思的经验是狭隘的经验，意识性不够，系统性不强，理解不深透，它只能形成肤浅的认识，并容易导致教师产生封闭的心态，从而不仅无助于而且可能阻碍教师的专业成长。只有经过反思，使原始的经验不断地处于被审视、被修正、被强化、被否定等思维加工中，去粗存精，去伪存真，这样经验才会得到提炼和升华，从而成为一种开放性的系统和理性的力量，唯其如此，经验才能成为促进教师专业成长的有力杠杆。

新课程对教师的传统教学经验提出了全新的挑战，经验反思的重要性也因此被提到了前所未有的高度。但是，只有教师自己才能改变自己，只有教师意识到自己的教学经验及其局限性，并经过反思使之得到调整和重组，才能形成符合新课程理念要求的先进教学观念和个人化教育哲学。

12.2.2 同伴互助

校本研究强调教师在自我反思的同时，开放自己，加强教师之间以及在课程实施等教学活动上的专业切磋、协调和合作，共同分享经验，互相学习，彼此支持，共同成长。同伴互助的实质是教师作为专业人员之间的交往、互动与合作，其基本形式有对话、协作、帮助。

12.2.2.1 对话

对话的类型又可分为：信息交换、经验共享、深度会谈（课程改革沙龙）和专题讨论（辩论）。（1）信息交换。通过彼此间信息的交换，可以最大范围地促进教育信息的流动，从而扩大和丰富教师的信息量和各种认识。信息交换的主要途径有：信息发布会——大家把自己拥有的信息公之于众；读书汇报会——彼此交流读过的书、观点以及心得体会。（2）经验共享。教师通过经验分享，反思和提升自己的经验；借鉴和吸收他人的经验。经验只有被激活，被分享，才会不断升值。经验分享的主要途径有：经验交流或经验总结会——大家把自己的成功事例和体会、失败的教训和感想与同事分享和交流。(3) 深度会谈(课程改革沙龙),可以是有主题的,也可以是无主题的。关键在于教师之间要有非常真诚的人际关系,大家彼此信任,互相视为伙伴(心灵伙伴),只有这样才能无拘无束地发表意见,产生思维互动。深度会谈是一个自由的开放发散过程,它会诱使教师把深藏于心甚至连自己都意识不到的看法、思想和智慧展示和表达出来,这个过程同时也是最具有生成性和建设性的,它会冒出和形成很多有价值的新见解。(4) 专题讨论(辩论)是大家在一起围绕某个问题畅所欲言,提出各自的意见和看法。在这个过程中,每个人都为自己的意见辩护,同时也不断地思考和质疑他人的意见。大家互相丰富彼此的思想,不断地提高自己和同事对问题的认识。知识也因此不断地更新和扩充。在有效的讨论中,每个教师都能获得单独学习无法得到的东西。

12.2.2.2　协作

协作是指教师共同承担责任完成任务。新课程要求教师共同承担教研课题或教学改革任务。协作强调团队精神,群策群力,第一要发挥每个教师的兴趣爱好和个性特长,使教师在互补共生中成长;第二要发挥每个教师的作用,每个教师都要贡献力量,彼此在互动合作中成长。

12.2.2.3　帮助

帮助是指教学经验丰富、教学成绩突出的优秀教师指导新任教师,发挥传、帮、带的作用,使新任教师尽快适应角色和环境的要求。骨干教师、学科带头人是教师中德才兼备的优秀人才,是教师队伍的核心和中坚力量。骨干教师、学科带头人要在同伴互助中发挥积极作用。通过同伴互助,防止出现教师各自为战和孤立无助的现象。

就校本研究的内涵而言,它不同于师本研究。所谓师本研究,即教师凭个人兴趣爱好所开展的研究或单个教师针对自己的教学或教育中面临的问题所进行的研究。一方面,校本研究是在学校层面开展的,是学校行为,校本研究致力于解决学校层面所面临的问题,即教师碰到的共性问题;另一方面,校本研究也不是靠个体的力量就可以完全做得到的,它需要借助团体的力量,所以校本研究常常体现为一种集体协作,体现为教师作为研究者相互之间的合作,是靠团体的力量来从事研究活动,最终达到研究目的的。

就校本研究发挥作用的机制而言,必须是教师集体的研究,唯有教师集体参与的研究，才能形成一种研究的氛围，一种研究的文化，学校教师共同的一种生活方式，这样的研究才能真正提升学校的教育能力和解决问题的能力。只停留于教师个体的研究，虽然教学行为也会产生一时的变化，但这种变化难以持久，也难以从个体教师的行为转化为群体教师的行为。研究虽然开展了，但学校依然如故，教师的行为也依然“故我”。

可以说，教师集体的同伴互助和合作文化，是校本研究的标志和灵魂。为此，要切实改造学校教育的情境，使学校真正成为一个民主的、开放的讨论领域，其中尤其要强调的是教师集体内部的专业争论。袁振国先生说得好，“有人认为，一个教师团体的内部争论是教师文化的核心。在一个教师群体当中，能够有不同的思想、观念、教学模式、教学方法的交流与冲突，是非常宝贵的，是非常重要的。如果一个学校的教师没有不同的思想，一个人说了大家都认为好，这不是这所学校的幸运，而是一种灾难”（袁振国，2002）。特别是一些有威信的学校领导，一些有威望的老教师，尤其要注意鼓励和包容不同思想、不同观念和不同行为。以校为本的教学研究强调科学精神和求实态度，学校要培植学术对话和学术批评的文化，营造一种教师内部自由争论的气氛。

12.2.3　专业引领

校本研究是在“本校”开展的，是围绕“本校”的事实和问题进行的，但它不完全局限于本校内的力量。恰恰相反，专业研究人员的参与是校本研究不可或缺的因素。离开了专业研究人员等“局外人”的参与，校本研究常常会自囿于同水平反复，迈不开实质性的步伐，甚至会停滞不前，从而导致形式化和平庸化。从这个角度说，专业研究人员的参与是校本研究向纵深和可持续发展的关键。学校要积极主动争取他们的支持和指导。

专业研究人员主要包括教研人员、科研人员和大学教师。相较于一线教师，他们的长处在于系统的教育理论素养。校本研究是一种在理论指导下的实践性研究，理论指导和专业引领是校本研究得以深化发展的重要支撑。专业研究人员应该有高度的使命感和责任感以及对教学实践高度关注的热情，积极主动地参与以校为本的教学研究制度的建设，为学校和教师提供切实有效的帮助。

专业引领就其实质而言，是理论对实践的指导，是理论与实践之间的对话，是理论与实践关系的重建。从教师角度讲,加强理论学习,并自觉接受理论的指导,努力提高教学理论素养,增强理论思维能力,这是从教书匠通往教育家的必经之路。当前,要坚决纠正教学实践存在着的排斥教学理论指导的倾向。实际上,教师自学理论实际上是一种隐性的专业引领。

专业引领就其形式而言,主要有学术专题报告、理论学习辅导讲座、教学现场指导以及教学专业咨询(座谈)等,每一种形式都有其特定的功用,有助于达到某种目的,但就其促进教师专业化成长而言,教学现场指导是最有效的形式,也是最受教师欢迎的形式。实践证明,专业研究人员与教师共同备课(设计)、听课(观察)、评课(总结)等,对教师帮助最大。但是对专业研究人员而言,时间是一个突出的矛盾。专业研究人员在开展教学现场指导活动中,要努力做到:到位但不越位。所谓到位,就是给教师提供所需要的帮助;所谓不越位,就是不越俎代庖,不包办代替。越位的指导(包括提供过细的教参)也许会急教师一时之所需,但会导致教师产生惰性和依赖心理,不仅无助于而且还会阻碍教师的专业成长。教师才是教学的真正主体,专业研究人员无论怎么指导,都不能也不应该代替教师的独立思考。“导是为了不导”,专业研究人员要立足于提高教师独立教学能力和独立研究能力来进行指导。当前,还有一点值得特别强调,那就是专业研究人员在组织和参与评课的时候,一定要冲破传统和世俗的观念,千万不要搞形式主义,要注重实效,实事求是,既要把优点说够,给人以鼓舞;又要把问题说透,给人以启迪。同时还要避免话语霸权,要提倡学术对话,尤其要注意对不同思想观点的宽容、鼓励与支持。

自我反思、同伴互助和专业引领三者具有相对独立性,同时又是相辅相成、相互补充、相互渗透和相互促进的关系。只有充分地发挥自我反思、同伴互助和专业引领各自的作用并注重相互间的整合,才能有效地促进以校为本的教学研究制度的建设。

12.3 以校为本的教学研究的基本类型

从实践形式和具体实施的角度,校本教研可以划分为以下三种基本类型:教学型教研,以教为着眼点,以课例为载体;研究型教研,以研为着眼点,以课题为载体;学习型教研,以学为着眼点,以阅读为主线。

12.3.1 教学型教研

教学型教研以教为着眼点，研究直接服从服务于教学的需要。这种研究一般以“课例”为载体，也称课例研究，它围绕如何上好一节课而展开，研究渗透或融入教学过程，贯穿在备课、设计、上课、评课等教学环节之中，活动方式以同伴成员的沟通、交流和讨论为主，研究成果的主要呈现样式是文本的教案和案例式的课堂教学。这种研究是教学中一种十分普遍的现象，也是一种行之有效的提高教学质量的手段。

从研究形式来说，说课、听课和评课是课例研究的三种基本活动形式。说课，是教师在备课的基础上，面对同行或专家领导口头阐述自己课堂教学方案，并与听者共同研讨改进和优化教学方案的教学研究过程。如果说备课是教师个体独立进行的一种静态的教学研究行为，那么说课则是教师集体共同开展的一种动态的教学研究活动，从这个角度上说，说课是集体备课的一种特殊形式。对备课而言，说课是一种教学改进和优化的活动；对上课而言，说课是一种更为缜密的科学准备活动（周勇，赵宪宇，2004：22）。

听课，是教师同行或专家领导对课堂教学活动的观摩、观察和调研。听课，对上课教师而言，是展现自己教学观念、教学个性、教学思路和教学经验、教学智慧的平台；对听课教师而言，是学习与借鉴同行教师经验和教训的机会。作为教学研究的一种形式，听课，不仅要注重“听”，而且还要注重“看”，所以不少专家建议把听课改为“观课”。

评课，是继说课、听课之后教师之间业务的进一步交流和研讨。评课为教师的课堂教学提供了反馈与矫正的系统，保证了课堂教学质量的改进和提高。作为校本教研的活动形式，评课要致力于提出问题、分析问题以及提出问题解决的措施，使评课成为教师专业成长和教学水平提升的专业活动。

从研究成果表达形式来说，“教学课例＝教学设计+教学实录+教学反思”。

教学设计是教师对课堂教学活动的规划和设想。教学设计犹如建筑之前的图纸，是教学活动的直接依据。教学设计内含着创新和研究因素，按照老传统或照搬他人经验，也就无所谓设计了。

教学实录是课堂教学活动的实际展开与文字或录像再现。教学实录不同于教学设计之处在于，教学活动不是教学设计的翻版，教学设计是静态的，教学活动是动态的；教学设计是预设性的，教学活动则具有生成性。

教学课例除了教学设计和教学实录外，还有一个更重要的因素：教学反思。教学设计是“方案”，教学实录是“做法”，教学反思则是“评价”，它包括任课教师的反思、专家的点评和同伴的建议。

常见的教学课例研究报告的体例一般包括：一是对教学设计的背景、思路与意图进行说明；二是如实描述课堂教学的实际进程，包括学生是怎样学习的，师生是如何互动的；三是对授课过程及效果的反思与讨论，对教学过程及效果的反思与总结，既可以采纳与吸收专家或同行的意见，也可以对同行或专家的意见提出不同意见，为自己的某些做法进行合理的辩护（夏正江，2005）。

12.3.2　研究型教研

研究型教研以研为着眼点，这种研究一般以“课题”为载体，围绕一个科学问题展开，遵循科学研究的一般程序和基本规范，研究课题及其所形成的研究报告是研究活动的主线，发现与创新是研究的重要途径和产生研究成果的依据。活动方式以课题研究小组为主，研究成果的主要呈现样式为课题研究报告。与教学型教研相比，研究型教研具有更深入、更规范、更科学、更具针对性等特点。

课例研究以课为载体，课题研究以问题为载体。问题是构成研究活动的核心因素，是推进科学前进的内在动因。但是问题本身又是怎么来的呢？它来自研究者的询问、发问与追问。教师只有养成向教育教学日常生活询问、发问与追问的意识和习惯，才能不断提出有意义的值得研究的教育教学问题。

课题研究过程是一个螺旋上升循环发展的动态过程，它不是一个线性结构，而是一个不断趋向问题解决的复式循环结构。实践证明，课题研究对提升教师科学素养和理论水平具有特别重要的推进作用。

12.3.3　学习型教研

学习型教研以学为着眼点，旨在通过学习来提高教师的教学水平和专业素质，为提高教学质量提供保证，为教师专业发展奠定基础。研究表现为一种学习——研究性学习，这种学习不是仅仅掌握一些理论术语和时髦名词，而是理解和领会理论的内在实质，学习理论所蕴含的反思和研究精神；不是仅仅运用理论来解决自己的实践问题，而是利用理论来对自己的实践加以思考。读书和思考是研究的主线，观摩和交流是研究的途径（李小波，2005）。读书笔记、读后感和观后感是研究结果的主要呈现样式。

教师是引导和帮助学生进行学习的专业人士，要是教师自己不学习，那么，这种“引导”和“帮助”就会变成一种说教和强制，其效果可想而知。教师劳动的重要特点是“以身示范”，唯有“学而不厌”的教师才能培养热爱学习的学生。教师教好书的根本支撑是自己要成为一本书，没有持续的学习、广泛的阅读，教师就不可能获得深厚的学识和素养，那样教学就会沦落为“以书教书”。教师要通过阅读和学习把自己打造成一部让学生百读不厌的书，这部书比起课本对学生的影响要深刻和持久得多。“为学生而读书”，是教师阅读的第一推动力。

对教师而言，学习不仅仅是对外在变化的一种适应，更应是内在生命的一种自觉，是来自教师内心深处的个人所需，是一种自我的要求，它与教师微观的教育教学工作可能无直接关联，并不是为了“教”而去“学”，而是作为完善现代“社会人”的角色而进行的修炼与自我提高。它以完善人和丰富人性、充实文化底蕴和生活情趣、体验人生为目的（毛放，2003）。这种学习虽不直接指向教学工作，但有助于塑造教师新形象，有助于教师用更广阔的视野来思考和实践新课程，用更为厚实的文化底蕴来支撑教育教学，用更完善的人格魅力去熏陶和感染下一代。教师只有成为真正意义上的“知识人”，才能领略到“教育者的尊严”。读书是教师学习的最基本途径，鼓励教师结合阅读学习的体会和收获，撰写教育日记和教育散文。教学型教研、研究型教研、学习型教研是校本教研的三种基本类型，它们的有机结合较为完整地体现了校本教研的内涵和外延。提倡教学型教研，防止把校本教研“神化”；提倡研究型教研，防止把校本教研“泛化”；提倡学习型教研，防止把校本教研“窄化”。这三种教研具有相对独立性，在实践中，它们又是相辅相成、相互促进和相互渗透的关系。我们必须深刻地领会各种校本教研的精神实质，既充分发挥各自的功能作用，又注重相互间的整合，卓有成效地把校本教研推进下去。

参考文献

Shulman, L. S. (1998). Theory, practice, and the education of professionals. *Elementary School Journal, 98*(5), 511.

李小波.(2005).呼唤实践理性观——当代中国中小学教育研究之导向. *中国教育学刊*,(3),2-4,40.

毛放.(2003).浅论中小学教师素养自我提高的“第三条通路”. *全球教育展望*,*32*(1),64-69.

夏正江.(2005).从“案例教学”到“案例研究”:转换机制探析.*全球教育展望*,*34*(2),41-46.
袁振国.(2002).校长的文化使命.*中小学管理*,(12),8-10.
周勇,赵宪宇.(2004).*新课程说课、听课与评课*.北京:教育科学出版社.
朱小蔓.(2000).*教育的问题与挑战:思想的回应*.南京:南京师范大学出版社.

作者简介

余文森 福建师范大学教育学院院长,教育部福建师范大学基础教育课程研究中心主任,福建师范大学高考研究中心主任。主要研究领域是课程与教学论。2016 年被评为国家“万人计划”哲学社会科学领军人才、全国文化名家暨“四个一批”人才。

电子邮箱: yuwensen666@163. com。

Part IV
PISA and Education Reform

第四编
PISA 与教育改革

第十三章

理解“PISA 只是另一个标准化成就测验”的含义

戴维·C. 伯利纳

（美国　亚利桑那州立大学）

虽然一些参加国际学生评估项目（Programme for International Student Assessment，简称 PISA）的国家在获知分数后表现出强烈的兴奋、满意或绝望，但是某一天我忽然意识到，PISA 只是另一个标准化成就测验（Standardized Achievement Tests，简称 SATs）。几乎所有标准化成就测验都努力遵循特定的设计原则，具有类似的相关性，并对结果的解释有类似的限制。大众媒体和大多数政治家通常并不了解这些情况及其含义。决策者并未意识到，我们通常使用的许多标准化成就测验并不具备人们赋予它们的权力。将这些测评中的得分视为“护身符”并不夸张（Haney, Madaus, & Kreitzer, 1987）。也就是说，对许多人来说，考试成绩具有特殊的力量，就像预言一样，有点像中世纪的卡巴拉（Kabbalah）①。标准化成就测验的分数是现代世界度量化（metrification）的一部分，全球市场无疑助长了这种度量化的趋势，在全球市场中，拥有政治权力的是商业领袖和技术专家，而不是人文主义者和教育者。促成这种度量化趋势的是，在全球有影响力的经济学科的崛起（Lingard, Martino, Rezairashti, & Sellar, 2015）。但在我看来，经济学家、记者和政客过于频繁地在指标（metrics）中追求虚幻而非真实的权力。

13.1　我们对高质量标准化成就测验和 PISA 了解多少

PISA 只是另一个标准化成就测验，所以我们知道如何批评它，因为几十年来，我们已经知道是什么组成了高质量的标准化成就测验。设计良好的标准化成就

---

① 卡巴拉，希伯来语中指卡巴拉生命树。据《圣经》载，生命之树位于伊甸园中央，用以描述所谓通往神的路径，或神从无中创造世界的方式。——译者注

测验应该具备以下要素：经过仔细的编写、审查和测验，无性别和文化偏见，便于检验信度等。整个测验还必须为特定目的的可信度提供令人信服的论据。然而，并不是所有标准化成就测验都完全合乎这些标准，PISA 也不例外。

13.1.1 语言与 PISA 题目

目前很多国家都参与了 PISA 测评。因此，标准化成就测验中的每个题目在每个国家都必须含义一致，这样才能确保每个国家的题目与所有重要的题目通过率不存在正相关或负相关。如果无法满足这个条件，则可能严重损害标准化成就测验的解释。包括我自己在内的许多学者都不确定这一特定标准化成就测验是否可以满足这些基本标准，尽管 PISA 设计者说他们可以做到这一点。常识和支持性研究则挑战了 PISA 的这一声明。

例如，以下只是一小部分采用了相同测验题目的国家，按英文首字母顺序排序，它们是阿根廷、澳大利亚、奥地利、阿塞拜疆、比利时、巴西、保加利亚、加拿大、智利、哥伦比亚、克罗地亚、捷克共和国、丹麦等。保证这些测验题目在每一个国家都完全相同，似乎相当困难，因此，在每个国家的语言环境中设置同等难度的测验题目也是非常困难的。

在 2012 年的 PISA 测验中，我们中的一些人很难相信，"题目等价"（item equivalence）可以在 65 个国家和地区、65 种文化及其亚文化、65 种语言和方言中得到保障。我的同事、杰出的教育研究人员格拉斯（Gene Glass）问道：

> 当你用英语编写阅读测验，然后把它翻译成瑞典语（反之亦然），怎么相信一个测验本质上并不比另一个更困难呢？我坚持认为，答案是不能。而那些声称已经做到这一点的人只是解决了一些表面问题，包括语法结构、句法和词汇的熟悉程度，根本没有深入到参与测验学生所处的文化层面。（Glass, 2012）

几年前，布雷西（Gerald Bracey）指出，在一项国际测验中，有 98%的芬兰学生做对了一道词汇题，而做对这一题目的美国学生只有 50%。学生们被要求判断"pessimistic"（悲观）和"sanguine"（乐观）是反义词还是同义词。由于芬兰语中没有"sanguine"这个词，而用了"optimistic"一词替代，从而使得问题变得更容易回答（Bracey, 1991）。

因此，常识使我们许多人相信，没有人能够用两种不同的语言写出两个没有差异的文本，并且由此提出具有同等认知难度的问题。图 13.1 列出了 2006 年

警察的科学武器

发生了一起谋杀案，但嫌疑人否认了一切。他声称不认识受害者，从未接近过他，也从未接触过他……警察和法官坚信他没有说实话，但是应该如何证明呢？

在犯罪现场，调查者已经收集到每一个可以想象到的证据：纺织品上的纤维、头发、指纹、烟蒂……在受害者夹克上发现的几根头发是红色的，但看起来并不像是嫌疑人的。如果可以证明这些头发确实是他的，就可以明确说明他之前确实遇到过受害者。

每个个体都是独一无二的

专家开始工作。他们在这些头发的根部检测到一些细胞，同时检测了嫌疑人的血细胞。人体每个细胞的细胞核中都存在DNA。这是什么呢？DNA就像由两条珍珠链交织而成的项链。

想象一下这些珍珠有四种不同的颜色，成千上万的彩色珍珠（组成了一个基因）以一种特殊的顺序连成了一串。这种顺序在每个人体内所有的细胞中都是完全一样的：发根和大脚趾中的排列顺序完全一样，肝脏和胃里或血液里的排列顺序完全一样。但是每个人的排列顺序又是不一样的。鉴于大量珍珠串用这种方式连接起来，所以除了同卵双生子之外，任何两个人的DNA都几乎不可能是一样的。由于这种独一无二的特点，DNA成为一种基因的“身份证”。

基因学家因此能够比较嫌疑人和红头发的人的基因“身份证”。如果两者一致，他们就会知道，嫌疑人确实接近过他声称并没有遇到过的受害者。

仅仅是其中一件证据

警察越来越频繁地运用基因分析来处理性侵、谋杀、偷窃和其他犯罪。这是为什么呢？因为警察努力在两个人之间、两个物件之间、一个人和一个物件之间找到接触的证据。在调查过程中证明这种接触通常是非常有用的。但在一起犯罪事件调查中提供这种证据并不是很有必要，因为它只是众多证据中的一件而已。

安妮•凡尔赛斯(Anne Versailles)

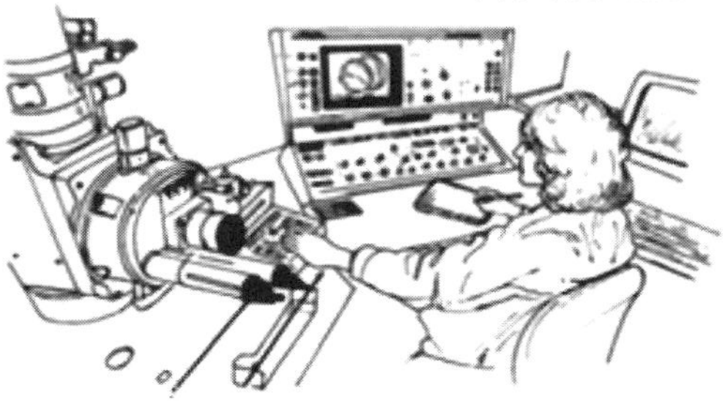

基因意味着什么？

DNA由许多个基因构成，每一个都包含了成千上万个“珍珠”。这些基因共同形成了一个人的基因“身份证”。

基因“身份证”是怎样揭示真相的？

首先，基因学家从受害者的头发或者遗留在烟蒂上的唾液中提取一些细胞，将它们放到一个可以摧毁DNA周围所有物质的设备里。其次，对从嫌疑人血液中提取出来的细胞进行同样的操作，之后DNA就可以准备用来分析了。再次，DNA会被放到一个接通电流的特殊凝胶中，几小时之后就产生了一种类似条形码（就像我们购买的商品上那样）的条纹，这种条纹在特殊的灯光下可以被看到。最后，就可以将嫌疑人DNA的条形码和受害者夹克上发现的红头发的DNA进行比较了。

我们是由数十亿细胞构成的

每一种生物都是由无数个细胞构成的。一个细胞非常小，它只能通过多倍显微镜才能被观察到。每个细胞都有一个外部细胞膜和一个可以找到DNA的细胞核。

警方实验室里的显微镜

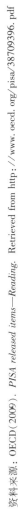

图 13.1 一道 PISA 阅读题

资料来源：OECD(2009). *PISA released items—Reading.* Retrieved from http://www.oecd.org/pisa/38709396.pdf

PISA 阅读测验中的一道题目(OECD, 2009),它说明了这一问题。这是阅读测评中一篇旨在测验理解能力的文章。请阅读节选部分,文章是这样的:"发生了一起谋杀案,但嫌疑人否认了一切。他声称不认识受害者,从未接近过他,也从未接触过他……警察和法官坚信他没有说实话,但是应该如何证明呢?"

我很难相信,在科技发达、尊重警察的国家与在科技落后、恐惧警察的国家,这样的题目具有同样的认知和情感特征。

图 13.2 也选自 2006 年的 PISA 测试(OECD, 2009)。这是一个问题解决型测验,目的是测评 15 岁青少年的科学思维水平。请阅读节选部分(参见 Ruiz-Primo & li, 2015)。

复制生物的机器?

毋庸置疑,如果 1997 年有一场动物选举的会议,多莉(Dolly)肯定会胜出。多莉是一只苏格兰绵羊,图 13.2 是它的照片。但是多莉不是一只简单的绵羊,她是另外一只绵羊的克隆体。克隆意味着从母体(master copy)复制过来。科学家成功地创造了一只绵羊,它与作为母体的绵羊是一样的。

绵羊的"复制机器"(copying machine)是由苏格兰科学家维尔穆特(Ian Wilmut)设计的。他从一只成年绵羊(绵羊 1)的乳腺中提取了一个非常小的切片,又从这个小切片中提取了细胞核,并把细胞核转移到另一只(雌性)绵羊(绵羊 2)的卵细胞中。但是首先他从那个卵细胞中剔除了所有能决定该卵细胞产生的绵羊 2 特征的物质。维尔穆特将处理好的绵羊 2 的卵细胞植入了另一只(雌性)绵羊(绵羊 3)体内。绵羊 3 怀孕之后生下了一只小羊:多莉。

一些科学家认为,在几年之内,克隆人也会成为可能。但是很多政府已经决定通过法律的手段禁止克隆人。

图 13.2　一道 PISA 科学题

资料来源:OECD(2009). *PISA released items—Science*. Retrieved from http://www.oecd.org/pisa/38709385.pdf

人们很难相信这两个题目中涉及的大量阅读材料在匈牙利、丹麦、韩国等不同国家有相同的含义，尽管 PISA 的开发者声称不是这样。与这些语境相关的问题也不可能有相同的通过率。格拉斯（Glass, 2012，对博客评论的回应）表示：

> 这与翻译的忠实性无关。它是一个产生心理测量意义上的等价的问题，比如两道测验题目之间难度百分点是否相同。通过不同语言多个测验题目的累积，即使两个测验之间的差异微小，也会导致两个国家之间存在较大的差异，在这些国际排名中，已经有很多国家注意到了这一点。如果有人相信 PISA 设计者已经解决了这个复杂的问题，比如在两种不同的语言之间来平衡认知负荷……我会觉得很幼稚。

13.1.2　语境与 PISA 题目

事实上，鲁伊斯–普里莫和李（Ruiz-Primo & Li, 2015）的研究能够充分支持关于此问题的这一常识。他们指出，PISA 中的测验题目旨在挖掘比多项选择题更深层次的学习。为此，需要设计语境，比如图 13.2 中给出的语境。在提出旨在挖掘问题解决技能的实际问题之前，应阅读并理解语境。这类问题与简单直接的多项选择题形成鲜明对比，多项选择题旨在测评学生对事实知识的记忆，而且通常不需要提供语境的文本。

鲁伊斯–普里莫和李认为，这些依赖语境的问题在不同的国家可能会有不同的理解，这是一个非常合理并能得到证实的假设。他们发现，不同国家的学生在 PISA 测验上的不同表现与测验题目呈现的语境有关。他们还发现，有证据表明，各国测验题目的语境对男女生成绩的影响不同。

13.1.3　插图与 PISA 题目

我们还需要记住，设计用于测评问题解决能力而非简单记忆的题目，通常有与之相关的插图以及语境。图 13.3（OECD, 2009）给出了一项数学测验题目的插图。然而，索拉诺–弗洛里斯和王（Solano-Flores & Wang, 2015）发现，在不同国家，人们对带有插图的题目的解释是不同的。

这些研究人员说，插图理解中的文化差异对各国学生的得分情况产生了显著影响。

M124：走路

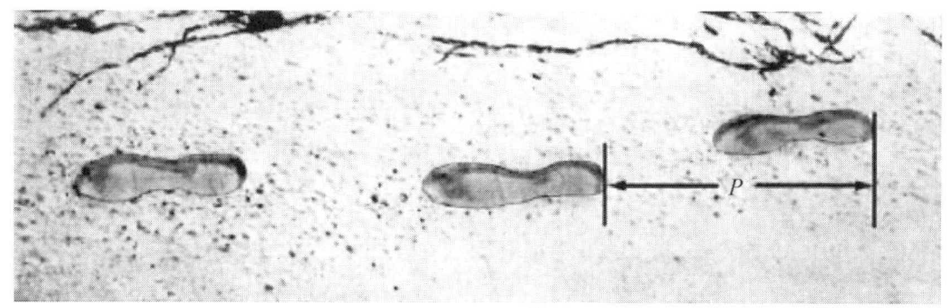

图片展示了一个行走的人的脚印，步长 P 是两个连续脚印脚跟之间的距离。

对人来说，公式 $\frac{n}{P} = 140$ 表示 n 和 P 之间的近似关系。

其中

n =每分钟的步数

P =以米为单位的步长

图 13.3　PISA 一道数学评估能力题的插图

资料来源：OECD（2009）. *PISA released items—Mathematics.* Retrieved from http://www.oecd.org/pisa/38709418.pdf

关于上一道题的评论，瑟伯格（Sjøberg，2007）说道：

> 如果标记的脚印之间距离为 80 厘米（如给出的信息所示），那么足迹就有 55 厘米长！一个普通男人的脚其实只有 26 厘米长，所以这个数字极具误导性！但更糟糕的是：由图 13.3 可以看（或测量）到，下一个脚印之间的距离（比上一个脚印之间的距离）长了 60%。考虑到上面的公式，这也意味着速度变快了，这个人从第一步到第二步的加速必须是巨大的！

在其他评论之后，瑟伯格说：

> 从多个角度来看，这种情况都是与现实不符的，是有缺陷的。那些简单地将数字代入公式而不思考的学生会答对题目。然而，更具批判性思维的学生则会因感到困惑而陷入困境！（参见 Sjøberg，2015）

13.1.4　构念无关方差与 PISA 测验

好的标准化成就测验的另一个标准是使构念无关方差（construct-irrelevant variance）最小化。如果构念无关方差影响了得分，那么对测验的解释就更难了，我们根据测验作出的推断就可能有问题。

测验题目应该与被研究的构念有关,在本章的例子中指阅读、科学和数学知识。但是我们发现在跨国测验中,由于语言的不同以及对语境和插图理解的差异,产生了构念无关方差。当美国、利比亚和缅甸继续拒绝使用公制(metric system)时,我们如何避免科学测评中的构念无关方差? 或者,由于存在插图和语境的情况,使得阅读题干也变得困难,阅读能力成为数学和科学测评中构念无关方差的来源,这似乎是一个可以确定的事实。

13.1.5　PISA 题目中的原始分数与估算分数

我毫不怀疑 PISA 的技术人员都是称职的。PISA 雇用了一批世界上最好的测量人员。但现在常识和研究表明,语言、插图、语境和构念无关方差会导致人们对测验题目的理解存在细微差异,进而导致各国在 PISA 测验中原始分数(raw scores)的差异,这种差异即使再小,也会使我们对 PISA 的解释变得棘手。由于存在这些因素,具体到某一个测验题目上,国家(地区)之间存在细微差异的可能性很大。PISA 的排名就是根据转换之后的分数确定的,当用复杂的统计模型将某个国家(地区)的原始分数转化为平均值约为 500、标准差约为 100 的分数时,这些细微的差异就会被放大。根据我的理解,总分是通过每一道题目的特点来估算的,我们现在知道,这些题目可能不仅反映了学生的成绩,还反映了语言和文化的国家(地区)差异。事实上,各国(地区)之间的原始分数鲜有差异,而用于解释 PISA 的量尺分数(scale scores)和排名差别很大。之所以会出现这种情况,是因为在 PISA 样本中,总分的预测是从每个学生的一小部分题目样本中得来的(见表 13.1)。

表 13.1　PISA 2012 选定国家的原始分数、量尺分数和排名

国　　家	PISA2012 数学原始分数	PISA2012 数学量尺分数	国家排名
芬　兰	13	519	12
波　兰	13	518	14
越　南	13	511	17
奥地利	13	506	18
爱尔兰	13	501	20
斯洛文尼亚	12	501	21

续 表

国　家	PISA2012 数学原始分数	PISA2012 数学量尺分数	国家排名
法　国	12	496	25
冰　岛	12	493	27
挪　威	12	490	30
西班牙	12	485	33
美　国	12	481	36
克罗地亚	11	471	40
以色列	11	467	41

PISA 2012 选定国家的原始分数、量尺分数和排名：2012 年数学题目数为 109，各国学生在不同形式的测验中完成了其中约 30%的题目。各国 PISA 分数基于未被使用题目以及已使用题目，未被使用题目的分数基于各国学生样本的权重，根据已使用题目进行预测/推断得出。

由表 13.1 可见，原始分数相同的国家，例如斯洛文尼亚和美国，有着明显不同的量尺分数。斯洛文尼亚的量尺分数是 501，而美国的量尺分数是 481。普通人对此很难理解：原始分数相同，但量尺分数相差了 20 分，而且排名相差 15 名！还有，芬兰和以色列的原始分数只相差 2 分，但量尺分数差了 52 分，排名相差 29 名。

如果每个约有 30 题的测验都是 2012 年使用的 109 个数学题目的有目的抽样（purposeful sample），那么许多国家的表现都非常相似，但在经过换算之后并非如此，抽样设计旨在确定一个国家的量尺分数和排名。对我们大多数人来说有点神奇的是，我们最终得到的是一个国家学生的估算（或者似然）分数（plausible scores）。

心理测量程序（psychometric procedure）使用了著名的 Rasch 模型来计算样本题目的分数而不是整个测验的分数。但在我看来，这个模型只有在每个国家使用的 PISA 题目难度相同的情况下才有效。我们刚刚已说明，由于语言、插图的使用以及对描述性语境的需要，在不同国家之间保证同等难度的可能性很小，甚至是不可能的。

这表明，我们可以期望从一个国家所使用的测验中得到量尺分数的大致范围以及似然值或估算值。以下是我们的发现。例如，根据 2006 年的阅读排名，加拿大可能被排在第二名到第二十五名之间，日本可能被排在第八名到第四十名之间，英国可能被排在第十四名到第三十名之间（Kreiner, 2011）。分数和相关排名的差异表明，PISA 分数和排名的信度比 PISA 的“消费者”所认为的更值得怀疑（Kreine & Christensen, 2014）。

13.1.6 PISA 的信度

标准化成就测验的设计者为自己设计的测验拥有高信度而自豪，这样就可以从获得的分数中作出有效推论。但是 PISA 的设计者可能并不总是像他们希望的那样能够达到这个标准。例如，在意大利的两个省（Bratti & Checchi, 2013），人们有机会采用与前一年相同形式的 PISA 测评重新对学生进行测验。这一研究关注的是学生所在学校的增值（added value）情况。他们选择用 PISA 作为标准化成就测验来计算学校的增值。在一个用意大利语测验的省份，正如人们预期的那样，当使用设计良好的标准化成就测验时，学生两年的分数高度相关。但在另一个说法语的省份，学生两年分数的相关性很低，实际上接近于零！这不是很让人信服！这种差异似乎是由一年中不同的人员流失率造成的，这意味着在低信度的地区，第二次参加测验的群组略有不同。由于 PISA 每三年进行一次，各国在两次测评中使用的 15 岁年龄组（15-year-old cohorts）不同，因此在两次测评之间的三年时间里，分数的稳定性很可能低于所需要的水平，而国家教育政策的制定非常依赖可靠的趋势。因此，依据这些数据得出的趋势可能是有问题的。

13.1.7 抽样问题与 PISA 测验

原始分数，尤其是估算分数（imputed scores）的信度显然取决于 PISA 设计的抽样方案（sampling schemes）。事实上这也不是完美的。洛夫莱斯（Loveless, 2013）提出，上海在 2012 年获得了极高的 PISA 得分，一定程度上是因为漏掉了成千上万农民工家庭的子女。PISA 很清楚这些抽样错误，但显然忽视了这些错误，世界各地讨论上海学校表现的报纸也忽视了这些错误。

同样，另一个可信的例子是卡努瓦和罗思坦（Carnoy & Rothstein, 2013）发现了美国的 PISA 抽样存在的问题。例如，在 PISA 2009 测评的样本中，有 40%的美国学生来自那些半数或更多学生有资格享受免费和优惠午餐项目的学校。但实际上，美国学生就读于贫困率如此之高的学校的比例要低得多。卡努瓦和罗思坦（Carnoy & Rothstein, 2013）认为，如果 2009 年的样本是准确的，那么美国在 PISA 阅读领域的排名将从第十四名上升至第六名，在数学领域将从第二十五名上升至第十三名。

13.1.8 效度与 PISA 测验

所有的标准化成就测验都依赖于令人信服的有效性证据来证明其使用和成本的合理性。

如果要宣称 PISA 具有内容效度(content validity),那么就需要有证据证明今天对 15 岁学生的 PISA 测评与现实世界中(比如 10—15 年后)成年人在工作和家庭生活中需要完成的任务有关。PISA 特别寻求能够代表未来所需技能的测评任务,这使得我们无法像评判其他测试[如国际数学与科学教育成就趋势调查研究(Trends in International Mathematics and Science Study,简称 TIMSS),它试图测评当代课程]那样,以内容效度的充分性来评判 PISA。

结构效度(construct validity)的论据发现,PISA、国际阅读素养进展研究(Progress in International Reading Literacy Study,简称 PIRLS)、TIMSS 和某些国家测验[如美国国家教育进展评估(National Assessment of Educational Progress,简称 NAEP)和澳大利亚国家测试项目——读写与计算(National Assessment Program-Literacy and Numeracy,简称 NAPLAN)]分数,在每个被测评的内容领域都是中度或高度相关的。有证据表明这是事实,因此可以提出结构效度的论点,但可能不像人们希望的那样有力。因参加这些不同测验而产生的分数和排名顺序的差异促使人们认为,在不同国家测验的数学、科学和阅读的知识结构也许是不同的。这就导致在一个特定国家对一个特定的测验分数解释很困难。例如,美国在 PIRLS 阅读测验中表现得非常好,在 TIMSS 科学和数学测试中也表现很好,但美国在 PISA 上做得没有那么好。当这些结构类似的测验得出对美国学生成绩如此不同的估计时,我们如何判断本国学生的学业成就水平呢?

结果效度(consequential validity)论据已经略为提及——报纸和政客们都对 PISA 测验的结果感到抓狂,他们要么归因于国家和政府的不作为,要么指责他们不喜欢的机构和个人,尽管这些机构和个人与这一结果并没有什么关系。我们知道,在美国,与社会阶级、收入、社区和母亲的受教育水平等因素相比,教师和学校对所有标准化成就测验差异的解释力度几乎是非常小的。所以,用赞美或谴责教师和学校的方式来解释 PISA 的结果毫无意义。芬兰和美国学生的 PISA 成绩不同,两国的儿童贫困率也存在差异。芬兰的儿童贫困率约为 4%,而美国的儿童贫困率可能超过 20%。尽管政客和记者可能会指责学校和教师,但两国的社会制度确实会对 PISA 分数产生影响(Condron, 2011)。显而易见,所有参与 PISA 测评的国家都会得到一个测验结果。测验结果的处理既有适当的,也有非常不适当的情况。在美国,从 PISA 数据中得出有效推论是比较罕见的。

还需要强调一种效度,即预测效度(predictive validity)。PISA 实际上是以学校体系中产生的测验分数的函数来预测一个国家的命运。经济学家哈努谢克和沃斯曼(Hanushek & Woessmann, 2010)、经济合作与发展组织(Organisation for Economic Co-operation and Development,简称 OECD)以及许多政治家都认为,PISA 分数的大幅上升将意味着商业活动增加数万亿美元。他们的论点是,随着各国着手改善课程,提升学校和教师的质量,PISA 分数也会水涨船高,这将不可避免地使这些国家的经济迅速发展。哈努谢克和沃斯曼使用了一些数据来说明被不断提及的有关预测效度的观点,但是这些数据已经受到严重质疑,现在看来是站不住脚的(Komatsu & Rappleye, 2017)。

因此,PISA 被视为一种需要谨慎对待的预兆,分数也成为一种类似“护身符”的东西。但对我来说,这个逻辑更接近于 20 世纪初的货物崇拜(cargo cults),而不是与现代民族国家相关的现实。

我发现经济利益论点(economic benefits argument)至少存在三个问题。首先,标准化成就测验结果只能较弱地显示课程、学校和教师的影响,因此,通过提高 PISA 分数来改善学校教育所取得的效果非常有限。教师和学校根本不会显著地影响标准化成就测验的差异。因此,所有来自诸如 PISA、NAEP、TIMSS 等标准化成就测验的政策,如果只改善学校而不改善学校里儿童和家庭的经济与社会条件,那么它们带来的改善注定只能是极小的。

由于 PISA 旨在寻找测评全球经济潜力的指数,它被赋予部分预测效度,从而获得了一种神奇力量(Rizvi & Lingard, 2011)。但它完全没有做到这一点。例如,一方面,根据以前的 PISA 结果,当日本在 PISA 上做得特别好的时候,其经济值得关注。然而,在过去十多年,尽管日本在 PISA 中持续保持高分,其经济依然在走下坡路。另一方面,PISA 2000 给德国带来了强烈冲击,因为它获得了相对较低的分数,然而德国经济在欧盟(European Union,简称 EU)中持续表现最好。2000 年,芬兰也受到了强烈冲击(Sahlberg, 2011)。芬兰因获得高 PISA 分数而成为西方各国的梦想国。虽然芬兰在最近的 PISA 测验中分数有所下降,但仍然被公认为世界领先者。但芬兰经济又如何呢？尽管芬兰拥有很多PISA天才，但芬兰的经济多年来一直表现不佳。不久前，芬兰总理表示这个高得分国家正处于“迷茫的十年”。芬兰的经济已经落后于北欧邻国和欧洲国家，加薪处于暂缓状态，政府债务从2008年到2014年几乎翻了一番，税收上涨了几个百分点，不久前的失业率约为9%。

在德国忧心忡忡，芬兰感到惊讶的同时，美国和以色列在PISA上的表现相对较差。然而，自那以后两国的经济体蓬勃发展。事实上，尽管美国在PISA上表现不佳，但在2014年、2016年和2017年的GEDI中都排名第一（Acs, Szerb, Autio, & Lloyd, 2016）。GEDI指全球创业和发展指数（Global Entrepreneurship and Development Index）。虽然PISA作为未来经济繁荣的预测指标而备受关注，但是实际上没有证据表明它具有预测效度。事实上，期望GEDI成为这样的预测指标可能更为合理。很少有美国权威人士对GEDI的发布发表意见，但他们不会放过任何一个对PISA分数发表评论的机会。然而，GEDI的研究人员与帝国理工学院商学院（Imperial College Business School）、伦敦政治经济学院（London School of Economics and Political Science）、匈牙利佩奇大学（University of Pécs）和乔治梅森大学（George Mason University）有关。这些机构的研究人员研究了120个国家的创业情况。他们一致认为，创业情况在世界排名第一的国家是美国。让我震惊的是，与PISA相比，成年人的创业情况更有可能成为预测一个国家未来经济的指标。当考虑到以下状况时，这一点尤为正确：该测验测评15岁的美国青少年时，孩子们知道测验成绩并没有什么意义，他们的老师或父母也看不到测试结果。韩国青少年参加PISA测评是为了给祖国带来荣誉，美国的青少年参加测试却是因为他们被命令参加。因此，基于这样的样本，我不想预测太多！

与美国对PISA分数的绝望相反，GEDI的设计者说：

> 创业在美国经济中起着至关重要的作用，因此，政策倡议的制定是为了鼓励创业行为。这一点再加上坚持和高动力的文化，使美国成为一个适合创业的地方。

进一步来讲，研究人员认为，美国与其他国家之间的差距很大，而且这一差距似乎还在扩大而不是缩小。此外，2014年GEDI首次比较了女企业家的经验，以反映女性在全球创业中不断提升的参与度和重要性。研究人员断定，在女性创业方面美国也处于世界领先地位。

此外，虽然美国的PISA分数使许多人预测经济的崩盘和低迷，但我们还有全球创新指数(Global Innovation Index)。比起 PISA 这样的标准化成就测验,它似乎能更好地预测未来的国家经济活动。全球创新指数每年由两所著名大学和一个联合国委员会共同负责,它使用 82 个不同的指标来确定排名。2016 年全球创新指数如表 13.2 所示(Dutta, Lanvin, & Wunsch-Vincent, 2016)。

表 13.2 2016 年全球创新指数与 PISA 2015 科学测验排名

国家/经济体	分数(0—100)	排 名	收 入	PISA 2015 科学测验排名
瑞 士	66.28	1	HI①	18
瑞 典	63.57	2	HI	28
英 国	61.93	3	HI	15
美 国	61.40	4	HI	25
芬 兰	59.90	5	HI	5
新加坡	59.16	6	HI	1
爱尔兰	59.03	7	HI	19
丹 麦	58.45	8	HI	21
荷 兰	58.29	9	HI	17
德 国	57.94	10	HI	16
韩 国	57.15	11	HI	11
卢森堡	57.11	12	HI	33
冰 岛	55.99	13	HI	39
中国香港	55.69	14	HI	9
加拿大	54.71	15	HI	7
日 本	54.52	16	HI	2
新西兰	54.23	17	HI	12
法 国	54.04	18	HI	27
澳大利亚	53.07	19	HI	14
奥地利	52.65	20	HI	26

资料来源: Dutta, S., Lanvin, B., & Wunsch-Vincent, S. (2016). *The Global Innovation Index 2016 winning with global innovation*. http://english.gov.cn/r/Pub/GOV/ReceivedContent/Other/2016-08-15/wipo_pub_gii_2016(1).pdf. OECD, PISA 2015 Database, Tables I.2.12a-b, I.3.1a-c and I.3.10a-b.

① HI 为高收入(high income)的缩写,世界银行 2015 年 7 月将国家或经济体的收入分为低收入(LI)、中收入(LM)、中高收入(UM)、高收入(HI)四类。——译者注

在第一列中，我考察了全球创新指数排名前二十的国家或经济体。正如你所看到的，美国排名第四，这一成绩还不错。我还考察了 PISA 2015 测评中这些国家或经济体的综合排名，并将这两个指标进行关联，发现两者呈负相关！PISA 似乎无法预测一个国家或经济体的创新能力。因此，我认为 PISA 的预测效度仍未得到证实。

还有一个问题既关注了 PISA 的信度也关注了它的效度，这就是测验题目中显示的“假阳性”（false positive）和“假阴性”（false negative）[①]的数量问题。新西兰研究人员（Harlow & Jones, 2004）研究了学生在国际科学标准化成就测验中做错的和做对的题目，并对学生进行了动态测验。他们将这些题目一对一地发给学生，并研究如果进一步思考，那些做错题目的学生是否能够做对，以及那些做对题目的学生是否具备作出正确答案所需的知识。研究结果显示，新西兰测试的受测者中许多人表现为“假阴性”，也就是说，他们确实学会了那些知识，但把题目做错了。还有许多人则表现为“假阳性”，即他们不懂得科学知识，但把题目做对了。由于这些结果表明 PISA 和其他标准化成就测验的信度和效度都存在问题，我们还需要做更多类似的研究。

13.2 关于 PISA 质量的结论

PISA 显然得到了更好的支持，有更好的技术人员参与其中，其技术特点也优于其他许多标准化成就测验。但与所有其他标准化成就测验一样，它有缺点并且需要接受批评。我批评了不同国家之间测验的可比性假设，因为在每个国家的不同语言和文化中，测验题目的认知具有复杂性，对测验题目的理解也存在差异。这不仅仅是翻译的问题，不同国家的学生对 PISA 题目的语境和插图的理解并不相同。在我们都说世界语（esperanto）之前，它们很可能永远不会相同！

各国原始分数相同而量尺分数和排名存在的差异可能源于各国题目难度的微小差异。如果这是真的，则不能满足 Rasch 模型的要求，PISA 分数及其相关排名的估算也存在严重缺陷。

首先，我们现在也知道，各国抽取的样本并不总是能准确地代表整体人口，这

① 统计学中，“假阳性”为预测为正，实际为负；“假阴性”为预测为负，实际为正。——译者注

也使得样本中分数的估算出现问题。PISA 在信度方面也存在一些缺陷。也就是说,不同轮 PISA 测验的抽样程序和群组差异使得 PISA 结果比公认的更难以信任。其次,PISA 在经济领域的预测效度似乎被夸大了。最后,在 PISA 测验题目层面出现“假阳性”和“假阴性”的概率相当大。而信度和效度都取决于这些情况的发生概率非常小,但实际情况可能并非如此。

从技术上讲,我怀疑没有任何组织能在设计跨国测验上比 PISA 做得更好,这是开启国际教育对话的一个合适开端。但是,PISA 测评分数的低或高所带来的全国性的焦虑、喜悦以及随后的政策都是有误导性的。由于其固有的设计缺陷——与我所知道的所有其他标准化成就测验没有什么不同——PISA 的结果充其量只能激发每个国家关于童年、学校教育和经济活力愿景的对话。在全球化的世界,如果没有花大量时间讨论自己国家的教育体系,PISA 就不应该成为变革的催化剂。我想限制 PISA 的影响力,不光是因为前述提出的技术问题(即使那些问题会长期存在),在一定程度上,我想限制 PISA 在美国的影响力,是因为 PISA 最大的缺陷没有被承认,即这一测验正在捕捉当代美国关于收入分配、住房、医疗、工作、工资等政策的残酷现实。

PISA 是一种标准化成就测验,它反映了我们的社会,而不仅仅是课程、教师、学校和学生。也就是说,所有标准化成就测验最大的问题是相同的:在我们这个时代,测验对学校生活质量的推论太多了,而对家庭和社区生活质量的推论太少了。

13.3　PISA 与其他标准化成就测验在为政策提供有关教师和学校信息方面的局限

我想做一个大胆的声明:无论哪个州、哪个国家,甚至在全球范围内,没有哪个标准化成就测验分数不能从人口统计数据中很好地预测出来。众所周知,标准化成就测验对教师和学校的影响是不敏感的,却受到群体、社区以及家庭社会阶层,特别是贫困程度的强烈影响。与反映教学和教育的变量相比,标准化成就测验更多反映的是社会变量,相关证据是压倒性的,大多数使用 PISA 数据制定政策的人回避了这一点。正如前文所述,根据 PISA(和其他标准化成就测验)制定的每一项政策注定只对学校和课堂的改进产生极小的影响。黑泰尔(Haertel, 2013)

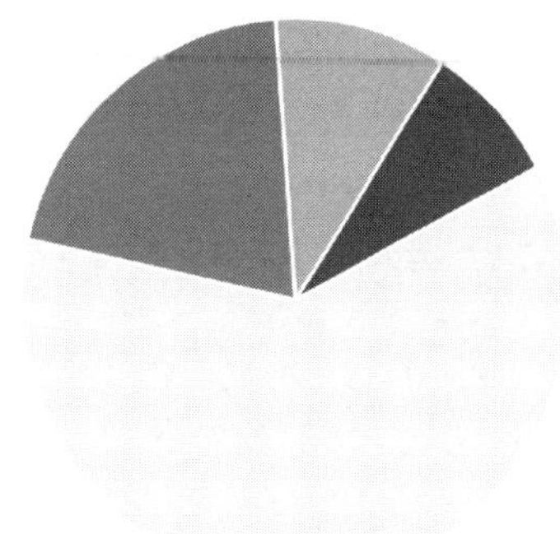

图 13.4　标准化成就测验分数的差异来源

对此描述得最清楚，他回顾了有关标准化成就测验的文献，并提供了图 13.4 的分析。教师因素解释了 10%左右的总差异，学校因素也解释了 10%左右的总差异。误差（无法解释的差异）约占总差异的 20%。标准化成就测验成绩差异的大部分（约为 60%）是由家庭、社区、收入等校外因素造成的。

下面是图 13.4 中最重要的一点：根据标准化成就测验制定的旨在影响教师的政策通常只影响 10%左右的学生测试成绩差异。旨在影响课程、领导力、日程安排、时间使用、家庭作业或其他学校因素的政策也仅仅影响标准化成就测验分数差异的 10%。恰恰是校外因素对标准化成就测验分数影响最大。我已经明确了一些已知的校外因素会影响学校中的测验分数（Berliner, 2009; Wilkinson & Pickett, 2010）。以下因素会影响学校和课堂的情况。

- 社区中低出生体重儿（low birth weight children）所占百分比
- 家庭和社区中医疗、牙科和视力护理（medical, dental and vision care）资源不足
- 家庭食物没有保障
- 家庭和社区的环境污染
- 家庭关系和家庭压力
- 学校附近单身母亲和/或青少年母亲所占百分比
- 学校附近没有获得高中学历（或尚未完成中等教育）的母亲所占百分比
- 家庭中使用的语言
- 家庭收入
- 社区特征

——暴力率

——毒品使用

——心理健康

——平均收入

——家庭流动率

——积极榜样的提供

——高质量早期教育的提供

——通勤工具

比起 PISA 分数,这些变量似乎更有可能影响学生的学业成就。我们当前对这些校外问题的认识始于《科尔曼报告》(Coleman et al., 1966)。50 年前,该报告震惊了我们的民主认知,因为它令人信服地论证了教师和学校并没有像我们认为的那样在打破贫困循环时发挥强大的作用。虽然长期以来人们已经认同这一事实,但政策制定者和研究人员经常忽视它(Powers, Fischman, & Berliner, 2016)。

博尔曼和道林(Borman & Dowling, 2010)使用更现代、更强大的统计测量工具对科尔曼的数据进行了重新分析,提出了两个对此论点至关重要的主张。首先,他们认为,与复合效应(composition effect)相比,教师效应是学生成绩的次要预测指标。其次,他们认为同伴效应(peer effect)和复合效应对测验分数的影响大约是学生所在种族或社会阶层的 2 倍。你和谁一起上学很重要!

在西方世界,我们几乎总是生活在社会经济背景和种族同质的环境中,因而我们的学校经常存在种族和阶层隔离。就学校学生学业成就而言,个体的种族和阶层影响不大,除非这些种族和社会阶层特征影响了学生的同伴、学生群体或学生构成。一些同伴群体和学生群体促进实现较高的学生学业成就,而有些则不然。但我们必须记住的是,班级和学校中标准化成就测验的总分数基本上与教师、学校对这些学生的影响无关。

这一切的关键在于,我们将学生学业成就的不理想归咎于教师,而教师对测试总分数的影响只占 10%左右。当 PISA 或其他标准化成就测验分数较低时,学校也常受到责难,但学校对标准化成就测验分数的影响也只占 10%左右。

最近,美国统计协会(American Statistical Association)支持了这一主张。其论证基于教师评估的增值模型(American Statistical Association, 2014),使用前测和后测的标准化成就测验成绩来判断特定教师对学生成绩的增值。他们认为,“大多数增值模型(value added model,简称 VAM)研究发现,教师对测试成绩的影响大约是 1%—14%,大多数改进教育质量的机会存在于体系层面”。

13.4 关于标准化成就测验对政策制定局限性的结论

因此，在影响标准化成就测验分数方面，校外因素的影响往往是校内因素和课堂内因素的 3 倍；换句话说，在分析对标准化成就测验的影响时，校外因素的影响分别是教师和学校影响的 6 倍。所以，根据 PISA 等标准化成就测验制定的关于教师和学校改进的政策只能取得有限的成功。

关于教师如何影响个别学生的众多独立的传奇故事，充分证明了教师有能力影响个体。在我的生活中，教师对我成为什么样的人产生了很大的影响，一些教师也影响了我在工作和个人生活方面的思维习惯。我的孩子们也受到了他们老师的积极影响。我相信本章的读者也有类似的故事，并且绝大多数是关于积极的影响，尽管教师也有可能对个别孩子产生消极影响。

这是一个悖论，像所有悖论一样令人困惑：教师和儿童所就读的学校极大地影响了学生个体；教师真的可以触及永恒（Barone, 2001）。但是就原本用于评判教师和学校的标准化成就测验而言，教师和学校的影响只占很小一部分。PISA 仅仅是一种标准化成就测验。它很好地测量了人口统计学特征，但对制定影响教师和学校的政策来说几乎没什么用，而这种政策恰恰会影响标准化成就测验的分数。

13.5 总结

在本章开头，我们看到 PISA 与其他所有标准化成就测验一样，有许多技术问题，其中包括对任何标准化成就测验来说都是最重要的标准，那就是它的意义！PISA 对什么来说是有意义的？我认为 PISA 在以下几个方面是具有积极影响的：开启有关学校教育的对话；了解一个国家青少年理想的学业成就；实现这些学业成就的课程；文化和培养方式及其对学业成就的影响；收入分配及其对青少年行为和学业成就的影响；教育者、父母和政策制定者之间信任关系的设计；讨论是否真的可以为社区想要测评的所有内容创建统一的衡量标准；等等。

著名的英国比较教育学者亚历山大（Robin Alexander）可能会同意我在本章中所说的大部分内容（Alexander, 2012）。他对因 PISA 分数不当使用而导致的疯狂有一些非凡的见解。例如,他指出巴伯(Michael Barber)领导的团队是如何为价值数十亿美元的麦肯锡公司(McKinsey & Co.)写了一份报告,该报告很空洞(我的描述)。这份名为《世界上表现最优异的教育体系是如何脱颖而出的》的报告几乎得到了整个西方世界决策者的普遍赞扬。其作者从 PISA 2003 测评中得出结论,“三件事最重要:(1) 让合适的人成为教师;(2) 将他们培养成有效的指导者;(3) 确保体系能够给每个孩子提供最好的教学指导”(Barber & Mourshed, 2007: 2)。好吧,在所有人都听说过 PISA 之前,我可能已经写过这样的陈词滥调。这真的不是深度思考,尤其是考虑到报告的成本! 但另外,正如我上面所论述的,这份报告的结论不仅毫无建树,它还是错的!

针对教师、学校和学校体系的政策对标准化成就测验所测评的国家学校体系成绩的影响很小,因为标准化成就测验分数是其他事物的反映——收入不平等、住房政策、群体效应、文化等(Sjøberg & Schreiner, 2005)。这份昂贵且备受赞誉的报告对什么影响了标准化成就测验成绩一无所知!

亚历山大(Alexander, 2012)引用了其他发现巴伯的麦肯锡报告站不住脚的文章。20 世纪 60 年代有影响力的教育家和政策分析师博耶(Ernest Boyer)曾经说过:“学校的发展不会超过支持它们的社区的发展”(Boyer, 1983: 6)。不久之后,1970 年,备受尊敬的英国社会科学家伯恩斯坦(Basil Bernstein)说,“教育无法补偿社会”(Bernstein, 1970: 344)。我想引用一位为 PISA 工作的学者(Schleicher, 2009)的见解和一位我认为更明智的人的观点来结束本章,因为后者在 115 年前就有过相关论述(Sadler, 1900: 50;参见 Alexander, 2012)。施莱歇尔(Andreas Schleicher)在检查了 PISA 数据之后说,理想的学校可能会具备芬兰、日本、英国、以色列、挪威、加拿大、比利时和德国特征的一小部分:发展学生的个人能力,让教师合作,设定明确的表现目标,使用赞美话语,并帮助学生从错误中学习,等等。但萨德勒(Michael Sadler)说:

> 在研究外国教育体系时,我们不应忘记校外的事情比校内的事情更重要,并且是校外的事情在管理和解释校内的事情……没有任何国家能够通过模仿一点德国的组织就希望能够真正再现德国机构的精神……所有良好和真实的教育都是民族生活和品格的体现……以正确的精神和学术上正确的方式研究外国教育体系的实践价值在于,它将使我们更好地研究和理解我们自己的教育体系。

这就是 PISA 和其他标准化成就测验的意义。它们能够为每个社会关于学校教育的对话提供数据。PISA 没有魔法。PISA 分数也不是护身符。这是对话开始的地方,而不是制定政策的起点(参见 Sellar, Thompson, & Rutkowski, 2017)。

诸如麦肯锡公司提出的关于教师和学校的政策,如果期望这些政策在标准化成就测验中带来剧变,那么这些政策就是误导性的且无用的。PISA 只是另一个标准化成就测验,有着附加的和不寻常的技术问题以及所有标准化成就测验都有的对教学和学校教育不敏感的特征。

参考文献

Acs, Z., Szerb, L., Autio, E., & Lloyd, A. (2016). *Global entrepreneur ship index, 2017*. Washington, DC: Global Entrepreneurship and Development Institute.

Alexander, R. J. (2012). "International evidence, national policy and classroom practice: Questions of judgment, vision and trust" (Keynote address to the 3rd Van Leer International Conference on Education, Jerusalem, May 2012), *Educational Echoes*, 105 - 113 (In Hebrew).

American Statistical Association. (2014). *Value-added models to evaluate teachers: A cry for help*. Retrieved from http://chance.amstat.org/2011/02/value-added-models/

Barber, M., & Mourshed, M. (2007). *How the world's best-performing schools come out on top*. McKinsey & Co. Retrieved from http://mckinseyonsociety.com/how-the-worlds-best-performing-schools-come-out-on-top/

Barone, T. (2001). Pragmatizing the imaginary: A response to a fictionalized case study of teaching. *Harvard Educational Review, 71*(4), 734 - 741.

Berliner, D. C. (2009). Are teachers responsible for low achievement by poor students? *Kappa Delta Pi Record, 46*(1), 18 - 21.

Bernstein, B. (1970). Education cannot compensate for society. *New Society, 26*, 344 - 345.

Borman, G. D., & Dowling, M. (2010). Schools and inequality: A multilevel analysis of Coleman's equality of educational opportunity data. *Teachers College Record, 112*(5), 1201 - 1246.

Boyer, E. L. (1983). *High school: A report on secondary education in America*. New York: Harper & Row, Inc.

Bracey, G. (1991). Why can't they be like we were? *The Phi Delta Kappan, 73*(2), 104 - 117.

Bratti, M., & Checchi, D. (2013). *Re-testing PISA students one year later. On school value added estimation using PISA—OECD*. Retrieved from www.iwaee.org/papers%20sito%202013/Bratti.pdf

Carnoy, M., & Rothstein, R. (2013). *All else equal: Are public and private schools different?* London: Taylor and Francis.

Coleman, J. S., et al. (1966). *Equality of education opportunity*. Washington, DC: U.S. Government Printing Office.

Condron, D. J. (2011). Egalitarianism and educational outcomes: Compatible goals for affluent societies.

Educational Researcher, 40(2), 47 – 55.

Dutta, S., Lanvin, B., & Wunsch-Vincent, S. (2016). *The Global Innovation Index 2016 winning with global innovation*. Retrieved from http://english. gov. cn/r/Pub/GOV/ReceivedContent/Other/2016 – 08 – 15/wipo_pub_gii_2016(1). pdf

Glass, G. V. (2012). *Among the many things wrong with international achievement comparisons. Education in two worlds*. Retrieved from http://ed2worlds. blogspot. com/2012/02/amongmany-things-wrong-with. html

Haertel, E. (2013). How is testing supposed to improve schooling? *Measurement, 11*(1), 1 – 18.

Haney, W., Madaus, G., & Kreitzer, A. (1987). Charms talismanic: Testing teachers for the improvement of American Education. *Review of Research in Education, 14*(1), 169 – 238.

Hanushek, E. A., & Woessmann, L. (2010). How much do educational outcomes matter in OECD countries? *Economic Policy, 26*(67), 429 – 491.

Harlow, A., & Jones, A. (2004). Why students answer times science test items the way they do. *Research in Science Education, 34*(2), 221 – 238.

Komatsu, H., & Rappleye, J. (2017). A PISA paradox? An alternative theory of learning as a possible solution for variations in PISA scores. *Comparative Education Review, 61*(5), 269 – 297.

Kreine, S., & Christensen, K. B. (2014). Analyses of model fit and robustness. A new look at the PISA scaling model underlying ranking of countries according to reading literacy. *Psychometrika, 79*(2), 210 – 231.

Kreiner, S. (2011). A note on item – Rest score Association in Rasch Models. *Psychological Measurement, 35*(7), 557 – 561.

Lauder, H. (2015). Human capital theory, the power of transnational companies and a political response in relation to education and economic development. *A Journal of Comparative and International Education, 45*(3), 490 – 493.

Lingard, B., Martino, W., Rezairashti, G., & Sellar, S. (2015). *Globalizing educational accountabilities*. London: Routledge.

Loveless, T. (2013). *Attention OECD – PISA: Your silence on China is wrong*. Washington, DC: Brookings Institute. Retrieved September 1, 2017 from www. brookings. edu/research/attention-oecd-pisa-your-silence-on-china-is-wrong/

OECD (Organization for Economic Cooperation and Development). (2009). *PISA data analysis manual: SPSS, Second Edition*. Retrieved from https://doi. org/10. 1787/9789264056275-en

Powers, J. M., Fischman, G. E., & Berliner, D. C. (2016). Making the visible invisible: Willful ignorance of poverty and social inequalities in the research-policy nexus. *Review of Research in Education, 40*(3), 744 – 776.

Rizvi, F., & Lingard, B. (2011). Social equity and the assemblage of values in Australian higher education. *Cambridge Journal of Education, 41*(1), 5 – 22.

Ruiz-Primo, M. A., & Li, M. (2015). The relationship between item context characteristics and student performance: The case of the 2006 and 2009 PISA science items. *Teachers College Record, 117*(1), 36.

Sadler, M. (1900). How can we learn anything of practical value from the study of foreign systems of education? In J. H. Higginson (Ed.), *Selections from Michael Sadler: Studies in world citizenship* (p. 50). Liverpool:

Dejall and Meyorre.

Sahlberg, P. (2011). PISA in Finland: An education miracle or an obstacle to change? *Center for Educational Policy Studies Journal, 1*(3), 119－140.

Schleicher, A. (2009). Securing quality and equity in education: Lessons from PISA. *Prospects, 39*(3), 251－263.

Sellar, S., Thompson, G., & Rutkowski, D. (2017). *The global education race: Taking the measure of PISA and international testing*. Edmonton: Brush Publishing.

Sjøberg, S. (2007). PISA and "Real Life Challenges": Mission impossible? In S. T. Hopmann, G. Brinek, & M. Retzl (Eds.), *PISA zufolge PISA－PISA According to PISA*. Berlin: LIT Verlag.

Sjøberg, S. (2015). PISA and global educational governance—A critique of the project, its uses and implications. *Eurasia Journal of Mathematics, Science and Technology Education, 11*(1), 111－127.

Sjøberg, S., & Schreiner, C. (2005). Perceptions and images of science and science education: Some simple results from ROSE—A cross-cultural study. In M. Claessens (Ed.), *Communicating European Research 2005: Proceedings of the Conference, Brussels, 14－15 November 2005* (pp. 149－156). Dordrecht: Springer.

Solano-Flores, G., & Wang, C. (2015). Complexity of illustrations in PISA－2009 science items and its relationship to the performance of students from Shanghai-China, the United States, and Mexico. *Teachers College Record, 117*(1), 18.

Wilkinson, R., & Pickett, K. (2010). *The spirit level: Why equality is better for everyone*. London: Penguin.

作者简介

戴维·C. 伯利纳（David C. Berliner） 美国亚利桑那州立大学（Arizona State University）玛丽·卢·富尔顿师范学院（Mary Lou Fulton Teachers College）教育领导与政策研究系名誉教授。曾在亚利桑那大学（University of Arizona）、马萨诸塞大学（University of Massachusetts）、斯坦福大学（Stanford University）以及澳大利亚、荷兰、西班牙和瑞士的大学任教。系美国国家教育学院（National Academy of Education）成员，行为科学高级研究中心（Center for Advanced Study in the Behavioral Sciences）研究员，美国教育研究协会（American Educational Research Association，简称 AERA）和美国心理协会（American Psychological Association，简称 APA）教育心理学分部的前任主席。美国心理协会、美国教育研究协会和国家教育协会（National Education Association，简称 NEA）杰出贡献奖获得者。2016 年获得美国教育研究协会杰出教育研究公共传播奖（Outstanding Public Communication of Education Research Award）。发表 200 多篇文章、技术报告和书籍章节。

电子邮箱: berliner@asu. edu。

（王德胜　魏晓宇　译）

第十四章

“PISA 制造”再探

路易斯·米格尔·卡瓦略

（葡萄牙　里斯本大学）

14.1　引言

自 21 世纪初以来，PISA（Programme for International Student Assessment，国际学生评估项目）似乎已遍及教育体系及教育管理存在争议的多个领域。经济合作与发展组织（Organisation for Economic Co-operation and Development，简称 OECD）在国家层面进行的这一国际大规模评估具有多种表现形式，例如支持针对具体议题讨论的“分析和理论依据”，作为二次研究的“资料来源”或作为“学习机会”来促进问责政策的发展（Lawn & Grek, 2012）。迄今为止，PISA 已成为知识领域的核心元素，在林德布拉德和波普科维茨（Lindblad & Popkewitz, 2004：xx－xxi）看来，它确保以专家为本的教育政策可以引领国家进入所谓的知识社会。PISA 作为不可或缺的资源，在当代教育问题及政策的设想和审视方面拥有独特的地位，本章通过考察维持这种地位的意义和过程，讨论治理与专家知识之间的这种普遍联系。

基于对先前关于 PISA 的组织和认知维度文章的修订（Carvalho, 2012），关于国家和跨国背景下应用 PISA 的后续研究（Carvalho & Costa, 2015, 2016; Carvalho, Costa, & Gonçalves, 2017），以及有关 PISA 与政策过程之间关系的强化与复杂性（Carvalho, 2014, 2016）等论述，本章重点介绍“制造”（fabrication），即虚构（fictions）和培育（making）（Popkewitz, 2000a, 2000b），支持将 PISA 作为思考和实施教育政策的核心要素。

实际上，本章回顾了笔者以前文章中研究 PISA 方法的两大支柱：（1）PISA 作为知识-政策工具（knowledge-policy tool）的代表；（2）了解 PISA 在培育合理生态(proper ecology)方面所取得的地位。因此,本章第一部分阐明PISA的概念,它是一种将测评技术与一系列有关教育和教育治理哲学的表征相结合的工具,并讨论其权力效应。第二部分关注PISA生态的培育过程,它将与探究主体(读写能力)的建构和兴起有关的认知和社会实践结合起来,同时建立公众对PISA的信心与依赖。本章最后对在不同国家背景下研究PISA轨迹所面临的新挑战提出相应的建议。

14.2 作为知识-政策工具的PISA

在过去15年间,OECD一直重申PISA的构想,即将PISA作为一种基于专业知识的回应,以满足各国政府对各国学生学业表现的有用和可信数据的需求(OECD, 2001,2007,2014)。这一公开的政策导向性质最近在《超越PISA 2015:PISA的长期战略》(*Beyond PISA 2015: A Longer-term Strategy of PISA*)一书中被重新提及,这是一份描述项目未来的文件:

> PISA旨在提供能够指导教育政策制定的数据与分析。通过将学生学习结果与影响学生学习结果的校内外关键因素两类数据联系起来,PISA突出呈现表现模式的差异,辨别表现优异的学生、学校和教育体系所具有的关键特征。(OECD, n.d.: 1)。

与OECD自我描述的质量监测工具的看法不同,本章将PISA视为一种装置(device),它包含并传达了想象(与操作)教育、学校教育与社会研究的不同方法,同时在协调教育政策与公共行动方面发挥作用。

14.2.1 “制造”教育体系与体系的引领作用

借鉴拉斯库姆和勒·加莱(Lascoumes & Le Galès, 2007: 4-6)提出的“公共政策工具”概念,PISA是一种工具,它根据社会世界的特定含义,并基于应该如何定位、协调和控制的特定概念,构建了行政主体和被管理主体之间的社会关系。从他们的角度来看,每种工具都是技术成分(technical components)和社会成分(social components)的组合,社会成分指其所描述的社会现实的价值、解释和概念。关于PISA,有人可能会说这套复杂的技术受到当代教育特有的复杂性驱使,并以特定的方式挑战国家政策。同时,PISA为政策过程提供了原则和实践。

一方面,PISA 操控学校教育的几个关键领域(在某种程度上改写了当代社会的教育模式),将学生重新定义为终身学习者,重新调整教与学的关系与背景,重新定义学校知识。①

为了澄清这一说法,我们应该关注 PISA 声称要带给测评的创新重点:“PISA 关注的不是学生对具体学校课程的掌握程度,而是关注学生运用关键学科领域的知识和技能的能力,以及在检查、解释与解决问题时有效分析、推理与交流的能力”(PISA 网站)。这一定义使 OECD 可以摆脱基于自身类别和“结果”(测评依赖基于国家课程目标和内容的测试和考试)对国家学校体系的常规自我反思,而转向“结果”,直接将教/学的情境、实践、结果等要素与学校体系环境的需求相关联。与这种差异性同时出现的是对所谓知识社会中适当的学校知识的重新定义:能力的概念产生了一个关于知识的“功利主义观点”,因为它将解决日常问题的实际效用作为评估学校知识的主要标准(Mangez, 2008: 102 – 104)。因此,它推进课程朝跨学科重构的方向发展。这种变化也呼唤教与学的结构变革。因此,它促进了跨学科课程结构的重组。这些转变与要求改变教与学结构的呼声(比如,从“分层”模式到“有机体”模式,或者,从持续不断地传授知识体系到通过与已有知识建立认知联结来建构学习)齐头并进。

另一方面,PISA 也塑造关于当代政策制定者的独特文化宣言。

PISA 将政策制定者重新定义为问题解决者与政策学习者,他们受到下列因素的引导——寻求竞争优势,测量学校体系的结果,辨别自身弱势所在,以及根据其他体系中的有效知识来寻求适合自身的举措。此外,PISA 不仅受益于而且还孕育了一些治理格言,包括:以理性的、基于证据的模型来协调和控制教育部门的行动,这与基于思想或基于观点的协调形成对比;政策制定者的自由默许是物质上的(财政资源和其他资源)和象征意义上的(信仰和赞美)参与和支持,这是一种期望和有效的实践;系统地测评学生的素养表现,作为指导教育体系的有用的和可信的资源。

① 这些愿景在各种国际组织中得到了响应,并在许多其他领域得到发展,从政策分析文本(参见,例如,Weeres & Kerchner, 1996)到 20 世纪 90 年代中期由(当时的)教育委员(Commissioner for Education)提名的专家编写的报告,正如朗(Lawn, 2003: 331)引用和分析的那样:“欧洲的未来必须由几个转变来构建:从客观知识到建构的知识;从工业社会到学习型社会;从课堂教学到个人学习;从正规教育机构到新的学习组织结构(待定)。”(European Commission, 1997: 7)

14.2.2 建立跨国治理

回到拉斯库姆和勒·加莱(Lascoumes & Le Galès, 2007: 3)的论述上来,一方面,每一种政策工具都构成了关于社会控制的知识形式和实践它的途径方式;另一方面,每一种政策工具都产生了影响——“根据自身逻辑,建构公共政策”。为了探讨 PISA 中的这些特征,有必要回顾 OECD 的历史、资源、思想和选择。

首先,在教育的跨国治理环节,PISA 的发展与 OECD 的发展轨迹密不可分。在 OECD 的国际教育指标体系(International Indicators Educational Systems)中(参见 Morgan, 2011),PISA 实施了一项自 20 世纪 90 年代以来以监测质量为标志的教育议程,并不断为所谓的知识经济制造问题和提供解决方案(Rinne, Kallo, & Hokka, 2004)。在此过程中,PISA 也形成了丰富的案例,如 OECD 的“比较转向”(Martens, 2007)以及“基础设施和认知”(infrastructural and epistemic)治理,正如塞勒和林加德(Sellar & Lingard, 2013: 13 - 14)所指出的,形成了“自我延续的动力”,在这种动力中,“OECD 规定了教育政策方法,又从这些方面测评了国家教育体系的表现”。事实上,这是 OECD 干预措施的特点之一: 关注“表现监测”与“政策测评”,旨在以“观念的创造者、承办者与制定者”来影响国家政策(Mahon & McBride, 2008: 7 - 15)。

其次,PISA 通过归责与期望的力量运作。一方面,它通过向国家层面传达的苛责与责任来运作,因为学校的定位(处于竞争空间内)与排名(体系的表现)会给国家政策领域与相关人士带来“点名、指责、羞辱”;另一方面,PISA 也为基于证据的改革可能性提供了积极展望,并为国家政策制定者建立信心。此外,PISA 是一个行动者,它在公认的、普遍的、独立的专家知识的加持下,为批评或合法化政策问题和解决方案带来了慰藉。

14.2.3 聚集效应

当 PISA 框架、数据和分析(几乎)在全球范围内传播时会发生什么呢? 在过去 15 年间,PISA 测评中增加了额外的愿景。因此,新知识、新政策和政治被吸纳进来。

事实上,PISA 所取得的可信性与有用性可以追溯到 PISA 的各种社会政治动员(Carvalho & Costa, 2016),这一点已经被在欧洲背景下接受 PISA 的相当广泛的文献确认。PISA 具有多重目的: 合法性(比如,改革、具体政策和测评工具的合法化)、信息(作为指导教育体系的补充或补偿/替代来源)、理念化(支持构建有关教育与教育改革的多元教育理想、预测和叙事)。

因此,PISA 文本也频繁出现在国家政策语境中,为不同的用户(政治家、公共教育辩论的其他参与者、国内专家与研究者频繁使用其进行二次分析)所使用。然而,它们在不同的社会认知语境中得到了重新解释,为人们接受并发挥作用。因此,无论是关于报告中显示的信息,还是关于 PISA 建议所涉及的政策领域,它们都有不同的选择。最近对 PISA 效应研究的综述强调了这些相同的趋势,"PISA 对国家改革产生了巨大的影响(……)但是这种影响强烈地依赖国内政策环境"(Pons, 2017: 131)。

总而言之,不同的用途和效果(关于具体的政治选择或解决方案,其他社会行动者对 PISA 的理解与使用)与工具的趋同共存——PISA 被视为公共政策过程中理所当然的资源。如前文所述(Carvalho, 2012),这既不是悖论,也不是工具的不一致性,而是它的权力影响:工具熟练程度的信号使行动者和机构(在不同的社会世界中运作,包括区域、国家和跨国空间)受 PISA 多种活动和产品的约束。换言之,PISA 之所以是有效的,是因为在 PISA 生产、传播、使用和消费的过程中,多元行动者或趋同或迥异地参与和投入。它催生出聚集效应(Lascoumes & Simard, 2011):关于数据分析的争议和冲突,以及关于解决"教育问题"的争论——对教育体系、政策与实践的想象或审查——往往都依赖 PISA。

要理解这种效果是如何实现的,重要的是将 PISA 的理念、框架、期望和建议的维度与组织过程的维度联系起来,组织过程是构建 PISA 行动者之间相互依赖关系的基础,同时这也使理解教育"是什么"以及应如何管理教育的具体方式得以传播和合法化。这意味着要根据 OECD 的制度化运作方式,考虑 OECD 的干预:理想化、聚集行动者、监督相互依赖关系(Marcussen, 2004),以及向不同受众传播广泛而多样的信息。我将在下一部分讨论这两个问题。

14.2.4 作为培育生态的 PISA

尽管 OECD 是一个专家型组织(Noaksson & Jacobsson, 2003)的观念已经先入为主,并且这种观念促使大众将 PISA 视为一种有效和有用的工具,但切勿忘记:PISA 的成功是从传播全球经济竞争力与知识经济概念的文化和政治环境中获益的(Broadfoot, 2000),这一知识政策工具的成功还取决于在异质行动者

(heterogeneous actors)之间建立有效联系，如公共研究中心与私人研究中心，个人专家与研究人员，OECD 专业人士与来自多个国家的政策制定者、高级公务员和技术人员，媒体等等，简言之，即培育 PISA 特有的生态。

14.2.4.1 培育生态

欲了解这一项目的成功所在，只需考虑越来越多的国家参与其中，以及 PISA 实现的地缘政治覆盖范围：2000 年，有 43 个国家和经济体（其中 13 个国家不是 OECD 成员国）参加；2012 年有 65 个国家和经济体（其中 31 个国家不是 OECD 成员国）参加；2015 年有来自各大洲的 72 个国家和经济体参加，涵盖多元文化、经济和政治体制。参与国家/地区的扩大也意味着 PISA 国际、国家/地区指导和管理活动的集体行动者（collective actor）增多。塞勒和林加德（Sellar & Lingard, 2014）提出的 PISA“扩张”概念更加全面地反映了这一成功，包括以下趋势：“扩大测评范围，衡量更广泛的技能和能力；扩大测评规模，覆盖更多国家、体系和学校；增强政策制定者和教育者对测评的解释力”（Sellar & Lingard, 2014: 924）。

我将这些发展与 PISA 的生态培育联系起来（Carvalho, 2012）。正如斯塔尔和格里塞默尔（Star & Griesemer, 1989）引用休斯（Everett Hughes）的“制度生态学”（ecology of institutions）这一概念，这意味着该项目对材料、信息和人力资源所做的选择，以及为与选定的行动者建立持续和持久的交流所采取的行动。换言之，这种生态的培育取决于一系列实践，这些实践使 PISA 在一个由其他机构组成的领域保持活力并不断扩大，尽管这些机构也编制教育监测工具（educational monitioring devices），并参与为国家、地区制定可用的知识政策工具。后面将讨论支持感兴趣的（个人与集体）行动者与 PISA 建立有效联系的两个例子：聚集与协调异质行动者和知识；如何让并不直接参与 PISA 正式结构的行动者产生兴趣。

14.2.4.2 聚集与协调人员和知识

PISA 并不只是三年一度的调查和报告。除了调查活动（设计、试验、应用、数据分析），还有相关的面对面交流活动（会议、工作坊、研讨会等）。同样，除主要调查报告外，还出版多份刊物并在世界范围内传播。因此，将 PISA 视为交流（communication）、组织（organization）发生的活动系统（system of activities）是合理的。所有这些活动都涉及多元的社会系统，也都涉及多样化的知识、利益和观点。因此，PISA 的成功取决于将异质行动者聚集在一起，并确保他们围绕一系列活动进行合作，以及分享 PISA 是一个值得尊敬的有用数据/信息/知识提供者的看法。

当被问及 OECD 在这个过程中发挥的作用时，OECD 秘书处（OECD Secretariat，正式负责管理 PISA 日常活动的机构）自称是专家和政治家之间相互作用的“催化剂”（参见 Carvalho & Costa, 2009; Carvalho, 2012）。然而，在成为“关系促进者”（facilitator of relationship）之前，OECD 首先是观念的提供者，它推动素养框架的建构，并重构旧的学校体系问题——让年轻一代为未来做好准备——从更深远的意义来说，是国际竞争力问题。

OECD 主动制定了一个具体的框架——读写素养（competences of literacy），该框架可归功于 OECD 自身，正如一位执行官所说：

> 我们写了《素养的界定与遴选》（*Definition and Selection of Competencies*，简称 DeSeCo）一书，这是一本定义并选择素养的书……这是 PISA 的来源。这是一项超过 5 年的项目，人类学家、心理学家、劳动经济学家，所有这些人告诉我们什么是素养，它对美好生活意味着什么，何谓成功的生活，对此他们作出了不同的回答（……）这样的研究给予我们巨大的灵感，因为如果我们只提问教育工作者，我们就会获得国家课程的共同特征（2008 年访谈 OECD 执行官，引自，Carvalho & Costa, 2009: 75）[①]。

此外，OECD 指标项目［教育指标体系（indicators of education systems，简称 INES）］中产生的读写素养，借鉴以往大规模评估中许多推动者的经验（和对经验的反思）：OECD 不仅重新使用以前开发的方法论知识，而且“招募”了以前国际比较研究的相关行动者（Morgan, 2011）。总体而言，根据马滕斯和沃尔夫（Martens & Wolf, 2009: 99）的说法，PISA 的概念化历时 5 年，来自世界各地的 300 名“科学家”参与其中。

PISA 启动之后，对各种知识和专家的动员工作仍在继续。在过去的 20 年中，PISA 知识的发展受到素养框架的约束，还受到来自心理测量学界的假设、概念和方法的束缚，需要来自不同知识社群专家的贡献（Carvalho, 2012）：与 PISA 核心领域（阅读、数学与科学）以及 PISA 项目发展过程中发现的其他素养领域（如财经素养）相关的专家；关于统计学、心理测量学（psychometrics）和比较测评（compared

① 详细分析“素养的界定与遴选”项目在 PISA 和其他调查发展方面的作用，以及该项目在建立参与 PISA 制造和“素养”研究的研究人员网络方面的作用（参见 Grek, 2013）。

assessment）的“硬”知识；关于态度研究的社会心理学知识；来自政策评估和分析与学校效能传统的知识流。OECD 的专业人士和外部专家共同验证他们处理的数据/信息/知识。最后，由于 PISA 研究的起始部分由 OECD 成员国以及与 PISA 有关的非成员国代表确定，因此技术工作的结果可供他们参阅。简言之，PISA 中知识的生产与传播取决于 OECD 工作人员、研究联盟、专家和各国代表形成的共识——将什么视为可用和可公开的知识。

在这些过程中，“催化剂”必须积极地满足那些聚集在一起的人不同的信息需求，并且保持他们的表现符合为“讲真话者”身份而奋斗的组织的期望（Noaksson & Jacobsson, 2003）。在 PISA（从建立/审查每个周期框架到发表出版物）的一系列任务序列中，“催化剂”还确保互动遵循专家组织所创建的社会空间中预期的共同价值观和规则，比如共识构建。PISA 会议的管理就是一个很好的例子。

通过知识和政策（KNOW and POL）研究中采访国家代表有关 PISA 理事机构（PISA Governing Body）会议动态的叙述，我们可以看到以下几个主题（参见 Carvalho & Costa, 2009）：OECD 秘书处发挥主导作用；各国代表对不同类型的参与有不同的认识，从趋同型到分歧型，从积极型到“保留”型；会议是不同的（往往也是冲突的）教育观点诞生的场所，也是在资源不平等的参与者之间形成妥协与达成共识的地方。这些不平等的资源与 PISA 具体技术知识的接近程度、英语的掌握程度或每个国家在 OECD 政治经济等级中的地位有关。看来至关重要的是动员或挑战技术论证的能力，因为人们认为这在实现政治共识方面发挥核心作用。事实上，对许多受访者来说，实现政治共识似乎依赖并且从属于比较测评的技术专长。

14.2.5 迅猛增长的利益团体

PISA 的影响范围远远超出了正式组织的行动者。它涉及媒体机构和政治家，他们有选择性地讨论测评结果，以及国家/地区的治理/行政结构，他们使用 PISA 的知识来创建自己的测评工具，甚至是来自不同领域的研究人员，他们使用 PISA 测评数据进行二次分析。

PISA 与媒体之间的联系以及 OECD 对 PISA 的重视，已经被描述为一种“媒体战略”，涉及对 PISA 三年一次数据发布时媒体报道的管理，以及制作面向媒体的县级说明（Lingard, 2016）。但是 PISA 通过多种方式与其他行动者建立有效联系,这一过程在当前十年变得更加激烈和复杂。第一种方式是 OECD 增加了与多元公共参与者和私人行动的交往,以便在 PISA 数据的使用基础上构建意义,阐明和传播新规则——格雷克(Sotiria Grek)在分析 OECD 与欧盟委员会之间的关系时称之为“相互关联的治理行动者(governing actor)的社会矩阵(social matrix)”(Grek, 2010: 401)。创建这些社会矩阵的另一种方式是“冥想”活动(meditative acticities)——借用雅各布松(Jacobsson, 2006)的这一分析范畴——该词是在 PISA 话语之外发展起来的,如 2011 年以来,在与国际教育组织和国家当局合作的基础上,在国际教师专业峰会(International Summits on the Teaching Profession)的背景下开展的关于教师与教学的出版和交流活动(Robertson, 2012)。第二种方式是增加了素养的调查,扩大了调查的主题和对象:国际成人能力评估项目(Programme for the International Assessment of Adult Competencies,简称 PIAAC)(参见 Grek, 2010, 2014);高等教育学习成果测评(Assessment of Higher Education Learning Outcomes,简称 AHELO)(参见,例如,Shahjahan & Torres, 2013; Shahjahan, Morgan, & Nguyen, 2015);PISA 发展援助协议(PISA for Development,简称 PISA - D)(参见,例如,Addey, 2016);国际中学评估项目(PISA for Schools)(参见,例如,Rutkowski, 2015; Lewis, Sellar, & Lingard, 2016; Lewis, 2017a, 2017b)。①

最后,第三种方式是增加与知识有关的材料,制作并将其传播给不同的受众。2008 年,PISA 出版物的多样性已经非常显著(Carvalho & Costa,2009),包括各种报告(主要报告、主题报告、拓展报告、国家报告和技术报告)、数据库,以及为教师、家长和学生编写的测评基础文件。多样化的信息产品已经明确地面向具有不同兴趣和技能的目标人群。此外,PISA 开放多种可能的用途,无论是为了复制、重新设定数据/信息的背景,还是为了从中生成知识。目前,这张图景呈现出一些重要的变化:对象变得更加复杂,其多样性被放大,从而促进了可能用途的强化。三种类型的材料说明了这一趋势:提供政策模拟和政策学习的材料;为读者提供“知识捷径的材料”;支持“自己动手做”(do it your-self,简称 DIY)实践的数字平台。

由专家和国家教育机构成员组成的“特别工作组”在考虑了国家“利益相关者”的会议意见后,编写了题为《表现优异者和成功改革者》(*Strong Performers and Successful Reformers*)的“深度”报告,这是 PISA 新的研究成果之一。这些文件预期

① 有关 OECD 调查轨迹的最新回顾,请参见摩根和沃兰特(Morgan & Volante, 2016)。

催生地方依据最佳实践进行改革。自2011年以来，PISA开发了一种不同类型的可快速查阅的文件，例如，每月的简报《聚焦PISA》（*PISA in Focus*），它呈现4—5页针对特定PISA主题的明确的政策导向性文本，内容涉及从学生表现、对学校和学习的态度到家庭背景，从课堂环境到教育政策。自己动手制作的产品，如“交互式数据选择”（Interactive Data Selection）和“多维数据请求”（multidimensional data request），通过允许用户选择与比较学校和学生层面变量的数据，支持PISA和用户之间不同类型的关系。这些产品与教育全球定位系统相连接，使用户可以访问PISA、教师教学国际调查（Teaching and Learning International Survey，简称TALIS）和《教育概览》（*Education at a Glance*），并使用工具提供的文本和复杂的图表制作国家报告，并比较各国的表现。为了激活与PISA数据的准自治关系（quasi-autonomous），这些技术支持将OECD的（新）干预措施作为一个“可视化中心”（center of visualization）（Williamson，2016）。①

总之，PISA生态的培育取决于其被受众消费、分享或学习的条件被认为是可信的和可管理的。

14.3 研究知识-政策工具轨迹面临的新挑战

根据我之前关于PISA的研究，本章已经讨论了PISA作为知识-政策工具所发挥的双重影响，还讨论了维持其监管行为的实践（在理念方面和在有组织的行动范围内）。从前述内容来看，可以将PISA视为监管过程中专家知识使用情况的分析工具。我目前对PISA的兴趣遵循了这个方向，重点关注政策工具轨迹所固有的知识使用动态（appropriation）（Lascoumes & Simard，2007）。这为观察PISA的新“制造”以及使用或基于PISA的新制造提供了可能。这意味着观察和分析其对象（文本、数据、数据库）在国家、地区和当地公共行动环境中传播，并被不同社会群体根据他们的信仰、利益和知识体系，在特定的社会文化环境下使用时所发生的情况。

① 最新的PISA产品是“pisa 4u”，这是一个面向教师、管理者、政策制定者和家长的学校改进在线项目（Online Programme for School Improvement）。它打算为用户提供“一个构思和共同创造的环境，这个项目满足了学校和教育工作者的需要，使他们能够在不同的领域和地区之间进行联系和合作”。引自 http://www.prnewswire.com/news-releases/pisa4u-the-online-programme-for-school-improvement-launched-by-oecd-and-candena-604974616.html

事实上,先前对 PISA 的接受和效果的研究表明,所有流通中的知识都是可转化的,并被语境和接受它的行动者改变,并最终被传播给新的受众。但是我们不能回避这样一个问题:这种知识是否真的不能够改变语境和行动者?事实上,这种关系有待进一步研究,以往研究关注 PISA 的接受和 PISA 在教育治理中的作用。两个核心问题逐渐凸显:(1) 在国家层面,介于 PISA 对象和政策行动者之间的行动者的作用;(2) 在不同的教育背景下(政策、国家官僚机构、学校),PISA 标签对象的使用情况是什么。

1. 关于 PISA 效果的文献中,最为悬而未决的问题之一涉及多个受众对 PISA 各种用途的理解。为此提出了几个因素:结构、社会经济或文化方面;国家政策动态;行动者使用 PISA 测评结果对教育议案施压的干预措施(参见 Carvalho & Costa, 2016)。在最后一个因素中,机构(agency)从那些在 PISA 知识和政策之间充当“经纪人”或“企业家”的人(Van Zanten, 2009)以及媒体解释的共鸣中脱颖而出。在葡萄牙的社会语境中,有两个方面值得特别关注(Carvalho, Costa, & Gonçalves, 2017; Viseu & Carvalho, 2018):最近出现了旨在将 PISA 测评结果转化为国家政策知识的中介行动者(intermediate actor)(Nay & Smith, 2002),此前这一意图(及其执行者)长期不存在;国家媒体对 PISA 的报道不断增加,甚至在一些报纸上,这样的报道变得更加专业化。第一个方面涉及国家集体行动者将 PISA 测评结果转化为国家政策知识,这些集体行动者激活了不同的“转化”机制(Callon, 1986),并产生了技术和政治争论的组成部分——论据(argumentaires)(Pons, 2012)——以向政治家和大部分“公众”解释 PISA 测评结果。第二个方面涉及明确新闻媒体如何利用 PISA 并描绘葡萄牙的成绩表现,主要是记者如何获得 PISA 的专业知识(哪些过程和哪些行动者参与了他们的幕后工作),以及 PISA 重新向公众诠释的理由是什么(参见 Lingard, 2016)。①

2. 有关葡萄牙接受 PISA 的研究得出结论,PISA/OECD 的信度已被用于认证政策过程的干预措施,并且与 OECD 愿景相一致的改进叙述的出现压倒了对政策过程中决策合理化的影响(Afonso & Costa, 2009; Carvalho, Costa, & Gonçalves,

① 关于第二个方面,我采纳了我的同事梅洛(Benedita Melo,里斯本大学教育学院)的提议,这项提议是在集体筹备葡萄牙公共政策中“PISA 和知识动员”(PISA and knowledge mobilization)新研究项目的过程中提出来的。

2017）。这些阅读材料与其他分析一起表明，当政策制定者转向用 PISA 测评数据来讨论他们的体系时，基于知识的学习几乎不存在（Pons, 2012），或者 PISA 的使用更多涉及外部化（externalization）而不是学习（Lingard, 2016）。在我们的研究中，我们也考虑到了政策制定者如何实际使用 PISA 的问题，在被咨询的来源和个人研究的来源之间存在着层次关系；但对政治家从这种使用中学到了什么以及如何获得，我们知之甚少。因此，“政策学习”机制（Freeman, 2007）仍然是一个悬而未决的问题。尤为重要的是，对比国家政策参与者所宣布的知识机制与 OECD 所设想的政治家对知识的使用，以及在政策学习者的制造过程中发挥作用的“理性系统”（systems of reason）（Popkewitz, 2000b）。最后，需要关注教育行政部门高级官员和技术人员使用 PISA 测评和统计知识的情况，以及参与、实施与管理葡萄牙测试的校长和教师的情况。这项调查旨在了解 PISA 测评知识的使用动态是如何（以及是否）在教育体系内，特别是在 PISA 国家项目管理机构和自愿参与每个 PISA 周期测试的学校中发生的，以及这种使用动态如何与评估框架、脚本和程序的变化相关联。

总而言之，这些调查聚焦于将 PISA 传播的专业知识与政策制定、行政管理、学校组织和教育公众辩论联系起来的思想、过程和行动者。这些研究的成果可能有助于更深入地了解 PISA 是如何自然化的（naturalized），以及它是如何来塑造，同时又是如何通过多重用途被塑造的。

参考文献

Addey, C. (2016). O PISA para o Desenvolvimento e o sacrifício de dados com relevância política. *Educação & Sociedade, 37*(136), 685－706.

Afonso, N., & Costa, E. (2009). A influência do PISA na decisão política em Portugal. *Sísifo－Revista de Ciências da Educação, 15*, 53－64.

Broadfoot, P. (2000). Comparative education for the 21st century: Retrospect and prospect. *Comparative Education, 36*(3), 357－371.

Callon, M. (1986). Some elements of a sociology of translation. In J. Law (Ed.), *Power, action, and belief* (pp. 196－233). London: Routledge & Kegan Paul.

Carvalho, L. M. (2012). The fabrications and travels of a knowledge-policy instrument. *European Educational Research Journal, 11*(2), 172－188.

Carvalho, L. M. (2014). *Organized—and organizing—mutual surveillance. Plenary presentation at the Seminar*

"*Education governance and international assessments*", *ESRC series on The Potentials, Politics and Practices of International Assessments* (University of Edinburgh, December). Unpublished paper.

Carvalho, L. M. (2016). Intensificação e sofisticação dos processos da regulação transnacional em educação: o caso do Programa Internacional de Avaliação de Estudantes. *Educação & Sociedade, 37*(136), 669–683.

Carvalho, L. M., & Costa, E. (2009). *Production of OECD's "Programme for International StudentAssessment": final report*. Project KNOWandPOL, WP 11, March, http://www.knowandpol.eu/IMG/pdf/o31.pisa.fabrication.pdf

Carvalho, L. M., & Costa, E. (2015). Seeing education with one's own' eyes and through PISA lenses. *Discourse: Studies in the Cultural Politics of Education, 36*(5), 638–646.

Carvalho, L. M., & Costa, E. (2016). The praise of mutual-surveillance in Europe. In R. Normand & J.-L. Derouet (Eds.), *A European politics of education?* (pp. 53–72). London: Routledge.

Carvalho, L. M., Costa, E., & Gonçalves, C. (2017). Fifteen years looking at the mirror: On the presence of PISA in the education policy processes (Portugal, 2000–2016). *European Journal of Education, 52*(2), 154–166.

European Commission (EC). (1997). *Accomplishing Europe through education and training*. European Commission, Brussels, Belgium.

Freeman, R. (2007). Epistemological bricolage: How practitioners make sense of learning. *Administration and Society, 39*(4), 476–496.

Grek, S. (2010). International organisations and the shared construction of policy "problems". *European Educational Research Journal, 9*(3), 396–406.

Grek, S. (2013). Expert moves: International comparative testing and the rise of expertocracy. *Journal of Education Policy, 28*(5), 695–709.

Grek, S. (2014). OECD as a site of co-production: European education governance and the new politics of "policy mobilization". *Critical Policy Studies, 8*(3), 266–281.

Jacobsson, B. (2006). Regulated regulators. In M.-L. Djelic & K. Sahlin-Anderson (Eds.), *Transnational governance* (pp. 205–224). Cambridge: Cambridge University Press.

Lascoumes, P., & Le Galès, P. (2007). Introduction: Understanding public policy through its instruments—From the nature of instruments to the sociology of public policy instrumentation. *Governance, 20*(1), 1–21.

Lascoumes, P., & Simard, L. (2011). L'action publique au prisme de ses instruments. *Revue française de science politique, 61*(1), 5–22.

Lawn, M. (2003). The "usefulness" of learning: The struggle over governance, meaning and the education space. *Discourse: Studies in the Cultural Politics of Education, 24*(3), 325–336.

Lawn, M., & Grek, S. (2012). *Europeanizing education: Governing a new policy space*. Oxford: Symposium Books.

Lewis, S. (2017a). Governing schooling through "what works": The OECD's PISA for schools. *Journal of Education Policy, 32*(3), 281–302.

Lewis, S. (2017b). Policy, philanthropy and profit: The OECD's PISA for schools and new modes of heterarchical educational governance. *Comparative Education, 53*, 518. https://doi.org/10.1080/03050068.2017.

1327246

Lewis, S., Sellar, S., & Lingard, B. (2016). PISA for schools: Topological rationality and new spaces of the OECD's global educational governance. *Comparative Education Review, 60*(1), 27–57.

Lindblad, S., & Popkewitz, T. S. (2004). Educational restructuring: (Re)thinking the problematic of reform. In S. Lindblad & T. S. Popkewitz (Eds.), *Educational restructuring: Perspectives ontraveling policies.* Greenwich, CT: Information Age.

Lingard, B. (2016). Rationales for and reception of the OECD's PISA. *Educação & Sociedade, 37*(136), 609–627.

Mahon, R., & McBride, S. (2008). Introduction. In R. Mahon & S. McBride (Eds.), *The OECD and transnational governance* (pp. 3–22). Vancouver: University of British Columbia Press.

Mangez, E. (2008). Knowledge economy, knowledge policy and knowledge regimes. In B. Delvaux & E. Mangez, *Towards a sociology of the knowledge-policy relation* (pp. 98–118). Project KNOWandPOL, Literature Review Integrative Report. Retrieved from http://www.knowandpol.eu/IMG/pdf/literature_sythesis_final_version_english.pdf

Marcussen, M. (2004). The Organization for Economic Cooperation and Development as ideational artist and arbitrator. In B. Reinalda & B. Verbeek (Eds.), *Decision making within international Organisations* (pp. 90–105). London: Routledge.

Martens, K. (2007). How to become an influential actor: The "comparative turn" in OECD education policy. In K. Martens, A. Rusconi, & K. Lutz (Eds.), *Transformations of the state and global governance* (pp. 40–56). London: Routledge.

Martens, K., & Wolf, K. D. (2009). Boomerangs and Trojan horses: The unintended consequences of internationalising education policy through the EU and the OECD. In A. Amaral, G. Neave, C. Musselin, & P. Maassen, *European integration and the governance of higher education and research* (pp. 81–107). Dordrecht: Springer.

Morgan, C. (2011). Constructing the OECD programme for international student assessment. In M. Pereya, H.-G. Kotthoff, & R. Cowen (Eds.), *PISA under examination* (pp. 47–60). Rotterdam: Sense Publishers.

Morgan, C., & Volante, L. (2016). Policy futures in education a review of the OECD's international education surveys: Governance, human capital discourses, and policy debates. *Policy Futures in Education, 14*(6), 775–792.

Nay, O., & Smith, A. (2002). Les intermédiaries en politique: mediation et jeux d'instituitions. In O. Nay & A. Smith (Eds.), *Le Gouvernement du Compromise: courtiers et generalistes dans l'action politique* (pp. 1–21). Paris: Economica.

Noaksson, N., & Jacobsson, K. (2003). *The production of ideas and expert knowledge in OECD.* Stockholm: Stockholm Centre for Organizational Research.

OECD. (2001). *Knowledge and skills for life.* Paris: OECD Publishing.

OECD. (2007). *PISA 2006: Sciences competencies for tomorrows world.* Paris: OECD Publishing.

OECD. (2014). *PISA 2012 results: What students know and can do. Volume I, revised edition.* Paris: OECD Publishing.

OECD. (n. d.). *Beyond PISA 2015: A longer-term strategy of PISA*. Retrieved from http://www. oecd. org/pisa/pisaproducts/Longer-term-strategy-of-PISA. pdf

Pons, X. (2012). Going beyond the "PISA shock" discourse: An analysis of the cognitive reception of PISA in six European countries, 2001 – 2008. *European Educational Research Journal, 11*(2), 206 – 226.

Pons, X. (2017). Fifteen years of research on PISA effects: A critical review. *European Journal of Education, 52*(2), 131 – 144.

Popkewitz, T. S. (2000a). Globalization/regionalization, knowledge, and the educational practices. In T. S. Popkewitz (Ed.), *Educational knowledge* (pp. 3 – 27). Albany: State University of New York Press.

Popkewitz, T. S. (2000b). The denial of change in educational change: Systems of ideas in the construction of national policy and evaluation. *Educational Researcher, 29*(1), 17 – 29.

Rinne, R., Kallo, J., & Hokka, S. (2004). Too eager to comply? OECD education policies and the Finnish response. *European Educational Research Journal, 3*(2), 454 – 486.

Robertson, S. (2012). Placing' teachers in global governance agendas. *Comparative Education Review, 56*(3), 584 – 607.

Rutkowski, D. (2015). The OECD and the local: PISA-based test for schools in the USA. *Discourse: Studies in the Cultural Politics of Education, 36*(5), 683 – 699.

Sellar, S., & Lingard, B. (2013). The OECD and global governance in education. *Journal of Education Policy, 28*(5), 710 – 725.

Sellar, S., & Lingard, B. (2014). The OECD and the expansion of PISA: New global modes of governance in education. *British Educational Research Journal, 40*(6), 917 – 936.

Shahjahan, R., & Torres, L. (2013). A "global eye" for teaching and learning in higher education: A critical policy analysis of the OECD's AHELO study. *Policy Futures in Education, 11*(5), 606 – 620.

Shahjahan, R., Morgan, C., & Nguyen, D. (2015). "Will I learn what I want to learn?" Usable representations, "students" and OECD assessment production. *Discourse: Studies in the Cultural Politics of Education, 36*(5), 700 – 711.

Star, S. L., & Griesemer, J. R. (1989). Institutional ecology, "translations" and boundary objects. *Social Studies of Science, 19*(3), 387 – 420.

Van Zanten, A. (2009). From critical intellectuals to "idea brokers?" Traditions and new development of links between research and policy-making in education in France. *Nordisk Pedagogik, 29*(1), 53 – 60.

Viseu, S., & Carvalho, L. M. (2018). Think tanks, policy networks and education governance: The emergence of new intra-national spaces of policy in Portugal. *Educ. Policy Analysis Archives, 26*, 108. https://doi. org/10. 14507/epaa. 26. 3664

Weeres, J., & Kerchner, C. (1996). This time It's serious: Post-industrialism and the coming change in education. In R. L. Crowson, W. L. Boyd, & H. B. Mawhinney (Eds.), *The politics of education and the new institutionalism* (pp. 135 – 151). London: Falmer Press.

Williamson, B. (2016). Digital education governance: Data visualization, predictive analytics, and "real-time" policy instruments. *Journal of Education Policy, 31*(2), 123 – 141.

作者简介

路易斯·米格尔·卡瓦略(Luis Miguel Carvalho)　葡萄牙里斯本大学教育学院（Institute de Educaço， Universidade de Lisboa）院长，全职教授，负责协调教育政策和管理方面的博士项目。 进行了关于教育政策、学校组织和教育知识形成的研究并发表著述。 最近的研究集中于国际比较测评以及教育模式和改革的传播。

电子邮箱: lmcarvalho@ie. ulisboa. pt。

（闻凌晨　魏晓宇　译）

第十五章

21 世纪的教育主体: PISA 对巴西影响的话语分析

玛西娅·阿帕雷西达·阿马多尔·马夏

（巴西　圣保罗大学）

15.1　引言

在巴西,我们展开了一系列有关基础教育阶段学生在葡萄牙语、数学和科学领域外部测评中表现的讨论。从广义上讲,不同外部测评体系公布的统计数据都证明,巴西各年级学生在所有的学校科目测试[如,Prova Brasil、Saeb、Enem、Enade①、国际学生评估项目(Programme for International Student Assessment,简称PISA)]中的表现和技能均处于较低水平。每次公布新的测评结果后,公共教育体系都会采取新的措施,包括增设额外的班级,编制和发行教材,投资教师教育以及奖励在外部教育测评[例如,圣保罗(São Paulo)州和米纳斯吉拉斯(Minas Gerais)州]中取得优秀排名的学生所在的学校及其教师等。

作为一名教授教育学研究生课程的教育工作者,我见过一些忧虑的教师,他们对学生在测评中遭遇的失败感到"歉疚",并努力寻找新的方法来解决这些"问题":(1) 寻找学校资源,为学生参加外部测评做好更充分的准备;(2) 寻找资源为教学工作提供资助;(3) 提供训练课程,教授学生在外部测评中改善表现的"技巧"。测评本身没有遭受质疑,无论是其逻辑、合理性和测评的内容,还是所教内容与测试评价内容之间的冲突,都未受质疑。与学生的测试和自我评价相比,这些外部测试的相关性没有受到质疑,被理想化的教师和学生的类型也没有受到质

① Prova Brasil 和 Saeb 是旨在测试巴西教学质量的大规模诊断评估。 Enem 是一项旨在评估高中毕业生技能和表现的测试。 Enade 主要评估本科生在各个相关领域中的表现。

疑，可以说，这些理想化的教师和学生类型最终是由测试“捏造”出来的。

考虑到这一“背景”，本文旨在从后批判视角（postcritical perspective）质疑教育外部测评的当代话语（discourse）。我们将研究范围限定在 PISA 的测评话语上，并致力于回答下列研究问题：（1）PISA 这一外部测评话语对巴西教育主体性构成（constitution of subjectivity）产生了什么影响？（2）PISA 这一外部测评体系的当代话语在多大程度上建立起有关巴西教育中学科现状的“新”真理制度（regime of truth）？（3）如何使这些话语在教育中扮演新的治理术（governmentality）形式，同时又成为成功与失败之间矛盾的话语实践？

该语料库（corpus）由发表在经济合作与发展组织（organisation for Economic Co-operation and Development，简称 OECD）和巴西国家教育研究院（Instituto Nacional de Estudos e Pesquisas Educacionais Anísio Teixeira，简称 INEP）官网上关于 PISA 的文件组成。

我的目的是寻求这些测评中一些自然化概念的基础，我假定平等话语是我们当前教育的基础。在它提出平等的同时，背后的教育政策则自然化了包容与排斥、成功与失败、一元与多元、正确与错误、发达与不发达以及生成与非生成的二元对立思想。本研究不讨论哪些 PISA 话语在教育中起作用，哪些不起作用，而是涉及外部测评的话语是怎样在巴西和世界范围内构建起教育成功与失败的解释体系的。

本章由两部分组成。第一部分阐述本文的研究方法，即后批判视角，我们用它阐述话语分析（discourse analysis）的主要概念以及生成条件（conditions of production），生成条件是指宏观话语（macro-discourse）。第二部分致力于话语分析，并由此形成结论。

15.2 方法论与宏观话语

本节主要解释方法论框架——话语分析，并进行宏观话语分析，即研究巴西的地理、社会和历史背景，并对 PISA 进行简要描述。

话语分析方法论首先需要考察构建话语的地理、社会和历史背景，然后对文本进行微观分析。对地理、社会和历史背景的描述可以被理解为“生成条件”，其目的在于对语料库（PISA 话语）所形成的社会表征（social representation）以及主体在话语中占据的位置进行聚焦。当我们将某种话语内容情境化以后，我们的分析将聚焦于话语的性质。话语具有结构异质性（constitutive heterogeneity）的特点，这意味着话语分析工作的实质是尝试从根本上找到蕴藏在某个话语内部的含义。

我们把话语理解为福柯（Michel Foucault）术语中的"话语实践"（discursive practices），如：

> （……）一套匿名的历史规则，总是在一定时间和空间内确定的，不仅界定了一个特定的时期，而且对一个特定的社会、经济或语言领域来说，其是表述功能（enunciative function）的运作条件（Foucault，1972：117）。

因此，话语实践与建立或授权我们话语的规则有关，这些规则涉及主体的主题选择、可接受的对象和可接受的表达方式。也就是说，话语不是语言的表现形式，而是一些语言表现形式可能存在而另一些语言表现形式不可能存在的条件。我们不能任意选择自己想说的内容、诠释的方式和对话的对象等。我们"有义务"（即使我们并不知情，因为这些要求我们的规则是匿名的、无痕迹的和伪装的，以至于我们相信自己是自主的，是我们自己选择了话语）以某种方式表达，选择特定的主体以及使用某些被认可的内容。这就是我们使用话语所倾向的内涵。

让我们在研究中加入另一概念——"主体"（subject）。我们可以将"主体"理解为一种话语效应（effect of discourse），作为话语中"个体"所占据的位置。把主体视为"话语效应"的观点源于佩舍与富克斯（Pêcheux & Fuchs，1975），他们谈论了主体和意义被铭刻的两种"错觉"（illusions，或遗忘），即话语来源的错觉以及话语只有一个内涵的错觉。首先，我们忘记了话语不是原创的，当我们交谈时，我们会努力使话语契合一定的规则。其次，我们也忘记了话语会被他人进行诠释。因此，可以从不同的角度对话语进行转述，这意味着话语不是仅有一种解释。这两种错觉会影响话语。从这个角度来看，主体可以被视为去中心的、历史的、受历史影响的；主体没有能力"有意识地"改变世界，他/她虽然能够引起改变，但是不能控制这些改变的含义。

就话语本身而言，任何话语都发生在某些"话语形式"（discourse formations）中，而正是在话语形式中，意义被界定为可接受的或不可接受的。意义并不是如我们所希望的那样被构想出来的，当我们谈论时，我们不是仅仅在"交谈"，也在阐明属于我们的话语形式。

最终，对福柯和我们这项研究而言，话语被视为一种实践，即话语实践，而主体被视为实践中的效果。因此，从广义上来理解，任何一种社会实践都是一种话语。我们将从话语和主体这两个概念入手，对 PISA 话语进行分析。

宏观话语或语料库（PISA 话语）的生成条件，涉及世界和巴西在实施外部测评（如 PISA）之前的地理、社会和历史背景。

从地理角度来说，巴西有 26 个州，幅员辽阔，人口超过 1.92 亿，是南美洲最大的国家，也是世界第五大国。它是美洲唯一的葡萄牙语国家，也是世界上最大的葡萄牙语国家。巴西分为南部、东南部、北部、东北部以及中西部五个地区。这些地区不仅存在地理上的差异，还存在社会文化差异，特别是在财富分布方面。南部和东南部比较富裕，而北部、东北部以及中西部则不然。即使是在较为富裕的地区，也呈现出明显的两极分化：极其富裕的人和极其贫困的人生活在同一个城市，尤其是在圣保罗和里约热内卢这样的大都市。虽然他们生活在同一个城市，但他们的生活方式截然相反：富人奢侈，穷人贫苦。我们可以在 PISA 测评结果中看到这种对立。

在政治领域，20 世纪末，巴西开启了政治开放的进程，随着军事独裁政体的倒台，政党大量涌现，尤其是左派社会党（Left-Socialist Party）——劳工党（Worker's Party）。与此同时，民众掌权后立即建立新的联盟以遏制独裁。虽然帕萨里尼奥（Jarbas Passarinho）部长在 20 世纪末推动了教育民主化进程，但独裁统治时期由社会不平等和收入分配不均造成的教育危机，在所谓的新共和党州长执政期间不曾改变。州长们确实启动了开办新学校的进程，但随着学校数量增多，教育质量反而下降，新的学校建成了，教师队伍建设却被遗忘了。

2003—2016 年的 13 年间［2016 年罗塞夫（Dilma Rousseff）遭弹劾］，在劳工党达席尔瓦（Luíz Inácio Lula da Silva）和罗塞夫的领导下，巴西的公共教育有所改善，无论是在基础教育（小学教育和中学教育）还是在高等教育方面。尽管这一时期巴西在教育方面投入了大量资金，但是正如我们将在分析的节选中所看到的，教育质量仍然备受质疑。在巴西参加 PISA 的大多数年份里，执政党是劳工党。

从全球范围来看，在 20 世纪的最后几十年里，以美国为主的工业化国家在科学和技术（甚至文化）方面日益占据主导地位，从而带来当前的全球化进程，并进而导致第一世界国家对包括巴西在内的发展中国家文化和语言方面的支配。① 一

① 更多细节见：Pennycook, A. (1994). *The cultural politics of English as an international language.* New York, Longman.

个被排斥在外的国家的“幽灵”出现了,它影响到包括教育在内的所有人和事。

在上述情况下,PISA 已经成为 OECD 的一项全球性研究。PISA 测评始于 2000 年,每隔三年进行一次。主要目的是提供全球范围内的教育信息,以提升教育质量。但是,正如 2014 年世界各地学者在致 OECD PISA 测评负责人施莱歇尔(Andreas Schleicher)的信中所表达的,批评者持续谴责这种做法,认为其导致测评的升级以及对量化指标依赖性的大幅增强。PISA 开始对许多国家的教育实践产生深远影响,使那些想要提高排名的教育体系发生了巨大的改变。另一类批评涉及教育可测量范围过于狭窄的问题,即测评偏向于学校的经济作用和为青年男女从事有酬工作做准备,却忽视了较难测量的或不可估量的教育目标,如身体、道德、公民和艺术发展,这些教育目标有助于学生为参与民主自治、道德行动以及个人的发展、成长和幸福生活做准备。学者们通过这种方式指出,PISA 的作用在于颠覆我们对教育是什么以及教育应该是什么的认知,扮演了一个全球教育方式和教育目标仲裁者的角色。

考虑到上述宏观话语的描述,我们提出了微观分析(micro-analysis)。微观分析包括鉴别意义的影响,指出它们如何在语言的物质性(linguistic materiality)中体现出来。如前文所述,意义取决于语言的生成条件,即这些语言产生的地理、社会和历史背景。

通过对 PISA -巴西话语的分析,我们可以理解一些意象被构建和自然化的原因。根据查卡拉巴提(D. Chakrabarty)的观点,第一世界中的欧洲“充当着历史知识的无声参照物”(Chakrabarty, 1992: 337),并被视为宏大叙事的模型,当新兴国家的历史被书写时,它们被视为缺乏的、不完整的和丢失的信息。

巴西的教育话语中一直存在不完整的形象,尤其是在公立学校中,人们总是认为需要改革才能实现“完整”。而课程改革的目的是为那些一直饱尝学生败绩的教师和学校提供一些新的思路。

下一部分专门讨论话语分析。

15.3 分析: PISA 形塑了 21 世纪的教育主体

我的数据由两个网站上关于巴西在 PISA 中的表现话语组成。这两个网站分别为: http://www.oecd.org/pisa/和 http://portal.inep.gov.br/pisa/sobre-o-pisa。

我们将重点分析摘自这些网站的一些内容。

15.4 OECD 官网上的 PISA

首先介绍 OECD① 对 PISA 的定义：

> PISA 是一项三年一次的国际调查，旨在通过测试 15 岁学生的知识和技能来评估全世界的教育体系。迄今为止，② 来自 70 多个**经济体**(economies)③的学生参与了测评。

同时，根据网站的描述，

> 65 个经济体中，约有 51 万名学生代表全球约 2 800 万 15 岁青少年，参加了 PISA 2012 阅读、数学和科学领域的测评。在这些**经济体**④ 中，44 个经济体参与了创造性问题解决能力的测评，18 个经济体参加了**财经素养**测评。关于今年(2015 年)的测评，全球有 70 多个**经济体**报名参加，测评的重点领域是科学。

我想提醒大家注意这段话中出现的两个主要的话语实质(discursive materialities)：使用"经济体"，而非国家和人民；使用"素养"(literacy)来表示学生在学校科目中应该表现的技能。

网站上对"经济体"和"素养"的用法解释如下：

> PISA 的独特之处在于它所开发的测试与学校课程没有直接关系。这些测试的目的是测评学生在义务教育结束后，在多大程度上能将所学的知识应用到**真实的生活场景**⑤ 中，并为充分**参与社会生活**做好准备。通过背景问卷收集到的信息能够为分析人员解释这些结果提供背景。

---

① OECD 的使命是推动制定改善世界各地人民经济和社会福利状况的政策。OECD 建立了一个论坛，各国政府可以在其中交流经验，并寻求解决常见问题的办法。我们与政府合作，了解推动经济、社会和环境变化的因素；我们衡量生产力和全球贸易以及投资量；我们分析和比较数据以预测未来趋势；我们制定了从农业、税收到化学品安全等各种国际标准；我们还研究直接影响每个人日常生活的问题，比如缴税问题和社会保障问题，以及人们的闲暇时间；我们比较了不同国家的学校体系如何为现代生活做好准备，以及不同国家的养老金制度如何照顾老年公民。引自 http://www.oecd.org/about/. Accessed: 03-27-2015.

② 引自 http://www.oecd.org/pisa/. Accessed: 03-27-2015.

③④⑤ 黑体为作者所加。

在一个所谓同质和平等的社会,这看起来似乎很有趣,但我们并不生活在这种虚构的世界。不同国家、语言、文化、宗教、种族、肤色和性别的人在现实生活中的表现各异,而且不同的人需要不同的知识才能充分参与各自的社会生活。但这些不同之处并未被纳入测评的考虑范畴。事实上,只有那些对这些国家或者换言之对那些开发和应用测评的经济体有用的知识才被考虑。而且不幸的是,PISA 使用富裕经济体的限定因素以及对这些经济体有用的知识来比较测评结果。

平等的思想和理想植根于自由主义思想,而自由主义思想是启蒙运动中人人平等主张的基础。以启蒙运动为基础的教育被认为是保障社会平等的动力。

然而,根据梅塔(Mehta, 1977)的观点,这实际上是具有排斥性的,因为"自由主义理论的主张通常是跨历史、跨文化,并且大多数是跨种族的"(Mehta, 1977: 63),这意味着"在赋予所有人的能力背后,存在着一个更加厚重的社会凭证(social credential),构成了政治包容的真正基础"(Mehta, 1977: 61)。梅塔认为,那厚重的社会凭证便是"权力关系"(power relations)。一些国家和一些文化察觉到了这种权力,它们便被视为限定因素。PISA 就是根据这些限定因素设计的,随后在全球范围内进行测评,表明学生是否准备好将所学的知识应用到**真实的生活场景**中,以及是否准备好**充分参与社会生活**。

反过来,用素养来思考学校学科是富有成效的,尤其我们考虑到素养与学生在现实生活中能用他们在学校学到的东西做什么有关,但我质疑将学生的素养孤立地分为数学素养、科学素养、财经素养或阅读素养的观念。在一个多元的社会,我们应该考虑学生的综合素养或者多元素养。例如,对生活在农村地区,有自己的土地,靠种植为生的人来说,数学、科学甚至阅读都重要,但这些知识需要与他们生活的环境有关。就教育中的数学而言,最近兴起了一个称为"民族数学"(ethnomathematics)的研究领域。国际民族数学研究组织(International Study Group on Ethnomathematics,简称 ISGEm)在网站上发布:

> "民族数学"这一术语是由丹布罗西奥(Ubiratan D'Ambrosio)①创造的,用来描述可识别文化群体的数学实践。它有时专门用于小规模的土著社会,但从最广泛的意义上来说,"民族"(ethno)这一前缀能够指称任何群体,如国家社会、劳工团体、宗教传统、职业阶层等。数学实践涉及

① 丹布罗西奥(Ubiratan D'Ambrosio)是巴西教授和研究员。

符号系统、空间设计、实践建构技术、计算方法、时间和空间测量、具体的推理和推理方法，以及其他能被转化为正式数学表征（formal mathematical representation）的认知和物质活动。①

如果我们考虑到数学实践的文化多样性，数学素养就会有很大的不同，真实生活情境也是如此。丹布罗西奥提出的“民族数学”这一概念，使数学中的普遍知识——这种知识可以通过像 PISA 一样的全球性测试来测量——受到质疑。它激励我们以更开放的方式思考对应用于教育和教育评估的知识的理解。

在“测评内容”的链接中，我们看到以下内容：

自 2000 年以来，每隔三年，来自世界各地随机抽取的学校的 15 岁学生将参加关键学科领域的测试：阅读、数学和科学，在每一年的测评中聚焦一个学科领域。2012 年，一些经济体还参与了问题解决和财经素养的可选测评。**测试**要持续 2 个小时，包括开放式问题和多项选择题，**根据一段描述真实生活情境的文章**②对这些题目进行分类编组。测试共涵盖约 390 分钟的测试题目，学生会参加不同测试的不同组合。

我想提醒大家注意加粗的这个短句“测试……根据一段描述真实生活情境的文章”。那么，真实生活情境来自谁？为了谁？由于话语抹去了构思测试的主体和测试的对象，我们再次涉及教育中普遍性的观念（和理想）（idea of universality in education）。我们认为，这些测试不仅衡量学生是否知道如何处理“真实生活情境”，还生成了真实生活情境，并规定了教育应如何组织才能帮助学生为应对“真实生活情境”做好准备。它们的工作方式是“塑造人”（making up people）（Hacking，1986），或者是更好地“塑造”学校功能，以使学生为某些情境而非其他情境做好准备，而并不考虑这些情境对学生来说是不是“真实”的。通过这种方式，某些情境会被考虑，而某些情境则会被忽略，最终导致将一些人考虑在内，而将另一些人排斥在外。这些测试的准备和应用旨在揭示学校如何消除世界各地差异的特殊性，并为学生在竞争激烈的市场面对彼此做好准备。教育已经明显地转变为竞争，竞争决定了什么是好的学校、好的教师、好的学生、好的教育政策、好

① 引自 International Study Group on Ethnomathematics. http://isgem.rpi.edu. Accessed: 05 – 19 – 2015.

② 黑体为作者所加。

的学校课程、好的国家、好的经济体等等。在这种逻辑中，学校应该帮助学生为进入劳动力市场做好准备，那些在测试中表现好的学生顺利进入劳动力市场，而表现不好的学生则被淘汰，体现了教育中包容和排斥之间的紧张关系。这就是福柯所谓的“真理制度”，即“真理的总政策”（a general politics of truth）。在福柯看来，真理和权力之间存在流通方式：

> 每个社会都有其真理制度，都有其关于真理，也就是关于每个社会接受的并使其作为真实事物起作用的各类话语的总政策。
>
> 真理以流通方式与一些生产并支持它的权力制度相联系，并与由它引发并使它继续流通的权力效能相联系。这就是真理制度。（Foucault, 2000：131－132）

基于这样的背景，“真理制度”的概念可以在福柯提出的权力与知识之间的“流通”观念中加以考虑。我们可以将 PISA 及其测评的学科领域当作一种真理制度，因为真理是由一些日常生活中在机构内部运行的机制、技术和程序产生、维持、价值化和规范化的，它们在生产知识的同时，也加强了权力。PISA 之所以可以被视为真理制度，还因为它定义了生产话语的具体机制，这些话语在当代起着真理的作用，支配着信仰、价值观和道德。当代社会已经将真理的讨论集中在科学话语上，特别是有关平等的讨论，即劳动力市场允许或是排斥人们进入的方式，这就意味着，真理不仅指导知识的生产，而且决定了知识的分配。这就是福柯认为知识与权力之间存在流通的原因，它们相互生产并彼此补充。

根据哈金（Hacking, 1990）的观点，真理制度的流通机制与统计数据的出现有关，这些统计数据为世界带来稳定性，使政策制定更加透明。PISA 的情况如下所示：

> 此外，由于 PISA 是一项三年一次的持续调查，连续参与调查的国家和经济体可以比较其学生在一段时间内的表现，并测评教育政策制定的影响。

PISA 的目标之一是在全世界范围内形塑政府的教育政策制定，支持学生为测试做好准备。当然，各国正在改变其政策，学校也制定相关的课程以应对这类测试或其他测试，而没有质疑这些测试，也没有质疑这种全球范围内教育构建模式背后的原因，以及仅基于调查的教育的主体性。

正如波普科维茨（Thomas S. Popkewitz）所理解的，PISA 构建了教育的主体性：

> PISA 通过一种思维方式在全球范围内对儿童和国家进行定位，这种思维方式通过在国家间建立等价类别（categories of equivalence）进行区

分和划分。这种等价(相同)类别作为表示差异的角色而起作用。现在需要我们关注的是,数字不是单独起作用的,而是在一系列实践的网格(grid)中表现出来,这些实践为各种人提供了可理解性。PISA通过对实践知识的测量而收集到的“事实”(facts),不仅仅是对“实际”(practical)的描述,它们以历史的方式组合在一起,创造了一个塑造和传播生活方式的文化空间(Popkewitz, 2011：36)。

因此,我们便可以认为PISA不仅是关于网格和数字的,而且是关于学校主体和如今正在培养的世界未来居民的。

为了让学生做好竞争准备,学校准备了“基于PISA的学校测试”:

随着人们对PISA兴趣的增加,学校和**地方的教育工作者想知道他们的学校与世界各地教育体系的学生和学校进行比较的结果**。为了满足这种需求,OECD为这些学校开发了基于PISA的测试。目前该测试在美国可用,OECD正在与各政府进行讨论,以便在英国、西班牙等其他国家和地区也能进行测试。

该网站促使地方教育工作者将其学生学业成就与世界学生学业成就进行比较。正如我之前所讨论的,地方知识被抹去,取而代之的是一种新的世界知识,这只不过是一种基于理想的学校教育情况的知识,或者用波普科维茨(Popkewitz, 2011：39)的话来说,是基于“为这些‘事实’提供可理解的网格,作为地图来构建‘经验’,并构思什么是实用和有用的”。通过数字系统进行的比较抹杀了特定知识,也抹杀了“在测评中被假定的学校炼金术培养的孩子”(Popkewitz, 2011：39)。

我们也可以从以下内容看出PISA的作用:

PISA为**教育政策和教育实践**提供了见解,并帮助监测不同国家和同一个国家不同人口统计学分组的学生获取知识和技能的趋势。这些发现使**世界各地**的政策制定者能够衡量本国学生的知识和技能,并与其他国家的学生进行比较。各个国家可以根据其他教育体系已实现的可衡量的目标来**制定政策目标**,并学习其他国家和地区的政策与实践。①

① 引自“Programme for International Student (PISA) Results PISA 2012,” p.10. http://www.oecd.org/pisa/keyfindings/pisa-2012-results.htm. Accessed: 05-01-2015.

这是一个全球性的控制机制，根据对学生的测试和这些测试的定量结果来制定教育的政策目标。这段摘录的话语暗示：一个国家的成功教育模式应该输出给那些教育不发达的国家。然而，我们再次质疑限定因素，并思考如果不依据基于数据的"发现"（findings），那么什么是成功？什么是失败？根据波普科维茨（Popkewitz, 2011：31）的观点，"PISA 的政治规定了孩子应该知道什么，以及如何使这种认识成为可能"，在我们看来，这最终导致地方学校根据 PISA 的全球调查结果制定新的政策，也就是说，地方正在被世界塑造。

下面，让我们看看巴西网站的内容。

15.5 巴西网站上的 PISA

巴西网站对 PISA 的定义如下：

> PISA 是一项比较评估，适用于 15 岁以内的学生，在大多数国家，15 岁被设为完成强制性基础教育的年龄。该项目由 OECD 开发和协调，且每个参与国都有一个国家协调机构。在巴西，PISA 由巴西国家教育研究院负责协调。①

与 OECD 的网站对比，巴西网站大多使用"国家"（countries）一词，而没有过多提及"经济体"。上面的摘录在介绍 PISA 时两次使用了"国家"。下面的表述只有一次使用了"经济体"：

> 如今，34 个 OECD 成员国和许多受邀国家参与了 PISA 测评。PISA 2012 的测评结果涉及 65 个国家，但是这个总数中包含了一些不是国家

① 译文的原文如下：O *Programme for International Student Assessment* (Pisa)— Programa Internacional de Avaliação de Estudantes—é uma iniciativa de avaliação comparada, aplicada a estudantes na faixa dos 15 anos, idade em que se pressupõe o término da escolaridade básica obrigatória na maioria dos países. O programa é desenvolvido e coordenado pela Organização para Cooperação e Desenvolvimento Econômico (OCDE). Em cada país participante há uma coordenação nacional. No Brasil, o Pisa é coordenado pelo Instituto Nacional de Estudos e Pesquisas Educacionais Anísio Teixeira (Inep). From http://portal.inep.gov.br/pisa/sobre-o-pisa. Accessed: 03-27-2015.

的**经济体**，如中国的香港、澳门、上海和台湾。①

使用“国家”而不是“经济体”，有削弱测评背后的经济和竞争观念的效果。巴西网站的话语给人的印象是，PISA 只与教育改善有关。

我认为这与巴西的政治有关，巴西劳动力市场的话语并不明确。哈达德（Fernando Haddad）于 2005—2012 年在教育部任职，他在评估 PISA 2019 时，对巴西的政治形势做了最中肯的总结。他认为，

> 在巴西，超过 5%的国内生产总值用于公共教育，而之前这一比例不足 4%。我们在国家教育计划中设定了一个目标，即到 2020 年，教师的平均工资必须达到巴西其他具有大学学位的专业人员的平均工资水平。

这就是巴西政府在教育领域的目标，而 PISA 被认为是有助于教育改善的工具之一，因为它带来了国际标准。正如我们所看到的，在有关进步或改进的论述中，教育是话题，而“经济”不是。在很长一段时间内，巴西国内存在一种典型现象，即每当谈论教育改善时，都会谈论教师收入，因为与其他职业相比，教师的收入较低。关于 PISA，教育部继续描述如下“戏剧性的教育形势”：

> 在 2000 年，巴西的教育形势尤其严峻。这是实施 PISA 测评的第一年，巴西的表现非常糟糕。因为在过去十年里，不仅教育质量急剧下降，而且存在学生辍学和学业评定不及格的问题。2000 年是巴西历史上的一个里程碑，因为这是我们迫切需要改变局势的一年。②

在上述话语中，第一轮 PISA 测试被视为巴西教育变革的里程碑，巴西似乎必须通过外部评估来衡量自身存在的问题。事实上，PISA 所做的就是让全世界都了解巴西的问题，教育部作为政府的组成部分，需要给出答案。这在巴西教育改革的政治话语中是非常常见的，正如马夏（Mascia，2009）在分析 20 世纪八九十年代的巴西课程改革话语时所讨论过的。当教育部或教育部部长被要求就某个问题采取立场时，他会立即针对改革给出一个明确的回答。如果将上述话语与 20 世

---

① 译文的原文如下：países participantes Atualmente, participam do Pisa os 34 países membros da OCDE e vários países convidados. Os resultados do Pisa 2012 congregaram 65 países, entretanto este total congrega algumas economias que não podem ser consideradas países, como Hong Kong, Macao, Shangai e Taiwan. From http://portal.inep.gov.br/pisa/sobre-o-pisa. Accessed: 03-27-2015.

② 引自 http://www.oecd.org/pisa/pisaproducts/brazil

纪八九十年代课程改革的话语进行比较，则其唯一的区别是回答的动机不同，在这个案例中，动机就是PISA测评的结果。我认为PISA的作用在于让我们已经知道的问题受到国际关注，但它并没有给出解决方案，否则，就像我们前面看到的，PISA可以掩盖这些问题。

巴西为恢复教育质量所付出的努力可以追溯到20世纪70年代，随着独裁统治的瓦解和许多政党的出现，国家开始了政治开放进程。但不幸的是，教育的民主化导致教育质量下降，即学校数量增加和教育质量下降。在过去几十年里，这种对教育质量的追求引发了许多讨论：教师收入、学校基础设施、教师教育、课程改革，以及最近在PISA等外部评估中糟糕的结果。教育似乎永远处于危机之中，每一届新政府或政党都会发表救赎教育的主张，正如我们在上述话语中再次看到有关教师收入的讨论。值得注意的是，在进行这次演讲之际，执政党是劳工党，工人的收入始终在议程中。

另一个与PISA等大规模测评相关的问题是，不同国家之间以及国家内部差异的自然化（naturalization of difference）问题，特别是那些和巴西一样内部存在巨大差异的国家。我们从题为"国家报告——PISA 2012测评结果——巴西的主要调查结果"的小册子中摘录"向处于优势地位的学校（advantaged school）和处境不利的学校（disadvantaged school）分配资源"这一条目的内容：

> 巴西必须设法更加有力地支持社会经济地位处境不利的学校，为所有学生建立一个公平竞争的环境。
>
> PISA结果显示，教育资源投入与教育表现仅在一定程度上存在正相关。PISA结果还表明，在所有支出水平上，表现优异的（high-performing）国家在将教育资源分配给社会经济条件处于优势地位的学校和处境不利的学校时往往更加公平。
>
> ·在巴西，为处于优势地位的学生提供服务的学校（包括许多私立学校）可以获得更好的教育资源和物质基础设施，并且在吸引和留住合格教师方面报告的问题较少。
>
> ·在巴西，大约13%的15岁学生就读于独立私立学校。一般来说，私立学校的学生在PISA中的表现更好。私立学校的学生绝大多数来自社会经济地位较为优越的家庭，但即使考虑了社会经济地位这一因素，学生的表现优势也是显而易见的。对较富裕的家庭而言，私立学校能够

提供更好的教育资源、更好的物质基础设施和更低的生师比，因而学生的学业表现更好。[①]

上述摘录清楚地表明：那些社会经济地位处于优势的学生，在 PISA 中表现更好，他们主要就读于基础设施较好的私立学校。这就给我们的讨论提出了另一个关于教育奖金（bonus）的问题。高分学校的教师和工作人员得到奖金，而中等或低分学校的教师和工作人员得不到奖金，这意味着他们在某种程度上受到了惩罚。我们认为，没有奖金可以理解为某种制裁。

关于奖金，我们可以从教育部的声明中清楚地看到：

此外，我们创建了一种机制来**奖励**[②]完成目标的学校，使完成目标的学校能够自动获得联邦政府的**奖金**。学校因而获得更大的自主权。[③]

虽然教育部在采访中称，这种机制不会处罚或惩罚参与测评的学校和主体——学生、教师和工作人员——但经费奖励是一种排斥机制，即某些学校获得了奖励，就意味着一些学校没有获得。更为主要的影响是，它是一种不合理的机制，掩盖了巴西教育中“真正”的问题，破坏了现状，奖励了那些本来拥有更多条件的人。这种奖励基于教育中同质性的观念（或理想），正如我们之前所讨论的，它抹去了知识和相关主体的历史条件。这种评价理所当然地认为所有学校都是平等的，因而可以在同一水平上竞争，依据是显示排名的数字和表格，这以包含和排斥的方式进行，使用了二分法分类：正确与错误，发达与不发达（或发展中），高产的与低产的，成功与失败。

这样，外部评估只能依据测试结果对学校、教育体系、国家或经济体进行认知性的排序，而无视其背景、社会条件、教育主体的实际情况以及教师和学生的情况。尽管 PISA 声称了解每个国家的社会状况，但当结果以统计数据呈现时，我们只看到了数字，而没有看到数字背后的社会状况。这是治理术体系内部的一种操控机制（mechanism of control），因为这些测试被外部机构应用，这些外部机构认为教育的主体和知识是普遍性的，而不是历史建构的。

福柯将“治理术”理解为：

① 摘自 OECD 官网和巴西国家教育研究院官网。

② 黑体为作者所加。

③ 引自 http://www. oecd. org/pisa/pisaproducts/brazil

（1）由制度（institutions）、程序（procedures）、分析（analyses）、反思（reflections）以及使这种特殊而复杂的权力形式得以实施的计算（calculation）和手法（tactics）组成的总体（ensemble），其目标是人口，其主要知识形式是政治经济学，其根本的技术工具是安全装置（apparatus of security）。

（2）在很长一段时期，整个西方存在一种趋势，比起所有其他权力形式（主权、纪律等），这种可称为“治理”的权力形式日益占据突出的地位（pre-eminence），这种趋势一方面导致一系列特定的治理装置（apparatuses）的形成，另一方面则导致一整套复杂知识（savoirs）的发展（Foucault, 1991：102 - 103）。

我们可以将 PISA 视为是一种“安全装置”（Foucault, 1991：48 - 49），正如福柯假设的那样，它在自由的条件下运行得非常好。国家可以自由选择是否参加 PISA 测评，但那些参加了 PISA 测评的国家和地区确实为其人民提供了经济、政治和教育方面的幸福感。在定义的第二部分，治理术指的是福柯著名的权力-知识关系概念，即西方政治运动走向一个复杂的官僚社会，这个社会运行新的纪律形式，最终形成新的知识，这反过来又产生主权和规训（discipline），即权力与知识的关系。

15.6　结语

从这一分析中，我们试图揭示 PISA 话语背后的一些含义，这些含义有助于创造新的教育理性（rationalities in education），从而为教育和社会中（尤其是与巴西背景相关）的新现状塑造学校主体。分析指出，教育是将个体转变为当前社会需要的道德主体的主要环节，这里的社会包括劳动力市场。如果教育意味着“驯服”（docilization）（Foucault, 1977b），即帮助学生准备参与社会所需的身心素质，那么这正是 PISA 所致力的工作，它为我们所生活的技术社会塑造了主体，也就是全球公民（global citizen）。

我们同意波普科维茨（Popkewitz, 2011：43）的观点，他认为 PISA 汇集了“教学原则的双重姿态（double gestures of its pedagogical principles）：其一是对知识型社会（knowledge society）概念中所蕴含的世界性社会（cosmopolitan society）的希

望，其二是对那些威胁现在和/或未来实现的儿童品质和特征的恐惧”。PISA 是全球性社会对旨在将每一个儿童和每一个国家纳入福利体系的回答，然而由于 PISA 对人、学校和国家进行了排序，并以对儿童和国家分等级的方式呈现数据结果，因而它在促进包容的同时也产生了排斥。我们可以认为数值结果将差异自然化了，这是因为它们“脱离了直接生产环境”（Hansen, 2015：211）。排名这项活动匿名地对人进行分类，对人们的生活产生或好或坏的影响。如果你在测评中排名第一，那很好，但如果你是最后一名，情况将很糟糕。从语言学转向（linguistic turn）的角度来看，语言和数字不仅反映现实，而且能创造现实。分类和测量可以使人感觉自己属于（或不属于）一个群体，比如 PISA 中的成功群体和失败群体，从而塑造人（make up people）（Hacking, 1986）。

“PISA 的数字不仅仅是数字”（Popkewitz, 2011：38），它们构成了现实，产生了主体，产生了“自我”和“他者”，“伪造”了平等的概念，因为数字被认为是公开透明的。通过数字的大小来实现平等的观念消除了不平等，但也产生了表面上看起来是包容的推动力的不平等。

从这个角度来看，我们认为外部评估不是为解决教育中“众所周知”的问题，而是为了掩盖它们，从而将差异自然化。评估结果不仅被可视化地制作成统计表，还被媒体进行公开宣传。例如，PISA 测评结果公布后，巴西进行了“清理劣质教育”（witch hunting）的活动。这在玻利瓦尔（Bolivar, 2011）的研究中得到了回应，该研究从“失败者”的角度对 PISA 进行分析，重点关注包括巴西在内的伊比利亚美洲国家（Ibero-American countries）。他认为，伊比利亚美洲国家的人对结果感到不满，虽然不满确实能在一定程度上有助于教育改良，但大多数时候，这种不满并不是有利的，因为一定程度上这是耸人听闻的。正如上面所说，媒体的宣传使国家因教育蒙羞，于是开始寻找为此事负责的人，而大多数时候，教师被认为是罪魁祸首。

然而，这些评估的合理性并未受到质疑：谁对它们感兴趣？它们掩盖了什么？它们在教育和当代社会中塑造了怎样的主体？

PISA 和外部测评到底造就了什么样的教育主体？我们认为，未来的全球公民都转化为“科学研究对象”（scientific objects）。这些测试以同质的方式审视世界，没有看到差异，更不尊重差异，如知识的差异等。一名 15 岁的学生如果不适应这种测试，便会被排斥在真实生活情境、同质化世界以及未来全球公民之外。一国的教育政策如果不迎合外部测试,那么该国将没有未来。这正是测试所创造的情况:国家和教育主体在问题解决能力、数学、读写能力和科学等方面的真相可以用数字来说明,目的是让世界继续保持现状,而不是改变世界。这是我们想要的世界吗?换句话说,我们想要什么样的世界?每个国家(而不是经济体)、每所学校、每位教师都应该提出,并试图以合乎道德的方式回答,或至少在一生中追寻这个问题的答案。从福柯的角度来看,正如教育中的所有内容一样,评估、内部测试和外部测试本质上都是伦理学(ethics)问题。作者并不把伦理学理解为道德哲学(moral philosophy)或形而上学(metaphysical)和认识论(epistemological)的研究,伦理学关乎自我与自我的关系,被称为主体化(modes of subjectivation),即"个体构建了自身与规则的关系,并承认自己有义务付诸实践的方式"(Foucault, 1990: 27)。伦理学是个体在面对一些行为所应遵循的道德规范时所采取的行为,这构成了他/她自己的道德存在(moral being)。这就是我看待隐含在教育中的主体的视角,他们是自身历史的参与者,是发明家,他们将生活当作艺术品(Foucault, 1984)。

我们希望这项研究能循着福柯思想的轨迹,成为"思想火花的制造者","它使我们得以前行,得以进步,得以突破藩篱"(Foucault, 1975)①,最终颠覆外部评估中的某些方面。

参考文献

Bolivar, A. (2011). The dissatisfaction of the losers: PISA public discourse in Ibero-American countries. In M. A. Pereya, et al. (Eds.), *PISA under examination: Changing knowledge, changing tests, and changing schools* (pp. 61 - 74). Netherlands: Sense Publishers.

Chakrabarty, D. (1992). Provincializing Europe: Post coloniality and the critique of history. *Cultural Studies, 6* (3), 337 - 357.

Foucault, M. (1972). *The archaeology of knowledge*. New York: Harper & Row publishers.

Foucault, M. (1975). Entretien avec Roger-Pol Droit. *Le Point* 01/07/04, No. 1659 p. 82. Retrieved from http://foucault.info/documents/foucault.entretien1975.fr.html

① 译文的原文如下: Je suis un artificier. (...) Je ne suis pas pour la destruction, mais je suis pour qu'on puisse passer, pour qu'on puisse avancer, pour qu'on puisse faire tomber les murs. From http://foucault.info/documents/foucault.entretien1975.fr.html

Foucault, M. (1977a). Truth and power. In *Power/knowledge: Selected interviews and other writings. 1972 – 1977* (pp. 109 – 133). Random House.

Foucault, M. (1977b). *Discipline and punish: The birth of the prison.* London: Penguin.

Foucault, M. (1984). What is Enlightenment? In P. Rabinow (Ed.), *The Foucault Reader* (pp. 32 – 50). New York: Pantheon Books.

Foucault, M. (1990). The use of pleasure. In *Vol. 2 history of sexuality. Trad. Robert Hurley.* New York: Vintage Books Ed.

Foucault, M. (1991). "*Governmentality*", trans. Rosi Braidotti and revised by Colin Gordon. In G. Burchell, C. Gordon, & P. Miller (Eds.), *The Foucault effect: Studies in governmentality.* Chicago, IL: University of Chicago Press.

Foucault, M. (2000). Truth and power. In J. B. Faubion (Ed.), *Essential works of Michel Foucault 1954 – 1984* (Vol. 13). New York: The New York Press.

Foucault, M. (2008). *The Birth of biopolitics. Lectures at the Collège de France. Trans. G. Burchell. Naissance de la biopolitique. Cours au Collège de France. 1978 – 1979.* New York: Palgrave Macmillan.

Gore, J. (1994). In T. Silva (Ed.), *Foucault e Educação: Fascinantes Desafios.* Vozes: O Sujeito da Educação. Petrópolis.

Hacking, I. (1986). Making up people. In T. C. Heller, M. Sosna, & D. E. Wellbery (Eds.), *Reconstructing Individualism. Autonomy, Individuality and the Self in Western Thought.* Stanford, CA: Stanford University Press.

Hacking, I. (1990). *The taming of chance.* Cambridge: Cambridge University Press.

Hansen, H. K. (2015). Numerical operations, transparency illusions and the datification of governance. *European Journal of Social Theory Sage, 18*(2), 203 – 220.

Lyotard, J. F. (1984). The post modern condition. In J. C. Alexander & S. Seidman (Eds.), *Culture and society: Contemporary debates.* Cambridge: Cambridge University Press.

Mascia, M. A. A. (2003). *Investigações Discursivas na Pós-Modernidade. Uma análise das rela-ções de poder-saber do Discurso Político Educacional de Língua Estrangeira.* Campinas: Mercado de Letras/FAPESP.

Mascia, M. A. A. (2009). Inclusion or exclusion? An analysis of the Brazilian curriculum discourse of the 1980s and the 1990s. In M. Kontopodis (Ed.), *Culture and emerging educational challenges: A dialogue with Brazil/Latin America.* Berlin: Lehmanns Media.

Mehta, U. S. (1997). Liberal strategies of exclusion. In *Cooper & Stoler Tensions of Empire.* Berkeley, CA: University of California Press.

Open Letter to Andreas Schleicher, OECD, Paris. (2014). 12(7): 872 – 877. https://doi.org/10.2304/pfie.2014.12.7.872. Retrieved from: http://journals.sagepub.com/doi/abs/10.2304/pfie.2014.12.7.872?journalCode=pfea

Pêcheux, M., & Fuchs, C. (1975). A propósito da Análise Automática do Discurso. In G. Hak (Ed.), *Por uma análise automática do discurso* (pp. 163 – 252). Campinas: Ed. Unicamp.

Pennycook, A. (1994). *The cultural politics of English as an international language.* New York: Longman.

Popkewitz, T. (2011). PISA – numbers, standardizing conduct, and the alchemy of school subjects. In M. A.

Pereya, et al. (Eds.), *PISA under examination: Changing knowledge, changing tests, and changing schools* (pp. 31-46). Netherlands: Sense Publishers.

Popkewitz, T. S. (2013). The impracticality of practical knowledge and lived experience in educational research. In *Nordic Studies in Education* (Vol. 33, pp. 124-139). Olso: Educational Research on Everyday Life.

作者简介

玛西娅·阿帕雷西达·阿马多尔·马夏(Márcia Aparecida Amador Mascia)

巴西圣保罗州圣保罗大学（Universidade São Francisco）教育研究生项目教授。巴西研究小组“福柯研究和教育”（Foucaultian Studies and Education）的负责人，该小组获巴西国家科学技术发展委员会（Brazilian National Council for Scientific and Technological Development,简称CNPq）认证。2012—2013年任研究生项目协调员，同时兼任多个委员会成员。其主要研究方法：法国话语分析（French Discourse Analysis），福柯的考古学（archaeological）和谱系研究（genealogical studies），解构主义（deconstruction），以及在更广泛的后现代社会理论中的精神分析（psychoanalysis）。研究方向还包括教育中的话语和身份认同，特别是课程和教师教育、语言的教与学、听障生口语与手语的冲突、教育的排斥与反抗话语，以及PISA等外部测评。

电子邮箱：marciaaam@uol. com. br。

（王　珊　魏晓宇　译）

Part V Assessment and Evaluation

第五编 测评与评估

第十六章

学生学业表现的国际测评：国家政策中基准和实证证据的悖论

托马斯·S. 波普科维茨

（美国　威斯康星大学麦迪逊分校）

在欧洲和北美的当代政策中存在一种“常识”，即在福利国家改革中使用基准（benchmark），以确保目标表述的适切性，使目标得以测量和实现。强调基准的必然结果是研究必须明确实证证据，以证明哪些措施有效地确保了预期的变化。将基准和对“科学证据”的呼吁结合起来，意味着相信研究与政策的正确结合将为社会与教育改进提供有效的路径。①

本章探讨的是这样一种理念：基准和“实证证据”不仅是教育改进的政策工具，它们还体现了关于社会规划和社会科学的特定推理方式，这些方式对思考社会组织和被期望获得进步的人群类型具有启示（参见 Popkewitz, in press）。经济合作与发展组织（Organisation for Economic Co-operation and Development，简称 OECD）的国际学生评估项目（Programme for International Student Assessment，简称 PISA）以及麦肯锡公司（McKinsey & Company）的教育报告中探讨了基准和实证证据推理的这些启示。PISA 调查了学生在科学、数学和读写能力方面的知识和技能（http://www.oecd.org/pisa/aboutpisa/），麦肯锡公司的教育报告利用 PISA 的测评结果来“帮助教育系统和教育提供者改善全球数百万学生的学习结果”（https://www.mckinsey.com/industries/social-sector/our-insights）。

本章考察了 PISA 和麦肯锡报告中的教育变革模型，认为它们表达了现代性的救赎主题（salvation theme of modernity）和一种结合了政治、社会和经济理想的

---

① 该讨论汇集了林德布拉德等人（Lindblad, Pettersson, & Popkewitz, 2018）和波普科维茨（Popkewitz, 2018, in press）关于科学知识社会学的不同研究项目。

关于人类进步(human betterment)的乌托邦思想。报告还探讨了这些测评项目的基准陈述和“实证证据”中的原则：关于什么是重要的，如何阐明问题，什么方法是合理的，以及什么是已发现问题的解决方案等方面的原则。第一部分从历史角度探讨了测评的两个要素，即社会和个人的普遍化概念，它与系统论和控制论(systems and cybernetics theories)产生联结，以指导变革。第二部分重点介绍PISA中产生的数字如何要求研究对社会和个体实行分类。第三部分探讨了隐含的“变革”概念，侧重于国际测评中使用的计算和数字的社会影响。第四部分指出，这些测评中不仅存在关于国家间差异的比较论证，这些衡量的标准还产生了有关文化差异的原理。第五部分探讨了由于系统关注获得成功的过程、“高速公路”和“路径”，社会和文化原则因此而被抹去的过程。

本章将这些科学作为一种历史现象研究。基准就像“塞壬的歌声”，将水手吸引到莱茵河(Rhine River)的岩石海岸边。国际测评的救赎主题是一种诱惑，它可能是危险的，因此当社会政策将其应用于学校等机构时，要谨慎对待。

16.1 理性风格：基准和“实证证据”的配方如何得以实现

在讨论国际测评之前，我想先讨论制定基准和“实证证据”观念的两大历史背景。第一个历史背景与欧洲和北美的社会科学在漫长的19世纪形成有关，即多重历史轨迹汇集在一起，并在18世纪末至20世纪初被制度化为社会和心理科学。第二个历史背景是第二次世界大战后社会科学由于系统论和控制论的应用而发生的变化。

历史上有关基准的常识和什么是“实证证据”的发现看似与国际测评相去甚远，其实在最初“道德科学”或道德哲学兴起时期就已存在。这听起来可能很奇怪，因为在现代政策和以改革为导向的研究中，基准和实证证据被认为是中性实践，也是关于有效知识的描述性实践。

然而，这些当代科学的术语并非游离于人类历史之外，而是人类历史的特定部分。如果我们回顾19世纪初期，当时人们开始关注有关人的状况的科学，并称之为道德科学。在一个层面上，这是欧洲启蒙运动在追求“人间之城”(city of man)的进步时对理性和科学的承诺。哲学家们关注人们生活和共同工作的方式，以及如何根据对所有人都适用的普遍道德品质(general moral qualities)来改变这些人。社会科学家们[①]也大概率如此。人们往往担忧欧洲和北美的城市生活和工业化所带来的偏离以及如何纠正道德失范(moral disorder)问题。例如,19 世纪后期出现的家政学(domestic science)是为了教导穷人和工人阶级如何保持卫生和育儿,以及如何根据工资收入安排生活。然而,这些变革不仅仅针对穷人,也影响了中产阶级的行为方式。

旨在塑造各类人的道德科学体现了双重姿态(参见,例如,Hacking, 1986)。启蒙运动的期盼姿态是运用推理创造特定的特征(characteristics)和品质(qualities),从而明确实现人类自由、繁荣和幸福的途径。但伴随期盼而来的是恐惧,尤其是对危险以及危险群体的恐惧。这些群体(populations)对理想的未来构成了威胁,在 19 世纪被称为野蛮人(barbarians)、原始人(savages)、落后者(backward),而今天则用其他概念来区分其与一些不言而喻的正常人之间的文化和道德差异,例如,西方社会中的移民、少数族裔、"有风险"的儿童和"脆弱"的家庭。

让我举两个科学和塑造各类人的例子。一个是 20 世纪初的儿童研究心理学。这场运动的核心人物之一是美国的霍尔(G. Stanley Hall)。霍尔认为,心理学应该取代道德哲学,成为解释基督教伦理的一种方式,并作为社会事务中特别是在教育过程中仲裁德行的方式。霍尔指出,心理学应该通过"尽可能多地与生命接触"来取代"着眼于来世的过时哲学"(out modeled philosophy that looks to the afterlife)。在《青春期：青春期的心理学及其与生理学、人类学、社会学、性、犯罪、宗教和教育的关系》(*Adolescence: Its Psychology and Its Relation to Physiology, Anthropology, Sociology, Sex, Crime, Religion, and Education*)(Hall, 1904/1928)一书中,霍尔阐述了科学、道德秩序和对偏离现象恐惧的关系。"青春期"并不是一个新的概念,但被以新的方式应用,通过科学证据来思考童年和成年之间的过渡。从霍尔这本书的标题来看,科学与道德问题的并置及其与教育的联系是显而易见的。

对青春期的期盼是对心理学能通过"更加深入细致的观察、描述和归纳方法"来培养未来的世界性儿童(cosmopolitan child)的期盼。但世界主义

① 与英国和美国社会科学协会有关的人员并未受到"培训",而是来自不同的社会领域,研究贫困对社会的影响,并组织研究减轻其后果的方法。

（cosmopolitanism）的期盼姿态根植于对新工业城市的穷人、移民和有色人种群体的恐惧，霍尔称之为“城市温床”（urban hothouse）。这里的城市被视为一个“变态……流氓行为、青少年犯罪和秘密恶习……不断增加，（不断挑战）文明土地”的空间。霍尔也担心性别问题。他的研究是关于白人男性和“女孩建立正常生理周期时的危险，在这几年内，相比青春期的需求而言，一切其他的都应该是次要的”。他说，心理学应该有助于教养那些天生具有进取心的男性，并帮助女性成为母亲做好准备。最后，与城市有关的还有毫无节制的资本主义（unbridled capitalism），那里有“对一夜暴富的疯狂热情以及纨绔子弟的鲁莽激情”。

我们不再谈论道德科学，而是使用了一种不同的语言，基准和“科学证据”在这种语言中成为阐明现在与未来的道德问题的一种方式。科学语言的变化使得讨论能够进入战后阶段。这种修正是构成与 PISA 相关的塑造各类人的思想和理论“配方”的第二部分，即系统论和控制论。控制论最初与战争意图紧密联系，后来与系统论一起被应用于等多种社会和心理科学，如认知心理学、社会学和人类学。控制论将一种从机器角度思考人脑的方式引入社会分析，该机器是计算机，计算机的大脑被类比为人工智能，重点关注能够为变革提供方法和策略的过程和通信网络。

系统论并不是新出现的。它出现在 19 世纪亚当·斯密（Adam Smith）的《国富论》（*Wealth of Nations*）中，20 世纪 20 年代诺伊曼（John von Neumann）将其引入数学领域，并在第二次世界大战后随着控制论的发展进一步完善。当我们借鉴国际学生表现测评、基准概念和援引“实证证据”时，这种“二战”后修正的系统概念对思考研究、政策和变革的关系变得很重要。简而言之，系统分析提供了塑造测评空间的“基本要素”，将其作为一个救赎主题，对学校的行为进行排序、分类和采取行动。

如果让我来总结一下最近兴起的科学趋势，我会说控制论提供了映射过程（processes）和流量（flows）的概念，作为管理的稳定对象，其原则形成了当前基准和科学证据思考的方式。

系统思想于 20 世纪 20 年代发展起来，并在战争期间与控制论相结合，在人文科学中被认为是对人类生活概念的一种“前所未有的综合”。社会生活作为一个生长、发展和变化的有机体（organism）这一生物隐喻（biological metaphors）被纳入社会理论，来研究和组织变革的目标。系统对变革的开放程度被表述为功能（例如，家庭生活、儿童自尊、教师专业发展）和结构（例如，学校“系统”中诸如课堂和学校领导特征等制度单位)之间的相关性。

将系统的生物类比与控制论结合起来是独特的。变革需要将人类行为与机器(例如,计算机、光电池和雷达)联系起来,该联系是以系统目标为导向的。控制论用输入和输出的过程来描述变革。过程与通信(有机体)充当结构(机器)内部的网络、流量和回路(circuitst),作为“反馈”环来促进系统发展和增长,这是变革的操作定义。信息并不是关于意义的,而是在结构化情境中在各种可能性之间作出选择,结构性地对通信的各种可能性做正式定义。社会和教育研究的目的是实现目标或者前文所言的知识利用。

变革的目标是对一系列系统组成部分进行排序,以实现最优关系。虽然算法在社会思想的早期并非必不可少,但对思考刚性规则十分重要,这些规则为既定问题提供最佳解决方案,或是描绘了针对特定目标的最有效方法。人们是在离散单位之间作出选择(Halpern, 2014: 46 - 47)。与系统思想相关联的控制论带来了一种思考社会生活和变革的方式,这种方式包含了确定性(determinacy)和不确定性(indeterminacy)。当控制论和系统论被视为规定国际测评的原则时,测量程序将系统组件稳定为本体性对象(专业的教师),以便研究有助于实现最优化的过程。

社会和心理研究中的和谐与共识原则(principles of harmony and consensus)需要假设平衡状态以表达系统实现最优点的状态。平衡是阻碍或阻止系统目标优化的因素。这就在原本看似对立的平衡与失衡之间建立了一种共生关系(symbiotic relation),研究的目的是最小化失衡点,以达到稳定与和谐。

当应用于社会和教育研究中的变革时,平衡和失衡转化为表达正常(normality)和异常(pathology)的社会价值观。例如,OECD 目前的“幸福感”衡量指标,就是要了解有助于提升学生学业表现的心理和社会条件(即正常)。幸福感的观念同时也创造了限制、干扰和抑制系统运作的学生特质,例如,孩子缺乏的家庭和社区经历以及个性特征,如缺乏动机和参与意识。干扰和抑制的特性是失衡系统理论向异常的文化特性的实践转化。①

① 正如比吉尔和特鲁勒(Bürgi & Tröhler, 2018)所说,OECD 内部出现的基准是教育“温度计”,它采用了关于正常和异常的医学语言。通过基准定义质量,(重新)修订了社会工程的语言。我关注的是这种语言如何以正常和异常的文化原则嵌入系统理论。

系统的和谐、共识（平衡）和干扰（不平衡）在理论上有序地解决了变革问题。同质性和共识使管理与预测学校变革策略成为可能。例如，讨论学生的学业成就差距，以确定需要教育补救措施的儿童，便假定了系统各组成部分所需目标的共识与和谐，但差距干扰了这种共识与和谐。

但这种和谐与共识是建立在系统表现能实现预期目标的潜力之上的。基准是期望实现的最佳目标（Halpern，2014：45）。PISA 的国际排名系统以及其他社会和经济指标并不是要找到完美的系统。排名借鉴了控制论的思维模式来比较、排序与规划过程和通信模式的效率，以优化系统。优化的目标是所有女孩能够平等地学习数学知识，不存在学业成就差距，所有孩子都能够阅读，所有孩子都具备数学能力，专家和专业教师的工作能够充分发挥作用。

系统分析的复杂认知框架被纳入包括教育在内的多个学科项目。系统的原则与社会和文化概念相联系，例如，将人们视为“天生的非理性者”，并通过决策过程进行管理（参见 Heyck，2015）。例如，20 世纪 60 年代的新数学课程侧重于可以“通过被认为构成那种人（从而构成一个理性和民主的集体）的特定行为和特征，将过程和通信模式理论化并确定其组成部分”（Diaz，2017：31）。例如，数学教师的专业组织认为，学习数学“需要有助于高效地生活，否则就没有价值和实用性”（National Council of Teachers of Mathematics，1945：200）。应该“将数学应用于工业、物理科学、航空和商业问题，以实现激励、说明和转移的目的”（National Council of Teachers of Mathematics，1945：201）。

系统作为一个抽象的概念，有助于未来社会和人的实现。抽象概念所体现的原则不是凭实证推导出来的，而是先验的（a priori）、自我参照的（self-referential）和自我授权（self-authorizing）的；也就是说，它的排序和分类模式在定义问题、背景和变革的可能性时规定了内部边界。这不是系统论所特有的。然而，本文重点关注的是系统思维原则作为教育政策和研究中的一种变革策略。

这种新理性的另一个要素是什么构成了实证证据的规则和标准。从历史上看，科学的实证证据仅仅意味着系统地观察日常生活中发生的事情。报纸、戏剧、体育比赛以及早期心理学中的内省（introspection）都是对实证证据进行排序和分类的方法。战后的社会科学关注对变革的管理，纳入了算法的思想，通过数学思考实证证据。需要注意的是，算法包含了一种特定的数学思维，即认为社会生活具有严格的规则，可以为既定的问题提供最佳解决方案，或者描绘出针对某些特定目标的最有效方法。我们将在后面讨论 OECD 报告中为瑞典学校系统(Pont, Donaldson, Elmore, & Kools, 2014)提供的变革模型,它将算法的运行作为构成变革模型的基本原则,旨在使瑞典从平均水平提升到高于平均水平。

16.2　作为文化实践的数字

虽然简短,但历史性的讨论引导我们注意到国际学校评估和大学排名的基准不仅仅是描述当前的实证数据。这些数字被纳入报告,体现了历史的线索,其原则是关于研究要实现的人的(参见 Lindblad, Pettersson, & Popkewitz, 2018)。OECD 的 PISA 和麦肯锡关于教育的报告都是以控制论和系统分析对测评进行理论排序的,重点关注社会生活的过程和通信模式,同时关注对变革的可能性的排序,变革期待实现理想的社会和人。学校被视为一个具有生物有机体特性的系统,这是一种隐喻,用于思考"教育需求",以衡量社会增长和发展。

在系统分析中,数字作为参考,基准作为实证证据。数字是通信系统的一部分,其技术通过总结复杂的事件和业务来创造与现象的距离(Porter, 1995)。由于数字的机械客观性(mechanical objectivity)似乎遵循先验规则,体现了公平和公正,因此人们认为数字具有排除个人判断和减少主观性的特点。数字是一种距离技术,用作道德和政治话语所体现的客观主张。它们使各类人在被赋予"系统"这一抽象的可能性边界内得以实现。

数字联系在一起,是组织测评和变革的理性配方中的另一个要素。量化知识的领域是人造的,通过在不同事物的特性间创造统一性,使科学和政策的相互关系具有社会权威性(Porter, 1995: 6)。国际测评的统计相关性中的统一性与事物的特性被纳入干预模型中。OECD 关于瑞典学校系统的报告(Pont, Donaldson, Elmore, & Kools, 2014)中提出的变革模型具有算法的特质。问题解决和通过数字表达的"科学证据",是为了验证作为算法规则的基准。该模型看似只是统计思维的应用,正如前一部分所述,统计思维是一种关于社会生活的数学思维,具有严格的规则。算法规则为既定问题提供了最佳解决方案,或描绘了针对特定目标的最有效方法。构建测量算法是为了中和社会生活、文化、政治和环境的不确定性(Barber & Mourshed, 2007: 13)。

例如,在 PISA 中,数字和国家的比较列表(comparative listing)就像是各国学校系统的全球定位系统，供人们和政府定位自己并识别差异。

简而言之，将国家进行比较和排名所使用的分类构造，是针对人们的素质——教师、校长、孩子及其家庭的素质进行的。旨在对学校系统分类而形成的综合评估，包含了事先对构成者的倾向性和敏感度的设想，诸如对能够"适应"与实施变革模式的学校领导和教师进行分类。例如，"专家"或专业教师的技能分类标准实际上是相对的，比如"同行引领的创造和创新"品质（Mourshed, Chijioke, & Barber, 2010: 20）或"培养教师和校长的技术技能"（Mourshed, Chijioke, & Barber, 2010: 28）。"创造""创新""技能"等词语是为了将特定类型的人、他们的互动和社会性与那些没有创造力、创新性或技能的人区分开来。

数字拼成了有关学校有效运作的真实陈述的马赛克，这些陈述似乎是"国家"及其潜力的统一抽象概念呈现（参见，例如，Popkewitz, 2018）。国家和文化之间差异的复杂性消失了，又以标准化和可比较的数字描述重新出现，这些数字代表了各国独特的、普遍的人口，并从中计算差异。

OECD 的图表、统计数据等可视化技术起到了地图的作用，用于组织关于稳定对象在不同社会空间中移动的信息流，以"分辨"创新之路（Halpern, 2014）。这些图表、统计数据充当了"不可变的移动设备"（Latour, 1986）。它们是将复杂的事物分解为标准化类别和计算的可视化技术，其中现象看起来排列整齐，易于获得，并且可以移动到不同的地方，以监控和指导所看到的和所采取的行动。

视觉一致性（optical consistency）将统计学上的差异转化为具有"沟通客观性"（communicative objectivity）的信息。"视觉一致性"包含了一种特定的计算理性，其中过程和方法被制作为实物，统计是获取视觉信息（visual information）的策略。数字被赋予了国家发展、增长和公平所需要的超然秩序。文化差异被抹去，通过统计等价（statistical equivalences）的优越性质，创造了一个比较差异的层次。数字就像一种沟通实践，通过这种实践，统计等价呈现为关于可比性和差异的推理。

数字的可视化技术不再仅仅衡量个性和内在品质，还通过对需要发展的人的品质和特征的标准化来"观察"国家（参见，例如，Borgonovi & Przemyslaw, 2016: 132）。

变革被赋予了标志教育改进的方向性。众所周知，变革过程是可视化的。变革模式被视为有序和线性的过程，体现了明确和合乎逻辑的程序。例如，如果足够明智地遵循"高速公路"——这是 OECD 和麦肯锡报告中使用的一个词——所有人都可以使用这些程序(参见,例如,Mourshed, Chijioke, & Barber, 2010)。

大多数政策研究忽略了通过数字来描述等价性(equivalence)和可比性(comparability)的悖论。数字技术体现了文化实践(cultural practices)的网络,这些实践影响教师和儿童的课堂生活。在讨论"成就"和"成就差距"时,儿童之间数字差异的简略表达方式体现了推理的特定规则和标准,基于这些规则和标准,经验被分类,问题被定位,并给出排序、分类和划分的程序。探索使数字变得合理和可信的"推理",使得我们将重点放在包容冲动中的排斥和摈弃(abjection)的过程上。

就目前而言,OECD 的国际测评"仅仅"是描述某些现实,却在"制定"或制造重要事项方面有所"行动",在作为社会问题和变革策略的"本质"行动中起着作用。国际评估中产生的统计数据和数字被视为旨在规划和干预的稳定科学事实。测量提供了一种可以"分辨"关于人和未来的价值连续体的比较算法,从而使成功的学校系统得以实现。

这些测量指标旨在建立一个像高速公路一样容易进入的共同世界,以消除破坏系统平衡的危险。这就是 OECD 关于测评和变革的教育政策审查报告中的变革模式所要实现的目标。变革模式不仅仅与系统有关。在瑞典的报告中,各类人的普遍特征和品质是在全国范围内实现的,作为教师思考和行动的愿景和理性,也是团结学生、家长和社区的"福祉"这一抽象概念的社会和心理品质(参见,例如,Pont, Donaldson, Elmore, & Kools, 2014; OECD, 2017)。

16.3 基准与差异：成为理想的人

统计与数字对国家和教育系统进行了比较,表现为对社会和人的普遍特征的期望。这些普遍特征形成了图像和叙事内容,表达了通过其系统论规定的和谐世界。虽然图表和数量显示的差异似乎只是有关各国学校系统的类别差异,但这些比较需要对可视化中被忽略的人和机构的特征进行广泛的规范化和标准化。2015 年 PISA 测评是关于"各类人"家庭中儿童的特征。测评被描述为学生的幸福感,幸福感有助于学生在学校取得成功。这些数字体现了"一套全面的青少年幸福感指标,既涵盖消极结果(如焦虑、表现不佳),也涵盖促进健康发展的积极因素(如兴趣、参与、成就动机)"(http://www.oecd.org/pisa/publications/pisa-2015-

results-volume-iii-9789264273856-en. htm）。

对国家的比较和排名被置于变革模型中，以实现“时间之箭”（the arrow of time）[①]所产生的欲望。例如，OECD 对瑞典教育政策的评估（Pont，Donaldson，Elmore，& Kools，2014）提出了一个“三阶段过程”（three-part process）。变革表现为根据特定教育系统的“需求”“量身定制”的建议，包含了诸如“国家需求”等语境化的词语。事实上，量身定制激发了欲望的产生。这些数字似乎是未来的“实证”证据，以“国家需求”的形式出现在图表的视觉一致性中，看似无害。

成功和失败被可视化为标尺（scales），描绘随着时间流逝人群的发展和变化。这些标尺最初表现为制度轨迹，识别不同的国家与城市实现成功的发展模式的不同特征。差异（variations）被记录为关于正常和异常之间的价值连续体。国际测评的榜单和排名产生了一种可以区分和分类的可视化标尺（Hansen & Vestergaard，2018）。

标尺是通过将数据与项目联系产生的，例如，一套等级中的“综合行动计划”（integrated set of action），它形成“干预集群”（intervention clusters）以提高系统的绩效水平（Mourshed，Chijioke，& Barber，2010：14）。这些标尺将机构（组织）与个人品质无缝结合起来，为系统提供“问责、表现和专业化”的衡量指标（Mourshed，Chijioke，& Barber，2010：14）。普遍化标准（universalize standards）被标尺化，在下面的案例中，没有实际内容，而是作为一个清晰的线性进展离散标记出现，指示“阶段依赖干预”，以促进学校改进。

嵌入标尺中的变革逻辑创造了一个价值连续体。这些差异被标准化、规范化并排序成用于比较的价值等级。价值等级使国家和人口群体产生差异。用于讨论学校系统的统计分析旨在“研究为什么它们成功了以及它们在哪些领域成功了，而其他那么多系统却失败了”（参见，例如，Mourshed，Chijioke，& Barber，2010）。

通过将相关数据进行标尺化，从而对未来社会和人口进行预测。例如，麦肯锡的《世界上最成功的学校系统是如何不断改进的》（*How the World's Most Improved School Systems Keep Getting Better*）认为，基准测试是一种“通用标尺”，用于为多个“教育文献中讨论的不同国际学生学习结果测评量表”创造等价性

---

① “时间之箭”是一个物理学概念，意为时间就像一支箭，射向未知的前方，把过去永远留在后面。——译者注

(Mourshed, Chijioke, & Barber, 2010：7)。基准是标尺上的一系列标准,按照"从差/一般到良好""从良好到优秀""从优秀到卓越"的顺序对要素进行排序。在关于学校系统如何改进的另一份报告中,标尺被视为在每个类别内部的明确线性进展,各个类别之间具有相关性,但是指向一个哲学理想,即什么构成了理想的学校(Barton, Farrell, & Mourshed, 2013),例如：

从一般到良好(fair to good)：巩固系统基础,高质量的表现数据,教师和学校问责制,适当的融资、组织结构和教学模式；

从良好到优秀(good to great)：将教学和学校领导作为一个成熟的专业,像医学和法律一样有必要的实践和职业道路；

从优秀到卓越(great to excellent)：从中心到学校的更多改进点,基于同伴的学习,以及支持系统赞助的创新和实验。

该策略旨在解决国家案例研究中发现的偏离规范的问题。差异来自定义差异和行动空间的标准化规范(norms)。

基准似乎是有关国家发展的。但基准和标尺所关注的素质和特征是对各类人和差异的抽象。统计测量中产生的数字如同内嵌装置(inscription devices),它汇集并联结了教育学、心理和社会/文化原则。社会/政治结果与心理结果相结合,使学生的快乐、幸福感和生活满意度等救赎主题得以实现。

全国学生的表现与教师和儿童的心理素质有关。成就的衡量标准与教师是谁、儿童的心理状况、学校组织以及生活模式的规范(即所谓的"父母参与")等因素密不可分,如"同伴主导的创造力和创新"和"培养教师和校长的技术技能"。侧重于"创造力""创新"和"参与技能"的测量类别,体现了关于理想中的人的类型和社会类型的原则。这些品质和特征是规范性的,将"享受生活"、快乐、归属感和自我实现的价值观作为幸福感的衡量标准。

国家表现指标是关于人的文化记录。为了检查儿童的"生活乐趣","(PISA的)证据基础……远远超出了统计基准",PISA问道：

学生们快乐吗？他们对学校有归属感吗？他们是否喜欢与同伴、教师和父母保持良好关系？学生在校内外的人际关系质量与学业表现之间是否存在关联？……这些问题共同关注学生的心理和社会需求,帮助学生培养对未来的控制感以及在生活中取得成功所需的适应力(resilience)。(OECD, 2017：3)

人的特征被重新可视化为用宏观数字表达的各国之间的共性和差异。统计指标以等价性为基础，等价性创建了普遍的类别，以此可以测评差异并沿着价值连续性绘制图表。数字数据的可视化排序产生了表现的差异，因为它们与作为集体和国家差异的比较特性的“耐力”（endurance）和动机等指标相关。技能和能力与组织特性（如教师专业发展、学校领导）以及理想的儿童社会特征和心理特征相关。

差异因不同数据库之间的等价集（sets of equivalences）所形成的比较而出现。这些比较是通过对人的客观化来形成的，这些客观化嵌入了普遍的校准。微观研究需要与儿童的社会和沟通模式的心理类别有关的分类和数字，例如，家庭对儿童学业成就的影响、教育与就业的关系。这些衡量指标对表现较好的和表现不佳的学生的“需求”进行了区分，还规范了客体化（objectifications），这种客体化通过关于自主、尊重、父母参与、与学校和其他参与者的互动，以及动机与破坏性行为的心理学特征等具体类别，引发了“反馈”环的识别过程（OECD, 2017）。作为区别和差异的特性被重新调整纳入国家表格，其中子测量指标（sub-measures）和统计差异作为关于社会和国家的宏观统计类别而消失。

通过二次统计指标形成的比较，形成了一个谱系，而这个谱系又反过来依赖于我们开发的通用标尺（universal scale of calibration），它是通过对教育文献中讨论的几个不同的国际学生学习结果测评量表进行标准化而形成的。然而，我们的研究结果不是抽象的统计练习的结果。除了测评和其他定量数据外，它们还基于对200多名系统领导者及其工作人员的访谈，并辅之以对所有20个在实际运行中的系统的参观访问（Mourshed, Chijioke, & Barber, 2010：12－13）。

然而，具有讽刺意味的是，通过标准化和规范化来寻找等价，通过建立差异来消除差异。将复杂性简化为理性管理的“系统”使得“所有”国家的教育系统似乎都可以通过应用认可差异的分类来预测平等，然而这种对差异进行分类的行为却又带来了差异。差异需要通过在不同数据库之间创建等价集来进行比较。国际比较的悖论在于对差异的刻画，它“制造”出差异，使某些人永远不会处于“顶端”。

16.4 双重姿态：对人进行划分的期盼与恐惧

国际测评是关于国家发展的全球定位系统，其排名和列表似乎关乎国家潜力，即国家通过教育领域的努力和勤奋可以到达什么位置。OECD 的报告中写道

(OECD, 2017：62)，伴随期盼而来的恐惧表现为，除非一个国家“在当下进行足够的投资来发展人的能力，否则学生们不太可能在成年后享受到幸福”。各国要实现的潜力具有双重姿态。基准及其“实证证据”体现了矛盾地比较和划分的普遍性。例如，国际测评中的列表和排名比较了二级统计指标，创建了“通用校准”，其中一系列规范定义了数据子集之间的等价(Barton, Farrell, & Mourshed, 2013：7)。

在统计校准中产生的期盼和恐惧姿态与人们现在和未来的样子息息相关，同时也关乎那些无法被“普遍化”的人们。成功者和失败者的特征形成了有关实现一个理想未来的期盼的价值连续体，同时又包含那些被认为对系统的和谐与共识构成危险的群体的恐惧。规范化和标准化不仅仅关乎成就，排名和分类还使得那些被视为“文明”的群体和那些与这些先进文明在程度上有所不同的群体之间产生了差异，前者是那些名列前茅的学校系统和国家！

包容性变革的悖论是要规范差异——这种差异是国家之间的比较逻辑，同时也体现为宏观统计中社会和个人的比较概念。系统原则的讽刺和悖论是，它的和谐与共识转化为正常和异常的文化实践。偏好体现了预设的分歧，这些分歧导致了对系统模型和路径造成危险的群体的异常，如果异常不被改变，那么就会带来恐惧。

这种比较消除了差异，又产生了分歧。如果我引用OECD和麦肯锡的报告，有效的教育就像期盼的姿态一样，预示着美好社会、充分就业、福祉和国家进步的救赎主题。分类和数字与儿童的社会和交往模式的心理类别相关联，例如，家庭对儿童成就的影响，以及教育与就业的关系。社会和心理上的区别关乎对未来各类人的期盼。然而，这种期盼同时表达了对未来的危险和危险群体的恐惧姿态。这种恐惧表现为一些家长不能帮助孩子实现道德发展，而这些道德发展有助于孩子在学校取得成功，以及那种“缺乏”动机、幸福感和适当生活方式的孩子。划分发展阶段不仅要考虑组织因素，还要与年轻人的心理品质保持一致，这些品质通过“脱离”“心灰意冷”“处于优势地位”或“太穷而无法学习”等类别进行描述，将就业能力的功能性和功能失调标准化(Barton, Farrell, & Mourshed, 2013：32－33)。

16.5 “跟我来！”——未来是对不确定性的驯服之认识

未来是确定的，而衡量的问题是将国家和人民置于实现学校系统抽象化的高速公路上。例如，麦肯锡使用“高速公路”这个比喻，不仅是将高速公路视为通往未来的道路，还体现了生活在未来的各类人的品质和特征。在为未来的和谐与共识“提供更好结果”的高速公路和道路的不远处，伴随着对危险和危险群体的恐惧。遵循降低少数族裔、有色人种与贫困人口失业率的变革模式就是“通过提供‘标识’和‘专注’前方的道路，消除坑洼，使教育者和雇主成为解决方案的一部分”(Barton, Farrell, & Mourshed, 2013: 54)。

基准和“实证证据”是内嵌装置，描绘了关于未来的知识，所有国家都能凭借当下的知识达到顶峰。这些高速公路将社会生活视为一种机制或机器，适当的调整（平衡）可以使其实现系统目标。问题是如何为每个人量身定制高速公路，使所有人都可以抵达目的地。

变革的机制是普遍的。适当调整这些驱动力，可以开启优化系统目标的路径。变革是对普遍性的应用，即“在各自情境中应对挑战并利用各自情境发挥各自优势”(Mourshed, Chijioke, & Barber, 2010: 26)。创新涉及如何更好地规划路径以连接取得成功的高速公路。

找到合适的高速公路也意味着认识到存在的危险和危险群体。路径的悖论是系统的比较推理，其理论功能实现了最佳结果。例如，麦肯锡的报告表达了未消除坑洼的危险，以及为教育工作者和雇主“修补路面”以解决未来失业问题的希望(Barton, Farrell, & Mourshed, 2013: 54)。

> 在我们研究的 9 个国家中，从教育到就业的道路都在不断修复。交通标识缺失，交通拥挤。司机倾向于专注正前方路面的修补，而不是关注长途行驶。结果，……只有一小部分年轻人和雇主以比较有效的方式到达目的地。情况并非毫无希望。许多教育工作者和雇主不但接受他们需要成为解决方案的一部分这一理念，而且许多人也证明了他们在填补一些路面坑洼方面的独创性。(Barton, Farrell, & Mourshed, 2013: 54)

路径和高速公路的作用是为了实现和谐与共识的最佳状态。它们在原则的网格中被组装和关联，将平衡与失衡的理论关系作为测评和数字的社会和文化差异，对儿童家庭环境的质量和特征进行排序、区分和划分，被定位为双重姿态。

16.5.1 一些结论性思考

我一开始就把塞壬的歌声当作危险，它诱使水手的船进入岩石海岸边。在某种程度上，基准和“科学证据”为发展和进步问题提供了当代的诱惑，今天诱惑的表现形式是基准和“科学证据”。它们体现了关于国家发展和个人幸福的救赎主题，但这些主题在思考变革、人与社会的塑造方面具有特定的局限性。国际测评是预测性的，是一种经过计算的理性，具有乌托邦式的形象，但这种形象处于特定的历史背景中。国际测评是预测性的，因为这些偏好已经在学校作为一个系统的抽象概念中被预先确定了。

系统原则的讽刺和悖论在于，它的和谐与共识转化为正常和异常的文化实践。与普遍规范和区别的比较提供了差异和分歧。这些划分反映了那些对系统模型和路径造成危险的群体的异常，如果异常不被改变，那么就会带来恐惧。

这些数字不仅仅是描述的和相互关联的，它们还是预测性的。未来被计算为具有算法格式的欲望，并且在学校作为一个系统的抽象概念中就被预先设定了。这种未来涉及一种比较性，可将正常和异常区分为期盼和恐惧两种姿态。

参考文献

Barber, M., & Mourshed, M. (2007). *How the world's best-performing school systems come out on top*. Chicago, IL: McKinsey & Company.

Barton, D., Farrell, D., & Mourshed, M. (2013). *Education to employment: Designing a system that works*. Retrieved from http://www.mckinsey.com/industries/social-sector/our-insights/education-to-employment-designing-a-system-that-works

Borgonovi, F., & Przemyslaw, B. (2016). An international comparison of students' ability to endure fatigue and maintain motivation during a low-stakes test. *Learning and Individual Differences*, *49*, 128 – 137.

Bürgi, R., & Tröhler, D. (2018). Producing the "right kind of people": The OECD education indicators in the 1960s. In S. Lindblad, D. Pettersson, & T. Popkewitz (Eds.), *Education by the numbers and the making of society: The expertise of international assessments* (pp. 75 – 91). New York: Routledge.

Diaz, J. (2017). *A cultural history of reforming math for all: The paradox of making in/equality*. New York: Routledge.

Hacking, I. (1986). Making up people. In T. C. Heller, M. Sosna, & D. E. Wellbery (Eds.), *Reconstructing individualism: Autonomy, individuality, and the self in Western thought* (pp. 222 – 236, 347 – 348). Stanford, CA: Stanford University Press.

Hall, G. S. (1904/1928). *Adolescence: Its psychology and its relation to physiology, anthropology, sociology, sex, crime, religion, and education* (Vol. 1). New York: Appleton.

Halpern, O. (2014). *Beautiful data: A history of vision and reason since 1945*. Durham, NC: Duke University

Press.

Hansen, H., & Vestergaard, A. (2018). On the contest of lists and their governing capacities: How "tax havens" became "secrecy jurisdictions". In S. Lindblad, D. Pettersson, & T. S. Popkewitz (Eds.), *Education by the numbers and the making of society: The expertise of international assessments* (pp. 35 – 52). New York: Routledge.

Heyck, H. (2015). *The age of system: Understanding the development of modern social science*. Baltimore, MD: Johns Hopkins University Press.

Latour, B. (1986). Visualization and cognition: Thinking with eyes and hands. *Knowledge and Society: Studies in the Sociology of Culture Past and Present, 6*, 1 – 40.

Lindblad, S., Pettersson, D., & Popkewitz, T. S. (2015). *International comparisons of school results: A systematic review of research on large-scale assessments in education.* Delrapport från SKOLFORSK-projektet, Vetenskapsrådet. Stockholm. Retrieved from https://publikationer.vr.se/produkt/international-comparisons-of-school-results-a-systematic-review-of research-on-large-scale-assessments-in-education/

Lindblad, S., Pettersson, D., & Popkewitz, T. (Eds.). (2018). *Education by the numbers and the making of society: The expertise of international assessments* (pp. 222 – 228). New York: Routledge.

Mourshed, M., Chijioke, C., & Barber, M. (2010). *How the world's most improved school systems keep getting better.* Chicago, IL: McKinsey & Company.

National Council of Teachers of Mathematics. (1945). The second report of the commission on post-war plans: The improvement of mathematics in grades 1 to 14. *The Mathematic Teacher, 38*(5), 226 – 232.

OECD. (2017). *PISA 2015 Results (Vol. III): Students' well-being*. Paris, France: OECD Publishing. Retrieved from http://www.oecd.org/pisa/publications/pisa-2015-results-volume iii-9789264273856-en.htm

Pont, B., Donaldson, G., Elmore, R., & Kools, M. (2014). *The OECD-Sweden education policy review. Main issues and next steps*. Paris, France: OECD.

Popkewitz, T. S. (2008). *Cosmopolitanism and the age of school reform: Science, education, and making society by making the child*. New York: Routledge.

Popkewitz, T. (2018). Anticipating the future society: The cultural inscription of numbers and international large-scale assessment. In S. Lindblad, D. Pettersson, & T. Popkewitz (Eds.), *Education by the numbers and the making of society: The expertise of international assessments* (pp. 222 – 228). New York: Routledge.

Popkewitz, T. (in press). *The impracticality of practical research: A history of contemporary sciences of change that conserve.* Ann Arbor, MI: University of Michigan Press.

Porter, T. (1995). *Trust in numbers: The pursuit of objectivity in science and public life*. Princeton, NJ: Princeton University Press.

作者简介

托马斯·S. 波普科维茨（Thomas S. Popkewitz） 美国威斯康星大学麦迪逊分校（University of Wisconsin-Madison）课程与教学系终身教授。关注支配课程改革、教育科学和教师教育的理性系统的研究。其研究跨越了课程研究、教育政治社会学和文化史领域——考虑教育知识的政治性和旨在包容的实践中的排斥与摒弃的悖论。目前的研究重点是国际教育测评。该研究论述了数字如何作为文化实践表达了一些普遍原则，这些原则有关记录差异的人与社会的类型，以及关于实用和有用知识的当前教育研究的历史，并历史性地追溯了此类研究在界定变革与实现稳定（stabilize）和保存（conserve）之间的悖论。

电子邮箱: thomas. popkewitz@wisc. edu。

（魏晓宇　译）

第十七章

专门技术的比较叙事：作为教育知识百科全书的国际大规模评估

丹尼尔·彼得松

（瑞典 耶夫勒大学）

17.1 引言

利奥塔（Jean-François Lyotard）在其开创性著作《后现代状态：关于知识的报告》（*The Postmodern Condition: A Report on Knowledge*, 1984）①一书中写道："数据库将成为未来的百科全书，它能够超出每个使用者的能力范围，它就是后现代人的'自然'"（Lyotard, 1984: 51）。利奥塔带有预见性的观点关联着这样一个讨论——当国家、社会从现代向后现代转变的时候，知识是如何发生改变的。在这里，他观察到了知识的认知错位（epistemic displacement）（参见 Latour, 1988），知识不再为专家所"掩藏"与管控，而是由他提及的"完美信息"（perfect information）统治。在这里，数据被视为最首要的知识。原则上，当数据成为知识的主导时，知识可以被任何专家获取，以至于再也不会有任何的"科学秘密"（Lyotard, 1984: 52）。专家的角色同样发生了改变。可视化数据不再对普通大众遮遮掩掩，而是对每一个人开放，这就意味着人人皆可以成为专家。

在本章中，利奥塔的观点构建了一个知识框架，这个框架包含着关于一种特定的推理（参见 Hacking, 1992a）是如何随着教育科学的发展，最终促成"国际大规模评估"（international large-scale assessments，简称 ILSA）的建构问题，以及这种特定的推理是如何在科学领域和政策嵌入中获取自身合法性的问题。为此，本章

① 本书已有中译本，参见：让-弗朗索瓦·利奥塔尔.（2011）. *后现代状态：关于知识的报告*. 车槿山，译. 南京：南京大学出版社。——译者注

以部分历史轨迹作为事实支撑，这些历史轨迹会基于经过实证的、大量集中的优质数据促进构建第一个真正的比较评估。在国际教育成就评价协会（International Association for the Evaluation of Educational Achievement，简称 IEA）的第一个研究之后，各种国际大规模评估大量出现。需要特别注意的是，在今天的精英主义体制中，国际大规模评估要想发挥当前的作用，必须遵循五个重要轨迹：(1) 科学革命如何改变并且塑造认知与信念；(2) 专家与专长（Popkewitz, 1984）如何发生改变；(3) 数据的引入如何促进展示世界与“现实”的新方式的形成；(4) 法国实证主义者马克-安托万·朱利安（Marc-Antoine Jullien）长期为人们所遗忘的研究如何使比较教育的一个特殊分支拥有长远和合理的历史；(5) 对问题的把控和对大脑的掌控能力是如何随着时间而发生改变的。这些演变的轨迹对我们理解在精英主义的大环境下，国际大规模评估如何变得通俗易懂至关重要。

17.2 精英主义框架下的推理范式

我们将从人们如何理解精英主义这个问题入手进行阐释。在对自由社会如何通过精英观来构建不平等这个问题的批判上，英国社会学家迈克尔·杨（Michael Young）于 1958 年出版的《精英主义的兴起》（*The Rise of the Meritocracy*）一书是一个著名的例子。事实上，多年前福克斯（Alan Fox）就已提出这一概念（Fox, 1956），他讨论了制度与意识形态具有社会分层再生产与合法化的功能（Littler, 2013）。在福克斯看来，“精英主义”是一个社会观念，在这种观念中，智力超群、精力充沛与充满雄心壮志的人总是受到青睐，而这源于他们的天赋以及与教育、贤能和社会利益不可分割的关联。很明显，在日渐崛起的现代社会，个体差异再也无法通过出身、阶层和经济背景得以合法化。同样显而易见的是，在 19 世纪，对特权与精英主义的质疑已经被作为一种安全的精英民主形式引入（Porter, 1995），而这也意味着个体与社会的关系必须重新改写。

在现代性的话语体系中，人们通常通过提及机会平等来证明精英选拔是合理的。这可以理解为拥有同样的天赋并且愿意挖掘天赋的个体，应该在生活中享有同样的机会。而唯一可以接受的等级是基于集中对个体表现进行评估的精英主义思想。因而，不平等只取决于谁有机会根据自己的贤能接受教育和获得社会地位。因此，精英主义并非对不平等视而不见，而是以不同的方式界定了平等与不平等。正如平等取决于是否贤能一样，贤能也会带来不平等。换言之，精英主义既是一种意识形态，也是一种国家认可的技术——它可以用来消除传统的基于世袭继承的不平等。但与此同时，又合法化了基于个人表现的不平等。事实上，莱曼（Lemann，1999）批评了这种不平等，他指出美国的精英主义实际上是一个谎言，因为社会经济背景和种族因素仍然主导着对个体未来的预测。由上述关于精英主义的讨论可看出，莱曼的发现是普遍适用的，尽管精英主义是一个存在问题的、复杂的意识形态。迈克尔·杨等人指出了与精英主义相关的若干问题，例如，从获取贤能的角度去考虑社会和文化遗产（Bourdieu，1971）。这些描述常常与精英主义所根植的不言而喻的假设以及各式推理相关联（Hacking，1992b），比如天赋/智力的概念化，辨别什么是基本知识、技能和能力的能力，以及这些知识、技能和能力是否可以通过标准化、可比较的测试进行测量。[①] 还有一些人批判精英技术（meritocratic technology），指出它并不能支撑精英思想和新的等级秩序的形成，特定群体会系统性地陷入不利境地且遭受歧视（Bell，1972）。因此，在这里我们注意到一种在对现行教育体系批判的基础上提出的将个体和群体类别化的精英主义推理方式的组合。

结果，精英技术就像一个守门人，影响并规制着教育和劳动力市场的入口、通道和产出（参见 Forsberg，2006）。在教育体系中，精英技术尤其被管理部门与教学部门看好，它被用来测量、评价、记录和比较学生的学业成就。换句话说，作为一种技术手段，精英主义是平等与竞争思想的合体。从这个角度来看，精英主义作为一种公正化了的非正义、不平等也可以得到强调（参见 Forsberg & Pettersson，2015）。精英主义就是这样的框架，其中国际大规模评估通俗易懂，并且占据一席之地。下面将以五个不同的轨迹及其“转移”（displacement）为史实依据，旨在解释国际大规模评估技术如何历史性地发展成为与精英主义推理相一致的技术。

为了描绘五类“转移”以及让比较评估更加通俗易懂，巴什拉（Gaston Bachelard）[②]提出的“认识论障碍”（epistemological obstacles）与“认识论突破”

① 参见“[……]精英主义的最常见定义是以经过测试的素养或能力来概念化贤能，绝大多数通过智商或标准化成就测试”（Levinson, Cookson, & Sadovnik， 2002: 436）。

② 巴什拉(Gaston Bachelard， 1884—1962)，法国20世纪重要的科学哲学家、文学评论家、诗人，被认为是法国新科学认识论的奠基人。他的哲学思想深刻影响了法国众多哲学家，其认识论也在全球范围内广受推崇。巴什拉一生著作颇丰，主要作品有《火的精神分析》《梦想的诗学》《烛之火》《水与梦：论物质的想象》《科学精神的形成》等。——译者注

(epistemological breaks)(Bachelard, 1938/2002)常常用于知识分类原则。用巴什拉的方式思考发展的好处在于,我们可以认识到科学发展、社会发展从来不是线性的。反之,巴什拉将它们视作在不断迈向合法化进程中一个充满障碍与狂欢的连续过程。但是,在将这些"转移"进行历史化之前,我们有必要阐明何谓国际大规模评估以及其由来。

17.3　国际大规模评估简史

霍克海默尔和阿多诺(Horkheimer & Adorno, 1948)认为,公民社会倾向于通过将本来不能放在一起比较的事物量化为抽象的数字来进行比较。这一策略在具有人文与社会科学传统(Cowen & Kazamias, 2009)的国际比较研究(例如,Durkheim, 1894/1938;参见 Steiner-Khamsi & Waldow, 2012)领域最为明显,包括其长期而激烈的争论(参见 Rust, Johnstone, & Allaf, 2009)。比较的实践与重要性被以多种不同的方式描述过。比如,在诺沃亚和亚里夫-玛莎勒(Nóvoa & Yariv-Mashal, 2003)看来,比较研究中,与案例和变量相比,比较更为重要。相应地,施里韦尔与马丁内斯(Schriewer & Martinez, 2004)分析,比较领域发展过程中的各个阶段是强调反身的转向(reflexive turn)。如今,比较教育研究领域的一个主要问题就是强调国家之间基于概念和问题的比较(例如,Schriewer, 2009)。其中发现,教育领域的比较研究很少在概念基础上整合案例与变量研究(例如,Stiegler & Hiebert, 1999),而且该领域实证研究的数据分析不足(under-analyzed)(例如,Lindblad, Pettersson, & Popkewitz, 2015)。但是,今天的国际比较分析对科学话语的发展尤其重要,对抵制理论沙文主义同样意义重大(例如,Archer, 2013)。

20 世纪 50 年代末以来,比较教育研究在研究项目、项目中的研究数量、出版物数量上发展迅速(例如,Forsberg & Pettersson, 2015)。一些研究综述和手册(例如,Rutkowski, van Davier, & Rutkowski, 2014)也对比较教育研究进行了研究,并将其作为其他研究传统中的一部分,如学校效能与改进研究(例如,Reynolds, 2007)或比较教育(例如,Beech, 2009)。因而可以说,比较与数据是比较教育研究作为科学研究分支的两个重要前提。在 19 世纪末,排名数据的出现被用于拓宽社会与全球经济的新视野。在数据的辅助下对"现实"进行定义这一认知层面的创造性实践,与创建和管理自我定义的"民主"国家的发展历程相互联系。数字化的数据能够提供不止一种“客观方式”来观察现实，原因在于它通过数据创造一个可观察和可描述的“公共认知空间”（common cognitive space）来“构成”现实（Lussi Borer & Lawn, 2013）。

“二战”之后，数据被认为是理解“现实”最客观的方式。然而，数据的重新组合需要一个标准化的计算体系（Lussi Borer & Lawn, 2013）。其中一个分支是创建针对学生学习结果的国际大规模评估。这一发展的指导思想是，如果习俗和法律界定了一个国家教育许可的内容，那么超越国界的教育体系就会显示出教育上的可行性（Foshay et al., 1962）。这种观点被用作开发第一套数学领域的国际比较试点研究，不仅描述了新兴领域的起源，而且预示了比较评估研究的后续发展（Owens, 2013）。因此，国际大规模评估可以被看作一种人们创造出的展示教育上可行性的实践。

17.4 国际教育成就评价协会——“国际大规模评估之母”

国际教育成就评价协会是20世纪50年代评估领域第一个正式成立的组织。其创始人将世界视为一个天然的教育实验室，不同的学校体系围绕青少年教育进行实验以取得最佳成果。他们假设，如果研究能够从不同的国家教育体系中获得证据，那么这种差异性就足以揭示在单一教育体系中不易被察觉到的重要关系（Pettersson, 2014b）。据说研究旨在使用多项选择题来确定智力功能（intellectual functioning），测试大规模评估的可行性，并进行探索性研究（Foshay et al., 1962）。国际教育成就评价协会的第一项研究不同于其他当代比较研究，它旨在在比较教育的方法论中引入实证主义的方法，据说这个领域最初依赖于文化分析（Foshay et al., 1962）。国际教育成就评价协会以极大的热情开展了这项工作，并进行了一项试点研究（1959年6月开始，1961年6月结束）。研究人员得出结论，教育表现的跨国比较可以得出可比较的结果（Foshay et al., 1962）。这一发现在当时是令人震惊的，但更重要的是，一群来自不同文化和教育体系的研究人员可以在测试与评估方法上达成一致（Purves,1987）。研究智力功能这一最初目标已经改变，在测试题目中包含了更加明确的课程基础。沃克（David Walker）开创性地提出了“学习机会”（opportunity to learn）一词，在后续的国际教育成就评价协会项目中，这一概念成为重要的研究题目之一，尽管沃克在试点研究中发现，在成功完成一个题目的过程中，个人能力比教师在课堂上的强调更能解释差异（Walker，1962）。

1961年，12个国家的研究人员在国际教育成就评价协会的组织框架内，讨论数学、阅读理解、地理、科学和非语言能力等领域的试点研究评估。这项研究被认为是成功的，并制订了另一项数学研究的计划。项目之初，大家达成了彼此协作配合的共识。调查的主要目的是对数学领域的成就作出衡量，并将其与家庭、学校和社会中的相关因素联系起来。在确定这些因素时，调查必须依赖以往的研究成果。据说这个名为"首届国际数学研究"（First International Mathematic Study，简称FIMS）的项目旨在评估不同教育体系与实践中的效率或产出（Bloom，1969）。首届国际数学研究的最终结果由胡森（T. Husén）出版发表（Husén，1967）。除主要研究外，还出版了各种报告（例如，Keeves，1968；Pidgeon，1967；Kuusinen，1967；Hultin，1968）。显而易见，在这项研究中，科目的课堂实际教授与课程描述之间存在差异，而这也很好地预示了学生整体表现中存在的差异。首届国际数学研究还表明，不同学生群体在表现方式上有失平等。在这项研究之后，国际教育成就评价协会就不同学科、时间跨度与时期进行了各种研究（国际教育成就评价协会进行的不同评估，参见Lindblad，Pettersson，& Popkewitz，2015）。

17.5 OECD——"国际大规模评估的女王"

国际教育成就评价协会的研究引发诸多国家纷纷开展评估。国际学生评估项目（The Programme for International Student Assessment，简称PISA）是经济合作与发展组织（Organisation for Economic Co-operation and Development，简称OECD）的一个项目，与国际教育成就评价协会的研究在诸多方面颇为相似。尽管OECD主要关注经济政策，但由于在过去40年间，教育被重新定义为将经济竞争力纳入与人力资本和"知识经济"相关的经济论述，教育变得越来越重要（Pettersson，2008）。OECD声称科学"证据"不容置疑，并通过统计、报告和研究激活了政治决策中的某种"常识"（Martens，2007）。

马滕斯（Martens，2007）认为，OECD的巨大影响表现在其与指标相关的议程中，以及通过比较构建全球治理政策领域的作用上（参见Grek，2009）。诺沃亚和洛德（Nóvoa & Lord，2002）指出，人们可能不将这样的比较视为一种方法，而将其视为一种政策。借助这种比较策略，该政策由专家话语驱动，该话语往往将自然或常识的答案施加于国家情境之中（参见 Pettersson，2008）。虽然 OECD 凭借数据方面的比较话语，积极服务于国家政策制定者，但它还为政策制定者提供了一本关于什么是教育、教育应该是什么样子的全球政策词典（参见 Pettersson，2014a）。创建这本全球政策词典的方法之一，便是查看 PISA 的测评内容。PISA 提供了与成人日常生活相关的 15 岁青少年能力的比较，而不是简单地评估基于课程的知识（OECD，2001）。还有人说，测试课程的评估只能提供一种内部效能的测量，并不能揭示学校如何教导学生为成年后的生活做好准备（OECD，2001）。因此，PISA 可以被看作在国家、国际乃至全球层面进行政策建构、调解和传播的平台（Rizvi & Lingard，2006）。

PISA 测评已经进行了数次。每次评估都会对学生的阅读、数学和科学素养方面的知识水平及其兴趣、家庭背景进行测试。创新领域也被纳入评估范围，如评估合作问题解决能力，并计划在 2018 年评估之后纳入所谓“全球能力”。据称，PISA 的重点已经从不太明确且难以衡量的教育目标转向强调“真实生活”情境以及与进入劳动力市场相关的技能和能力（Grek，2009）。PISA 也很容易与活跃主体的自治（self-governance）理念相联系，从而将这种治理扩展到个体的自我调节系统（Ball，1998）。尽管 PISA 的构建与运行都是基于明确的政策框架，而且该政策框架旨在对未来作出改进，但是它不仅仅是一种测试制度。PISA 改善和吸引经济资本和人力资本投资的功能也有目共睹。对政策制定者来说，PISA 是一个双面硬币，因为它既能测试学生学习结果，又能吸引经济投资。有鉴于此，可以说 PISA 在国际政策中具有经济和教育双重职能（Pettersson，2008）。由于这两个方面相互交织、相互强化，因此难以分开分析。

20 世纪八九十年代，国际大规模评估无论是在类型上还是在设计上都有所拓展。国际教育成就评价协会将调查范围从数学和科学扩展到阅读、学前教育、课堂环境、第二语言习得、技术和公民素养。然而，虽然 PISA 模仿国际教育成就评价协会在 1959—1961 年的研究，旨在评估学生在接近学业结束时的表现，但评估的客体实际上从基于课程的学习演变为“素养”这个全新概念。PISA 使用“素养”这一概念来表征课堂以外的生活中对众多宽泛概念的掌握能力（OECD，2001）。

如何理解对教育知识进行调查的国际大规模评估的发展？这是一个漫长而持续的过程，因为社会已经变成了精英主义社会。在进行教育推理的过程中，有必要以新替旧来改变以前基于学生测试成绩的评估方式。下面将从历史的角度对推理中的一些“转移”进行阐述，将其作为一个激烈兴奋的事情进行讨论，使国际大规模评估能够大范围地在教育和教育发展上为人所知。

17.6 科学革命

是否存在科学革命？人们常常认为，革命是在非常短的时间内迅速发生的。但是当我们谈论科学革命时，情况并非如此——特别是在讨论科学的演变以及科学如何成为知识生产的主导领域时。通常，当我们在时间轴上定位现代科学的发展时，我们注意到它发生在 16 世纪左右，持续到 19 世纪初，也就是说，它是一场极其缓慢的革命。因此，在 20 世纪三四十年代，当法国历史学家考伊（Alexandre Koyré）开始将这些变化作为一场革命进行讨论时，他是这样说的，这是自古希腊以来人类思想所实现的最深刻的革命（Koyré, 1968）。根据考伊的说法，革命如此深刻，以至于几个世纪以来人类文化都无法掌握其意义或内涵。科学发展的重要性也可以在 20 世纪 40 年代英国历史学家巴特菲尔德（Herbert Butterfield）的著作中找到（Butterfield, 1965）。他认为，自基督教兴起，科学革命的光芒盖过了一切，他还将文艺复兴、宗教改革都简化为历史上的小插曲。他总结说，科学革命实际上是现代性和现代思想的起源。它是不是一场革命，是不是改变了社会和人们的思想，仍是历史学家彼此争论的问题。历史学家并非将发展视为某一冗长而单一的事件，而是谈论各种各样以理解、解释和控制自然世界为目的的文化实践，每种实践都有不同的特征，经历不同的轨迹，直到它们最终开始被视为一个独立的单元（关于这些问题的讨论，参见，例如，Shapin, 1996）。

但是，为什么科学革命对理解国际大规模评估的构建如此重要？答案很简单，因为国际大规模评估是科学，尽管这个“是”不能解释为什么国际大规模评估是如此构建的。为此，我们必须首先问自己什么是科学、什么是伴随科学发展的技术，这样才能让国际大规模评估易于理解。这就要追溯到科学被视作异端的时代，当时宗教被视为决定真假的文化和道德权威，君主在较小程度上也被视为权威。渐渐地，科学占据了这个位置，取代教会与君主来界定“现实”，于是权威让位于科学。这一过程始于诸如伽利略（Galileo Galilei）、笛卡儿（René Descartes）、惠更斯（Christiaan Huygens）与达尔文（Charles Robert Darwin）等科学家质疑教会认定的亚里士多德的宇宙论。他们通过一种特定的技术来挑战权威，这种技术可以被称为运动研究的“数学化”(Shapin, 1996)。这种自然科学的数学化成为探究自然秩序时合法性最高的方法，导致了主观与客观的分裂。在决定真假的问题上，客观主义不断发展到了顶峰。在此之前，政策制定系统被认为过于主观而不具有权威性或合法性。现在，人们认为科学家倡导的数学化方法更加客观，它成为判断真假的最终权威(Shapin, 2010)。

早期使用数学化来言说何谓“现实”的一个转折点是德沃邦(Marquis de Vauban)建议法国国王路易十四(Louis XIV)在1686年进行年度人口普查，以统计他的臣民。

> 国王在每年一个固定的时刻能够知道全部或各地区臣民的数量，以及各地的资源、富裕与贫困状况；各类贵族和牧师、律师、天主教和其他宗教信徒的数量，以及他们在不同地区的分布。这不是一种很大的满足吗？……对国王来说，坐在自己的王宫里用很短的时间了解他所管理的这个王国过去和现在的状况，很确定地了解是什么构成了他的权威、财富和力量，这不是一件有意义并且愉快的事情吗？(引自Scott, 1998: 11)

这里显示的是在关于统治的推理上的一个转变，一个人们开始从新兴科学领域收集数据为国王提供重要信息的转变。在用数字来描述自然状态这一科学进步出现之前，自然状态的知识须由国王或其管理者主观地进行收集。在这种新的推理方式中，可以根据不同的目的收集和计算资源方面的数字。斯科特(Scott, 1998)强调某些形式的知识和控制需要狭隘的视野，而人口普查提供了这一点。狭窄视野的优势在于，人们可以集中注意力关注某几个方面，这有助于理解本来复杂且难以处理的现实。另一个优点是它能够突出强调现实的某几个方面并放大其合法性，这反过来又使它们更易于精密测量和计算。因此，我们测量的内容与我们如何理解“真实”的现实相耦合。因此，我们选择衡量的东西往往构成现实。然而，现实的量化和测量不能仅仅被看作现实的社会建构，还可以被看作一种远距离治理的特定技术(参见Porter, 1995)。数字和量化技术最大限度地降低了对曾经是必需的丰富知识和对个人信任的需求(Porter, 1995)。远距离治理发展起来的一个原因是，量化非常适合跨社区的沟通，因为数字本身就是跨多种语言的，可以很容易地适应不同的环境。

将数学化引入管理领域，意味着科学革命也可以作为治理领域的革命来讨论。科学和技术发展现在也与社会进行着互动。数学化以深刻的方式改变了社会，例如，使科学与社会之间的联系在制度上更加牢固，并且改变了人们的态度。用科学和数字来进行治理已经成为常识。因此，“事实”和“真相”必须以科学为基础，而科学通常被描述为建立在量化和测量的强大客观基础之上的。总体而言，将知识等同于权威和合法性的专家随着科学革命而发生改变——从教会、君主到使用基于数字的特定技术的科学家。

17.7　专家与专长

为了充分理解国际大规模评估的论据和“事实”，我们需要承认专家角色的变化以及专长这一特定话语在现代性中的发展。“专家”这个术语来自拉丁语 expertus，是 experiri（尝试）的过去分词。如果按照这种古老的含义来定义专家，那么他们将被视为那些试图“说服”别人接受不同态度、“现实”或常识的人。专长可以被理解为不同竞争对手之间的社会实践。因此，专家可以被解释为变革的推动者（Popkewitz, 1984），他们确定了让其他人接受变革所呼吁的正确方法或流程。

如上所述，专家的角色与科学革命的兴起密切相关。在科学发展成为如何获得和感知知识的霸权推理之前，这个位置被一种神圣的知识理论占据（至少在西方是这样的），在这种知识理论中，只有上帝及其解释者，也就是教会，有权定义唯一的真正的知识。当自然不再被视为上帝的真理，而必须被数学化时，认知的行为不再被看作对超凡脱俗的神性的模仿。因此，自然科学的早期发展与自然界的数学化一起导致了一种世俗化的知识。上帝和教会作为专家的角色崩塌了（Shapin & Lawrence, 1998）。相反，科学家成了专家。在这场谁能拥有宣称“事实”和“真理”合法性的深刻变革中，变革的科学方法和理论建设向人们敞开了大门。

有关“谁是专家”这种不断变化的认识，可以视为现代化过程中最重要的转变之一。在科学革命之前，认识上的障碍与狂喜是由教会通过神性话语进行管理的。在那之后，这些障碍和狂喜在科学领域得到了处理。因此，数学化成为新的神性，这次是在科学内部，目的在于理解自然。因此，必须解释和发展数学化以获得更好的准确性和合法性，而对此的回应之一是统计学。

17.8 通过数字理解世界

为了理解统计学与使国际大规模评估易于理解之间的相关性，我们需要了解长期困扰统计学运用的一个哲学争议。这个争议可以根据它是关注测量还是关注对象本身而分为两个不同的类别。如果被测量对象的现实被认为与测量过程无关，则讨论取决于测量的信度（reliability）。然而，如果将被测量的对象看作一个公约（convention），那么就很有必要探讨对象的存在与定义（Desrosières, 1998）。在谈论国际大规模评估的发展时，要谨记这两种不同观点（一种把要测量的对象描述为真实的，另一种把要测量的对象描述为公约）之间的紧张关系是很重要的。但是，仅仅说国际大规模评估认为被测量的知识是真实的是不够的，即使这可能就是事实。相反，我们必须将这些知识解释为关于什么是好的教育或好的教育应该是什么样子的公约（在 OECD 有关指标的研究中可见）。因此，国际大规模评估承认被测量的对象介乎真实和公约（不仅仅是“知识”或学生的表现）之间。国际大规模评估还就教育，甚至未来社会和经济发展作出声明。

有关统计和国际大规模评估的概念基于两种不同的观察。首先是涂尔干（Durkheim, 1894/1938）描述了社会科学（在他的案例中是社会学）的核心作用，以及将社会事实视为事物的必要性。我们可以用两种不同的方式来解读：“社会事实就是事物”（social facts are things）或“社会事实必须被看作事物，就像它们是事物一样”（social facts must be treated as if they were things）（参见 Desrosières, 1998）。把社会事实当作事物来对待，就需要一种特定的科学语言——统计学的语言。另一个发现是，统计工具有助于发现或创建实体，这些实体支持了关于世界和我们在其中如何行动的相关描述。对象（object）既被视为真实的东西，又被视为建构的东西，但是，当它们继续被收集和传播时，它们就脱离了自己的起源，并被当作真正的事物来对待（Desrosières, 1998）。

在此背景下，当我们将科学与管理视为最终融合的两种不同轨迹时，从科学和管理实践中发展现代统计数据是有意义的。在管理方面，出于管理和行政的原因，对象主要被视为可衡量的事物。在科学方面，人们的争论集中于如何从方法上处理对象并建构可衡量的对象。统计的规范性观点和描述性观点之间的差异引发了具体的讨论，这一讨论在概率计算的发展过程中尤为重要，因为它将主客观概率分为两类。哈金（Hacking, 1975）将这些差异描述为认知（epistemic）概率和频率论（frequentist）概率。从认知的角度来看，概率被认为是一定程度的信念。一方面，在未来不确定、我们的知识也不完善的情况下，概率可以在信息匮乏时为我们提供行为规则；另一方面，频率论的观点强调多样性和风险是自然的一部分，而不是不完整知识的一部分。根据这一观点，多样性和风险对人类来说是外在的，因此也是事物本质的一部分。因此，要用科学来描述观察到的频率。在这两种情况下，统计都是处理不确定性的一种方式。在这里，统计和行政管理实践之间的关系变得显而易见。统计学的历史与国家建设密切相关（参见 Scott, 1998），其中建立了一般形式——等价范畴——在编码过程中将个别情况的奇异性转化为整个类别。定义等价类和编码成为统计工作的核心（Desrosières, 1998）。在这一过程中，最重要的是原先彼此不相干的事物可以组合在一起产生不同的秩序（Thévenot, 1986）。

为了理解国际大规模评估，我们必须承认统计学的模棱两可是一种概率思维的历史，也是一种旨在治理的管理技术。在这方面，统计数据致力于探究知识、行动、描述性和规定性行为。德罗西埃（Desrosières, 1998）描述了统计学的两个轨迹，说科学和实践是联系在一起的，任务是客观化和将事物联系在一起，"要么是因为它们是可预测的，要么是因为如果不可预测，它们的不可预测性可以在一定程度上得到控制，这要归功于概率的计算"（Desrosières, 1998：9）。管理不确定性是统计数据可以提供的最重要的"转移"。用这种方式来考虑统计数据时，国际大规模评估可以被解释为一种获取知识的方式，或是一种行动导向，在这里最终的结果可以被视为描述性的和规定性的。这样，人们可以将国际大规模评估视为科学和管理活动。然而，为了实现这一目标，国际大规模评估必须从科学的历史传统，即比较教育中寻求合法性。

17.9　历史的诉求与建构

如上所述，国际教育成就评价协会是第一批专注于对学生学业成就进行大规模评估的组织之一。该协会的创立初衷是在 20 世纪 50 年代后期进行比较教育研究，并在 20 世纪 60 年代初进行了第一次评估（Pettersson, 2014b）。国际教育成就评价协会的第一项研究与那个时期其他比较教育研究的不同之处在于，它试图将一种经验的、基于数字的方法引入一个以文化分析为主导的领域(Foshay et al., 1962)。在国际教育成就评价协会的第一项研究开始之前,教育的比较是基于人道主义的理想展开的。随着对心理测量学和教育产出感兴趣的科学家成立了国际教育成就评价协会,社会科学和行为科学成为比较学业成就测试的理想平台(参见 Kazamias & Massialas, 1982)。

当比较教育被描述为一个科学领域时,比较教育尚未拥有清晰的方法论基础和理论根源。当国际教育成就评价协会开展第一次调查时,很明显这是一项比较研究,但它对比较教育领域的一些认识论信念提出了挑战。它并没有从人文科学中最常见的理论出发,如乌申斯基(Constantin Ushinsky)或狄尔泰(Wilhelm Dilthey)强调使用文化理解或领悟(verstehen)的方法进行比较教育研究(Epstein, 2008a),而是将自身置于社会科学之中,并使用统计数据探究该领域。这挑战了比较教育的基本信念。为了获得合法性,国际教育成就评价协会声称自己是由来已久的比较教育传统的传承人,而这一传统源于法国实证主义者朱利安,朱利安早在乌申斯基和狄尔泰之前就提出了他的主张(Epstein, 2017)。朱利安成为国际教育成就评价协会的合法发言人,并称该协会的评估实际是比较教育的一部分,也是该领域最古老的传统。

但这是怎么做到的呢? 1935 年,一本朱利安撰写于 1817 年的书被发现,此书后来被捐赠给日内瓦的国际教育局(International Bureau of Education)。曾在该局任职的罗赛略(Pedro Roselló)阅读了此书,并于 1943 年发表了一篇文章,将朱利安称为“比较教育之父”(Roselló, 1943)。19 世纪初,朱利安试图将实证主义作为所有比较研究的基础。在这一点上,数字成为客观事实,必须收集数字以验证教育主张。国际教育成就评价协会的第一项研究使人们将其与基于数字的比较研究的悠久历史联系起来,并证明了其在 20 世纪五六十年代非常重要的历史合法性,特别是在实证主义获得重要地位的美国研究背景下(参见 Anderson, 1961)。然而,在比较教育领域,很多人质疑朱利安比较教育创始人的身份(例如,García Garrido, 1996; Noah & Eckstein, 1969),至今人们仍会就比较教育的根源、历史轨迹展开激烈争论(例如,Epstein, 2008b)。尽管如此,人们还是会用朱利安的思想为国际教育成就评价协会这样的由科学驱动的研究事业赋予合法性,并赋予其历史及历史合法性。看待这个问题的另一种角度是国际教育成就评价协会在比较教育史上创造了一些新的东西。简而言之,它侧重于可以用数字表示的教育产出，并根据这些数字创建了学生、教育体系和国家的分层等级，从而创建了教育学的具体实证推理。

17.10 对物质与思想的控制

最后，我们需要考虑最后一个使国际大规模评估完全被人们理解的“转移”，即人们认为物质与思想是如何被控制的。福柯（Foucault，2009）区分了权力关系史上的三种不同形式。第一，我们有法律制度，它通过裁定合法与非法的规范性代码（normative code）来定义自己；第二，法律体系建立了一套纪律装置和技术体系，旨在对主体进行排序、校正和调整；第三，建立了一套安全装置。所有这些模式并存。福柯在基督教牧师“管理灵魂”（governing the souls）的布道中找到了政府管理技巧的起源。随着科学革命和支配物质与思想的新形式被发现，这种教会霸权开始受到质疑。取而代之的是客观性的叙述，在这里，科学尤其是观察的数学化，被认为是事物的最高秩序。

科学语言演变为新的“第三帝国语言”（Lingua Tertii Imperii）（Klemperer，2011），国家简单化（state simplifications）（Scott，1998）决定了人们如何借助科学，特别是数学化技术提供的机会进行治理。根据斯科特的观点，国家简单化至少包含五个特征：第一，国家简单化是对社会生活中官方感兴趣的各个方面的观察；第二，它们大多是书面形式，通常是数字形式，并被视为文件事实；第三，它们通常以静态事实的形式存在；第四，它们常常是个人特征的客观集合；第五，官员出于许多目的的考虑，需要将国民组成不同类别，从而可以对其进行集体评估。这些集合事实，可以用平均数或分布来表示，但必须是符合标准的事实。不管构成集合事实的个体环境如何特殊，我们感兴趣的是相同标准化尺度或同一连续体（continuum）上的相似性和差异性。

这些国家简单化项目至少要三个步骤。第一步是建立通用的度量或编码单位；第二步，按照新度量单位，对属同一类的各项进行计算和分类；第三步，在各种组合中使用这些分类来定位新的知识阐述。在这一讨论中，我们可以看到，科学与国家通过分类的方式，共同为社会和人们的思维制定了秩序，从而使社会问题的数学化成为可能。当国际大规模评估出现时，它被认为是社会、经济和科学发展的重要联合项目。这在政府层面和科学层面赋予国际大规模评估以对个体进行分类的合法性。

17.11 作为百科全书式知识的国际大规模评估项目

如上所述，霍克海默尔和阿多诺(Horkheimer & Adorno, 1948)认为，公民社会倾向通过将本来不能放在一起比较的事物量化为抽象的数字来进行比较。利奥塔(Lyotard, 1984)也认为，这些抽象的量（就像数据）能够被转化为知识的百科全书。这一策略在很大程度上是基于一种信念，即数字更为客观(Porter, 1995)。波特(T. M. Porter)指出，通过测量、计数与计算进行严格的量化是感知客观性的最可靠的策略之一，至少两个世纪以来，这种策略享有广泛的、不断增长的权威，比如在科学、国家组织的层面就是这样。在教育领域，人们对这一策略的讨论是将政府的政治理论与民主和贤能的概念联系起来的推理，这些概念最初出现在19世纪，内容是关于数字提供了对平等和社会进步的叙述。与个人能力和素质相关的"贤能"的出现，取代了之前的礼仪和绅士行为，成为思考真理和能力的一种方式(Sapin, 1994)。然而，对"贤能"的推理并不是现代社会所特有的，而是根植于不同的理性体系中，而这些理性体系并不是基于个性、能动性和进步的时间性。历史上，社会在组织社会秩序时，总是在贤能、资历(seniority)、传统与神性之间进行权衡(Neves, 2000)。先前提出的"转移"强调的是一种现代性的概念，它赋予个体自己的历史和发展自身贤能的能力。例如，法国哲学家指出为了建立平等的社会，有必要建构一个平等的衡量体系（参见 Popkewitz, 2008；也见 Kett, 2013）。在这个论点中，我们可以开始看到数字独立于人类活动的观点的发展，但是仍然有必要将其（数字）作为一种程序，运用于社会领域，以此在社会组织中纠正社会错误，促进人类平等。

今天，人们理所当然地将数字、统计比较视为理解社会如何发展的方式，以及学校如何应对与平等相关的社会和政治承诺的方式，这些承诺与通过"贤能"意识形态所表达的平等密切相关。国家测试、区域与国际知识评估中的成绩、考试和学生表现数据汇总后，现在被广泛用于确定国家学生学习结果并进行比较，从而建立了对数字的信仰(Porter, 1995)，而这样的信仰影响了关于教育的推理与讨论。展示这些结果的方式之一是学校排名或国家排名，这反过来又会引发关于通过变革取得更佳表现的讨论。

如何解释国际大规模评估的成功？首先，使得国际大规模评估更具相关性的因素有很多，其中大部分植根于精英主义的意识形态。这些因素包括由于科学革命而发生的变革、专家角色的转变、赋予知识合法性的统计学的发展、通过如何治理的古老历史与话语变革来声明国际大规模评估的合法性。所有这些方面对于理解为何国际大规模评估在20世纪60年代初引入时被或多或少视为“常识”很重要。在这些历史轨迹中构建的是一种具体的叙事，它描述了国际大规模评估是如何作为主导性的组织原则服务于精英主义管理的。该叙事以理解这个世界为目的，依赖于比较的合理性以及人类和人类行为的数学化。

显然，国际大规模评估作为一种具体而合法的技术的代表，与国家行政和科学密切相关，并以一种假设为基础，即社会、公民和知识可以通过精英体系被量化。哈拉维（Donna Haraway）声称，科学不仅由社会造就，还会造就社会（Haraway，1997）。因此，我们可以说国际大规模评估作为一种现象，在如今的精英社会中，一定程度上建构了我们看待知识的方式。我们也可以从利奥塔（Lyotard，1984）那里获得启示。他认为，当社会发生变化时，科学知识也会发生变化，并且可以被理解为一种话语。这种话语带来了某种逻辑或推理，而这种逻辑或推理则决定了什么被接受为“知识陈述”（knowledge statements），也决定了谁被授权陈述它们及其原因。我们无权宣称由国际大规模评估测量的知识是“正确的”知识，尽管我们可以质疑精英系统中国际大规模评估知识的比较、数据的数学化与聚合的问题。国际大规模评估结果在当代政策中的频繁出现和传播表明，国际大规模评估不仅是“知识”如何被制造与感知的一部分，还有助于构建我们如何感知和理解“社会”的方式。

本章描述了当公众讨论有关社会方面和知识层面的问题时，公共领域是如何构建的。当专家的角色由封闭社会中辩论和构建知识的“骑士”代表转变为被认为是更“客观”的形式和作为统计数据的汇总数据时，这就变得可能。统计数据让任何个体都能够根据所提供的数据得出结论并作出陈述。事实上，在现代，公开和可访问数据被认为是民主与开明辩论的必要条件（参见 Desrosières，1998），也是精英主义的基础。在这一发展中显而易见的是，统计系统的构建不能与保证政治和科学领域一致性和持久性的对等构建分开，也不能与所讨论对象的社会推理分开。严格来说，统计数据为突出显示为重要现象的对象创建了一种通用参照或共同语言。因此，统计数据为被理解为“社会的”或“知识”的事物创造了社会框架和认知框架。因此，知识成为可衡量和可言说的事物。国际大规模评估的技术在很大程度上基于这种统计学语言，其中"知识"被认为是评估中测量和计算的内容。因此，国际大规模评估在阐明部分"知识"的同时，也淡化了其他知识。

根据这两个观察结果，我们得出了最终结论。"百科全书"在词源上源于一个希腊词，意思是完整的教学（complete instruction）或完整的知识（complete knowledge）。本文既主张又质疑国际大规模评估在很大程度上被解释为有关教育的完整的教学或知识的观点，并在构建教育和"世界"中发挥作用。来自国际大规模评估的知识不是关于教育的唯一的可能的知识，尽管如果我们只承认国际和国家的教育政策，它当然可以看起来是唯一的知识。通过对教育史中的一些轨迹进行历史化，本章展示了这如何通过一些认知信念的特定"转移"和狂喜而成为可能，并为人所理解，而这些认知信念是将社会组织成一个精英国家所必需的。因此，在很大程度上，我们可以将国际大规模评估视为教育百科全书，因为它在教育治理领域已经形成了具体的叙述、它的可比性，以及它在精英教育中嵌入数学化技术方面的专长。如果我们承认国际教育话语中对国际大规模评估的媒体和政治报道，那么这就是事实。

参考文献

Anderson, C. A. (1961). Methodology of comparative education. *International Review of Education, 7*(1), 1 - 23.

Archer, M. (2013). Solidarity and governance. In *Governance in a changing world: Meeting the challenges of liberty, legitimacy, solidarity, and subsidiarity. Pontifical academy of social science, extra series 14.* Vatican City: Vatican State. http://www.pass.va/content/dam/scienzesociali/pdf/es14/es14-archer.pdf

Bachelard, G. (1938/2002). *The formation of the scientific mind.* Clinamen: Bolton.

Ball, S. J. (1998). Big policies/small world: An introduction to international perspectives in education policy. *Comparative Education, 34*(2), 119 - 130.

Beech, J. (2009). Who is strolling through the global garden? International agencies and educational transfer. In *International handbook of comparative education* (pp. 341 - 357). Dordrecht: Springer.

Bell, D. (1972). On meritocracy and equality. *The Public Interest, 29*(48), 30 - 68.

Bloom, B. (1969). *Cross-National Study of educational attainment: Stage I of the IEA investigation in six subject areas. Final Report. Volume I.* Chicago: University of Chicago.

Bourdieu, P. (1971). Systems of education and systems of thought. In M. F. D. Young (Ed.), *Knowledge and control: New directions in the sociology of education.* London: Collier-Macmillan.

Butterfield, H. (1965). *The origins of modern science, 1300 – 1800.* New York: Free Press.

Cowen, R., & Kazamias, A. (2009). *International handbook of comparative education.* Dordrecht: Springer.

Desrosières, A. (1998). *The politics of large numbers: A history of statistical reasoning.* Cambridge & London: Harvard University Press.

Durkheim, E. (1894/1938). *The rules of sociological method.* New York: Collier-Macmillan.

Epstein, E. H. (2008a). Crucial benchmarks in the professionalization of comparative education. In C. Wolhuter, N. Popov, M. Manzon, & B. Leutwyler (Eds.), *Comparative education at universities world wide* (pp. 9 – 24). Sofia: Bureau for Educational Services.

Epstein, E. H. (2008b). Setting the normative boundaries: Crucial epistemological benchmarks in comparative education. *Comparative Education, 44*(4), 372 – 386.

Epstein, E. H. (2017). Is Marc-Antoine Jullien de Paris the "father" of comparative education? *Compare: A Journal of Comparative and International Education, 47,* 317. https://doi.org/10.1080/03057925.2016.1254542

Forsberg, E. (2006). *International tests, national assessment cultures and reform history. Research project.* Stockholm: The Swedish Research Council.

Forsberg, E., & Pettersson, D. (2015). Meritokratin och jämförande kunskapsmätningar. In G.-B. Wärvik, C. Runesdotter, E. Forsberg, B. Hasselgren, & F. Sahlström (Eds.), *Skola Lärare Samhälle: en vänbok till Sverker Lindblad.* Göteborg: Göteborgs Universitet.

Foshay, A. W., Thorndike, R. L., Hotyat, F., Pidgeon, D. A., & Walker, D. A. (1962). *Educational achievements of 13 year olds in twelve countries.* UNESCO Institute of Education: Hamburg.

Foucault, M. (2009). *Security, territory, population. Lectures at the Collège de France 1977 – 1978.* New York: Picador.

Fox, A. (1956). Class and equality. *Socialist Commentary,* 11 – 13.

García Garrido, J. L. (1996). *Fundamentos de Educación Comparada.* Madrid: Editorial Dykinson S. L.

Grek, S. (2009). Governing by numbers: The PISA "effect" in Europe. *Journal of Education Policy, 24*(1), 23 – 37.

Hacking, I. (1975). *The emergence of probability.* Cambridge: Cambridge University Press.

Hacking, I. (1992a). "Style" for historians and philosophers. *Studies in History and Philosophy of Science, 23*(1), 1 – 20.

Hacking, I. (1992b). Statistical language, statistical truth, and statistical reason: The self authentification of a style of scientific reasoning. *The Social Dimensions of Science, 3,* 130 – 157.

Haraway, D. (1997). *Modest_Witness@Second_Millennium. FemaleMan@_Meets_OncoMouse: Feminism and technoscience.* New York: Routledge.

Horkheimer, M., & Adorno, T. W. (1948). *Dialektik der Aufklärung: Philosophische Fragmente.* S. Fischer Verlag: Frankfurt.

Hultin, M. (1968). *Skolans produktivitet.* Stockholm: Almqvist & Wiksell.

Husén, T. (Ed.). (1967). *International study of educational achievement in mathematics: A comparison of twelve countries. Volume I and II.* New York: Wiley.

Kazamias, A., & Massialas, B. G. (1982). Comparative education. In H. E. Mitzel (Ed.), *Encyclopaedia of educational research* (pp. 309 – 317). New York: Free Press.

Keeves, J. P. (1968). *Variation in mathematics education in Australia*. ACER: Sydney.

Kett, J. F. (2013). *The history of a founding ideal from the American revolution to the twenty-first century (American institutions and society)*. Ithaca: Cornell University Press.

Klemperer, V. (2011). *The language of the third Reich*. London & New York: Continuum.

Koyré, A. (1968). *From the closed world to the infinite universe*. Baltimore: Johns Hopkins University Press.

Kuusinen, J. (1967). *School systems and level of achievement: Some notions on the basis of the IEA study in mathematics*. Helsinki: University of Finland.

Latour, B. (1988). *The pasteurization of France*. Cambridge & London: Harvard University Press.

Lemann, N. (1999). *The big test: The secret history of the American meritocracy*. New York: Farrar, Straus & Giroux.

Levinson, D., Cookson, P. W., & Sadovnik, A. R. (2002). *Education and sociology: An encyclopaedia*. London: Taylor & Francis.

Lindblad, S., Pettersson, D., & Popkewitz, T. S. (2015). *International comparisons of school results: A systematic review of research on large scale assessments in education*. Stockholm: Vetenskapsrådets Rapporter.

Littler, J. (2013). Meritocracy as plutocracy: Marketising of "equality!" Under Neolibealism. *New Formations: A Journal of Culture/Theory/Politics, 80*(81), 52 – 72.

Lussi Borer, V., & Lawn, M. (2013). Governing education systems by shaping data: From the past to the present, from national to international perspectives. *European Educational Research Journal, 12*(1), 48 – 52.

Lyotard, J.-F. (1984). *The postmodern condition: A report on knowledge*. Manchester: Manchester University Press.

Martens, K. (2007). How to become an influential actor—The "comparative turn" in OECD education policy. In K. Martens, A. Rusconi, & K. Lutz (Eds.), *Transformations of the state and global governance*. London: Routledge.

Neves, L. M. P. (2000). Putting meritocracy in its place. The logic of performance in the United States, Brazil and Japan. *Critique of Anthropology, 20*(4), 333 – 358.

Noah, H., & Eckstein, M. (1969). *Toward a science of comparative education*. London: Macmillan.

Nóvoa, A., & Lord, M. (Eds.). (2002). *Fabricating Europe: The formation of an education space*. Dordrecht/Boston/London: Kluwer Academic Publishers.

Nóvoa, A., & Yariv-Mashal, T. (2003). Comparative research in education: A mode of governance or ahistorical journey? *Comparative Education, 39*(4), 423 – 438.

OECD. (2001). *Knowledge and skills for life: First results of Programme for International Student Assessment*. Paris: OECD.

Owens, T. L. (2013). Thinking beyond league tables: A review of key PISA research questions. In H.-D. Meyer & A. Benavot (Eds.), *PISA, power and policy: The emergence of global educational governance* (Oxford Studies in Comparative Education) (Vol. 23, p. 1). Oxford: Symposium Books.

Pettersson, D. (2008). *Internationell kunskapsbedömning som inslag i nationell styrning av skolan. Acta*

Universitatis Upsaliensis. Uppsala Studies in Education No. 120. Uppsala: Uppsala Universitet.

Pettersson, D. (2014a). Three narratives: National interpretations of PISA. *Knowledge Cultures, 2*(4), 172-191.

Pettersson, D. (2014b). The development of the IEA: The rise of large-scale testing. In A. Nordin & D. Sundberg (Eds.), *Transnational policy-flows in European education: Conceptualizing and governing knowledge.* East Greenwich: Oxford Studies in Comparative Education. Symposium Books.

Pidgeon, D. A. (1967). *Achievement in mathematics: A National Study in secondary schools.* Upton Park: NFER.

Popkewitz, T. S. (1984). *Paradigm and ideology in educational research.* London & New York: Routledge.

Popkewitz, T. S. (2008). *Cosmopolitanism and the age of school reform: Science, education, and making society by making the child.* New York: Routledge.

Porter, T. M. (1995). *Trust in numbers: The pursuit of objectivity in science and public life.* Princeton, NJ: Princeton University Press.

Purves, A. C. (1987). The evolution of the IEA: A memoir. *Comparative Education Review, 31*(1), 10-28.

Reynolds, D. (2007). School effectiveness and school improvement (SESI): Links with the international standards/accountability agenda. In T. Townsend (Ed.), *International handbook of school effectiveness and improvement.* Basel: Springer.

Rizvi, F., & Lingard, B. (2006). Globalisation and the changing nature of the OECD's educational work. In H. Lauder, P. Brown, J. Dillabough, & A. H. Halsey (Eds.), *Education, globalization and social change.* Oxford: Oxford University Press.

Roselló, P. (1943). *Marc-Antoine Jullien de Paris: Père de l'Education Comparée et Précurseur du Bureau International de l'Education.* Geneva: International Bureau of Education.

Rust, V. D., Johnstone, B., & Allaf, C. (2009). Reflections on the development of comparative education. In R. Cowens & A. Kazamias (Eds.), *International handbook of comparative education.* Basel: Springer.

Rutkowski, L., van Davier, M., & Rutkowski, D. (2014). *Handbook of international large-scale assessment: Background, technical issues, and methods of data analysis.* Boca Raton: CRC Press.

Sapin, S. (1994). *A social history of truth. Civility and science in seventeenth-century England.* Chicago: University of Chicago Press.

Schriewer, J. (2009). *Discourse formation in comparative education.* Frankfurt am Main: Peter Lang.

Schriewer, J., & Martinez, C. (2004). Construction of internationality in education. In G. Steiner-Khamsi (Ed.), *The global politics of educational borrowing and lending.* New York & London: Teachers College Press.

Scott, J. C. (1998). *Seeing like a state: How certain schemes to improve the human condition have failed.* New Haven & London: Yale University Press.

Shapin, S. (1996). *The scientific revolution.* Chicago & London: The University of Chicago Press.

Shapin, S. (2010). *Never pure: Historical studies of science as it was produced by people with bodies, situated in time, space, culture, and society, and struggling for credibility and authority.* Baltimore: Johns Hopkins University Press.

Shapin, S., & Lawrence, C. (1998). Introduction. In C. Lawrence & S. Shapin (Eds.), *Science incarnate:*

Historical embodiments of natural knowledge. Chicago & London: The University of Chicago Press.

Steiner-Khamsi, G., & Waldow, F. (2012). *Policy borrowing and lending. World yearbook of education 2012*. London: Routledge.

Stiegler, J., & Hiebert, J. (1999). *The teaching gap: Best ideas from the world's teachers for improving education in the classroom*. New York: The Free Press.

Thévenot, L. (1986). Les investissements de forme. In *Les Conventions économiques, Cahiers du Centre d'études de l'emploi* (Vol. 29, pp. 21 - 71). Paris: PUF.

Walker, D. A. (1962). An analysis of the reactions of Scottish teachers and pupils to items in the geography, mathematics and science. In A. W. Foshay, R. L. Thorndike, F. Hotyat, D. A. Pidgeon, & D. A. Walker (Eds.), *Educational achievements of 13 year olds in twelve countries*. Hamburg: UNESCO Institute of Education.

Young, M. (1958). *The rise of meritocracy*. New Brunswick & London: Transaction Publishers.

作者简介

丹尼尔·彼得松（Daniel Pettersson） 瑞典耶夫勒大学（University of Gävle）教育与经济学院和教育学系的教育学副教授/高级讲师。《北欧教育政策研究杂志》（*Nordic Journal of Studies in Educational Policy*）主编，瑞典教育研究协会（Swedish Educational Research Association）财务主管。

电子邮箱: dalpen@hig. se。

（闻凌晨　魏晓宇　译）

第十八章

“使多样性可见”的危险：美国教育政策中科学成就的历史考察[①]

凯瑟琳·L. 基尔希加斯勒

（美国　堪萨斯大学）

在21世纪，广泛的科学技术素养对于保证国家的经济福祉和公民的个人幸福感至关重要。然而，持续的科学成就差距（science achievement gaps）意味着非主流（non-mainstream）学生在就业市场和公民决策方面将越来越处于不利地位。

——《科学教育中的多样性与公平性》（Lee & Buxton, 2010：10）

人如果缺乏正确的技能，就将处于社会的边缘，技术进步将无法转化为经济增长，各国将无法在全球经济中竞争。如果人们因缺乏熟练的基本技能而无法充分参与社会，那么制定具有包容性的政策并让所有公民参与进来，是不可能的。

——《PISA 2015 结果：教育中的卓越与公平》（Organisation for Economic Co-operation and Development, 2016：6）

国际政策、研究和评估项目中均体现了确保所有公民获得基本科学素养的努力。那些被标贴上“非主流”或“边缘”标签的个体被要求以特定的方式改变自己，以便被承认具备充分参与社会的正确技能。科学成就分数是衡量学生是否做好独立生活的准备，以及能否作为有知识的、健康的和有生产力的公民为国家做贡献的指标。依据对这些分数的分解（disaggregation），可以得出这样的结论，即特定的人口由于自身缺乏科学技术素养而处于不利地位——这种缺乏被认为威胁到

① 本章的较早版本收入：Kirchgasler, K. L. (2017). “Scientific Americans: Historicizing the making of difference in early 20th-century U. S. science education.” In T. S. Popkewitz, J. Diaz and C. Kirchgasler (Eds.), *A political sociology of educational knowledge: Studies of exclusions and difference* (pp. 87－102). New York, NY: Routledge.

他们的“个人幸福感”“就业市场前景”和“公民决策”。本章探讨了人们如何理所当然地将科学成就中的人口差异视为必须纠正的不平等，以便实现更高程度的经济平等、政治准入和社会包容。

最近关于扩大科学、技术、工程和数学（science, technology, engineering, and mathematics，简称 STEM）教育参与度的呼吁可以被视为现代学校培养更快乐、更健康和更有生产力个体的愿景的一部分（Diaz, 2017; Popkewitz, 2008; Ideland, 2018; Miller, 2017; Valero, 2017; Zheng, 2019）。STEM 教育中的跨国讨论不仅涉及提高学业成就或经济生产力，还体现了对移民、难民和其他边缘化群体带来的文化多样性日益增加的担忧（Bazzul, 2014; Ideland & Malmberg, 2014）。这种关系并不新鲜。至少一个世纪以来，科学教育通过科学与迷信、健康与疾病的区分，参与了自我与他者的分类，使得公民身份成为一种道德和文化资格，而不是一种臆断（Kirchgasler, 2017, 2018）。

本章从历史角度考察了依据科学成就对孩子进行划分的可能性的关键条件。该论点基于科学研究和课程研究的见解，探讨了成就数据如何不只是一种或多或少忠实反映既存现实的描述。成就指标——与政策目标、课程标准、心理范畴和教学技术相结合——以多种不确定的方式塑造现实。本章分析了美国科学教育的现行政策以及过去的研究。过去与现在的证据表明，目前通过缩小科学成就差距来包容“多样化群体”的努力保留了关于理想的未来公民的历史和文化原则，这些原则无意中使那些不在这些规范内的人边缘化。危险的是，那些看似中性的教育政策范畴、方法和实践如何在不经意间产生新的排斥，虽然它们的目的是赋权（empower）和包容（include）。

本章内容如下。首先，我考虑美国最新的科学课程标准——《下一代科学教育标准》（Next Generation Science Standards，简称 NGSS）——如何回应人们对先前标准使多样性不可见并导致“一刀切”（one-size-fits-all）的担忧。我将着重关注学界对教育政策中成就数据所起作用的批评，并概述将科学成就作为历史对象这一新方法的必要性。其次，本章简要分析了科学成就如何作为一个心理学范畴和可计算属性出现在 20 世纪初的美国科学教育研究中。研究和教育学的相关技术有助于构成不同“种类”（Hacking, 2007）的科学学习者，因为他们需要不同水平的科学教学。最后，本章回到《下一代科学教育标准》，分析科学成就对差异进行分类和排序方式的关键性历史转变。这一论点强调了通过科学成就使多样性变得可见的努力的局限性和危险性。它还说明了科学成就自身是如何通过对“日益多元化的学生群体”的焦虑而获得关注的（Next Generation Science Standards Lead States, 2013a：359）。

18.1 重新评价“不可见”的前提与“一刀切”的科学教育

最近美国的《下一代科学教育标准》旨在通过“使多样性可见”（making diversity visible）来解决不平等问题（Next Generation Science Standards Lead States, 2013a：364）。“持续性的成就差距”（persistent achievement gaps）是指“非优势群体”具有不同的学习需求，需要转变教学方式（Next Generation Science Standards Lead States, 2013a：359）。该标准展示了对七类学生的案例研究。在为某些群体推荐的教学策略与为其他群体推荐的教学策略中出现了对比。“经济困难学生”和“来自主要种族和民族的学生”的个案研究建议采取使科学更易于理解和具体化的策略，如采用多模式陈述（multimodal representations）复习低于年级水平（below-grade-level）的材料（Next Generation Science Standards Lead States, 2013b, 2013c）。同时，那些被鉴定为有天赋和有才华的学生需要更开放和抽象的指导，如开展自我指导项目（self-directed projects）以探索高于年级水平的材料（above-grade-level）（Next Generation Science Standards Lead States, 2013d）。这些比较提出了这样一个问题：以公平的名义为社会经济、种族和民族群体倡导不同类型的科学教育是如何变得合理的？

《下一代科学教育标准》框架（National Research Council, 2012）援引了批评意见，认为先前的标准未能解决种族、社会经济地位和性别等关键问题，从而助长了一种“危险的不可见话语”（dangerous discourse of invisibility）（Rodriguez, 1997：19）。在20世纪90年代后期，政策分析将“面向所有人的科学”（science for all）改革概括为“理论上的平等主义”（egalitarian in theory），但“在实践中难以实施”（difficult to actualize in practice）（Calabrese Barton, 1998：525）。伴随着这些批评，有人呼吁确定具体策略以支持美国科学教育历来忽视的人口群体（demographic groups），从而弥合研究与实践之间的差距（Lee, 1999）。换言之，人们关注的是如何扩大“面向所有人的科学”中的“所有人”，以包括残疾学生（Mastropieri & Scruggs, 1992）、墨西哥裔美国学生（Barton & Osborne, 1995）、双语学生（Fradd &

Lee, 1995)、女孩(Shakeshaft, 1995)、城市无家可归儿童(Calabrese Barton, 1998)等等。这些批评强调,问题不在于这些群体自身存在缺陷,而在于他们接受的是以狭隘和歧视性的方式展示的科学课程,课程未能关注他们的想法、利益和日常生活(参见 Brickhouse, 1994)。2001 年,一份关于科学教育改革中多样性的专刊得出结论:"日益明显的是,'面向所有人的科学'不一定意味着'一刀切'"(Lynch, 2001: 622)。

然而,与"一刀切"方法的前提相反,美国的科学教育长期以来对某些学生和其他学生所需要的课程和教学法进行了区分。区分特定类别学生的科学教学努力的历史,比讨论多元文化科学教育(multicultural science education)(例如,Atwater & Riley, 1993; Hodson, 1993)或者《面向所有美国人的科学》(*Science for All Americans*)报告(American Association for the Advancement of Science [AAAS], 1990)的历史要悠久得多。多年来发表在《科学教育》(*Science Education*)杂志上的文章标题明显体现了对差异的持续关注:《市中心贫民区的孩子: 提高其解决问题能力的尝试》(George & Dietz, 1971);《使纽约市的初中科学教学适应波多黎各学生的需要》(Sanguinetti, 1961);《向有问题的不良青少年教授科学》(Schuyler, 1940)。虽然在过去的一个世纪里发生了很大的变化,但是《下一代科学教育标准》让不同学生群体和他们的科学学习需求变得更加清晰这一尝试并不是全新的。接下来,通过在课堂上发现和分类的差异,我考虑将分析焦点从不同群体转移到"分隔实践"(dividing practices)(Foucault, 1994: 126)的价值。

18.2 不只是夸夸其谈和歪曲事实: 为何要将"面向所有人的科学"作为史实看待

科学成就数据是近 30 年来促进"面向所有人的科学"的国家和国际改革的关键(Hodson & Reid, 1988; Linder et al., 2010; McEneaney, 2003; Orion, 2007)。这些倡议力求提高所有社会成员的科学成就,特别是那些被认为在历史上没有获得充分服务的群体(historically underserved)。对成就数据进行分类被认为是揭示差距和确定针对特定人口群体的有效策略,并在监测教育干预的结果方面发挥关键作用。然而,这种逻辑一直受到批评。虽然对这项工作的回顾超出了本章的范围,但从修辞和描述的角度来审视成就指标与公平结果之间假定的联系对我的研究是有益的。

先前的教育政策分析已经讨论过：(1)“面向所有人的科学”改革只是花言巧语；(2)成就差距是对不同群体的能力和需求的虚假表述。在科学教育内部，一些人认为，强调“面向所有人的科学”的政策仅仅是言辞，实际上并没有实施（例如，Atwater，2000；Calabrese Barton，1998）。其他人则对“面向所有人的科学”这种言辞的正当性持异议，认为这是优化人力资本和经济竞争力的需要，而不是道义上的当务之急（例如，Basile & Lopez，2015；DeBoer，2013）。一些学者认为，除了科学教育之外，对种族成就差距的过度关注成了一种缺陷透镜（deficit lens），这使得刻板印象长期存在，并分散了人们对系统性差异的注意力（例如，Gutiérrez，2008；Ladson-Billings，2006）。另一些人认为，教育政策利用数据的修辞来给成就指标披上科学的外衣，而实际上，数据驱动的改革往往使边缘化群体处于不利地位，并通过教育分流来加剧不平等（例如，Booher-Jennings，2005；Horn，Kane，& Wilson，2015；Sleeter，2007；Valenzuela，2005）。

对政策仅仅是言辞的批评引起了人们对政策叙事如何回避、模糊和加剧边缘化群体的教育排斥的担忧。然而，预先假定政策言辞和课堂现实之间存在分歧的分析有若干局限。第一，言辞（rhetoric）/现实（reality）或文本（text）/情境（context）划分的前提，使得我们对“识别和排序差异的技术如何在政策、研究和实践领域传播”这一问题的考察更加困难。第二，将成就话语解释为更广泛的意识形态[例如，新自由主义、缺陷思维（deficit thinking）]的倾向，忽略了对历史原则的详细审查，这些原则使得人们有可能一开始就认为不同群体在科学成就方面是存在差异的。第三，成就衡量标准不能反映边缘化群体的实际科学能力和需求的论点，有可能重新引发这样一种观念，即这些群体由不同类型的学习者构成，他们的能力和需求可以通过消除偏见的测试题目或文化上更有效的评估形式来客观地揭示。与揭穿科学成就差距的虚假表述相比，一个更紧迫的问题是理解它是如何成为科学真理或谬误的“备选项”的（Hacking，1992）。换言之，科学成就本身如何在国家政策中作为一种独特的思维品质或作为一种衡量普遍知识、实践和推理的标准，而这种标准似乎在程度上各不相同，并且似乎在个人、群体和国家之间分布不均。

我不会将“面向所有人的科学”的“所有人”看作光说不做的空洞承诺——或者如艾哈迈德（Ahmed，2006）所说的非执行性话语（non-performative discourse）——我所感兴趣的是，科学教育政策是如何执行，如何起作用以及如何影响教育不平等的。我的研究借鉴了科学研究和课程研究的学术成果，研究了教育政策如何包含产生实质性影响的技术。例如，波普科维茨等人（Popkewitz, Feng, & Zheng, 2018）讨论了实证证据的基准和概念是如何"表现为对社会和人民普遍特征的期望"的，具有讽刺意味的是，这些基准与概念是通过统一的表述产生差异的（Popkewitz, Feng, & Zheng, 2018：113）。如果我回到开篇的题词，"面向所有人的科学"中的"所有人"不仅仅是一个不完整或未实现的平等主义愿景，而且与科学素养框架和科学成就衡量标准相联系，通过每个公民必备的知与行的规则和标准来创建等级差别。这些普遍的素质似乎对确保个人幸福、就业市场前景和公民决策是必要的。在这一过程中，"所有人"将各种不同的需求铭刻在学生的思想、态度和家庭生活中，因而似乎需要不同的科学教学形式作为回应。

重要的是要关注这种表现性的差异，因为包容和排斥不仅仅是对立现象（Popkewitz, 2008）。在摈弃（abjection）的过程（Butler, 2011）中，人们将那些被确认为需要融入的人划分为与正常人不同的类别（如还不具备科学素养），并接受救助和改造，他们的融入取决于发展他们被视为缺乏的品质。"摈弃"将人们的注意力转向科学话语和工具是如何"过度呈现"（Wynter, 2003：260）人类思想和活动的特定类型［例如，国际学生评估项目（Programme for International Student Assessment，简称 PISA）衡量的"基本技能"］，并成为人类生存的一般基准和平等参与社会的先决条件的。

那么，将科学成就历史化的意义，不是要揭穿它是一种弊病或意识形态。我不会从成就中剔除现实，而是试图通过分析它的历史变迁、政治纠葛和物质性行动者（material agecy）将现实加入成就之中（Latour, 2004：232）。科学成就仅仅通过拉图尔（Latour, 2000）所称的历史生产网络作为科学对象而出现。我不去寻找它的确切起源，而是着重介绍一些事件，在这些事件中，科学成就形成了知识生产、社会管理、教育干预等各种策略的不稳定集合。在过去的一个世纪里，科学成就、能力（capacity）、潜力（potential）、天赋（talent）等概念在变化的结构中具体化。虽然有些因素在今天看来是永恒的认知因素，但每一个因素都在某个特定的时刻出现，其测量旨在解决一个觉察到的社会问题。作为当前的历史（Foucault, 1977），本章探讨了两个时刻——20 世纪 20 年代科学能力和成就的标准化测试的出现，以及 21 世纪头十年成就测试数据与公平和多样性问题的联系。我的分析起点包括 1916—1929 年出版的科学教育期刊《普通科学季刊》(*General Science Quarterly*,简称 GSQ)和《下一代科学教育标准》及其附带文件。

本章不讨论用于评估科学成就的测试题目的内部效度或信度,也不讨论作者的意图。相反,我考察了科学和学校教育实践,这些实践使科学课堂上的某些差异可知和可操作。例如,在 20 世纪 20 年代之前,不可能对学生的科学学习能力提出科学主张。21 世纪以来,评估学生如何达到科学标准的工具层出不穷,随后对人口群体和国家进行排名的工具大量涌现。在过去的一个世纪里,美国用于概念化和测量科学成就的技术已经获得、放弃并重新构建与其他元素的联系,包括进化论、心理学范畴、美国例外论叙事(narratives of American exceptionalism)、皮亚杰阶段理论、可及性的政治话语(political discourses of accessibility)和数据驱动的决策协议(protocols of data-driven decision-making)。这些部分替代和重整使我们很难认识到,虽然许多因素已经改变,但今天的“科学成就”网络仍然在个性化和种族化方面产生区别。

18.3 将科学成就作为一种对心态的测量(20 世纪初)

要使科学成就的观念变得不自然,只需要简单地回到认为儿童的大脑具有不同程度的科学理解之前的某个时刻。在 19 世纪中期的美国,有关人类差异的真理是通过关于灵魂的宗教教义建立起来的。社会问题被归因为城市是道德败坏的场所,在那里美德消散,恶习蔓延(Boyer, 1978)。普通学校的生理学课程旨在与无知的恶习斗争,通过教导人们顺服上帝的自然法则来培养道德品质(Mann, 1867)。到 20 世纪初,学校科学教育的明确目标开始从道德品质转变为心理态度(mental attitude)。

科学作为孩子的一种心理素质(mental quality)的概念出现在美国,当时人们对科学进步的期望与对种族退化的恐惧交织在一起。20 世纪早期,关于国家认同的通俗叙事强调了美国的发明天才和技术进步是现代文明的高峰(Nye, 1999)。社会科学将科学规划的原则引入人类发展的问题中。最令人担忧的是社会问题,它将美国城市的道德混乱归咎于大迁移(Great Migration)与来自南欧和东欧的“外国”移民(Popkewitz, 2008)。人们将社会问题归咎于这些种族群体的心理习惯,大众教育作为救助和改造他们的方式变得重要起来。人们把希望寄托于教育和新的教育科学，希望通过培养未来公民的理想特征来使“大众美国化”。鉴于科学在美国例外论叙事中发挥着中心作用，科学教育在将“非科学心灵”（Woodhull, 1918：3）的移民转变成“思维敏捷的美国人”（straight-thinking Americans）（Whitman, 1921：88）方面扮演着特殊的角色。

一种“科学的心态”（scientific attitude of mind）通过心理学技术作为一个新的实证调查对象出现了（Barber, 1917：108）。然而，在从灵魂（soul）到心灵（mind）的转变中，人们对社会行为的道德判断并没有消失。人们仍然将不良的道德习惯，如不良的卫生，归咎于城市群众的无知。然而，这种无知现在并不是被解释为精神上的恶习，而是移民心理不成熟的产物，如“低等的南欧血统”（inferior Southern European stocks）（Grier, 1920：47）。培养科学态度的新目标是在这些学生学会遵守有关身体、心理和性卫生的科学建议时，为他们的日常生活带来道德秩序。

将科学重新定位为一种心理特征，依赖并重申了长期流传的假设，即所谓“低等种族”缺乏科学推理的能力。根据复演说（recapitulation theory），科学思维（scientific thinking）被认为是人类进化的上锚（upper anchor），如“最好的美国血统”（Grier, 1920：47），它区别于“野蛮人”的非系统化思维（unsystematized thinking）（Dewey, 1910：16）。然而，科学作为高级推理、文明生活和民族归属的新概念，并不是现有课程中的一部分。心理学理论认为，公立学校的迅速发展已经产生了大量学生，而现有的科学教学形式并不适合他们。根据桑代克的准备律，要求所有学生学习物理和化学将是一种“强迫自然”的尝试，忘记了必要的态度“在年轻人的心灵中发展得相对较晚，就像种族观念的发展一样”（Woodhull, 1918：49）。

“复演说”使科学教育重新组织为一个差异化的、发展的进程成为可能（Downing, 1925：74）。在进程的顶端是物理和化学知识，现在被指定为“专门科学”（specialized sciences），只适合少数被判定为有能力进行定量抽象的人。在发展进程的底部，一门名为“普通科学”（general science）的新课程将有助于“不成熟的心灵”（immature minds）获得科学态度，这种科学态度是获得更高级和抽象的思维的先决条件。因此，复演原则为界定科学心灵与不成熟心灵，以及区分这些新类别学生的课程提供了依据。在从宗教道德化到心理规范化的历史性转变中，“科学态度”继续体现着关于儿童是谁、需要成为谁，以及谁被认为最不符合这些规范的道德原则。

到目前为止，我一直认为科学是一个区分不同类型人的心理素质的概念。但是，它是如何成为一个可量化的属性——不仅是推断的，而且是实证测量的？大约在普通科学课程遍布全国的同时，智商测试和其他心理测试工具开始进入美国学校。“教师首先要找出学生本身的心智禀赋”很快不证自明（Woodhull，1918：83）。部分原因是，这种需求与一种观念有关，即进入高中的学生不再是同质的，而是“所有种族的学生混合”，他们的科学学习基础必须得到评估，而不是假定（Woodhull，1918：224）。同整体心理能力（mental capacity）一样，学生学习科学的能力也被认为因“性别、年龄、环境、（和）遗传”的不同而有所差别（Hunter，1920：385）。未来十年发展起来的标准化测试将把科学能力具体化为一种可测量的属性，其程度不同于常模（norm），并且可以用来比较不同类别的学生。

在这些早期标准化科学测试中，被编为科学能力或成就（术语经常互换使用）的并不只是自然科学的一个子集，还包括被认为是大众所缺乏的心理素质。当时的社会学研究将科学思维界定为与“南方黑人”的“民间信仰”（Puckett，1926）以及“意大利人”和“犹太人”的“迷信”（Jones，1904）相对立。社会学家给特殊的宗教习俗贴上“迷信”的标签，如罗马天主教中的挂念珠（hanging of rosary beads）或犹太教中的美祖扎（mezuzah），认为这些群体不像新教那样具有科学意识，新教被奉为独立思考的典范，摆脱了旧世界宗教传统的束缚（Jones，1904：77）。由于普通科学旨在使美国公民摆脱迷信（Whitman，1921），早期的科学能力测试设置了一些问题来评估“通过不科学的思维得出的常见迷信或信仰”（Maxwell，1920：444）。例如，一道科学推理测试题询问日期是 13 号的星期五是不是不吉利的（Maxwell，1920：449）——这一信仰被当时的社会学家归类为“黑人禁忌”（Puckett，1926：xii）。那么，这些测试所构成的科学能力的一部分，是学生对假定为将种族化的他者与所谓理性的美国人区分开来的信念的摈弃。

科学能力的理论对象是通过其测量操作来重构的——如智力（Danziger，1997）——科学能力就变成了科学成就测试测量的对象。这些工具使我们有可能将每个人的心灵概念化，使其具有稳定的未来科学学习能力。在早期的科学能力测试中，个体被设计成沿着钟形曲线（bell curve）分布，只保留那些“区分聪明学生和迟钝学生”的题目（Whitman，1920c：50）。测试的效度只有通过与预先存在的关于什么构成了成熟的科学思想家的评价相一致来保证，这就需要事先确定哪些学生是聪明的，哪些学生是迟钝的。这些判断是根据智商测试（Dvorak，1926）以及教师给出的成绩和排名（Ruch，1920）来校准测试的。特别是，测试设计者要求教师按“勤奋、课堂行为、学生个性、作业严谨、整洁、自发性和许多其他因素”对学生进行排名（Ruch，1920：17）。这些范畴并非中立，而是体现着特定的社会价值和规范。就“自发性”而言，它是一种积极的智力素质，可以将美国人与“受传统束缚、懒惰和悲观”（Downing，1925：174）的“法国人”以及行为冲动的“野蛮人”（Dewey，1910：14）区分开来。信仰、行为和表达的文化规范既是科学能力的普遍指标，也是美国例外论的标志，表现为“我们自己的活力、警觉性以及有力和有效地处理不断变化的问题的能力”（Downing，1925：174）。标准化科学测试的外部效度，像其他的心理工具（Rose，1985）一样，依赖于将那些已经被学校等机构认定为有问题的个人登记为低于正常水平（subnormal）。

标准化测试中稳定的科学内容沿着数字标尺而展现空间化差异。在将某一特定表现概括为个人属性时，科学思维这种概念——已经通过复演说被种族化，并通过对外国迷信的社会学研究在文化上被具体化——变得可以量化。统计技术按预先确定的差异类别（例如，性别、遗传、环境）对个人得分进行排序，基于人口统计的平均数被刻画成了个人特征。这种统计式的推理方式提供了新的真理主张，如测试数据表明女孩比男孩更难获得科学知识（Dvorak，1926），或来自“典型的芝加哥高中”的学生没有掌握基本的科学概念（Downing，1925）。这些主张以实证“发现”的形式呈现出来，数据重新排列了学生和人群，标志着他们与社会规范（social norms）的距离，而社会规范在这个过程中被抽象化和普遍化为科学知识和概念理解。

同时，标准化测试没有得到普遍好评。《普通科学季刊》的一些学者对标准化测试仅仅揭示了科学学习的最“机械方面”表示不满（Kilpatrick，1921：281），需要额外的技术来获取与科学心态相关的理想和习惯方面“更广泛的成就”（Klipatrick，1921：282）。除了科学成就测试之外，科学态度的证据还可以通过许多其他技术来展现，包括与科学有关的兴趣清单（Lyon，1918）、儿童收集什么及其理由的问卷（Hunter，1919）、家庭火灾隐患调查（Whitman，1920a），以及当地杂货店和肉店卫生条件的社区调查（Bayer & Clark，1920；Andress & Evans，1925）。这些调查技术包括范畴、指导方针和规范化价值观，允许教师（和学生自己）识别“家庭和社区的优缺点”，其中一些缺陷可以“自然地”引发专题作业和课堂讨论

(Whitman, 1920b: 30)。通过这种方式，学者们所认定的标准化测试的“危险”——作为一种过于狭隘的科学成就衡量标准(Kilpatrick, 1921: 282)——可以通过它与其他新兴的研究和教育实践的联系来减轻。

此外，标准化测试的数值精确性为将学生分配到不同水平的科学教育提供了“更可靠的基础”(Ruch, 1923: 196)。它们提供了一个单一的衡量标准，可以用来检索过去的教育经历，显示当前的熟练程度，并预测达到特定教育目标或教学方法的准备程度。这些测试声称以机械的方式揭示自然差异，为区分“低级心理类型”(low grade mental types)(Hunter, 1920: 382)，将科学课程分成快节奏和慢节奏两个部分(Ruch, 1923)，引导学生从事适合他们心理的职业(Whitman, 1922)提供了客观基础。测试的数值精确性有助于将学生分类到越来越多的课程层次，其节奏和教学方法可以沿着清晰与线性的进度进行校准。

通过设计和验证第一批标准化科学测试的具体实践，可以看到一种转变。现存的关于群体信仰、行为和智商的种族差异的理论，在科学能力测试中逐渐沉淀下来。这些测试评估了个体接受那些被编码为科学的信息，适应课堂社会规范(如自发性)，并拒绝那些被贴上迷信标签的观点(例如，日期为13号的星期五)的程度。根据教师关于学生个性的评价对标准化测验进行校准，这使特定的文化价值观在方法论讨论中获得了短暂的可见度，然后通过量化和相关性等统计程序嵌入和消除。科学成就与其说是与自然科学有关，不如说是与社会科学实践有关，社会科学实践将人们的心理素质分类，以指导他们接受适当的教育、美国化(Americanization)和性别分化(sexual differentiation)。评估数据有效地产生了它们意图揭示的差异。在生物种族和社会学类型之间虚构的区别被束缚并被重新设定为科学心灵与非科学心灵之间的分裂——现在可以用科学能力或成就的程度来衡量。

标准化测试结合发展量表(developemental scale)和调查技术，为科学课堂差异的产生和分类提供了一种新的模式。在把科学能力作为一套普遍的理想加以投射时，差异只能被视为对合理推理、正确知识和健康习惯等标准的偏离(deviation)。标准化测试使得新的差异可见、可计算和可支配，按照演化轨迹(evolutionary trajectory)对单个学生和子群体进行排序，并将其与不同的教学水平进行匹配。在假定的心理发展与文明发展之间的对称性中，科学能力充当了“权力关系的密集转移点”(Foucault, 1990: 103)——一个对个人价值进行排名，描绘国家归属感，并管理被认为尚未准备好民主参与的种族群体的场所。

重要的是，科学成就的概念和衡量标准是在特定的历史时刻组合起来的，如今，公平和多样性的概念并不存在。如前所述，20 世纪早期美国科学教育的清晰目标包括：将领导者从被领导者中分离出来，将低能者（feeble-minded）分离出来，教导女孩在家庭中的地位，以及同化移民群体（例如，Hunter, 1920）。这段历史很重要，因为在 20 世纪初发明的理论和技术已经变成了黑匣子（Latour, 1999），并在今天的科学课堂上继续以改良的形式流传。

下一部分概述了几个转变，这些转变将美国当前的科学教育政策改革与 20 世纪初科学能力自然分层的假设区分开来。渐渐地，科学成就取代了诸如智力、科学能力、天赋之类的术语。几十年来，妇女和少数族裔在科学领域的代表性不足，引发了以公平为导向的关切（例如，Crowley, 1977）。国家政策报告开始声称，种族和性别表现上的差距不是不可避免的进化秩序的标志，而是那些“在科学与数学教育中基本上被忽视”的群体所面临的不公正差距的证据（American Association for the Advancement of Science, 1990: xviii）。尽管发生了这一重要的转变，但直到 20 世纪中后期，许多 20 世纪早期预测科学成就的人口统计学差异的实践只是被重新配置，并没有被取代。

18.4 下一代科学成就（21 世纪初）

美国最近的《下一代科学教育标准》将公平定义为“使多样性可见”的技术问题，用以区分针对不同人口群体的教学（Next Generation Science Standards Lead States, 2013a: 364）。本章的历史分析表明，“使多样性可见”不是对社会现实的中立和被动的解读。在学校科学中体现的是产生新区别的文化规范（cultural norms）。撇开作者的意图问题不谈，我在此将重点放在分类技术（classificatory techniques）上，这些分类技术使某些差异看起来是客观存在的，而教师必须对此作出回应——在当前政策中称之为“国家日益多样化的学生群体的学习需求”（Next Generation Science Standards Lead States, 2013a: 359）。按照拉图尔（Latour, 2004）的说法，历史化的目的不是从科学成就中剔除现实，而是通过识别曾经与其历史生产网络相联系的纽带，将现实重新加回到科学成就中。本部分重点介绍《下一代科学教育标准》与《普通科学季刊》在定义科学成就表现上的一些明显差异，我们可以将其视为被抛弃的束缚（discarded tethers）。它还强调了科学成就在两者中被看待和排序方面的一些相似之处。因为这不是进化的历史，所以这些相似性可能不是连续的（continuities），而是“部分复原（partial reinscriptions）、修正转移（modified displacements）和扩大恢复（amplified recuperations）”（Stoler, 2016：27）。关键是要打开这个被视为理所应当的科学成就范畴，以便进一步调查，从而询问它“**认可**什么，以及它确切地排斥了或取消了什么”（Butler, 1993：7，原文强调）。通过承认科学成就是历史人工制品，它就不再显得自然或不可避免。

与《普通科学季刊》不同，《下一代科学教育标准》宣称所有学生都具备学习科学的能力，拒绝了关于智力的遗传观念，并驳斥了刻板印象缺陷。报告不断强调，如果有公平的学习机会，来自不同背景的学生能够参与科学实践和构建意义（Next Generation Science Standards Lead States, 2013a：359）。无能为力的绝对主义语言已经过时了。国际评估项目也是如此。科学素养——与旧的科学能力、天赋或潜能的概念形成对比——被视为“不是学生有或没有的属性，而是一系列可以或多或少获得的知识和技能”（Organisation for Economic Co-operation and Development, 2016：1）。这些陈述暗示着该领域已经摒弃了过去的科学成就定义，不再认为它是一个固定的特征，而认为科学成就是一套每个人都可以（应该）获得的可塑的、多维的理解和实践。

然而，目前关于科学成就的看法仍然存在差异。虽然如今的科学评估涉及与科学相关的知识、实践和倾向的多个维度，但它们仍将科学的熟练程度记录为一个数字。与《普通科学季刊》类似，《下一代科学教育标准》将标准化测试作为科学思维的客观衡量标准。心理测量技术（psychometric techniques）将科学学科的异质性转化为作为一种普遍心理素质的“科学”——它在程度上有所差别，在人群中分布不均匀。成就数据将个体和人口统计学群体排列在一个假定可以显示科学知识、概念理解和推理相对量的数字标尺上。统计技术与大众推理相结合，使人们能够确定一个人或一群人科学成绩优异（high-achieving）还是表现不佳（underperforming）。科学成就继续被认为是心灵的一个特征，它成为一个“潜在的统一场所”（potential site of unity）（Baker, 2013：38）——一个区分和排除某些不具备融入资格的人。

尽管否定了缺陷思维，但人们一直在谈论学生在获得某种程度的认知要求方面的当前能力或准备程度仍然存在相对差异：

> 人口统计学分组在科学和其他关键学术指标方面的成就差距依然存在。……由于这些新标准在认知上要求很高，教师必须作出教学转变，使所有学生都能上大学和就业。……［和］确保所有学生都能接触到《下一代科学教育标准》。（Next Generation Science Standards Lead States, 2013a：359）

在名义上，焦点已经从学生内部问题（例如，认知缺陷）转移到了课程问题（例如，认知需求）上。然而，因为提高认知需求是增强国家竞争力的关键，所以问题最终不在于课程，而在于学生群体与高要求课程之间的不匹配。

此外，数据重新揭示了"努力证明自己掌握了低要求版本的标准"的非主流群体和"那些能够达到并且应该超越《下一代科学教育标准》的群体"之间的区别（Next Generation Science Standards Lead States, 2013a：359）。成就数据方面的趋势表明，似乎有必要推行 K－12 科学教育的双轨制（two-pronged approach）（Next Generation Science Standards Lead States, 2013：370），即必须针对"表现不佳"的高危群体（low-performing at-risk groups）采用使科学更加容易接受和"具体"的教学方法，从而将其表现提升至标准的基线（Next Generation Science Standards Lead States, 2013c：6），而"我们未来的创新者"（our future innovators）则需要接受更先进和"抽象"的科学教育（Next Generation Science Standards Lead States, 2013d：2）。数据将某些种族和族裔群体划为需要干预以达到标准的群体，而他们未被标明的同龄人则理应获得超过这一基线的机会。事实上，科学课程的分层被自然化为对种族化群体独特成就或准备程度的合理回应，而不是将批判性追踪作为一个公平问题。

与《普通科学季刊》一样，《下一代科学教育标准》是在一种发展逻辑中运行的，这种逻辑将儿童和课程分成按等级排序的不同类别。案例研究表明，"有天赋、有才能的学生"高于年级水平，"经济困难的学生"低于年级水平（Next Generation Science Standards Lead States, 2013b, 2013d）。高于或低于这个水平将与不同的课程内容和教学法联系起来。那些有天赋和才能的人与更抽象、开放和复杂的教学体系相匹配（Next Generation Science Standards Lead States, 2013d）。相比之下，对于经济困难的学生以及主要的种族和民族群体，则适合将科学与他们所在社区的物理维度和问题联系起来的教学方法（Next Generation Science Standards Lead States, 2013b, 2013c）。

然而，《普通科学季刊》的发展量表与《下一代科学教育标准》存在显著差异。不同于复演说所假设的各种族在本质上有所不同，如今差异通过数值数据呈现，它们表明并非所有人都适合接受相同水平的教学。此外，政治也发生了变化。《普通科学季刊》以地方为重点的项目方法旨在使不具备科学思维的大众美国化，而《下一代科学教育标准》基于地方、基于项目的方法旨在为历史上得不到充分服务的学生群体赋权。然而，在赋权的努力中，科学的地方性和应用性方面仍然被定位为一种补偿策略，旨在使传统上表现不佳的群体能够接触科学，这与为那些贴上有天赋和才能标签的儿童所设计的教学法形成对比。一个危险是，旨在弥补成就差距的教学可能会在无意中重申一个美国百年传统，即将种族群体当作非白人对待，认为他们还不适合接受那些为“潜在科学家”或“未来创新者”提供的更“抽象”的教学。

与过去的另一个重要区别是，与文明进化阶段有关的文化优越性主张被否定，这些主张在20世纪初美国社会科学中被广泛认为是理所当然的。《普通科学季刊》的学者依靠社会学研究来识别进化程度较低群体的迷信，而《下一代科学教育标准》不认同先前研究关注弱势群体缺陷的倾向，而是呼吁重视这些学生的不同背景。然而，因为标准将科学概念化为从一套学科中衍生出来的普遍概念和实践，并非所有背景都受到同样的重视。具体而言，《下一代科学教育标准》对比了优势群体的“学术背景”和弱势群体的“文化知识”（Next Generation Science Standards Lead States，2013a：359），其中后者必须被筛选，以便与科学建立联系和分离（Next Generation Science Standards Lead States，2013a：364）。在这里，这些标准已经稳定了科学，我们从中可以看到（非）联系，并提升主导群体的背景，使其与普遍科学更加紧密地对应，从而超越文化（即作为学术而不是文化）。虽然《下一代科学教育标准》呼吁重视文化多样性，但它明确表明学校科学的教学目标是帮助非主流群体“从幼稚的世界观过渡到更科学的世界观”（Next Generation Science Standards Lead States，2013a：363）。正如布朗（Brown，2006）观察到的，文化曾经被视为“文明”社会的独特属性（相较于那些更接近自然的“原始”群体），而如今被贴上“文化”标签的群体通常是那些最落后或尚未进入全球知识经济的群体。这种危险的逻辑假定，虽然世界性的“我们”可能有文化，但文化有“他们”（Brown，2006：151）。

过去的事情不会在现在重演，但是新的工具和理论组合继续将科学编纂为一个普遍的理想，这就产生了文化差异，对学生和适合他们的科学教学进行了划分。问题在于，如何能够将人类想象成不同类型的思想者，想象学生或多或少地为达到特定“思想水平”做准备，想象科学教学以离散（discrete）但发展（developmental）的形式存在（即从具体到抽象），适合不同类型的思维。这些概念不是自然产生的，而是从一个由各种不同的理论和技术，以及它们所承载的知识、政治和道德原则组成的网络中产生的。如果将所有这些因素都简单归结为教师头脑中缺陷思维的心理学问题，那么排序策略（ordering strategy）将如何发挥作用就变得模糊不清了。作为比较的区别，科学能力与成就都依赖于能力不足或成就落后的非正常他者的产生。

因此，当前通过成就范式促进公平的努力中出现了一个悖论。由于科学成就的衡量指标与学校科学的发展轨迹相互作用，制造了不同“类型”的学生，并将他们与科学教育的等级水平相匹配。经过 20 世纪几十年的传承，科学成就的心理学结构已经消除了科学内部和科学之间的动态变化，也抹去了任何明显的社会学分类、种族和宗教等级制度以及文化规范的痕迹，而这些曾经聚集起来使科学成就成为理想美国公民的标准和普遍的比较标准。与这种人为制造的、普遍化的理想之间的数值差距，将成为科学课堂、研究报告和政策报告中嵌入的主要差异之一。实际上，它将成为最明显的“多样性”。

本章强调，多样性不仅是对人群代表性范畴的认识。我们有必要更仔细地研究美国科学教育的中心特征——其目标是通过科学方法培养独立思想和个体能动性，其平等主义强调使科学与人群多样化的需求相匹配，其实用主义侧重设计旨在解决当地社区问题的方案——是如何在对孩子天性、理性和民主等问题的关注中形成的，这些问题在历史上与种族歧视（racializing distinctions）纠缠在一起。这种分析方法使人们注意到，在理解当今学校教育中的包容和排斥的悖论时，“使多样性可见”的现有话语存在局限性。

参考文献

Ahmed, S. (2006). The non-performativity of anti-racism. *Merideans: Journal of Women, Race and Culture, 7* (1), 104 - 126.

American Association for the Advancement of Science. (1990). *Science for all Americans.* New York, NY: Oxford

University Press.

Andress, J., & Evans, W. (1925). *Health and good citizenship*. Boston, MA: Ginn and Company.

Atwater, M. M. (2000). Equity for black Americans in precollege science. *Science Education, 84*(2), 154 – 179.

Atwater, M., & Riley, J. P. (1993). Multicultural science education: Perspectives, definitions, and research agenda. *Science Education, 77*(6), 661 – 668.

Baker, B. M. (2013). *William James, sciences of mind, and anti-imperial discourse*. New York, NY: Cambridge University Press.

Barber, F. D. (1917). Fundamental considerations in the reorganization of high school science. *General Science Quarterly, 1*(2), 102 – 111.

Barton, A. M., & Osborne, M. D. (1995). Science for all Americans? Science education reform and Mexican-Americans. *The High School Journal, 78*(4), 244 – 252.

Basile, V., & Lopez, E. (2015). And still I see no changes: Enduring views of students of color in science and mathematics education policy reports. *Science Education, 99*(3), 519 – 548.

Bayer, E., & Clark, B. M. (1920). Health and a happy new year. *General Science Quarterly, 4*(3), 419 – 426.

Bazzul, J. (2014). Science education as a site for biopolitical engagement and the reworking of subjectivities: Theoretical considerations and possibilities for research. In L. Bencze & S. Alsop (Eds.), *Activist science and technology education* (pp. 37 – 54). Dordrecht, Netherlands: Springer.

Booher-Jennings, J. (2005). Below the bubble: "Educational triage" and the Texas accountability system. *American Educational Research Journal, 42*(2), 231 – 268.

Boyer, P. (1978). *Urban masses and moral order in America: 1820 – 1920*. Cambridge, MA: Harvard University Press.

Brickhouse, N. (1994). Bringing in the outsiders: Reshaping the sciences of the future. *Journal of Curriculum Studies, 26*(4), 401 – 416.

Brown, W. (2006). *Regulating aversion: Tolerance in the age of identity and empire*. Princeton, NJ: Princeton University Press.

Butler, J. (1993). Contingent foundations: Feminism and the question of "postmodernism". In J. Butler & J. W. Scott (Eds.), *Feminists theorize the political* (pp. 3 – 21). New York, NY: Routledge.

Butler, J. (2011). *Bodies that matter: On the discursive limits of "sex"* (2nd ed.). New York, NY: Routledge.

Calabrese Barton, A. (1998). Reframing "science for all" through the politics of poverty. *Educational Policy, 12*(5), 525 – 541.

Crowley, M. F. (1977). *Women and minorities in science and engineering*. Washington, D. C.: U. S. Government Printing Office.

Danziger, K. (1997). *Naming the mind*. London, UK: SAGE Publications.

DeBoer, G. E. (2013). Science for all: Historical perspectives on policy for science education reform. In J. A. Bianchini, V. L. Akerson, A. Calabrese Barton, O. Lee, & A. J. Rodriguez (Eds.), *Moving the equity agenda forward: Equity research, practice, and policy in science education* (pp. 5 – 20). Dordrecht, Netherlands: Springer.

Dewey, J. (1910). *How we think*. Boston, MA: D. C. Heath & Co.

Diaz, J. D. (2017). *A cultural history of reforming math for all: The paradox of making in/equality*. New York, NY: Routledge.

Downing, E. R. (1925). *Teaching science in the schools*. Chicago, IL: University of Chicago Press.

Dvorak, A. (1926). A study of achievement and subject matter in general science. *General Science Quarterly, 10*(2), 367–396.

Foucault, M. (1977). Nietzsche, genealogy, history. In D. F. Bouchard (Ed.), *D. F. Bouchard & S. Simon* (*Trans.*), *Language, counter-memory, practice: Selected essays and interviews* (pp. 139–164). Ithaca, NY: Cornell University Press.

Foucault, M. (1990). *The history of sexuality* (Vol. I). New York, NY: Vintage Books.

Foucault, M. (1994). The subject and power. In P. Rabinow & N. Rose (Eds.), *The essential Foucault* (pp. 126–144). New York, NY: The New Press.

Fradd, S., & Lee, O. (1995). Science for all: A promise or a pipe dream for bilingual students? *Bilingual Research Journal, 19*(2), 261–278.

George, K. D., & Dietz, M. A. (1971). The inner city child: An attempt to improve his science problem solving skills. *Science Education, 55*(4), 527–532.

Grier, N. M. (1920). The present day status and the future of public school physiology. *General Science Quarterly, 5*(1), 43–48.

Gutiérrez, R. (2008). A "gap-gazing" fetish in mathematics education? Problematizing research on the achievement gap. *Journal for Research in Mathematics Education, 39*(4), 357–364.

Hacking, I. (1992). "Style" for historians and philosophers. *Studies in History and Philosophy of Science, 23*(1), 1–20.

Hacking, I. (2007). Kinds of people: Moving targets. *Proceedings of the British Academy, 151*, 285–318.

Hodson, D. (1993). In search of a rationale for multicultural science education. *Science Education, 77*(6), 685–711.

Hodson, D., & Reid, D. J. (1988). Science for all—Motives, meanings, and implications. *School Science Review, 69*(249), 653–661.

Horn, I. S., Kane, B. D., & Wilson, J. (2015). Making sense of student performance data: Data use logics and mathematics teachers' learning opportunities. *American Educational Research Journal, 52*(2), 208–242.

Hunter, G. W. (1919). The collecting instinct. *General Science Quarterly, 3*(3), 133–140.

Hunter, G. W. (1920). The relation of general science to biological science in the secondary school. *General Science Quarterly, 4*(3), 381–389.

Ideland, M. (2018). Science, coloniality, and "the great rationality divide": How practices, places, and persons are culturally attached to one another in science education. *Science & Education, 27*(7–8), 783–803.

Ideland, M., & Malmberg, C. (2014). "Our common world" belongs to "us": Constructions of otherness in education for sustainable development. *Critical Studies in Education, 55*(3), 369–386.

Jones, T. J. (1904). *The sociology of a New York City block*. New York, NY: Columbia University Press.

Kilpatrick, W. H. (1921). The wider study of method. *General Science Quarterly, 6*(1), 277–284.

Kirchgasler, K. L. (2017). Scientific Americans: Historicizing the making of difference in early 20th-century U. S.

science education. In T. Popkewitz, J. Diaz, & C. Kirchgasler (Eds.), *A political sociology of educational knowledge: Studies of exclusions and difference* (pp. 87 – 102). New York, NY: Routledge.

Kirchgasler, K. L. (2018). Moving the lab into the field: The making of pathologized (non) citizens in U. S. science education. *Curriculum Inquiry, 48*(1), 115 – 137.

Ladson-Billings, G. (2006). From the achievement gap to the education debt: Understanding achievement in U. S. schools. *Educational Researcher, 35*(7), 3 – 12.

Latour, B. (1999). *Pandora's hope: Essays on the reality of science studies.* Cambridge, MA: Harvard University Press.

Latour, B. (2000). On the partial existence of existing and nonexisting objects. In L. Daston (Ed.), *Biographies of scientific objects* (pp. 247 – 269). Chicago, IL: University of Chicago Press.

Latour, B. (2004). Why has critique run out of steam? From matters of fact to matters of concern. *Critical Inquiry, 30*, 225 – 248.

Lee, O. (1999). Equity implications based on the conceptions of science achievement in major reform documents. *Review of Educational Research, 69*(1), 83 – 115.

Lee, O., & Buxton, C. (2010). *Diversity and equity in science education: Research, policy, and practice.* New York, NY: Teachers College Press.

Linder, C., Östman, L., Roberts, D. A., Wickman, P. O., Ericksen, G., & MacKinnon, A. (Eds.). (2010). *Exploring the landscape of scientific literacy.* London, UK: Routledge.

Lynch, S. (2001). "Science for all" is not equal to "one size fits all": Linguistic and cultural diversity and science education reform. *Journal of Research in Science Teaching, 38*(5), 622 – 627.

Lyon, H. (1918). Student interest in subject matter. *General Science Quarterly, 2*(3), 387 – 389.

Mann, H. (1867). *Report for 1842. Life and works of Horace Mann* (Vol. III). Boston, MA: Lee and Shepherd Publishers.

Mastropieri, M. A., & Scruggs, T. E. (1992). Science for student with disabilities. *Review of Educational Research, 62*, 377 – 412.

Maxwell, P. A. (1920). Tests in general science. *General Science Quarterly, 4*(4), 443 – 450.

McEneaney, E. H. (2003). The worldwide cachet of scientific literacy. *Comparative Education Review, 47*(2), 217 – 237.

Miller, R. B. (2017). *Making scientific Americans: Identifying and educating future scientists and nonscientists in the early twentieth century* (Doctoral dissertation). Retrieved from ProQuest Dissertations and Theses database. (UMI No. 10627425).

National Research Council. (2012). *A framework for K – 12 science education: Practices, crosscutting concepts, and core ideas. Committee on a conceptual framework for new K – 12 science education standards. Board on science education, division of behavioral and social sciences and education.* Washington, D. C.: The National Academies Press.

Next Generation Science Standards Lead States. (2013a). *Next generation science standards: For states, by states.* Washington, D. C.: The National Academies Press.

Next Generation Science Standards Lead States. (2013b). Case study 1: Economically disadvantaged students and the next generation science standards. *Next Generation Science Standards.* Retrieved September 15, 2014, from http://www.nextgenscience.org/appendix-d-case-studies

Next Generation Science Standards Lead States. (2013c). Case study 2: Students from racial and ethnic groups and the next generation science standards. *Next Generation Science Standards.* Retrieved September 15, 2014, from http://www.nextgenscience.org/appendix-d-case-studies

Next Generation Science Standards Lead States. (2013d). Case study 7: Gifted and talented students and the next generation science standards. *Next Generation Science Standards.* Retrieved September 15, 2014, from http://www.nextgenscience.org/appendix-d-case-studies

Nye, D. (1999). *American technological sublime* (3rd ed.). Cambridge, MA: The MIT Press.

Organisation for Economic Co-operation and Development. (2016). *PISA 2015 Results (Volume I): Excellence and equity in education.* Paris, France: PISA, OECD Publishing.

Orion, N. (2007). A holistic approach for science education for all. *Eurasia Journal of Mathematics, Science & Technology Education, 3*(2), 99–106.

Popkewitz, T. (2008). *Cosmopolitanism and the age of school reform: Science, education, and making society by making the child.* New York, NY: Routledge.

Popkewitz, T. S., Feng, J., & Zheng, L. (2018). Calculating the future: The historical assemblage of empirical evidence, benchmarks & PISA. *ECNU Review of Education, 1*(1), 107–108.

Puckett, N. N. (1926). *Folk beliefs of the Southern Negro.* Chapel Hill, NC: The University of North Carolina Press.

Rodriguez, A. J. (1997). The dangerous discourse of invisibility: A critique of the National Research Council's national science education standards. *Journal of Research in Science Teaching, 34*(1), 19–37.

Rose, N. (1985). *The psychological complex: Psychology, politics and society in England 1869–1939.* London, UK: Routledge & Kegan Paul.

Ruch, G. M. (1920). Range of information test in general science: Preliminary data on standards. *General Science Quarterly, 5*(1), 15–19.

Ruch, G. M. (1923). A new test in general science. *General Science Quarterly, 7*(3), 188–196.

Sanguinetti, C. (1961). Adapting science instruction in New York City junior high schools to the needs of Puerto Rican pupils. *Science Education, 45*(2), 172–175.

Schuyler, J. (1940). Teaching science to defective delinquents. *Science Education, 24*(1), 10–14.

Shakeshaft, C. (1995). Reforming science education to include girls. *Theory Into Practice, 34*(1), 74–79.

Sleeter, C. E. (Ed.). (2007). *Facing accountability in education: Democracy & equity at risk.* New York, NY: Teachers College Press.

Stoler, A. L. (2016). *Duress: Colonial durabilities in our times.* Durham, NC: Duke University Press.

Valenzuela, A. (Ed.). (2005). *Leaving children behind: How "Texas-style" accountability fails Latino youth.* Albany, NY: State University of New York Press.

Valero, P. (2017). Mathematics for all, economic growth, and the making of the citizen-worker. In T. S. Popkewitz, J. Diaz, & C. Kirchgasler (Eds.), *A political sociology of educational knowledge: Studies of exclusion and difference* (pp. 117–132). New York, NY: Routledge.

Whitman, W. G. (1920a). Fire hazards and safeguards: Suggestions for ten lessons. *General Science Quarterly*, *4*(3), 409-419.

Whitman, W. G. (1920b). Problems of civic science. *General Science Quarterly*, *5*(1), 19-31.

Whitman, W. G. (1920c). [Review of the book *Terman group test of mental ability*, by L. M. Terman]. *General Science Quarterly*, *5*(1), 50.

Whitman, W. G. (1921). Civic science: General science for the junior high school. *General Science Quarterly*, *5*(2), 76-88.

Whitman, W. G. (1922). [Review of the book *Vocational guidance*, by L. L. Thurstone]. *General Science Quarterly*, *6*(4), 569.

Woodhull, J. F. (1918). *The teaching of science*. New York, NY: The Macmillan Company.

Wynter, S. (2003). Unsettling the coloniality of being/power/truth/freedom: Towards the human, after man, its overrepresentation—An argument. *CR: The New Centennial Review*, *3*(3), 257-337.

Zheng, L. (2019). A performative history of STEM crisis discourse: the co-constitution of crisis sensibility and systems analysis around 1970. *Discourse: Studies in the Cultural Politics of Education*, DOI: 10.1080/01596306.2019.1637332.

作者简介

凯瑟琳·L.基尔希加斯勒（Kathryn L. Kirchgasler）　美国堪萨斯大学（University of Kansas）课程与教学系讲师。她的研究探讨了科学教学中的一个悖论，即通过分析将学生区分为潜在科学家和普通公民的排序策略，给边缘群体赋权。她最近的研究结合了民族志和历史学的方法，分析了如何将人口统计学群体诊断为不同类型的学习者，并以包容的名义规定不同的教学方法。

（李政林　魏晓宇　译）

第十九章

标准驱动式学校与就业预备式学生之想象

——美国联邦教育政策与欧洲教育政策上的跨国转向之比较谱系学研究

约翰·贝内迪克托·克雷斯勒

（丹麦　奥胡斯大学）

19.1　引言

本章从比较的视角，描绘了美国联邦政府和欧洲在学校政策或教育政策中跨国转向的复杂谱系（complex genealogies）。它描绘了特定的真理制度（truth regimes）是如何逐步产生的，这些真理制度通过话语想象和相关的人力资本优化观念，将学校和教育与经济表现联系起来，从而从根本上改变了关于学校目的和什么是公共利益（public good）的话语（discourse）。它以所谓知识经济话语（knowledge economy discourse）的形式，确定了大西洋两岸起作用的驱动话语力量，这种话语通过讲述激烈的全球竞争故事来激励各国，如果一个国家不优化其人力资本，那么必然会落伍，各国应当为经济发展提供“可雇用”或“为职业做好准备”的人才（Apple, 2006; Bridges & McLaughlin, 1994; Cerny & Evans, 1999; Cuban & Shipps, 2000; Drucker, 1969; Gibbons, Martin, & Scott, 1994; Henry, Lingard, Rizvi, & Taylor, 2001; Keating et al., 2013; Larner & Walters, 2004; Meyer & Benavot, 2013; OECD, 1996; Rizvi & Lingard, 2010）。因此，随着国家经济在所谓全球知识经济中的相互联系越来越紧密，关于学校、教育及其目的的想象力，日渐妥协于一种比较的形式（format of comparability），美国、欧洲都是如此（例如，Furlong, Cochran-Smith, & Brennan, 2009a; Grossman, 2003; Popkewitz, 1998, 2008）。这种形式带来了参数和程序等权力技术（power technologies）的激增，通过这些技术，这两个在全球占主导地位的地区相互比较，并对其组成成员——州和民族国家——进行排序，以确定谁领先谁落后，以及什么样的公共利益观念在这个过程中起作用(Cerny & Evans, 1999; Larner & Walters, 2004; Lawn, 2013; McGuinn, 2006; Rizvi & Lingard, 2010)。

本章旨在确定美国联邦和州之间这些新关系的谱系,以及最近跨国组织[尤其是经济合作与发展组织(Organisation for Economic Co-operation Development,简称 OECD)和欧盟(European Union)]与欧洲国家在学校和教育方面创建的关系。在这两种情况下,美国联邦政府和跨国组织层面传统上主要处理经济合作议题,而学校和教育问题直到最近还是由美国州政府和欧洲国家层面处理(New York State Education Department, 2009; Diamantopoulou, 2003; Henry, Lingard, Rizvi, & Taylor, 2001; Keating et al., 2013; Nóvoa & Lawn, 2002; Rhodes, 2012)。

然而,人们可以有充分的理由质疑是否可以比较美国和欧盟或欧洲这两个完全不同的实体(例如,Diamantopoulou, 2003)。美国是一个由各州组成的联邦国家,州一级要承担包括学校和教育在内的很多责任。欧洲由大小不一的国家组成,是不同语言、历史和民族认同(national identity)组成的大杂烩。尽管如此,大多数民族国家是在欧盟内部组织起来的。欧盟不是一个政府,而是一个跨政府的机构,它在处理经济问题上很强,但处理学校教育方面的问题则相对较弱。这使得中央与地方教育政策之间的关系难以比较。此外,美国与欧洲在教育、学校教育的政治和行政管理方面存在根本性差异。就美国的学校(K－12)①和教育政策而言,自 20 世纪 60 年代以来,一直存在联邦影响力不断增强的叙述,这一说法不断提及宪法与美国政府的传统,即联邦和州利益之间的持续博弈(例如,New York State Education Department, 2009; Manna, 2010; McGuinn, 2006; Rhodes, 2012)。尽管如此,美国各州和联邦当局在强迫因素和自愿性因素之间进行的讨论过程,最终在深化合作中结合起来,这类似于欧洲学校和教育政策中国家和跨国层面的发展,因为自 20 世纪 90 年代以来,欧洲国家的教育政策越来越多地在 OECD、欧盟与博洛尼亚进程(Bologna Process,推进欧洲高等教育区)等跨国论坛上进行谈判(例如,Hopmann, 2008; Krejsler, Olsson, & Petersson, 2012, 2014; Lawn & Grek, 2012; Nóvoa & Lawn, 2002)。另一个比较美国和欧洲(或者在我们的例子

① 在美国,学校与政策话语通常是在 K－12 的框架内讨论,即幼儿园、小学、初中和高中。但是在欧洲语境中,相似的议题和话语通常只限于小学和初中,也就是一到九年级;高中议题通常在另一个话语范畴内讨论。我将参考欧洲的话语,在提到一至九年级时,用综合学校或小学和初中等术语;如果在少数情况下包括高中,就用 K－12。

中是欧盟）的论点是，自 18 世纪以来，大西洋两岸的发展紧密地交织在一起。它们都发展了自由民主，并以压倒性优势支持多元主义和市场经济。如果没有第二次世界大战以来以美国为主导的《马歇尔计划》（Marshall Plan）、北大西洋公约组织（North Atlantic Treaty Organization，简称 NATO）等形式的合作谱系，欧洲一体化将很难理解。这两个地区的国内生产总值和人口规模相当，美国人口 3.28 亿，国内生产总值 20.5 万亿美元；欧盟人口 4.45 亿（英国脱欧前），国内生产总值 18.8 万亿美元［data.worldbank.org/indicators（2019）］。因此，在认识到美国和欧洲的机构设置和一体化程度明显不同，以及后期的任何直接比较都存在一定的局限性后，我会继续探讨这样一个观点，即通过比较两个在全球占主导地位的地区的谱系，我们可以深刻地洞察：在这两个地区，教育的监管、决策和实施的特点是，在不断深化合作的过程中，美国联邦和州层面之间以及欧洲跨国组织和民族国家层面之间的平衡在不断变化。

19.2 理论分析

本章借鉴了福柯（Michel Foucault）和后福柯传统（Dean，1999，2007；Foucault，1971；Pereyra & Franklin，2014；Popkewitz，1998，2008；Popkewitz & Brennan，1998）。研究的出发点是福柯称之为“问题域”（problematic）的问题，即通过提出如下问题——如今研究人员、政策制定者和实践者如何使学校和教育在“可比性”“基于标准的教育”“卓越”“证据”等方面存在问题？——使得现在被认为是理所当然的状态变得有问题。

受尼采（Friedrich Nietzsche）的启发，福柯想要说明，所有历史都将是当代史，因为它或多或少明确地从当前问题的混乱中寻找过去，以使这种混乱变得合理。当我们制作谱系时，我们试图将发展轨迹映射到它们特定的起点上，以便理解它们是如何从各自互不相干的位置被编织在一起，以使当前的情况作为某种不言而喻的东西产生出来。这也是一种让自己远离不言自明的被视为理所当然的东西的方法，它赋予了当前令人信服的客观特征，而仔细观察，这往往是无数以前不相干的事件和发展的结果，随着时间的推移，这些事件和发展被紧密联系在了一起，产生了这个新的主导性存在。

按照福柯的方法，人们也有兴趣使主导性的知识体系理所当然的特征变得有问题，即通过论证它们是如何使某些说话和行动的方式成为可能，而把其他方式排斥在外，从而将其转变为真理制度。与其他任何话语制度（discursive regime）一样，本章探讨的学校和教育政策制度构成一种相互关联的陈述模式，相互引用，从而不断强化话语的整体性（Foucault, 1971）。这样解释的内在逻辑形成了一个战略空间，其中许多不同的主体立场（subject positions）出现，被有意愿的个体占据。显然，一个人必须使自己服从所讨论的话语制度，才能成为被纳入这个制度的合法主体。

福柯认为，一种话语，必须通过它在多大程度上匹配和反映占主导地位和不占主导地位的话语的形成来衡量，这些话语为个人在特定时间和特定历史空间中如何思考和行动设定了界限和真理制度（Foucault, 1993, 1997）。因此，福柯认为，他的任务是通过谱系方法来绘制不同话语领域（例如，疯狂、理智、监禁、主观性、性等）中争论主题的拓扑轮廓。

我还从迪安（Mitchell Dean）关于治理术分析的社会学方法以及四要素框架（Dean, 1999）中得到灵感，这些要素可以有效地应用于实践制度分析，如学校和教育政策的制定：实践制度意味着（1）以某种方式使某些特定领域可见，并使之成为知识的对象。这与（2）以特定的方式概念化并达成一致的程序以实现正确的真理生产（proper production of truths）密切相关。根据这一点遵循（3）权力形式（forms of power），即某些机制和技术可以对相关领域采取行动、干预和治理，以确保（4）合适的主体立场（subject positions）被认为是个体构想合法主体性（legitimate subjectivities）的明显方式。

因此，我的工作重点是在政策层面确定学校和教育领域是如何在世界的这两个不同地区作为一种特定的实践制度呈现出来的。我将展示广泛的政策过程如何产生一个真理和政治技术蓬勃发展的舞台，用以规范参与学校和教师教育的主体的行为及其自我管理。在福柯的框架内，政治技术表示这样一种程序，“……通过将本质上是政治问题的东西从政治话语的领域移除，并用中立的科学语言重塑它来推进”（Dreyfus & Rabinow, 1982: 196）。

19.3　从联邦“不涉足”公民权到基于标准的教育话语（20 世纪 50 年代至 2000 年）

第二次世界大战后，美国的 K－12 教育和教育政策话语在联邦影响力增强方面经历了许多明显的转变，而这在以前是难以想象的。追溯 20 世纪 60 年代的民权谱系轨迹，以及追溯 20 世纪 80 年代基于标准的教育轨迹，有助于形成一个政策实践制度，它改变了教育政策话语的运用方式（DeBray-Pelot & McGuinn, 2009; New York State Education Department, 2009; Hamilton, Stecher, & Yuan, 2008; Hess & McGuinn, 2002; McGuinn, 2006; Owens, 2015; Patterson, 2001; Rhodes, 2012; Sunderman, 2009）。

作为法律关键话语文件的美国宪法，并未提及学校和教育问题。根据宪法的逻辑，宪法中没有提到州与地方教育当局的特权。基础教育、教师和高等教育话语历来都是根据当地需要，在地方一级出现和发展的（Jeynes, 2007）。这就是为什么今天我们仍然看到，不同的州在教育和教师教育方面存在很大差异。K－12 教育的大部分资金来自地方财产税和州，贫富地区财产税存在等级差异，而来自联邦一级的资金则很少①。因此，主张教育目的和内容应由地方和州层面确定的话语力量很强大。然而，近几十年来，联邦政府制定 K－12 教育、教师教育和教育研究议程的主体地位变得越来越活跃（New York State Education Department, 2009; United States Department of Education, 2004, 2011; Manna, 2010; Sunderman, 2009）。

直到 20 世纪 60 年代，联邦政府对教育的参与一直是微不足道的（Jeynes, 2007）。1787 年的《西北法令》（Northwest Ordinance），1863 年与 1890 年的《莫里尔土地法》（Morill Land Grants）主要与提供教育用地有关。1867 年，一个非内阁级教育办公室成立，但人手、资金和权力都很有限。1944 年的《退伍军人权利法案》（Servicemen's Readjustment Act，简称 GI Bill）为在大学或学院攻读学位的退伍军人提供资金。1957 年，苏联把卫星送入地球轨道，引发了一场声势浩大的争论事件，即“斯普特尼克”（Sputnik）人造卫星冲击，它在国家层面引起了人们对美国在技术上落后于苏联的恐惧和担忧。作为一种附带效应，这激发了联邦层面对教育的兴趣、对学习外语的学生的支持等，这些在 1958 年被纳入《国防教育法》（National Defense Education Act，简称 NDEA）。

① 在 2004—2005 学年，投入教育的每 1 美元中估计有 83 美分来自州和地方一级（45.6%来自州基金，37.1%来自地方政府）。联邦政府的份额为 8.3%。其余 8.9%来自私人来源，主要是私立学校。这种支持的分配与历史上依赖地方控制学校保持一致。引自 http://www2.ed.gov/about/overview/fed/10facts/index.html?exp

然而,在约翰逊总统(Lyndon B. Johnson)及其"伟大社会"和"向贫困宣战"项目中(Patterson, 2001; Silver & Silver, 1991),出现了巨大的飞跃,并为后来发展成为主导性的民权话语以及促使联邦政府对学校和教师教育施加影响开辟了一条迄今未见的道路。1965 年,《初等和中等教育法》(Elementary and Secondary Education Act,简称 ESEA)与《经济机会法案》(Economic Opportunity Act, 1964)等相关法律获得通过,引发了"开端计划"(Head Start)等联邦项目,帮助低收入家庭及其子女完成从学前教育到学校的过渡。《初等和中等教育法》通过产生支持少数族裔——特别是非裔美国人,也包括残疾学生和处境不利的学生——的论据和政治技术,有助于促进废除种族隔离话语。诸如"条款一"(Title 1)等《初等和中等教育法》项目通过要求和协助联邦法律授权,资助旨在促进废除种族隔离、减轻贫困、平权行动(affirmative action)等话语的真理制度,从而为贫困儿童占比高的学校提供支持。这发生在具有里程碑意义的"布朗诉教育委员会案"(Brown vs. Board of Education, 1954)之后,美国最高法院裁定学校种族隔离违宪(Patterson, 2001)。废除种族隔离的话语迟迟未能动摇根深蒂固的种族和民族隔离话语。然而到了 1965 年,《初等和中等教育法》及其前几年的民权活动掀起了一场雪崩式的事件和讨论,最终产生了如何合法谈论种族、民族和公平的新的真理制度。民权和废除种族隔离的话语已经演变为一种主流的政策话语,《初等和中等教育法》作为决定性的话语对学校教育、教师教育与教育研究产生持久影响。它还逐渐将联邦制定议程的权力从帮助边缘化群体拓展到参与主流讨论以及 K - 12 教育的组织,这在当时是很难预料的。直到 1979 年卡特政府结束时,联邦教育的话语才被制度化,首次在内阁层面建立联邦教育部门,最终形成一个强大的集体主体(collective subject),加强了联邦政府对教育的影响(McGuinn, 2006; Rhodes, 2012)。

联邦政府影响力的下一次大飞跃从 1983 年开始,并最终促成以标准为基础的教育话语的产生,这一话语扰乱并最终纳入了民权和废除种族隔离话语。这种新的合并话语产生了一系列主导符号,如"卓越"(excellence)、"高风险测试"(high-stakes testing)、"问责"(accountability),同时通过民权来使这种言论合法化,如谈论"缩小成就/机会差距的鸿沟",以便"不让一个孩子掉队"(Hamilton, Stecher, & Yuan, 2008; Rhodes, 2012)。这一趋势仍然是当今教育领域的主导性真理制度。引发这一转折的标志性话语事件发生在里根(Ronald Rhodes)政府期间，当时人们对所谓的“联邦侵犯各州权利”持怀疑态度。这个事件是由众所周知的报告《国家处于危机之中：教育改革势在必行》（A Nation at Risk：The Imperative for Educational Reform，1983）引发的，该报告由美国国家教育卓越委员会（National Commission for Excellence in Education）发布。这份报告及其引发的事件成为标志性的新一轮“人造卫星冲击”——令人担忧的是，美国学生在越来越多的竞争中落后于其他国家的同龄人。1963—1980 年，美国学生的“学业能力测验”（Scholastic Aptitude Test）成绩和“国家教育进展评估”（National Assessment of Educational Progress，简称 NAEP）成绩下降。NAEP 是一项国家政治技术，今天被称为“国家成绩单”，可以说它是“国际学生评估项目”（Programme for International Student Assessment，简称 PISA）、“国际数学与科学教育成就趋势调查研究”（Trends in International Mathematics and Science Study，简称 TIMSS）和“国际阅读素养进展研究”（Progress in International Reading Literacy Study，简称 PIRLS）①在美国的先驱（Kim，Wakhungu，& Ku，2009；NCES，2004；Peterson，Woessmann，Hanushek，& Lastra-Anadón，2011）。NAEP 在 1969 年首次投入使用并进行了测试，从那时起记录了学生的读写能力、数学和科学学习结果。通过将经济增长和学校成绩与这些比较测试调查联系起来，这份报告可能会引起人们的恐惧和担忧，即美国正失去其在世界上的领先地位，日本和德国将成为美国未来的竞争者。

这一连串事件使《国家处于危机之中：教育改革势在必行》成为一个节点，用以在美国建立一个与 K－12 教育、教师教育和教育研究相关的具有不同取向的主导性主体立场（dominant subject positions）联盟（McGuinn，2006；Rhodes，2012；Sunderman，2009；Vinovskis，2009）。从令人惊讶的不同话语立场出发，从保守到商业和自由的民权取向，这个联盟开始推动关于卓越教育的讨论，一个迄今为止未曾见过的全国公共话语平台逐渐形成，用于讨论学校、教师质量和教育中有效知识（what works）的证据。这一过程有助于提高联邦在 K－12 教育和教师教育方面的影响力，而这在美国从来没有出现过。企业家和大企业聚集在论坛上，担忧日本和德国的效率和创新，要求国家作出全面努力，确保学校取得优异成绩，保证

① 这些都是以国际比较调查形式出现的政治技术：PISA 是 OECD 对九年级学生进行的三年一次的测试，测试内容包括阅读、数学和科学技能。国际教育成就评价协会（International Association for the Evaluation of Educational Achievement，简称 IEA）对四年级和八年级学生实施了 TIMSS 和 PIRLS 测评。

劳动力能够适应全球知识经济。包括克林顿(Bill Clinton,民主党,阿肯色州)和两位未来教育部部长——亚历山大(Lamar Alexander,共和党,田纳西州)和赖利(Richard W. Riley,民主党,南卡罗来纳州)等南部州长在内的双党派人士认为,彻底改革过时的教育体系对提振疲软的南部州经济至关重要。民权和自由主体立场(liberal subject position)[后者以马萨诸塞州参议员肯尼迪(Ted Kennedy)等人为代表]将加入这场关于标准、测试和问责的辩论,作为进一步努力系统地处理公平和社会正义问题、缩小成就与机会差距的方式。从保守的话语立场来看,像拉维奇(Diane Ravitch,布什和克林顿政府的主要顾问)和芬恩[Chester Finn,有影响的福德姆基金会(Fordham Foundation)智库主席]这样的重要主体在 20 世纪 80 年代早期建立了教育卓越网络,强烈呼吁在强大的内容和课程导向基础上建立一个基于标准和问责的教育体系(Finn Jr. , 1993)。类似的保守话语也支持卓越的观点,他们哀叹教育标准不断下降,指责自由放任的教学和对质量的漠视,这些是在宽容的多元文化立场上产生的。根据这一立场,这削弱了在美国发展起来的对西方和欧洲根源的依恋,而这反过来又与文学、科学和艺术的质量标准相联系。布卢姆(Allan Bloom)在他的畅销书《美国精神的封闭》(*The Closing of the American Mind*)(Bloom, 1987)中明确提出了这个论点。

总而言之,这种情况是全新的,因为它聚集了共和党人和民主党人、保守派和自由派人士、商界人士和其他人,他们从广泛的不同立场出发,建立卓越的和基于标准的教育话语。但是,在教育政策议程中,存在反对这种变革的强大力量和话语立场。保守势力担心联邦层面会侵犯各州的权利,强烈提出参照宪法话语。最初,教师工会[美国国家教育协会(National Education Association)与美国教师联合会(American Federation of Teacher)]从它们的立场表达关切,担心非专业人士将在没有教师参与的情况下,抓住地方层面的学校事务议程不放,并且制定标准和问责措施,这些标准和问责措施将使得教师的工作更加困难。

这种新兴的基于标准的教育话语逐渐获得发展势头(Brown, 2015; Finn Jr. , 1993; Hamilton, Stecher, & Yuan, 2008; Kosar, 2005),教育日益成为总统层面的一个问题。共和党人布什(George H. W. Bush)和教育部部长亚历山大推动了《2000 年目标: 美国教育法》(Goals 2000: Educate America Act)——一份明确界定为国家战略而非联邦计划的话语文件,以避免激起保守派的抵抗——的出台。该法案是 1989 年在弗吉尼亚州夏洛茨维尔(Charlottesville, Virginia)举办的史无前例的教育会议的成果，该会议涉及美国各州州长和其他关键的国家主体。根据海斯的说法，这是美国教育政策联邦化的一个里程碑(Heise, 1994)。亚历山大通过四个话语目标提出了这一倡议，他称之为“四个巨大的火车站”：(1) 更好和更负责任的学校；(2) 新一代美国学校；(3) 一个学生终生不断学习的国家；(4) 可以学习的社区。它包含了在千禧年之前的9年时间里要实现的6个关键目标。

民主党总统克林顿和教育部部长赖利都是最初致力于推动卓越和基于标准的话语平台发展的原南部州长，他们提出了类似的倡议，但在细节和资金上更加雄心勃勃。1994年，克林顿签署了《2000年目标：美国教育法》，这是一项基于标准的成果改革，被许多人视为教育政策联邦化的主要推动者，也是《不让一个孩子掉队法案》(No Child Left Behind Act)的前身(Heise, 1994)。在20世纪90年代，激增的全球知识经济话语及其对高素质学生和更新教师的呼吁，进一步受到信息技术和计算机革命的推动，这种改革使人们越来越意识到初期的、完全不同的知识经济本质上与教育和终身学习的观点相关。克林顿政府对《国家处于危机之中：教育改革势在必行》话语产生共鸣，建立了“技术素养挑战基金”(Technology Literacy Challenge Fund，简称TLCF)，该基金将竞争性拨款作为一项政治技术，鼓励教师和学校在所谓信息高速公路方面变得更加精通。

19.4 千禧年之前欧洲的发展（1945—1999年）

总而言之，第二次世界大战后，西欧国家之间的合作主要集中于美国发起的确保经济增长的措施。在第二次世界大战的大规模破坏之后，各国的合作始于美国资助的《马歇尔计划》和相关的欧洲经济合作组织(Organization for European Economic Co-Operation，简称OEEC)。在同一时期，欧洲煤钢共同体(European Coal and Steel Community，简称ECSC，1951)发展起来，并通过《罗马条约》(Treaty of Rome, 1957)与欧洲经济共同体(European Economic Community，简称EEC)和欧洲原子能共同体(European Atomic Energy Community, 1958)联系起来，最终发展成为欧盟(1993)，如今欧盟由27个国家组成(英国脱欧后)。这些事态发展是在以美国为首的北大西洋公约组织的安全保护伞下进行的，该组织成立于1949年，目的是应对“冷战”期间苏联及其盟国组成的华沙公约组织(Warsaw Pact, 1955)对西欧构成的安全挑战。

在欧洲范围内,除了少数情况外,直到 2000 年,各级学校和教育仍然只是纯粹的国家事务。在那之后,知识经济和终身学习话语才最终进入跨国层面的教育政策话语,PISA、TIMSS 和 PIRLS 等政治技术以及博洛尼亚进程、欧盟里斯本议程等新兴的真理制度成为关键的推动因素(Hopmann, 2008; Krejsler, Olsson, & Petersson, 2014, 2017; Nóvoa & Lawn, 2002)。在此之前,唯一一个对教育产生持久、显著兴趣的跨国组织是联合国教科文组织(United Nations Educational, Scientific and Cultural Organization,简称 UNESCO),该组织更关注第三世界国家而非工业化国家的发展。然而,国际教育成就评价协会(International Association for the Evaluation of Educational Achievement,简称 IEA)确实在 20 世纪 50 年代开始开展国际比较调查,并逐渐取得了一些成就,其中包括从 2001 年开始的 PIRLS 以及从 1995 年开始的 TIMSS,以在越来越多的工业化国家(主要是西欧国家)测量四年级和八年级学生的读写、数学与科学知识和技能。

因此,为了理解当今欧洲教育的主导性真理制度,我们必须了解经济与教育之间的话语联系是如何在更大范围内建立起来的。OECD 在这里发挥着关键作用。1961 年,OEEC(欧洲经济合作组织)发展成为 OECD(经济合作与发展组织),自那时起,OECD 成为向成员国提供有关经济发展的主导性话语和政策建议的关键角色。OECD 对人力资本的关注及其对成员国经济福祉和发展的影响的兴趣在 20 世纪 60 年代获得了推动,并于 1969 年在福特(Ford)基金会和壳牌(Shell)基金会的支持下成立了教育研究与创新中心(Center for Educational Research and Innovation,简称 CERI)(Henry, Lingard, Rizvi, & Taylor, 2001)。但是,直到 20 世纪 80 年代,OECD 才将这一话语传播给各成员国,这显然与 1983 年《国家处于危机之中:教育改革势在必行》的发布时机相吻合。经济危机以及对国家无法成功地为国民经济提供足够熟练的人力资源的担忧,引发了人们对教育的兴趣。当时正值美国共和党里根政府(1981—1989 年)和英国保守党撒切尔政府(1979—1991 年)执政时期,以市场为导向的新自由主义经济话语兴起,显然涉及 OECD 的话语。成员国公共部门的新公共管理(New Public Management)改革蓬勃发展,人们赞扬从私营部门汲取灵感的公共解决方案。

这些改革在准市场条件下将公共服务作为讨论对象,相互竞争的组织通过有效地利用有限的公共资源来确保效率,并对消费者负责(Hood, 1995; Sahlin-Andersson, 2001)。比如向父母发放教育券,希望他们用这些教育券选择最好的学校，从而加剧学校间的竞争。但这只有在学校和学生成绩具有可比性的情况下才有可能实现，这样家长就可以从中作出明智的选择。如果比较调查可以显示出哪些教育体系质量和效率最高，那么国家经济也会蓬勃发展，这种观点越来越流行。所有这些因素同时促使美国对 OECD 施压，要求其开展比较调查来识别哪些国家成功或失败，以便确定能够从哪里寻找灵感来加强教育体系，从而实现更好的结果（例如，Lawn, 2013：22）。这一诉求在 OECD 内部的欧洲合作伙伴中遇到了阻力，但最终得以盛行，并于 2000 年启动了 PISA。具有讽刺意味的是，PISA 后来成为欧洲各国而非美国教育政策中最具议程设置的跨国话语技术（Hopmann, 2008；Meyer & Benavot, 2013）。

1996 年，OECD 发表了关于知识经济的报告，并于 2001 年成立了一个独立的教育局，这标志教育在全球知识经济体系中确保经济成功的重要性（Henry, Lingard, Rizvi, & Taylor, 2001；OECD, 1996）。

在欧盟的语境下——与美国宪法相似——教育属于 1992 年欧盟《马斯特里赫特条约》（Maastricht Treaty）规定的辅助性话语原则，辅助性原则意味着将能力下放到最接近实践的级别，这通常意味着国家一级，或者在某些情况下，如德国的联邦州（Bundesländer）一级。这特别适用于 K－12 教育，这种教育通常与国家建设和国家身份话语密切相关，这些话语很容易引起许多欧洲国家强烈的敏感。然而，欧盟的《马斯特里赫特条约》通过一种特殊的话语方式，实现了欧盟对教育议程影响的突破，这为欧盟委员会在成员国之间就国家教育政策问题保持协调作用开辟了道路，尤其是那些被认为是支持经济增长的关键问题，如合格劳动力和类似问题（European Commission, 1992）。因此，将教育与经济问题联系起来，使教育成为一种跨国关切，这便是改变游戏规则的 2000 年欧盟《里斯本宣言》（EU Lisbon Declaration of 2000）和随后的里斯本议程（Lisbon Agenda）的前身，该议程颂扬了一种话语，即“到 2010 年前，使欧洲成为全球最具活力和竞争力的知识经济体”（European Commission, 2000）。因此，在千禧年之后，欧盟委员会与 OECD 和博洛尼亚进程合作，通过知识经济、人力资本和终身学习的话语，将经济增长和教育的政策话语融合起来，成为关键的话语操纵者（Nóvoa & Lawn, 2002）。

总之，对欧洲国家学校和教育政策话语的跨国影响在千禧年之前很少见。尽管如此，仍有强烈的开创性迹象表明，即将发生的变化与美国在《国家处于危机之中：教育改革势在必行》之后开始的发展有着惊人的相似之处。

19.5 《不让一个孩子掉队法案》——真理制度的巅峰

2002 年 1 月 8 日，美国总统布什签署了 2001 年《不让一个孩子掉队法案》，开创了基于标准的教育话语的巅峰和制度化。它的全称是“通过问责、灵活性和选择来缩小成绩差距的法案，以便不让任何孩子掉队”。这是对《初等和中等教育法》的重新授权，其中包括“条款一”，这是政府针对处境不利学生的旗舰援助计划(United States Department of Education, 2002; Hess & Petrilli, 2006)。该法案首先是基于标准的教育改革的一个论据(Hamilton, Stecher, & Yuan, 2008)。作为一项政治技术，它建立在一个特定的话语框架上，即如何设定高标准和建立可测量的目标来提高学生的阅读和数学成绩。该法案在美国国会以压倒性的两党支持率获得通过，其中众议院 384 票赞成，45 票反对；参议院 91 票赞成，8 票反对。它由布什总统提出，并由极具影响力的国会议员共同撰写，包括众议员博纳(John Boehner，共和党，俄亥俄州，2006—2015 年众议院共和党少数党领袖或议长)和米勒(George Miller，民主党，加利福尼亚州)，以及参议员格雷格(Judd Gregg，共和党，新罕布什尔州)和 E. 肯尼迪(Edward Kennedy，民主党，马萨诸塞州)，他们代表了从非常保守到非常自由的话语立场。

《不让一个孩子掉队法案》建立了一个全面的真理制度，其中包括一系列政治技术，这些技术将改变 K－12 教育政策话语，在学校组织和评估程序以及如何能够产生有效知识方面，大大加强与州、地方政府相关的联邦政府权力(Apple, 2006; New York State Education Department, 2009; United States Department of Education, 2004, 2011; Hess & Petrilli, 2006; McGuinn, 2005, 2010)。

《不让一个孩子掉队法案》作为一个得到联邦两党支持的权威话语，要求所有接受联邦资助的公立学校每年对所有学生进行一次全州性的标准化测试，这意味着所有学生必须在相同条件下参加相同的测试。获得“条款一”资助的学校必须在考试成绩中取得“适当年度进步”(Adequate Yearly Progress，简称 AYP)，即三年级和八年级的学生在标准化测试中的成绩要比上一年同年级的学生好。如果一所学校表现不佳，它将会受到一系列越来越严厉的措施的制约，而这些措施将会在话语中被假定为确保改进所必须实施的。

该话语所指的处罚如下：连续两年未实现“适当年度进步”的学校会被公开

贴上"需要改进"的标签，学校必须针对教学不好的科目制订一个为期两年的改进计划，同时学生可以选择转学到学区内的其他学校；如果3年内没有实现"适当年度进步"，学校将有义务为有需求的学生提供补充教育服务和免费辅导；如果连续4年没有实现"适当年度进步"，学校将被贴上"纠正措施"的标签，这通常包括更换工作人员，引入新课程或延长学生在校时间；如果连续5年未实现"适当年度进步"，将对整个学校进行重组；如果学校连续6年未"实现适当年度进步"，重组将继续进行。重组将包括关闭学校，将学校变成一所特许学校，雇用私人公司经营学校，或者要求州教育办公室直接管理学校。

根据这一真理制度，有人称对《不让一个孩子掉队法案》颁布之前实行的州问责制（state accountability systems）的分析表明，结果问责（outcomes accountability）使引进这种制度的州的成绩得以更快提高（Hamilton, Stecher, & Yuan, 2008）。根据这一话语制度设定的成功标准，对《不让一个孩子掉队法案》颁布前后各州测试分数的直接分析也支持了其积极影响。然而，来自反对话语（counter-discourses）的主要批评者声称，《不让一个孩子掉队法案》导致各州降低了成就目标，鼓励教师"为考试而教"，即鼓励教师教授那些学校认为可以提高测试成绩的狭隘的技能，而不是专注于深入理解整体课程，因而《不让一个孩子掉队法案》影响了有效教学和学生学习。由于每个州都可以制定自己的标准化测试，一个州可以通过使州测试更容易来提高分数（Berliner, 2009; Labaree, 2014; Nichols & Berliner, 2007; Ravitch, 2010）。《不让一个孩子掉队法案》真理制度及其支持者声称，基于标准的目标和加强问责将有助于教师和学校更系统地认识到其在学校体系内运作的重要性，从而帮助学生、社区乃至国家。然而，其他话语立场声称，惩罚和纠正措施只会使学校失去动力，限制学生的表现，甚至会加剧不平等（Apple, 2006; Dee & Jacob, 2010; Hursh, 2007）。

总之，《不让一个孩子掉队法案》构成了一个主导性的真理制度，它的出现是由于代表商业、保守派和自由派的众多有影响力的话语的谱系轨迹交织在一起，成为一个主导性的节点，并将社会中大部分关键的法律、市场和政治话语参与者重组为一个联盟。我们可以将《不让一个孩子掉队法案》看作1983年《国家处于危机之中：教育改革势在必行》报告所引发的基于标准的教育话语的巅峰。此外，我们还可以将其视为一种改变游戏规则的体系，因为它已经在政策和学校实践中制度化，而以前它更多的是一种意图的政策话语。而且，在我们的背景下，《不让一个孩子掉队法案》基于《初等和中等教育法》的法律框架,通过引入年度测试、适当学术进步和教师资格的标准、成绩单和资金变化,扩大了联邦在公共教育领域的作用(DeBray-Pelot & McGuinn, 2009; United States Department of Education, 2004, 2011; Manna, 2010; McGuinn, 2006; Rhodes, 2012; Vinovskis, 2009)。

19.6　欧洲视角的《不让一个孩子掉队法案》

在欧洲舞台上,没有任何东西能与《不让一个孩子掉队法案》在《初等和中等教育法》资金的帮助下实现的主导性真理制度的制度化程度相提并论,它使《不让一个孩子掉队法案》中涉及的联邦政策倡议在州和地方学区的学校和教师教育的结构层面上被广泛确立为主导性的话语和改革议程。然而,千禧年之后的趋势在欧洲也变得相似,即各国越来越多地在跨国论坛上谈判国家教育政策话语,并在这些论坛上建立比较调查和标准等政治技术,以使国家制度变得越来越具有可比性,并要求更多地遵守(Krejsler, Olsson, & Petersson, 2014, 2017; Meyer & Benavot, 2013; Nóvoa & Lawn, 2002)。

在小学和初中政策话语中,PISA、TIMSS 和 PIRLS 日益成为衡量教育在读写、数学和科学方面成功的政治技术。在确定一个欧洲民族国家的小学和初中教育体系是否成功时,它们为“真理”设定了话语标准,并带来了相当大的政策后果,包括反复出现的要求学校和教师改革的压力。随着越来越多其他政治技术的出现,包括 OECD、欧盟统计局(Eurostat)和欧洲教育信息网(Eurydice)定期公布的统计数据和比较概览,如 OECD 的出版物《教育概览》(*Education at a Glance*)、OECD 国家报告、教师教学国际调查(Teaching and Learning International Survey, 简称 TALIS),都进一步加快了建立一个全面的欧洲教育真理制度的进程(例如, Antunes, 2006; Henry, Lingard, Rizvi, & Taylor, 2001; Lawn, 2013; Lawn & Grek, 2012)。

丹麦政府于 2003 年委托 OECD 编写了一份国家报告,这是话语技术被用来确保遵守新制度——基于标准的教育制度——的例证。OECD 受托评估丹麦综合学校(一至九年级)的评价文化。根据丹麦政府的意见,由主要学校效能代表(school effectiveness representatives)率领的 OECD 小组发表了报告,主要结论是丹麦学校缺乏系统的评价文化,可能会导致学生成绩下降。在这份国家报告和丹麦评估研究所(Danish Evaluation Institute)同时发表了一份报告后,丹麦对综合学校进行了一系列大规模的改革:引入了强制性学生计划,并在迄今为止禁止测试的学校引入了十项国家测试;要求各市编制年度质量报告,以响应OECD对丹麦学校监管过于宽松的批评;不可避免地宣布了师资教育改革(Ekholm et al., 2004; Krejsler, Olsson, & Petersson, 2017)。这些技术扩散和众多措施最终将确保国家学校和教师教育制度在跨国真理制度生产框架下日益融合。

2000年欧盟《里斯本宣言》是加强经济与教育关系的重要话语文件和事件。在这里,欧盟各国政府首脑承诺,到2010年使欧洲成为全球知识经济体中最具竞争力和最具活力的地区。在这一真理制度隆重揭幕后,里斯本议程随之而来,该议程制定了欧盟的政策指导方针,进一步强调了教育对确保经济增长的重要性(Colignon et al., 2005; European Commission, 2000, 2010; Lawn & Lingard, 2002)。"能力""终身学习"和"就业能力"成为主流话语符号,渗透到成功经济体的国家战略中,一直贯穿于各级教育课程的改革描述。

与此同时,博洛尼亚进程作为另一个强大的真理制度,于2000年走上了正轨。它是一个更大的欧洲进程,最终包括48个国家。博洛尼亚进程郑重承诺,到2010年建立一个"欧洲高等教育区"(European Higher Education Area,简称EHEA)(Keeling, 2006)。它将包括高等教育和教师教育,旨在使欧洲高等教育体系具有可比性,并制定共同标准,使学生和教师能够跨越国界,在不同教育体系间流动。从形式上来看,博洛尼亚进程遵循民主、自由和多样性的主导性话语,并声称其完全是自愿的。尽管如此,到2009年,它已经成长为一个令人敬畏的话语巨人,用一套越来越具强制性的政治技术管理着真理制度。它包括10个绩效指标和1个评分卡系统,该系统对参与国的遵守情况进行排序,包括欧洲学分转换系统(European Credit Transfer System,简称ECTS)、文凭互认、本科-硕士-博士学位模式(3+2+3)、关于高等教育(包括教师教育)的跨境质量保证模式等(Krejsler, Olsson, & Petersson, 2012)。

随着欧盟和博洛尼亚进程这两个主导性的真理制度将越来越多地整合它们的真理生产和政治技术,以便在所谓的终身学习视角下优化教育(Keeling, 2006),进一步的融合发生了。随着欧盟发展其欧洲资格认证框架(European Qualification Framework,简称EQF)这一政治技术,该框架后来被复制到国家资格认证框架(National Qualification Frameworks,简称NQF)中,从学前教育到博士的终身学习被划分为 8 个等级,其中博洛尼亚进程学士-硕士-博士被整合为 6、7、8 级(EQF, 2008)。这一切都有助于提高参与国家和教育体系的可比性以及技能(或能力)的可转移性。

19.7 证据:生产有效知识的新制度

人们将《不让一个孩子掉队法案》视为一种实践制度,它已经改变了关于学校和学生表现的可接受的真理生产。伴随这一话语转向而来的是,获得联邦资助的教育研究大幅收紧。如果这笔资金与额外的联邦资助有关,它甚至会影响州政府对教育研究的资助。因此,《不让一个孩子掉队法案》确立了一种话语,根据该话语,学校将依靠以科学为基础的研究来制订教学计划和教学方法。该法案将基于科学的研究界定为"涉及应用严谨、系统和客观程序以获得与教育活动和项目相关的可靠、有效知识的研究"(United State Department of Education, 2002; Hess & Petrilli, 2006; Zucker, 2004)。这意味着基于科学的研究将产生"可复制和可应用的发现",这些研究将使用适当的方法得出有说服力的经验结论。根据这种观点,非科学的方法包括遵循传统、个人偏好和非科学的研究,如案例研究、民族志、个人访谈、话语分析、扎根理论、行动研究和其他形式的定性研究。根据《不让一个孩子掉队法案》,后者将不再被视为作出关于教导儿童决定的依据。在这个真理制度中,只有根据新实证主义(neo-positivist)或类似的、基于证据的方法论进行的教育研究才被认为是科学和合法的,随机对照试验(randomized controlled trial)、统计元分析和系统评价被视为理想的方法(Darling-Hammond & Youngs, 2002; Hamilton, Stecher, & Yuan, 2008; Krejsler, 2013, 2017; Pawson, 2006; Prewitt, Thomas, & Straf, 2012; Zucker, 2004)。这将给全国的学校和教师教育项目带来巨大的压力,促使其采用新的真理制度及其相关的政治技术,以便在联邦、州和公众眼中保持合法性(United States Department of Education, 2004, 2011; Hargreaves, 2007; McGuinn, 2010; Coalition for Evidence-based Policy, 2003)。

这一值得公众支持的严谨教育研究领域的突破性变化,在教育科学研究所(Institute of Education Sciences,简称 IES)实现了制度化。教育科学研究所是作为 2002 年《教育科学改革法案》(Education Sciences Reform Act of 2002)的一部分而创立的,是美国教育部(United States Department of Education)的主要研究机构。

它包括四个主要的研究和统计中心：（1）国家教育统计中心（National Center for Education Statistics，简称 NCES），负责 NAEP（国家教育进展评估）；（2）国家教育研究中心（National Center for Education Research，简称 NCER）；（3）国家教育评估和区域援助中心（National Center for Education Evaluation and Regional Assistance，简称 NCEE），负责管理国家教育图书馆（National Library of Education）、教育资源信息中心（Education Resources Information Center，简称 ERIC）以及有效教育策略资料中心（What Works Clearinghouse，简称 WWC）；（4）国家特殊教育研究中心（National Center for Special Education Research，简称 NCSER）

教育科学研究所将通过开展和支持学校随机对照试验来宣传这种新的真理制度，以便找到问题的实际答案，例如，某些教科书是否比其他教科书更好，以及教师的某些专业发展项目是否会提高学生的成绩。有效教育策略资料中心是在联邦政府慷慨资助和以证据为导向的坎贝尔协作网（Campbell Collaboration）的科学支持下成立的，其核心任务是根据新实证主义证据方法论方法（neo-positivist evidence methodological approach）对关于有效知识的研究进行系统评价（Boruch & Herman，2007；Krejsler，2013）。

这一政策话语得到了强大的政策敏感机构的积极支持，其中包括循证政策联盟（Coalition for Evidence-Based Policy），该联盟的顾问委员会汇聚了坎贝尔协作网的关键人物，如布鲁兹（Robert Boruch）。该联盟将自身描述为“一个非营利的、无党派的组织，其使命是通过使用关于有效知识的严谨证据来提高政府的效能”。自 2001 年以来，联盟一直与美国国会和行政部门的官员密切合作，推动了美国社会项目的循证改革，这些改革已通过法律和政策得以落实。该联盟声称，“不隶属于任何项目或项目模式，与其支持的政策理念之间没有经济利益，这些特点使其成为政府官员在循证政策方面独立和客观的专业知识来源”。然而，这些使命宣言与特定知识体系的密切联系相矛盾，这种知识体系意味着对客观性、严谨性、方法论等的狭隘理解，并很容易地顺应了决策层关于严格的政策相关科学的主流理解。

19.8 欧洲背景下的证据制度

一方面，在欧洲的教育政策背景下，从制度化的角度来看，证据和有效知识的真理制度从未得到像美国一样统一和彻底的执行；另一方面，OECD 和国际教育成就评价协会的调查确实遵循了有效知识的证据模式，这种模式有利于坚持新实证主义和学校效能范式（school effectiveness paradigm）的大规模定量调查，而没有为其他范式，特别是定性或后实证研究范式（post-positivist research paradigms）留下太多空间（Burns & Schuller, 2007b; Hammersley, 2007; Oakley, 2007; OECD, 2007）。此外，在国家层面，已建立了一些类似于美国有效教育策略资料中心的证据话语生产机构，其大量灵感来源于坎贝尔协作网以及一些其他科学和方法论范式（例如，Hammersley, 2007, 2013; Hattie, 2009; Meyer, 2004）。英国于 20 世纪 90 年代建立了决策与实践证据信息与协调中心（Evidence for Policy and Practice Information and Co-ordinating Centre，简称 EPPI－Centre），旨在帮助政策制定者制定以证据为基础（或知情）的优先事项，并作为一个供实践者参考的有效知识信息库（Oakley, 2007; Wells, 2007）。在丹麦，一份 OECD 撰写的关于丹麦研究与发展（R&D）情况的报告促成了 2006 年丹麦教育研究资料中心（Danish Clearinghouse for Educational Research）的成立，该中心被明确建议从美国的有效教育策略资料中心和英国的决策与实践证据信息与协调中心（OECD/CERI, 2004）中寻求灵感。类似的发展在不同的欧洲国家出现，并且日益影响各国如何根据合法知识和技能基础制定学校和教师教育项目（Krejsler, 2013, 2017）。

2004 年，OECD 在华盛顿主办了一次关于证据和教育的会议，即如何理解产生有效知识的新条件。在这里，一方面，美国代表团在确定"有效知识"的证据方面被证明是最强硬的，即优先考虑随机对照试验的初级研究、干预研究的统计元分析（statistical meta-analyses of intervention studies），以及对研究的系统回顾的阐述，从而认为定性研究、案例研究和其他非实验性研究无法产生关于哪些干预措施有效的有效知识；另一方面，北欧国家则代表了不同的声音，强调在确定有效知识时采用各种范式的重要性（Boruch & Herman, 2007; Burns & Schuller, 2007a; Hammersley, 2007）。

总而言之，证据和有效知识的真理制度在大西洋两岸都在推进。然而，与欧洲相比，美国更为普遍地在学校、教师教育和教育研究体系中系统地实施一种特定的证据制度，并对"什么是科学"有非常具体的定义。这并不令人惊讶，因为美国联邦政府和州政府之间的关系具有更深刻的一体化特征，而与欧洲民族国家合作的跨国组织则具有更加脆弱和不稳定的特征。无论是出于自身利益还是同行压力，后者都不能使民族国家作出并遵守超出自愿承诺范围的承诺（例如，Diamantopoulou, 2003；Labaree, 2014）。

19.9 基于标准的教育制度在奥巴马政府时期（2009—2015 年）的进一步推进

《不让一个孩子掉队法案》真理制度及其相关标准、高风险测试和问责技术，在明显的奖惩制度驱动下，长期以来导致其他主体立场建立反对话语，它们代表了替代性和更广泛的学校教育理念及其目的，以及被有效知识的狭隘证据排斥的研究范式（Apple, 2006；Hursh, 2007；Nichols & Berliner, 2007；Ravitch, 2010）。因此，反对者高度期望 2009 年 1 月奥巴马（Barack Obama）就任总统会给《不让一个孩子掉队法案》真理制度带来话语混乱，或者至少带来些许逆转或是相当大的改革。许多《不让一个孩子掉队法案》的话语反对者曾期待（或希望）斯坦福大学（Stanford University）的达林-哈蒙德（Linda Darling-Hammond）担任教育部部长，教育部部长是推进主导性联邦话语的决定性话语立场的人。她在奥巴马竞选时期的教育话语形成中发挥了核心作用，代表了比《不让一个孩子掉队法案》和证据制度更广泛的能力建设话语（capacity building discourse）（例如，Ravitch, 2013）。然而，令教师和教育研究界中许多《不让一个孩子掉队法案》反对者感到失望的是，邓肯（Arne Duncan）最终成为教育部部长，其随后实施的政策制度表明奥巴马政府将遵循由标准、高风险测试和问责组成的《不让一个孩子掉队法案》的真理制度（Ravitch, 2010；Schneider, 2015；Sunderman, 2009）。

在 2007—2008 年金融危机之后，奥巴马政府接管了支离破碎的经济。联邦政府从 2009 年开始，试图通过庞大的救助计划——《美国复苏和再投资法案》（American Recovery and Reinvestment Act）——来应对绝望的局面。该法案在凯恩斯主义（Keynesian）或新政（New Deal）的经济论述中承诺提供 8 230 亿美元，通过向基础设施项目、贷款等注入联邦资金来刺激需求，创造就业机会并推动经济增长。该法案为教育领域预留了大约 1 000 亿美元，以应对公立学校预算的大幅削减和教师裁员等。

《不让一个孩子掉队法案》真理制度及其话语受到奥巴马政府的赞扬，并以《改革蓝图：重新授权〈初等和中等教育法〉》（ESEA Reauthorization：A Blueprint for Reform)的名义重新授权《不让一个孩子掉队法案》。奥巴马政府的这份关键话语文件包括以下优先事项：关注“通过为所有学生制定更高标准、改进评估和更广泛的学术课程，培养做好上大学和就业准备的学生”；“认可、鼓励和奖励卓越”；通过“严格和公平的问责”促进实现人人平等和机会均等；通过“力争上游”(Race to the Top)提高标准和奖励卓越；扩大特许学校(United States Department of Education, 2010)。然而，共和党与民主党之间两极分化的权力关系使得重新授权无法获得批准。

尽管如此，奥巴马政府还是支持《不让一个孩子掉队法案》。最受关注的三项政治技术是：“力争上游”及其竞争性拨款；《共同核心州立标准》(Common Core State Standards，简称 CCSS)，严格来说，它不是一项联邦倡议，而是联邦政府大力支持的州际合作；教师激励基金(Teacher Incentive Fund，国会于 2006 年批准)，它是竞争性拨款，特别是州和地方一级，鼓励改善高需求学校教师和校长的水平，这些学校的数学和科学教师短缺问题尤为严重(Brown, 2015; Owens, 2015; Schneider, 2015)。“力争上游”作为一项政治技术，是《美国复苏和再投资法案》的一部分。联邦政府将超过 40 亿美元用于竞争性拨款，旨在促使各州和地方学区致力于 K-12 教育的改革和创新。各州通过采取一些特定政策而获得积分，如共同课程标准，优先考虑 STEM 科目，对教师和校长进行绩效评估，改进表现不佳的学校，开发系统的数据系统，以及扩大特许学校。

由于各州热衷于从这些巨额竞争性拨款中分一杯羹，一些州实际上改变了它们的教育政策，以使其申请更具竞争力。而“力争上游”确实成为一项强有力的激励措施，鼓励各州采用《共同核心州立标准》(见下文)。采用《共同核心州立标准》本身并不是一个明确的要求，尽管在不采用的情况下也面临类似的要求。此外，联邦政府还为《共同核心州立标准》提供了 3.5 亿美元的资金，用于开发符合共同标准的评估。“力争上游”包括一项政治技术的开发——一份年度绩效报告(Annual Performance Report，简称 APR)——以描绘申请者如何实施改革计划和实现学生成绩目标。在这个意义上，“力争上游”在很大程度上是一种福柯式的政治技术，它将政治问题重新转化为中立的科学语言(Dreyfus & Rabinow, 1982: 196)。

《共同核心州立标准》是一项综合性的政治技术倡议，旨在为 K-12 学生应掌握的英语和数学知识制定标准(Owens, 2015; Schneider, 2015)。《共同核心州立标准》会规定各年级学生应该了解的知识，并描述他们为上大学或就业做好准备而必须掌握的技能。它将迎合州和地方的利益，强调由每个学区负责根据标准选择和指定课程。在该倡议自身的话语中，其目的是“为学生应该学习的内容提供一致和清晰的规划，这样教师和家长就知道他们需要做些什么来帮助学生”。这些标准是“富有活力的”，“与现实世界相关的”，反映了学生“在大学或职业生涯中获得成功”所需的知识与技能。据称，这将使美国学生能够在全球经济中处于一个有竞争力的地位。在其论述中，《共同核心州立标准》是由来自美国各地的学者和教育工作者组成的团队主导制定的，而最终标准则由其他验证团队通过。整个过程还将来自各利益相关方的反馈纳入标准，从而获得了更广泛的合法性。

《下一代科学教育标准》（Next Generation Science Standards，简称 NGSS）于 2013 年 4 月发布，它作为一种看似独立的政治技术，涵盖了《共同核心州立标准》未涵盖的科学学科。然而，即使许多州已经采纳了这些标准，各州还是对其标准及内容进行了构建，以便与《共同核心州立标准》的数学、英语和艺术课程标准相兼容。

旨在评估《共同核心州立标准》的政治技术是由两个联盟创建的，每个联盟基于州教育机构的自愿选择，将大约 20 个州重新组合起来。大学和职业准备评价联盟（Partnership for Assessment of Readiness for College and Careers，简称 PARCC）专注于每个年级基于计算机的“全程评估”以及简化的年终测试。智能平衡评估联盟（Smarter Balanced Assessment Consortium，简称 SBAC）则专注于创建“适应性在线考试”。这两个领先的联盟均提议开发基于计算机的考试，包括较少的选择题和构建反应测试题目（selected and constructed response test items），从而与主流的标准化测试形式保持距离。这可以被看作一种话语式的举动，旨在平息人们对《不让一个孩子掉队法案》的测试僵化地实施多项选择题和死记硬背的模板的批评，而这些新模板将更容易适应在全球知识经济中取得成功所需的更高水平的技能思维。

此外，“共同核心”制度展示了一个谱系，说明了特定的主流政策和大企业利益如何合并其话语立场，以支持基于证据和标准的教育话语，并随后成功地推动众多政策举措。1996 年，随着实现公司（Achieve Inc）的成立，《共同核心州立标准》谱系得到推动，如今囊括了全国州长协会（National Governors Association，简称 NGA）、州立学校首席官员理事会（Council of Chief State School Officers，简称 CCSSO），以及英特尔（Intel）、国际商业机器公司（International Business Machines Corporation，简称 IBM）和美国保德信金融集团（Prudential Financial）等商业巨头，吸引了盖茨基金会(Gates Foundation)、培生出版公司(Pearson Publishing Company)等机构的资金支持(Owens, 2015; Schneider, 2015)。实现公司将自身界定为一个旨在提高学术水平和毕业要求,改进评估和加强问责的两党合作组织。特别是,它强调在制定标准时,应将学生在每个年级应该知道和能够做的事情与旨在衡量学生是否实际达到这些标准的评估结合起来。"共同核心"是这一谱系的产物,它作为一个真理制度和一种政治技术,在正式术语上可以表述为一种州际(而非联邦)倡议。因此,《共同核心州立标准》进程试图迎合那些珍视各州权利的敏感问题,尽管在实践中它被认为与联邦议程密切相关。如前所述,通过将《共同核心州立标准》与"力争上游"竞争性联邦拨款挂钩,各州获得了采用《共同核心州立标准》的激励。虽然各州可以采用其他大学和职业准备的标准(例如,得克萨斯州和弗吉尼亚州),但如果它们采用《共同核心州立标准》,那么会在申请"力争上游"时获得加分。很显然,《共同核心州立标准》和《下一代科学教育标准》等主导性政治技术以及为衡量它们而建立的制度,将对学校和教师教育项目的发展方向施加主导性压力(United States Department of Education, 2011; Krejsler, 2018)。

为了评估什么是联邦利益和州利益,什么是公共利益和私人市场利益,对像实现公司这样的组织来说,其活动范围和主导性话语立场的透明度是相当必要的。如果认为实现公司还管理着《下一代科学教育标准》,并且是大学和职业准备评价联盟开发过程中的所谓项目管理合伙人(project management partner),那么这种需求会变得更大。总之,这恰如其分地凸显了施耐德(Mercedes K. Schneider)在所著《共同核心困境:谁拥有我们的学校?》(*Common Core Dilemma: Who Owns Our Schools?*)中提及的问题(Schneider, 2015)。

随着《不让一个孩子掉队法案》真理制度接近其2014年的目标年,很明显它的话语和政治技术正在失去动力,这逐渐为学校和教育方面相互竞争的话语制度铺平了道路。日益明显的是,越来越多的州将无法成功地实现《不让一个孩子掉队法案》的目标——所有的孩子都应该熟练掌握基本的算术、识字和科学知识和技能。在实施《不让一个孩子掉队法案》的头几年似乎取得了进展,但维持这种局面并确保不让每个孩子掉队似乎是不可能的。2010年后,对《不让一个孩子掉队法案》真理制度的逐步破坏遭到反击,奥巴马政府开始采取修复策略,即让各州能够选择申请豁免《不让一个孩子掉队法案》(NCLB waivers),并且仍然保留联邦

《初等和中等教育法》资助，如“条款一”的资助。在其本身的论述中，豁免的政治技术会调整要求并带来更多的灵活性，但仍然要求各州提出维持《不让一个孩子掉队法案》方向的计划。

如前所述，另一个问题是在奥巴马第二届任期（2013—2017 年）内重新授权《不让一个孩子掉队法案》真理制度的困难。当时，共和党在国会参众两院占据多数，而共和党和民主党之间的敌意加剧，国会共和党和白宫之间的敌意更甚，因而很难达成协议。事实上，几乎不可能达成一项协议以重新授权拖延已久的《不让一个孩子掉队法案》，这种情况迫使奥巴马政府自 2010 年中期选举以来（共和党人在 2010 年中期选举中占据了众议院多数席位）首次根据行政命令和紧急措施采取行动。

第三个相关问题是，先前支持《不让一个孩子掉队法案》制度的令人印象深刻的主导性主体立场联盟开始削弱。越来越多的主体立场怀疑持续不断地关注高风险测试是否真正有效，以及联邦豁免技术是否真的值得以牺牲州、地方教育当局等的更多权力为代价，这些主体立场代表了那些最初使基于标准的教育话语变得如此强大的各种强有力的话语。总之，这将使州和地方各级对于联邦加强对 K－12 教育的影响产生敌意（Krejsler，2018；Manna，2010；Ravitch，2010）。

2015 年底，奥巴马总统签署了《让每个学生成功法》（Every Student Succeeds Act，简称 ESSA）（White House，2015），该法案最初是由前任教育部部长亚历山大等共和党人发起的反对话语倡议，经过谈判协商最终达成一致，获得两党支持。该法案能获得通过是由于回避了诸如启动学校私有化政治技术（如将联邦援助转化为父母的教育券）等有争议的问题，并作出必要的妥协，其颁布最终意味着正式终止《不让一个孩子掉队法案》，并重新授权《初等和中等教育法》。令人惊讶的是，国会所有主要派别和白宫都认为，该法案是一项胜利。一方面，共和党人声称，他们已经对教育部部长邓肯和奥巴马政府施加了限制，扭转了联邦政府通过《不让一个孩子掉队法案》豁免计划和紧急行政命令获得过多控制各州权力的局面；另一方面，民主党和白宫宣称《让每个学生成功法》将确保联邦政府资助扩大学前教育设施并保留重要的国家标准。总之，《让每个学生成功法》作为一项政治技术，承诺将赋予各州和地方当局更多的权力，同时仍保留最低限度的联邦权力，以确保公民权利和基本测试等（Berman，2015；White House，2015；Strauss，2015；Weiss & McGuinn，2016；Wong，2015）。

19.10　巩固一种更加不透明的欧洲真理制度

在跨国组织与欧洲民族国家之间日益频繁和基于承诺的关系中，一个全面的真理制度和一系列政治技术得到了巩固和扩展。“地平线 2020”(Horizon 2020)(2014—2020 年)是所谓的 7 年框架研究资助项目的欧盟旗舰政治技术(EU flagship political technology)的最新版本，该技术与其他一些政治技术一起，旨在确保将包括教育研究在内的研究纳入里斯本议程这一总体主导性真理制度及其在“欧洲 2020”(Europe 2020)的最新表述(Colignon et al., 2005; European Commission, 2010, 2014; Keeling, 2006)。正如本章前面所阐述的，这一真理制度主要通过关于欧盟和欧洲成为全球知识经济体中一个充满活力和竞争力的地区的话语来运作，其驱动因素是对落后的恐惧。因此，欧盟的政治技术的运作依赖诸如“地平线 2020”和欧洲资格认证框架等核心模板，这些模板越来越多地被复制到成员国的学校和教师教育政策中，包括国家研究委员会和资助机构(EQF, 2008; Krejsler, Olsson, & Petersson, 2014, 2017; Olsson, Petersson, & Krejsler, 2011)。欧盟的研究和教育政策话语是根据“竞争力”“卓越”“终身学习”“就业能力”等关键词制定的，STEM 领域(像美国)越来越多地超越包括教育研究在内的社会科学和人文科学(Moos & Wubbels, 2014; Moos, Wubbels, Holm, & Zgaga, 2015)。

欧洲关于中小学的跨国政策讨论尚未转变为一种制度化的真理制度，无法与美国的《不让一个孩子掉队法案》或关于高等教育(包括教师教育)的博洛尼亚进程相媲美。已经形成的话语联盟和已经采用的政治技术，都是在更为间接的过程中出现的。这种情况发生在国家政策制定和讨论方面，这些讨论越来越受到跨国技术的影响，包括 PISA、TIMSS 和 PIRLS 国际比较调查、OECD 国家报告和政策建议等。此外，这种影响表现为对政策制定者、研究人员和专业人员的影响，因为他们在新的真理制度中所处的主体地位越来越受到跨国网络和事件的影响(Hopmann, 2008; Meyer & Benavot, 2013)。这种承诺的主要动机是与主导性区域跨国制度(OECD、欧盟和博洛尼亚进程)的合作伙伴协调一致，以确保自己的国家保持可比性，从而消除被排斥在主流进程之外(或自我排斥)的风险。

自 2000 年以来，开放式协调机制(Open Method of Coordination)逐渐成为合作

中采用的政治技术形式，以促进在基本上自愿的跨国政策进程中达成共识。这种方法的工作原理是逐渐推进共识，而不是通过投票作出决定，因为事实证明，在只能依靠各国自愿遵守（voluntary adherence）的跨国论坛中，投票这种方式无法确保诸多不同民族国家之间的有效合作。开放式协调机制通过以下几个方面发挥作用：根据商定的模板和标准，在国家间相互比较和相互竞争的过程中产生同伴压力（peer pressure）；根据这些标准对成功的和不成功的国家进行表扬或批评；更重要的是，各国担心落后或被排斥在外。开放式协调机制是欧盟和博洛尼亚进程的官方合作方法。尽管如此，OECD 的合作方式也十分相似，人们通常在 OECD 中谈到多边监督（multilateral surveillance）。政策研究人员发现，使用“开放式协调机制”这一术语来更广泛地涵盖跨国机构之间的这种特定类型的合作非常有用（Colignon et al., 2005; Gornitzka, 2006; Krejsler, Olsson, & Petersson, 2014, 2017; Schäfer, 2004）。这种旨在推进共识和由同伴压力驱动的合作在教育政策方面加速发展，特别是在 PISA 和博洛尼亚进程启动之后，并持续受到国际教育成就评价协会进行的调查，如 TIMSS（从 1995 年开始）和 PIRLS（从 2001 年开始）（尽管不太为公众所知）的帮助。自 2000 年第一次开展 PISA 调查以来，PISA 冲击的话语效应已经定期对不同的成员施加影响，并对其自我认知和政策议程产生了巨大的影响。德国经历了 PISA 的冲击，改变了关于学校和教师教育政策的议程（Hopmann, 2008; Waldow, 2009）。在北欧国家中，瑞典和丹麦曾经认为它们拥有世界一流的进步学校体系，而芬兰一直有些落后（Hopmann, 2008; Telhaug, Mediås & Aasen, 2006）。PISA、TIMSS 和 PIRLS 已成为主导性政治技术，彻底扭转了这种观念，尽管人们常常忘记警告，即 PISA、TIMSS 和 PIRLS 与《不让一个孩子掉队法案》一样，代表了一组狭窄的科目（读写、计算和科学）和狭隘的测量方法，过于强调具有内在局限性的测试与数字（Hopmann, 2008; Labaree, 2014; Meyer & Benavot, 2013）。这再次引发对教师和教师教育的不断批评，认为他们不适合培养下一代高技能的终身学习者，随后进行了教师教育改革（Furlong, Cochran-Smith, & Brennan, 2009a; Furlong et al., 2009b）。

目前的这种状况已经产生了反对话语，质疑与这些可比较的模板保持一致，是否会抑制与欧洲民族国家多样性相对应的学校体系的多样性。一些论述的支持者甚至认为，让所有国家参照同一个比较模板的政治技术，将损害欧洲和欧盟的竞争优势。PISA、国际教育成就评价协会的研究人员常常因为政策制定者和公众滥用他们的调查进行排名而感到愤怒。他们称,调查旨在突出可能的问题,并鼓励国家间相互学习,同时需要根据标准来思考从明显成功的国家获得的任何灵感,以确定这些灵感是否与特定国家的特定学校体系相兼容,甚至是否可取。学校的目的很多,远远超出了基本的读写、计算和科学技能(Henry, Lingard, Rizvi, & Taylor, 2001; Hopmann, 2008; Krejsler, 2017; Meyer & Benavot, 2013)。

19.11 美国K-12教育与教育政策的话语谱系概要

美国K-12教育与教育政策的谱系表明,自20世纪80年代以来,随着《不让一个孩子掉队法案》以及随后基于标准的教育制度成为标志性和戏剧化的巅峰,情况发生了巨大变化(Brown, 2015; DeBray-Pelot & McGuinn, 2009; McGuinn, 2006; Rhodes, 2012; Sunderman, 2009; Vinovskis, 2009)。虽然宪法规定教育是各州的责任,但美国已明确建立了强有力的国家甚至联邦的教育话语和实践制度(New York State Education Department, 2009; Manna, 2010; McGuinn, 2005, 2006; Sunderman, 2009)。联邦政府在教育政策话语中的影响力日益增强,这一趋势在20世纪60年代得到推动,当时民权话语与宪法话语相契合,并且美国最高法院批准将废除学校种族隔离和减轻学生贫困状况列入联邦层面的教育政策议程(Patterson, 2001)。但随着颇具影响力的1983年《国家处于危机之中:教育改革势在必行》的发布,情况发生了转变。此后,民权和废除种族隔离话语逐渐融入新兴的基于标准的教育话语。联邦层面的学校和教育政策形成势头,为国家层面基于标准的教育注入动力。参考诸如"不让一个孩子掉队""必须缩小成就差距"以及对"国家落后"的恐惧等措辞,这种做法是合法的(Hamilton, Stecher, & Yuan, 2008; Kosar, 2005; Rhodes, 2012)。

最初关于标准下降、学生成绩不佳以及对美国经济和政治实力下降恐惧的论述,后来发展成为主导性主体立场的主要形式,代表了包括保守派教育研究者、商业联盟、民权团体、南部州长和自由派在内的大量不同论述。20世纪90年代,老布什和克林顿政府推出《美国2000年教育战略》(America 2000)和《2000年目标》(Goals 2000)倡议,基于标准的教育话语在总统、国会层面得到巩固和发展,并随着两党通过《不让一个孩子掉队法案》,真理制度达到巅峰。《不让一个孩子掉队法案》成功地在标准、高风险测试、问责和豁免措施方面推出了政治技术,这些技术超越了个别州的范围，但在正式意义上又并不是联邦政府直接管理的模式。在有限的联邦《初等和中等教育法》资金的激励机制（又称压力）帮助下，《不让一个孩子掉队法案》制度如今成功实现了 50 个州 K－12 教育体系之间的统一，这在美国历史上是史无前例的。奥巴马政府或多或少忠实地遵循了布什政府以及《不让一个孩子掉队法案》真理制度的总体意图（Brown，2015；Owens，2015；Ravitch，2013）。

随着这一真理制度的扩散，它同时变得更加具有强迫性，除非一个州想与日益全国性的主流讨论毫不相干并将自己排斥在外，而这场讨论正逐渐主导着正在进行的共识建设。从官方角度来看，组成这种重新配置的过程从未或很少真正实现联邦化：各州将遵守《不让一个孩子掉队法案》，但建立了自己的测试系统；豁免将提供灵活性，但要求联邦政府接受符合《不让一个孩子掉队法案》目标的其他方法。联邦主体作为拥有制度能力（institutional capacity）的参与者，将正式行使仲裁者（arbiter）和激励者（motivator）的权力，而各州本身并不具备或有动力去承担这种制度能力。

《共同核心州立标准》的政治技术以一种典型的方式说明了话语过程如何加强《不让一个孩子掉队法案》的真理制度（Owens，2015；Schneider，2015）。《共同核心州立标准》被明确定义为州际（而不是联邦）合作，由州层面的主导性主体——全国州长协会和州立学校首席官员理事会——主导话语和技术的生产。《共同核心州立标准》可以被看作深化联邦《不让一个孩子掉队法案》标准和评估目标的一种方式，它从未强迫任何州采取任何非宪法和/或最高法院命令所要求的措施。《不让一个孩子掉队法案》制度正式成为鼓励州际自愿合作的框架，通过制定教育条款保证学生为升入大学和就业做好准备，从而确保美国经济的未来。“力争上游”倡议是另一个典型的政治技术案例，它显示联邦《不让一个孩子掉队法案》制度是如何从《美国复苏和再投资法案》（该法案是在 2008—2009 年金融危机动荡的特殊情况下通过的）中分配超过 40 亿美元给一个竞争性拨款机制，该机制的前提是各州在没有收到明确要求的情况下采用了《共同核心州立标准》。因此，联邦和州的关系在联邦主体进行协调的过程中变得越来越紧密（Owens，2015；Schneider，2015）。

然而，最近的发展表明，这不是简单的线性发展。人们对高风险测试技术走得过远以及《不让一个孩子掉队法案》的惩罚措施没有像预期一样发挥作用感到失望,这导致了从一开始就与基于标准的教育话语和《不让一个孩子掉队法案》真理制度结盟的主体和话语的强烈抵制(Labaree, 2014; Manna, 2010; Owens, 2015: 78; Ravitch, 2010, 2013)。保守的反联邦主义者、家长团体、自由主义者和其他人现在已经聚集起来反对联邦参与,认为这种参与太过干涉。这最终以一场话语交战告终,《不让一个孩子掉队法案》真理制度正式被《让每个学生成功法》取代,两党达成共识,承诺反过来赋予州和地方教育当局更多权力(White House, 2015; Strauss, 2015; Weiss & McGuinn, 2016)。

令人瞩目的是,特朗普政府的《让每个学生成功法》和其直言不讳的教育部部长德沃斯(Betsy DeVoss)是否会开创一个新的真理制度,扭转自20世纪60年代以来,特别是自2002年以来不断增长的联邦影响力,或者它只是在建设具有强大联邦核心的国家K-12教育、教师教育与教育研究体系道路上一个不太重要的举措。

19.12 小结: 两地殊途同归

总之,我们可以说,在这两个世界主要地区,学校和教育政策话语的发展既有共性,也存在相当大的差异。其中许多差异可以用美国和欧洲内部一体化的不同程度来解释(Diamantopoulou, 2003)。尽管如此,美国和欧洲对全球化和知识经济话语挑战的倾向和反应确实非常相似,并在一定程度上相互影响,即使这在州或国家层面的讨论中并不总是显著,因为联邦或跨国层面的干预往往不受欢迎,而且还会触发当地的敏感性(Henry, Lingard, Rizvi, & Taylor, 2001; Meyer & Benavot, 2013; Nóvoa & Lawn, 2002; Owens, 2015; Rhodes, 2012; Rizvi & Lingard, 2010)。

在一篇说明性的文章中,拉巴里(David Labaree)令人信服地比较了美国《不让一个孩子掉队法案》和欧洲PISA这两个真理制度是如何对不同的背景环境作出反应的,并展示了这些关键差异如何在教育政策话语中得到解决(Labaree, 2014)。简而言之,拉巴里认为,《不让一个孩子掉队法案》代表了教育目标的缩减。K-12教育根据基于标准的教育话语和多选题高风险测试所测量的内容,培养学生为进入大学和就业做好准备,这些话语只停留在包括读写、计算和科学技能在内的狭义的知识概念,测量了知识和技能方面的低阶推理(lower-level reasoning），回避了高阶推理（higher-level reasoning）。然而矛盾的是，一方面，《不让一个孩子掉队法案》取得成功的原因在于，这种政治技术（以联邦资金为诱饵）可以使各州承担责任，并使各州调整体系以符合联邦的要求。因此，这确实使各州具有可比性；另一方面，PISA 测量的是更高阶的推理能力和被称为在 21 世纪知识经济中就业所必需的能力。拉巴里说，它测量的是没有人教授的东西。出于必要性，OECD 构建了一种可比较的政治技术，由于 OECD 无权控制成员国多元的学校体系和课程设置，这种技术不能强迫成员国采取一致行动。他的结论是，《不让一个孩子掉队法案》和 PISA 都测量了没有人教授的东西，但是通过在学校和教育政策话语中的全面和广泛扩散，它们已经发展成了在很大程度上决定了如何测量学生表现的成功的真理制度。这就意味着，联邦和跨国层面在界定和削弱学校和教师教育的目的方面取得了成功，因为各州和各国倾向于优先考虑测量的科目，并为决定州或国家是成功还是落后的测试做准备。

拉巴里的论点在许多方面包含了本章通过描绘美国和欧洲的学校、教育政策话语谱系所显现出的异同。一方面，美国 K－12 教育和教育政策的谱系是参照美国政府的宪法和传统，在联邦和州利益之间持续斗争的一个具体演变过程。这是对教育政策日益联邦化的叙述：联邦政府从对教育几乎没有权力（参见美国宪法）开始，到随着民权和废除种族隔离话语的日益强大，逐渐掌握了相当大的权力，随后这些话语与基于标准的教育话语融合在一起，并最终在《不让一个孩子掉队法案》真理制度中达到了巅峰。另一方面，欧洲学校和教育政策话语的谱系是一个特定的演变过程，涉及具有特定历史、认同和彼此有敌意的不同民族国家，它们试图通过合法性和权威性充其量是不透明的跨国机构来加强相互融合。谱系描述了独立民族国家之间的合作如何逐步使 OECD、欧盟和博洛尼亚进程等跨国机构制度化。它起初是“二战”后曾饱受战争蹂躏的国家之间的经济合作，但后来逐渐加深，涵盖了包括学校和教育在内的更多项目。这一过程是不稳定和有反复的。开放式协调机制意味作为一种真理制度，不同的民族国家如何逐渐学会整合它们的学校和教育体系。

然而，如前文所述，在这两个地区，建立符合全球知识经济话语要求的真理制度的话语过程和斗争有着惊人的相似之处，欧洲强调“就业能力”“能力”和“终身学习”这些关键词，美国强调“为进入大学和就业做好准备的学生”“基于标准的教育”和“卓越”。这两个谱系都讲述了在联邦政府和州之间或跨国层面与民族国家之间的权力斗争中，通过参与自愿但强制的政策进程，朝着共同的真理制度前进。随着时间的推移，这些进程以加强合作的形式沉淀下来，并由此改变学校、教师教育和教育研究制度。

然而，这些都是持续的进程，对更一般的政治事态发展很敏感。2016年以来，大西洋两岸最近的事态发展和政治动荡将对它们产生怎样的影响仍有待观察。这里只需提及英国脱欧，特朗普政府当选，东欧、意大利和其他地区民粹主义(populism)抬头等令人惊讶的事件，以及这些事件对美国、欧洲和其他地区政策制定产生的溢出效应，就足够了。

参考文献

Antunes, F. (2006). Globalisation and Europeification of education policies: Routes, processes and metamorphoses. *European Educational Research Journal, 5*(1), 38–55.

Apple, M. (2006). *Educating the "right" way: Markets, standards, God and inequality* (2nd ed.). New York & London: Routledge.

Berliner, D. (2009). MCLB (much curriculum left behind): A U.S. calamity in the making. *The Educational Forum, 73*(4), 284–296.

Berman, R. (2015). "No child left Behind" is no more: The Senate's final approval of the every student succeeds act launches a new era in education policy and ushers Arne Duncan out of office. *The Atlantic*. Retrieved from http://www.theatlantic.com/politics/archive/2015/12/no-child-left-behind-is-no-more/419475/

Bloom, A. (1987). *The closing of the American mind*. New York: Simon & Schuster.

Boruch, R. F., & Herman, R. (2007). What Works Clearinghouse: United States. In T. Burns & T. Schuller (Eds.), *Evidence in education: Linking research and policy* (pp. 53–62). Paris: OECD/CERI.

Bridges, D., & McLaughlin, T. H. (Eds.). (1994). *Education and the market place*. London & Washington, DC: The Palmer Press.

Brown, B. (2015). *A policy history of standards-based education in America*. New York: Peter Lang.

Burns, T., & Schuller, T. (2007a). The evidence agenda. In T. Burns & T. Schuller (Eds.), *Evidence in education: Linking research and policy* (pp. 15–32). Paris: OECD.

Burns, T., & Schuller, T. (Eds.). (2007b). *Evidence in education: Linking research and policy*. Paris: OECD/CERI.

Cerny, P. G., & Evans, M. (1999). *New labour, globalization and the competition state*. Cambridge, MA: Minda de Gunzburg Center for European Studies, Harvard University.

Coalition for Evidence-based Policy. (2003). *Identifying and implementing educational practices supported by rigorous evidence: A user friendly guide*. Washington, DC: United States Department of Education.

Colignon, S., Dehousse, R., Gabolde, J., Jouen, M., Pochet, P., Salais, R., et al. (2005). *The Lisbon strategy and the open method co-ordination: 12 recommendations for an effective multi-level strategy*. Brussels: Notre Europe. Retrieved from http://www.institutdelors.eu/media/policypaper12_01.pdf? pdf=ok

Cuban, L., & Shipps, D. (Eds.). (2000). *Reconstructing the common good in education: Coping with intractable American dilemmas*. Stanford: Stanford University Press.

Darling-Hammond, L., & Youngs, P. (2002). Defining "highly qualified teachers": What does "scientifically-based research" actually tell us? *Educational Researcher, 31*(9), 13 - 25.

Dean, M. (1999). *Governmentality: Power and rule in modern society*. London, Thousand Oaks, CA: Sage Publications.

Dean, M. (2007). *Governing societies: Political perspectives on domestic and international rule*. Maidenhead (UK) & New York: Open University Press.

DeBray-Pelot, E., & McGuinn, P. (2009). The new politics of education: Analyzing the federal education policy landscape in the post-NCLB era. *Educational Policy, 23*(1), 15.

Dee, T. S., & Jacob, B. A. (2010). The impact of no child left behind on students, teachers, and schools. *Brookings Papers on Economic Activity, Fall 2010*, 149 - 207.

Diamantopoulou, A. (2003). *The European model of integration and governance. Are EU-US comparisons valid and credible and to what extent? [Press release]*. Brussels: European Commission. Retrieved from http://webcache.googleusercontent.com/search? q = cache: VswV g4KJ2s8J: europa.eu/rapid/press-release_SPEECH-03-566_en.pdf+&cd=1&hl=sv&ct=clnk& gl=dk

Dreyfus, H., & Rabinow, P. (1982). *Michel Foucault: Beyond structuralism and hermeneutics*. Brighton: Harvester Press.

Drucker, P. (1969). *The age of discontinuity*. New York: Harper & Row.

Ekholm, M., Mortimore, P., Maria, D.-E., Laukkanen, R., & Valijarvi, J. (2004). *OECD-rapport om grundskolen i Danmark [OECD report on Danish school]*. Copenhagen: Danish Department of Education.

EQF. (2008). *The European qualification framework for lifelong learning*. Luxembourg: European Commission, Education and training. Retrieved from http://www.ond.vlaanderen.be/hogeronderwijs/bologna/news/EQF_EN.pdf

European Commission. (1992). *The Maastricht Treaty*. Brussels: European Commission. Retrieved April 30, 2015 from www.eurotreaties.com/maastrichtec.pdf

European Commission. (2000). *Presidency conclusion, March 23 - 24*. Lisbon: European Commission.

European Commission. (2010). *Europe 2020: A European strategy for smart, sustainable and inclusive growth*. Brussels: European Commission.

European Commission. (2014). *Horizon 2020—in brief: The EU framework Programme for Research & Innovation*. Brussels: European Commission. Retrieved from https://ec.europa.eu/programmes/horizon2020/sites/horizon2020/files/H2020_inBrief_EN_FinalBAT.pdf

Finn, C., Jr. (1993). *We must take charge: Our schools and our future*. New York: Free Press.

Foucault, M. (1971). *L'ordre du discours; leçon inaugurale au Collège de France prononcée le 2 décembre 1970*. Paris: Gallimard.

Foucault, M. (1993). Qu'est-ce que les Lumières? *Magazine Littéraire* (309, avril 1993), 61 – 74.

Foucault, M. (1997). On the genealogy of ethics-an overview of work in progress. In P. Rabinow (Ed.), *Foucault-ethics, subjectivity and truth* (*Essential Works of Foucault 1954 – 1984*) (Vol. 1, pp. 253 – 280). New York: The New Press.

Furlong, J., Cochran-Smith, M., & Brennan, M. (Eds.). (2009a). *Policy and politics in teacher education: International perspectives*. New York: Routledge.

Furlong, J., McNamara, O., Campbell, A., Howson, J., & Lewis, S. (2009b). Partnership, policy and politics: Initial teacher education in England under new labour. In J. Furlong, M. CochranSmith, & M. Brennan (Eds.), *Policy and politics in teacher education: International perspectives* (pp. 45 – 56). New York: Routledge.

Gibbons, M., Martin, T., & Scott, P. (1994). *The new production of knowledge: The dynamics of science and research in contemporary societies*. London: SAGE.

Gornitzka, Å. (2006). *The Open Method of Coordination as Practice: A watershed in European education policy?* ARENA working paper, (16). Oslo University.

Grossman, P. (2003). Teaching: From a nation at risk to a profession at risk? In D. T. Gordon (Ed.), *A nation reformed? American education 20 years after "A Nation at Risk"*. Cambridge, MA: Harvard Education Press.

Hamilton, L. S., Stecher, B. M., & Yuan, K. (2008). *Standards-based reform in the United States: History, research, and future directions*. Washington, DC: RAND Corporation. Retrieved from http://www.rand.org/content/dam/rand/pubs/reprints/2009/RAND_RP1384.pdf

Hammersley, M. (2013). *The myth of research-based policy and practice*. London: SAGE.

Hammersley, M. (Ed.). (2007). *Educational research and evidence-based practice*. London: Sage. (In collaboration with Open University Press).

Hargreaves, D. H. (2007). Teaching as a research-based profession: Possibilities and prospects. In M. hammersley (Ed.), *Educational research and evidence-based practice* (pp. 3 – 17). London: SAGE.

Hattie, J. (2009). *Visible learning: A synthesis of over 800 meta-analyses relating to achievement*. New York: Routledge.

Heise, M. M. (1994). Goals 2000: Educate America act: The federalization and legalization of educational policy. *Fordham Law Review, 63*(2), 345 – 381.

Henry, M., Lingard, B., Rizvi, F., & Taylor, S. (2001). *The OECD, globalisation and education policy*. Oxford, UK: IAU Press & Elsevier Science Ltd.

Hess, F. M., & McGuinn, P. (2002). Seeking the mantle of "opportunity": Presidential politics and the educational metaphor, 1964 – 2000. *Educational Policy, 16*(1), 72 – 95.

Hess, F. M., & Petrilli, M. J. (2006). *No child left behind-primer*. New York: Peter Lang.

Hood, C. (1995). The "new public management" in the 1980s: Variations on a theme. *Accounting, Organizations and Society, 20*, 93 – 109.

Hopmann, S. T. (2008). No child, no school, no state left behind: Schooling in the age of accountability. *Journal of Curriculum Studies, 40*, 417 – 456.

Hursh, D. (2007). Exacerbating inequality: The failed promise of the no child left behind act. *Race Ethnicity and*

Education, *10*(3), 295 - 308.

Jeynes, W. H. (2007). *School, society, and the common good*. Thousand Oaks CA, London & New Delhi: Sage.

Keating, J., Rosemary, P., Penny, J. B., Van Heertum, R., & Arnove, R. F. (2013). The political economy of educational reform in Australia, Britain, and the United States. In R. F. Arnove & C. A. Torres (Eds.), *Comparative education: The dialectic of the global and the local* (pp. 247 - 292). Lanham: Rowman and Littlefield Publishers.

Keeling, R. (2006). The Bologna Process and the Lisbon research agenda: The European Commission's expanding role in higher education discourse. *European Journal of Education*, *41*(2), 203 - 223.

Kim, Y.-O., Wakhungu, H., & Ku, I.-S. (2009). Comparison of NAEP, PISA, and TIMSS - R1. *East Asian Mathematical Journal*, *25*(3), 279 - 297.

Kosar, K. R. (2005). *Failing grades: The federal politics of education standards*. Boulder, CO: Lynne Rienner Publishers.

Krejsler, J. B. (2013). "What Works" in education and social welfare?: A mapping of the evidence discourse and reflections upon consequences for professionals. *Scandinavian Journal of Educational Research*, *57*(1), 16 - 32.

Krejsler, J. B. (2017). Capturing the "Evidence" and "What Works" agenda in education: A truth regime and the art of manoeuvring floating signifiers. In M. Y. Eryaman & B. Schneider (Eds.), *Evidence and public good in educational policy, research and practice* (pp. 21 - 41). Cham, CH: Springer.

Krejsler, J. B. (2018). The "fear of falling behind regime" embraces school policy: State vs federal policy struggles in California and Texas. *International Journal of Qualitative Studies in Education*, *31*(5), 393 - 408.

Krejsler, J. B., Olsson, U., & Petersson, K. (2012). Governing Europe by comparison, peer pressure & self-interest: On the Bologna stocktaking process as operator of national education policy. *Bulletin of Institute of Technology and Vocational Education (Graduate School of Education and Human Development, Nagoya University, Japan)*, (9), 35 - 47.

Krejsler, J. B., Olsson, U., & Petersson, K. (2014). The transnational grip on Scandinavian Education reforms: The open method of coordination challenging national policy-making. *Nordic Studies in Education*, *34*(3), 172 - 186.

Krejsler, J. B., Olsson, U., & Petersson, K. (2017). Becoming fit for transnational comparability: Exploring challenges in Danish and Swedish teacher education. In E. Hultqvist, S. Lindblad, & T. S. Popkewitz (Eds.), *Critical analyses of educational reform in an era of transnational governance*. Dordrecht, NL: Springer Publishing House.

Labaree, D. (2014). Let's measure what no one teaches: PISA, NCLB and the shrinking aims of education. *Teachers College Record*, *116*(090303), 14.

Larner, W., & Walters, W. (2004). *Global governmentality: Governing international spaces*. New York & London: Routledge.

Lawn, M. (2013). The internationalisation of education data: Exhibitions, tests, standards, and associations. In M. Lawn (Ed.), *The rise of data in education: Collection, visualisation and uses* (pp. 11 - 26). Oxford: Symposium Books.

Lawn, M., & Grek, S. (2012). *Europeanizing education: Governing a new policy space*. Oxford: Symposium Books.

Lawn, M., & Lingard, B. (2002). Constructing a European policy space in educational governance: The role of transnational policy actors. *European Educational Research Journal, 1*(2), 290–307.

Manna, P. (2010). *Collision course: Federal education policy meets state and local realities*. Washington, DC: CQ Press.

McGuinn, P. (2005). The National schoolmarm: No child left behind and the new educational federalism. *Publius, 35*(1), 41–68.

McGuinn, P. (2006). *No child left behind and the transformation of Federal Education Policy 1965–2005*. Lawrence: University Press of Kansas.

McGuinn, P. (2010). *Ringing the bell for K–12 teacher tenure reform*. Washington, DC: Center for American Progress. Retrieved from https://www.americanprogress.org/wp-content/uploads/issues/2010/02/pdf/teacher_tenure.pdf

Meyer, H. (2004). *Was ist guter Unterricht?* Berlin: Cornelsen, Scriptor.

Meyer, H.-D., & Benavot, A. E. (Eds.). (2013). *PISA, power, and policy: The emergence of global educational governance*. Oxford: Symposium Books.

Moos, L., & Wubbels, T. (2014). EERA: A participant or an agent in European research policy? A governance perspective. *European Educational Research Journal, 13*(4), 451–463.

Moos, L., Wubbels, T., Holm, P., & Zgaga, P. (2015). A panel discussion: The European Educational Research Association's role in Europe—Now and in the near future. *European Educational Research Journal, 14*(1), 35–43.

National Commission on Excellence in Education (1983). *A nation at risk: The imperative for educational reform: A report to the nation and the secretary of education*. Washington, DC: United States Department of Education.

NCES (Ed.). (2004). *Comparing PIRLS and PISA with NAEP*. Washington, DC: Reading, Mathematics, and Science. Retrieved from https://nces.ed.gov/surveys/pisa/pdf/comppaper12082004.pdf

New York State Education Department. (2009). *Federal education policy and the states, 1945–2009: A brief synopsis*. Albany, NY: New York State Education Department. Retrieved from http://nysa32.nysed.gov/edpolicy/altformats/ed_background_overview_essay.pdf

Nichols, S. L., & Berliner, D. (2007). *Collateral damage: How high-stakes testing corrupts America's schools*. Cambridge, MA: Harvard Education Press.

Nóvoa, A., & Lawn, M. (2002). *Fabricating Europe: The formation of an education space*. Dordrecht, NL: Kluwer Academic Publishers.

Oakley, A. (2007). Evidence-informed policy and practice: Challenges for social science. In M. Hammersley (Ed.), *Educational research and evidence-based practice* (pp. 91–105). London: SAGE. (in collaboration with Open University Press).

OECD. (1996). *The knowledge based economy*. Paris: OECD.

OECD. (2007). *Evidence in Education: Linking research and policy*. Paris: OECD.

OECD/CERI. (2004). *National review on educational R&D: Examiners' report on Denmark*. Paris: OECD/CERI.

Olsson, U., Petersson, K., & Krejsler, J. B. (2011). "Youth" making us fit—on Europe as operator of political technologies. *European Educational Research Journal, 10*, 1-10.

Owens, D. D. (2015). *The origins of the common core: How the free market became public education policy*. New York: Palgrave Macmillan.

Patterson, J. T. (2001). *Brown v. board of education: A civil rights milestone and its troubled legacy*. Oxford: Oxford University Press.

Pawson, R. (2006). *Evidence based policy: A realist perspective*. London: Sage.

Pereyra, M. A., & Franklin, B. M. (Eds.). (2014). *Systems of reason and the politics of schooling*. New York & London: Routledge.

Peterson, P. E., Woessmann, L., Hanushek, E. A., & Lastra-Anadón, C. X. (2011). *Globally challenged: Are U. S. students ready to compete?* Cambridge, MA. Retrieved from https://www.hks.harvard.edu/pepg/PDF/Papers/PEPG11-03_GloballyChallenged.pdf

Popkewitz, T. S. (1998). *Struggling for the soul: The politics of schooling and the construction of the teacher*. New York, London: Teachers College Press.

Popkewitz, T. S. (2008). *Cosmopolitanism and the age of school reform-science, education, and making society by making the child*. New York & London: Routledge.

Popkewitz, T. S., & Brennan, M. (Eds.). (1998). *Foucault's challenge: Discourse, knowledge, and power in education*. New York: Teachers College Press.

Prewitt, K. S., Thomas, A., & Straf, M. L. (Eds.). (2012). *Using science as evidence in public policy*. Atlanta, GA: National Academies Press.

Ravitch, D. (2010). *The death and life of the great American school system: How testing and choice are undermining Education*. New York: Basic Books.

Ravitch, D. (2013). *Linda Darling-Hammond on the common core standard*. Retrieved from https://dianeravitch.net/2013/10/24/linda-darling-hammond-on-the-common-core-standards/

Rhodes, J. H. (2012). *An education in politics: The origin and evolution of No Child Left Behind*. Ithaca, NY & London: Cornell University Press.

Rizvi, F., & Lingard, B. (2010). *Globalizing education policy*. London & New York: Routledge.

Sahlin-Andersson, K. (2001). National, international and transnational constructions of new public management. In T. Christensen & P. Lægreid (Eds.), *New public management—The transformation of ideas and practice* (pp. 43-72). Aldershot, UK: Ashgate.

Schäfer, A. (2004). A new form of governance? *Comparing the Open Method of Coordination to multilateral surveillance by the IMF and the OECD*. Retrieved from MPIfG Working Paper: http://www.mpifg.de/pu/workpap/wp04-5/wp04-5.html

Schneider, M. K. (2015). *Common core dilemma: Who owns our schools?* New York & London: Teachers College Press.

Silver, H., & Silver, P. (1991). *An educational war on poverty: American and British policymaling, 1960-1980*. Cambridge: Cambridge University Press.

Strauss, V. (2015). The successor to no child left behind has, it turns out, big problems of its own. *The*

Washington Post. Retrieved from https://www.washingtonpost.com/news/answer-sheet/wp/2015/12/07/the-successor-to-no-child-left-behind-has-it-turns-out-big-problems-of-itsown/

Sunderman, G. L. (2009). The federal role in education: From the Reagan to the Obama administration. *Voices in Urban Education (Annenberg Institute for School Reform)*, (24), 6 - 14.

Telhaug, A. O., Mediås, O. A., & Aasen, P. (2006). The Nordic model in education: Education as part of the political system in the last 50 years. *Scandinavian Journal of Educational Research, 50*(3), 245 - 283.

United States Department of Education. (2002). *No child left behind: A desktop reference*. Washington, DC: United States Department of Education. Retrieved from https://www2.ed.gov/admins/lead/account/nclbreference/reference.pdf

United States Department of Education. (2004). *No child left behind: A toolkit for teachers*. Washington, DC: United States Department of Education. Retrieved from https://www2.ed.gov/teachers/nclbguide/nclb-teachers-toolkit.pdf

United States Department of Education. (2010). *A blueprint for reform: The reauthorization of the Elementary and Secondary Education Act*. Washington, DC: United States Department of Education.

United States Department of Education. (2011). *Our future, our teachers: The Obama Administration's Plan for Teacher Education Reform and Improvement*. Washington, DC: United States Department of Education.

Vinovskis, M. A. (2009). *From a nation at risk to no child left behind: National education goals and the creation of federal education policy*. New York & London: Teachers College Press.

Waldow, F. (2009). What PISA did and did not do: Germany after the PISA-shock. *European Educational Research Journal, 8*(3), 476 - 483.

Weiss, J., & McGuinn, P. (2016). States as change agents under ESSA. *Phi Delta Kappan, 2016*, 28 - 33. https://doi.org/10.1177/0031721716647015

Wells, P. (2007). New labour and evidence based policy making: 1997 - 2007. *People, Place & Policy Online, 1*, 22 - 29.

White House. (2015). *Every student succeeds act: A progress report on elementary and secondary Education*. Washington, DC: The White House. Retrieved from https://www.whitehouse.gov/sites/whitehouse.gov/files/documents/ESSA_Progress_Report.pdf

Wong, A. (2015). The bloated rhetoric of no child left Behind's demise: What replacing the despised law actually means for America's schools. *The Atlantic*. Retrieved from http://www.theatlantic.com/education/archive/2015/12/the-bloated-rhetoric-of-no-child-left-behinds-demise/419688/

Zucker, S. (2004). *Scientifically based research: NCLB and assessment*. San Antonio, TX: Pearson Education. Retrieved from http://images.pearsonassessments.com/images/tmrs/tmrs_rg/ScientificallyBasedResearch.pdf

作者简介

约翰·贝内迪克托·克雷斯勒(John Benedicto Krejsler) 博士，教育学硕士，丹麦哥本哈根（Copenhagen）奥胡斯大学丹麦教育学院（Danish School of Education, Aarhus

University）教授。目前的研究集中于跨国视角下的（学前）学校教育和教师教育的新条件，并将三个关键主题结合在一起：教育政策的跨国转向；产生“有效知识”的“真理”的证据和新条件；诸如比较调查或测试的社会技术。其研究将实证主义、民族志和比较教育研究与探索性理论兴趣（特别是后结构主义理论和批判理论）结合起来。是北欧教育研究协会（Nordic Educational Research Association）主席（自 2006 年起为理事会成员），欧洲教育研究协会（European Educational Research Association）理事会成员（2009—2018 年）。2009 年和 2010 年担任瑞典克里斯蒂安斯塔德大学（Kristianstad University）客座教授，2015 年担任美国加利福尼亚大学洛杉矶分校（University of California Los Angeles,简称 UCLA）客座教授。参与了大量国际研究项目，包括美国与欧洲学校政策的比较项目、欧洲教育空间（European Educational Space）（瑞典、丹麦、芬兰和挪威）国家教师的构成、国际视角下的丹麦大学改革、国际教育成就评价协会跨国公民教育研究、国际教育成就评价协会第二届国际信息技术教育应用研究、苏格拉底-欧盟公民教育项目（SOCRATES - EU Citizenship education project）等。

电子邮箱：jok@edu. au. dk。

（闻凌晨　魏晓宇　译）